复旦卓越·公共基础课系列教材

经济学基础

主编◎魏文静　杨　昀　李军

复旦大学出版社

前　言

本书原名《西方经济学》,出版已有四年,其间得到众多院校的采用,并提出了一些宝贵的意见。在这期间,发生了很多的经济事件,不仅对我们的生活产生了影响,也对我们经济学的教学内容和教学安排提出了新的要求。为此,我们需要对原书的相关内容进行修订,使新版教材在相关内容的表述上更完善,与我们的经济生活联系更紧密。

本版教材主要修订了以下三个方面:

(1) 邀请了上海第二工业大学的李志军、胥丽和郑秀君三位老师分别对第八章、第十章和第十二章进行了重修编写。

(2) 为了增强可读性及与生活联系的密切性,更新了部分章节的案例。

(3) 对原书中的错误进行了修改,并对部分文字进行了调整,力求表述上更完善。

本书由魏文静教授提出编写指导思想、基本框架并制订写作大纲。具体编写分工为:上海第二工业大学的魏文静老师(第一章、第二章、第三章、第七章),杨昀老师(第四章、第五章、第六章),李志军老师(第八章),李军老师(第九章),胥丽老师(第十章),庄伟老师(第十一章),郑秀君老师(第十二章),姚莉老师(第十三章)。全书由魏文静和杨昀两位老师统稿、修改、定稿。

由于水平有限,书中难免有疏漏甚至错误之处,恳请广大读者和专家批评、赐教。

魏文静

2019 年 1 月

目 录

前 言   1

第一章 导 论   1
    第一节   经济学研究什么   3
    第二节   经济学的研究方法   7
    第三节   正确对待经济学   11
    第四节   经济学的作用   13

第二章 均衡价格理论   19
    第一节   需求与供给   21
    第二节   均衡价格   29
    第三节   弹性理论及其应用   31

第三章 消费者行为理论   45
    第一节   欲望与效用   47
    第二节   边际效用分析法与消费者均衡   50
    第三节   无差异曲线分析法与消费者均衡   55
    第四节   替代效应和收入效应   65

第四章 厂商生产理论   69
    第一节   市场、厂商与行业   71
    第二节   生产函数   73
    第三节   短期生产理论   76

第四节　长期生产理论之一——生产要素的最优组合　　81
　　第五节　长期生产理论之二——规模报酬　　90

第五章　厂商成本理论　　97

　　第一节　成本概述　　99
　　第二节　短期成本　　102
　　第三节　长期成本　　109
　　第四节　厂商收益与利润　　114

第六章　市场理论　　121

　　第一节　完全竞争市场　　123
　　第二节　完全垄断市场　　131
　　第三节　垄断竞争市场　　142
　　第四节　寡头垄断市场　　147

第七章　收入分配理论　　159

　　第一节　生产要素的需求与供给　　161
　　第二节　生产要素的价格　　163
　　第三节　收入分配与分配政策　　172

第八章　国民收入核算理论　　181

　　第一节　国民收入的总量及其关系　　183
　　第二节　国民收入核算的基本方法　　188
　　第三节　国民收入的流量循环模型　　193

第九章　国民收入决定理论　　205

　　第一节　国民收入决定的因素　　207
　　第二节　国民收入的决定Ⅰ：收入-支出模型　　212
　　第三节　国民收入的决定Ⅱ：IS-LM 模型　　218
　　第四节　国民收入的决定Ⅲ：总需求-总供给模型　　227

第十章　失业与通货膨胀理论　　241

　　第一节　失业理论　　243
　　第二节　通货膨胀理论　　248

　　　　第三节　失业与通货膨胀的关系　　　　　　　　　　　　257

第十一章　经济周期与经济增长理论　　　　　　　　　　265

　　　　第一节　经济周期　　　　　　　　　　　　　　　　267
　　　　第二节　经济增长理论　　　　　　　　　　　　　　273

第十二章　经济政策　　　　　　　　　　　　　　　　　287

　　　　第一节　微观经济政策　　　　　　　　　　　　　　289
　　　　第二节　宏观经济政策　　　　　　　　　　　　　　297

第十三章　国际经济学基础　　　　　　　　　　　　　　315

　　　　第一节　开放经济基本知识　　　　　　　　　　　　317
　　　　第二节　汇率与国际收支　　　　　　　　　　　　　325
　　　　第三节　开放经济条件下的经济政策　　　　　　　　327

参考文献　　　　　　　　　　　　　　　　　　　　　　337

第一章

导 论

经济学是一门指导人们经济行为的科学，一门致用之学、致富之学。提倡人人都读点经济学，并不是希望人人都成为以经济学为职业的经济学家，也不是因为经济学告诉了我们致富的点金术，而是希望人人都能像经济学家一样思考问题。因此，对初涉经济学的人来说，首先要对经济学有一个总体认识，才能进一步掌握具体内容。本章将要说明经济学研究什么、研究的方法是什么、学习它有什么好处、怎样才能学好它。

第一节　经济学研究什么

一、经济学是什么

经济学的研究也同任何其他学科的研究一样，必须首先规定自己的研究对象。但是，究竟什么是"经济学"？人们的理解各有不同。西方经济学家从不同的角度提出过许多观点。例如，古典经济学家亚当·斯密把经济学规定为研究国民财富的性质及其增加原因的科学。资产阶级庸俗经济学的创始人萨伊认为，经济学是研究财富怎样生产、分配和消费的科学。新古典派的主要代表人物马歇尔则强调了经济学是研究作为人类福利源泉的财富和取得与使用财富的人类社会活动的科学。到了20世纪初，英国经济学家罗宾斯把经济学定义为研究用具有各种用途的稀缺资源来满足目的的人类行为科学。罗宾斯的这一观点为西方经济学界所普遍接受，以后有关经济学的定义大多体现了罗宾斯定义的基本思想。正如美国著名经济学家、新古典综合派的代表人物萨缪尔森在他的《经济学》一书中所指出的："经济学研究人和社会如何进行选择，使用可以有其他用途的稀缺资源以便生产各种商品，并在现在或将来把商品分配给社会的各个成员或集团以供消费之用。"另外，美国当代著名经济学家斯蒂格利茨在他的《经济学》一书中也指出："经济学研究我们社会的个人、企业、政府和其他组织如何进行选择，以及这些选择如何决定社会资源的使用方式。"简而言之，可以认为经济学是研究人们将稀缺资源配置到各种不同的和相互竞争的用途上，并得到最大满足的科学。

在这个定义中，最基本、最主要的概念有两个：一是"稀缺资源"，二是"最大满足"。

经济学家认为，经济学之所以会产生和存在，是由于物质客观上的稀缺性以及由此引起的选择需要，选择的原则是按照"最大满足"去实现的。因为在他们看来，人类消费各种物品的欲望是无穷的，而满足欲望的物品，有的可以不付出任何代价而随意获取，如空气、阳光等，这些来源充裕以致无须作出努力或花费代价而随意得到的物品，称为"自由取用物品"。而绝大多数物品，由于世界上的资源有限，并不能自由取用，表现为稀有性。用稀有资源生产出来的物品，称为"经济物品"。相对于人类的无穷欲望而言，经济物品以及生产它所需要的资源总是不足的。这种在获得人们所需要的物品上存在着的自然的限制，就叫做"稀缺"。

这里所说的稀缺不是针对资源的绝对量多少,而是相对于无限欲望的有限性而言,再多的资源也是稀缺的。稀缺性是人类社会面临的永恒问题。

稀缺是经济学的一个显著现象。因为资源是稀缺的,所以选择是必要的。让我们想象一个极富有的人,他可以得到他想要的一切。但是对他而言,时间也是一种资源,他必须决定把他每天的时间用来玩哪一个贵重的玩具。如果把时间也算在内,稀缺性确实是每个人的生活现实,因此,稀缺性是一种规律。"稀缺性"规律是一切经济问题的根源。由于这个规律,人们在经济活动中就要作出各种各样的"选择",作出选择不仅是针对每个个人而言的,而且是针对整个经济而言的。个人、家庭、厂商和政府共同决定着如何将有限的资源(包括土地、劳动力、机器、燃料和其他自然资源)合理使用。不仅如此,在社会生活中,还有一些限制人们选择的因素,如时间和金钱。人们把因金钱而受到的限制称为预算约束,因时间而受到的限制称为时间约束。一个腰缠万贯的亿万富翁可能最为头疼的是时间约束,而不是预算约束;而失业工人有的是时间,限制他选择的是缺乏金钱而非时间。这样,人类就产生了许许多多的经济问题。经济学家认为:社会所面临的如何选择的问题或资源配置问题,大体上可归纳为以下三个方面。

(一)生产什么,生产多少

这个问题实际是有限资源的合理配置问题。在一般情况下,资源可以有若干种不同的用途,同样的资源既可以用来生产 A 产品,也可以用来生产 B 产品。任何一个社会都需要有某种机制来解决资源配置问题,即解决如何将有限的资源用于各种不同产品的生产以满足社会需要的问题。在市场经济体制中,有关资源配置的大多数决定是通过价格机制来完成的。而在计划经济体制下,资源配置则更多是通过中央计划来实现的。

(二)如何生产,即用什么方式来组织生产

一般情况下,一种商品的生产可以采用多种不同的方法。例如,在农业生产中,生产同样数量的某种农产品既可以用较少的土地,投入较多的肥料、劳动力和机械来进行;也可以用较多的土地,而只投入少量的肥料、劳动力和机械来进行。这两种方法所采用的生产手段和技术有所不同,我们应该作何选择?

选择应该是按照效率最大化的标准来进行。也就是说,在资源不变的情况下,尽量采用效率较高的方法生产出更多的产品。因为,在资源既定的情况下,选择了某个决策就要放弃另一个决策,得到了点什么就不得不放弃点什么,正如中国古话所说的,"鱼与熊掌不能兼得",得到鱼就要放弃熊掌,得到熊掌就要放弃鱼。

(三)生产出来的产品如何分配,即为谁生产

一个国家的总收入要在其社会成员之间进行分配,社会成员又划分为不同的阶层和集团,那么总收入是怎样在这些不同的集团或阶层之间进行分配的?因此,经济学必须研究生产出来的产品归谁享用以及享用多少的问题。不同的社会经济制度只是分配的原则和具体

的方式各有不同罢了。

围绕这三个方面的选择,实际上是解决单个经济单位和整个社会就有限的资源在各种可能的用途上如何分配的问题。这便是资源配置及其效率的问题,也就是经济学研究的核心问题。它基本上属于微观经济学所研究的范围。因此,也可以这样认为,经济学产生于稀缺性,它是研究任何一个社会和个人都面临的选择或资源配置与资源利用方式及其相关问题的学科。

二、资源配置与经济制度和经济体制

在现实经济生活中,每一种社会经济制度都面临着如何把它们有限的资源有效地分配使用于各种途径的问题,即资源配置问题,这属于微观经济学范围需要解决的问题。同时,如何充分利用资源总量,研究整个国民经济活动,使资源总量既不闲置,又不使用过度和滥用;寻找用什么手段来改善一国资源总量的利用状况,实现潜在的国民收入和经济的稳定增长,并从长远考虑使经济可持续发展,这些则属于宏观经济学需要研究的问题。也就是说,不同的社会经济制度和经济体制,有完全不同的资源配置和利用方式。另外,资源配置和利用的社会形式还涉及决策问题。这里,仅以资源配置中的决策机制是分散决定的还是集中决定的作为分类标准,可以把资源配置的方式及其运行机制划分为三种类型。

(一) 分散决策(市场经济)

在市场经济条件下,一个国家在一定时期生产什么、怎样生产以及产品在社会成员之间的分配,基本上是由各种生产资源的所有者,以及生产要素的供给者(同时又是产品的需求者)各自独立地分散决定的。正如萨缪尔森在他的《经济学》一书中所指出的:"市场经济是一个精巧的机构,通过一系列的价格和市场,无意识地协调着人们的经济活动。"在这里,每种产品价格的高低随市场供求关系的变化而变动,既是各个决策者做出自己抉择的主要依据,也反映出他们在生产和消费方面所作出的选择,反映了他们对于生产要素与产品的供给和需求。因此,分散决策是依靠市场价格通过市场机制进行的。

(二) 集中决策(计划经济)

在计划经济条件下,传统的以生产资料公有制为基础的社会主义国家实行高度集中的决策,即产品的品种、数量和生产资源在各企业之间进行分配使用,各行各业劳动者的收入也是由中央当局来制定。因此,各种产品价格的高低及其变化,从理论上讲,对于资源的配置可以不发生任何作用,货币和价格只起到核算工具和便利交换的作用。

(三) 混合决策(混合经济)

在现实经济生活中,纯粹的分散决策与纯粹的集中决策并不存在,几乎在所有实行市场经济的国家,普遍都实行混合决策。正如美国经济学家萨缪尔森所指出的:"社会是带有市场、命令和传统成分的混合经济,从来没有百分之百的市场经济。"任何一个实行市场经济的国家不能不在充分发挥"看不见的手"的作用的同时,高擎起"看得见的手"共同调节经济的运行。一般而言,西方国家的经济体制大致可以分为两类:一类称为有调节的市场经济体制;另一类称为有计划指导的市场经济体制。但是,无论是前者还是后者,都有一个共同的特点,那就是把国家或政府对经济的干预同市场机制的自发调节结合起来,共同配置社会资源。混合经济绝不是市场经济和计划经济的结合,而是对市场经济的改进。因此,混合经济也可称为现代市场经济。

三、经济学的基本问题

经济学按所研究的经济问题的范围、经济范畴、经济概念的不同,可分为微观经济学和宏观经济学两大部分。

(一)微观经济学研究的问题

在现代经济中,经济学所研究的三个基本经济问题主要是通过市场机制或价格机制来解决的。微观经济学的分析,便紧紧围绕市场或价格运行机制展开。因此,微观经济学又称为市场经济学或价格理论。相对于宏观经济学而言,微观经济学是以单个经济单位为研究对象,通过研究单个经济单位的经济行为和相应的经济变量单项数值的决定来说明价格机制如何解决社会的资源配置问题。

从微观经济学的定义中,可以看出它包含以下五方面内容。

第一,研究的对象是单个经济单位。单个经济单位是指组成经济的最基本的经济单位——居民户和厂商。在微观经济学中,单个居民户和单个厂商都具有双重身份:单个居民户和单个厂商分别以商品需求者和供给者的身份出现在商品市场上,又分别以生产要素的供给者和需求者的身份出现在要素市场上。对于单个居民户来说,其经济行为是在生产要素市场上提供要素以取得收入,然后,在商品市场上购买最佳的商品数量,进而在消费中获得最大的满足。对于单个厂商来说,其经济行为是在要素市场上购买所需的生产要素,然后,在生产过程中以最佳的要素组合和最佳的产量组合进行生产,进而通过产品的出售以获得最大的利润。

第二,解决的问题是资源配置。解决资源配置问题就是要使资源配置达到最优,即在这种资源配置下,能给社会带来最大的经济利益。微观经济学从研究单个经济单位的最大化行为入手,即从研究生产什么、生产多少、如何生产和为谁生产的问题入手,来解决社会资源的最优配置问题。

第三,中心理论是价格理论。在市场经济中,居民户和厂商的行为要受价格的支配,生产什么、如何生产和为谁生产都由价格决定。价格机制像一只"看不见的手",调节着整个社会的经济活动。通过价格机制的调节,社会资源的配置实现了最优化。微观经济学正是要说明价格如何使资源配置达到最优化。因此,价格理论是微观经济学的中心,其他内容都是围绕这一中心问题展开的。

第四,研究方法是个量分析法。

第五,微观经济学的内容。主要有均衡价格论、消费者行为理论、生产理论、成本理论、市场理论、分配理论和微观经济政策等。这些理论的研究都采用个量分析法。

(二)宏观经济学研究的问题

宏观经济学是以整个国民经济为研究对象,通过研究经济中各有关总量的决定及其变化,来说明资源如何才能得到充分利用。

从宏观经济学的定义中,可以看出它包含以下五方面内容。

第一,研究的对象是整个国民经济。宏观经济学研究的不是经济中的各个单位,而是由这些单位组成的整体以及有关的经济总量,是从总体上分析经济问题。

第二,解决的问题是社会资源的利用。宏观经济学把资源配置作为既定的事实来认识,着重研究现有资源是被充分利用了还是存在闲置资源、通货膨胀对购买力产生了什么影响、经济的生产能力是否增长等问题。

第三,中心理论是国民收入决定理论。宏观经济学把国民收入作为最基本的总量,以国民收入的决定为中心来研究资源利用问题,分析整个国民经济的运行。

第四,研究方法是总量分析法。

第五,宏观经济学的主要内容。主要有国民收入决定理论、失业与通货膨胀理论、经济周期与经济增长理论、开放经济理论、宏观经济政策等。对这些内容的研究,使用的方法是总量分析法。

在实际经济生活中,虽然微观经济学和宏观经济学分别进行的是个量经济分析和总量经济分析,但它们不是相互割裂、相互对立的。它们是经济学这门学科完整理论体系的两大组成部分。由于整个国民经济活动是建立在单个经济单位的经济活动的基础之上的,而单个经济单位的经济行为又必然是以一定的国民经济活动作为前提,所以微观经济学和宏观经济学之间所体现的是一种相互补充、相互依存的关系。

但是,也有某些西方学者不同意这样的划分,如美国当代著名的经济学家、克林顿总统经济顾问团主席斯蒂格利茨在其出版的《经济学》一书的序言中写道:"宏观经济学分析是以正确的微观经济学原理为基础的,而微观经济学是以为宏观经济学建立基础这样一种方式来表述的。"他认为,微观经济学的研究足以解释宏观现象,从而宏观经济学没有单独存在的理由。

第二节 经济学的研究方法

一、边际分析法

每门学科都有自己的研究方法,经济学也不例外。经济学之所以有独特的理论观点和理论体系，是与其独特的研究方法分不开的。经济学的研究方法有很多，在此我们仅就基本的方法作简单介绍。

边际分析法是指利用边际概念对经济行为和经济变量进行数量分析的方法。经济学家把所研究的各种变量分为自变量和因变量，自变量是最初变动的量，因变量是由于自变量变动而引起变动的量。

边际的原意为界限、边界、增量等。在经济分析中，边际是指对应原有的经济总量的每一次增加或减少而引起的效用的变化。例如，一个人已经吃了两个鸡蛋，获得了一定的效用，在此基础上再吃一个鸡蛋所增减的效用，便是这一鸡蛋的边际效用。严格地说，边际是指自变量的变动所引起的因变量的变动量。边际效用就是作为自变量的消费量变动时，作为因变量的总效用的变动率。边际分析就是分析自变量与因变量变动的关系。这种用边际量对经济行为和经济变量如效用、成本、收益、消费倾向等进行分析的方法，就是边际分析法。边际分析法在经济学中被广泛应用于经济理论研究，成为经济学的方法论基础。

二、个量分析法与总量分析法

个量分析法是研究单个经济单位的经济行为和经济变量单项数值决定的分析方法。总量分析法是研究国民经济整体变动和经济总量总值决定的分析方法。

一般来讲，个量分析法用于微观经济分析，总量分析法用于宏观经济分析，两种分析方法都是在假定社会制度是已知的、既定的前提下进行的。在进行个量分析时只考察单个厂商、家庭的经济行为和经济变量单项数值的决定，把国民经济整体情况和经济总量作为既定前提。在进行总量分析时，同样把个量作为既定前提。例如，在对消费与收入、投资的关系进行总量分析时，只研究总消费与总收入、总投资的关系，而对单个消费品价格变动、单个家庭收入变动对家庭支出的影响等因素则不涉及。

三、均衡分析法

均衡本来是力学概念，指一个物体同时受到方向相反、力量相等的两个外力作用而形成的静止状态。被引入经济学后，均衡是指经济体系中各种相互对立或相互关联的力量在变动中处于相对平衡而不再变动的状态。对经济均衡形成与变动条件的分析，称为均衡分析法。均衡分析法包括一般均衡分析法和局部均衡分析法两种。

一般均衡分析法是相对于局部均衡分析法而言的。它是分析整个经济体系中的各个市场、各种商品的供求同时达到均衡条件及其变化的方法。它是在与整个经济体系有关的信息为已知的条件下，以各经济因素的内在联系为依据，建立联立方程，通过数学模型推导出与均衡状态和要求相适应的各种经济变量的大小，从而说明整个经济体系的均衡条件及相应的经济变量的决定。

局部均衡分析法是在不考虑经济体系某一局部以外的因素影响的条件下，分析这一局部本身所包含的各种因素在相互作用中均衡的形成与变动的方法。

四、静态分析法、比较静态分析法与动态分析法

静态分析法、比较静态分析法与动态分析法是与均衡分析法密切联系的。

静态分析法是完全抽象掉时间因素和经济变化过程,在假定各种条件处于静止状态的情况下,分析经济现象中均衡状态的形成及其条件的方法。

比较静态分析法是对个别经济现象的一次变动的前后,以及两个或两个以上的均衡位置进行比较,而抽象掉转变期间和变动过程本身的分析方法。如在原来均衡的基础上,假定消费者收入增加,对某种商品的需求也增加,在供给不变的条件下,该商品的供求会形成新的均衡。这里只比较某些条件变化后均衡状态相应地会发生怎样的变化,而不考虑具体的变动过程。

动态分析法是考虑到时间因素,把经济现象的变化当作一个连续过程,对从原有的均衡过渡到新的均衡的实际变化过程进行分析的方法。在运用动态分析法时,要分析经济变量在一定时间内的变动情况及变动过程中的相互影响和彼此制约关系,以及它们在一点上变动的速率等。动态分析法要考虑人口、技术、资本、数量、生产组织、消费习惯等随时间变化对整个经济体系的影响,因而具有较大的复杂性。

五、实证分析法与规范分析法

在经济研究中,还要区分实证分析和规范分析。分析经济现象的联系并预测人们经济行为的后果,是一种实证的研究方法,这样得到的理论是实证经济学。实证经济学企图超脱或排斥一切价值判断,只研究经济本身的内在规律,并根据这些规律,分析和预测人们经济行为的效果。现在的失业率是多少?较高水平的失业率如何影响通货膨胀?汽油税又会如何影响汽油的消费量?……这些问题只有通过诉诸事实才能解决。这些问题有可能比较容易,也有可能很难,但是它们都属于实证经济学的范围。实证分析的一个基本特征是具有客观性,实证命题有正确和错误之分,靠客观事实测试其真伪,如果命题是正确的,不仅在逻辑上要站得住,还得与经验证据相符。总之,实证经济学力求说明和回答经济现象"是什么"以及经济社会是如何运行的。

规范分析就是在实证分析的基础上,从自己的价值观出发,对客观过程和各种方案的后果作出不同的评价,提出行为的标准,并研究如何达到这些标准。这属于规范经济学。规范经济学是以一定的伦理和价值判断为基础,提出某些标准作为分析、处理经济问题的标准,树立经济理论的前提和制定政策的依据,并研究如何才能符合这些标准。通货膨胀的容忍限度应该是多少?是否应该向富人课以重税以帮助穷人?国防开支应占多大的比例?……这些问题都涉及价值判断和道德伦理判断,回答不具有客观性。总之,规范经济学力求回答"应该是什么"的问题,对各种不同的行动手段是否合乎要求作出判断。

这里所说的价值不是指一般商品的价值,而是指经济事物的社会价值,即这种经济事物是好还是坏,对社会有积极意义还是有消极意义的问题。价值判断属于上层建筑范围,具有强烈的主观性与阶级性。实证经济学采用实证方法来分析经济问题,试图避开这种价值判断,只对经济现象、经济行为或经济活动及其发展趋势作出客观的分析,只研究经济本身的客观规律与内在逻辑。而规范经济学采用规范方法,从一定的价值判断出发来研究经济问题,判断某一事物是好还是坏。它涉及是非善恶以及应该与否、合理与否的问题。由于人们的立场观点、伦理道德标准不同,对同一经济事物会有完全不同的看法。因此,规范经济学所得出的结论要受到不同价值观的影响,谁是谁非没有绝对标准。

可见,实证经济学研究经济运行的规律,不涉及评价问题;规范经济学则对经济运行进行评价。两者功能不同,相互补充,构成经济学研究的整体。经济学既像自然科学一样是一门实证科学,又像一般社会科学一样是一门规范的学问。然而,在经济学家中,只有少数人坚持认为经济学应是一门实证科学;但多数人认为,经济学并不能完全等同于物理学、化学这些自然科学,它无法摆脱一定的价值判断。这是因为,对什么经济问题进行研究、应采用什么方法、强调哪些因素,实际上就涉及研究者的价值判断问题。而且,一个经济学家之所以提出某一经济理论,多数情况下也是为他所主张的政策提供理论依据。而政策主张之所以不同,一方面是由于实证分析的结论不同,另一方面则是由于各人的价值判断不同。

六、长期与短期分析法

长期与短期是相对而言的。一般来说,经济学中长期和短期的划分,是针对一个厂商为调整其产量而改变其生产要素的投入状况而言的,其标准在于一定时期内要素的投入是否都可以变动。如果一部分要素的投入可以变动,另一部分要素的投入不能变动,这就是短期;如果所有要素投入都可以变动,那就是长期。

在假定厂商可以调整其全部生产要素投入的条件下,分析厂商经济行为及相应变量的方法就是长期分析法。在假定厂商只能调整部分生产要素投入的条件下,分析厂商经济行为及相应变量的方法就是短期分析法。

七、经济模型

同其他学科一样,经济学的任务是要根据观察到的现象和对这些现象的分析,总结出规律性的东西,借以解释经济现象发生的原因,并对事物的发展作出预测。要完成这种任务的基本方法就是建立模型。经济模型是一种分析经济现象和经济行为的方法,是用来描述和研究与现象有关的经济变量之间的依存关系的一种理论结构。

为了建立模型,通常必须对实际的现象进行抽象并提出一系列的假定。因为在现实经济生活中,经济现象包括各种主要变量和次要变量,错综复杂,如果在研究中把所有的变量都考虑进去,会使分析复杂得无法进行。因此,必须作出某些假定,把可以计量的、复杂的现象简化和抽象为为数不多的主要变量,按照一定的函数关系把这些变量组成单一方程或联立方程组,从而构成一定的数学模型。在建立模型时,由于选取变量的不同,以及对变量特点假设的不同,对同一经济问题的研究,可以建立多个模型。通过模型,可以把各种经济现象概括描述出来。借助经济模型,人们可以预测经济行为的后果,或分析一个社会经济制度的特征。

经济模型可以用不同的形式进行表述:(1)用语言文字表述,即用一句或几句话概括一种经济模型的含义;(2)用代数或其他数学形式表述,通过等式表示经济变量间的函数关系;(3)用表格表示,即在表格中列出各种经济变量的数值,从数值的变化以及数值间的关系中揭示经济模型在各个时期的情况及其发展趋势;(4)用几何图形表示,即通过几何图形清楚地显示各种变量间的关系及其变化趋势。在现代经济学中,图形被大量利用。从某种意义上讲,只有具备足够的图形知识才能掌握经济学。图形对于经济学者如同榔头对于木匠一样必不可少。图形的优点还在于,它可以在很小的空间里汇集大量的资料并且易于理解。

以上仅就经济学最基本、最常见的研究方法进行简单说明。实际上,经济学的研究方法是十分复杂的,除以上列举的以外,还有许多其他方法,并且随着经济学的发展,其研究方法也在发展。因此,在学习经济学时,要认真体会其研究方法,在动态中加以理解和把握。

第三节　正确对待经济学

一、经济学的产生和发展

正确对待经济学,首先必须搞清楚这一理论的来龙去脉。现代经济学作为资产阶级经济学发展的现代阶段,从历史上可以追溯到16~17世纪,它发展至今已有300多年的历史了,其间可以大致分为五个阶段。

第一阶段是重商主义阶段。重商主义是欧洲资本原始积累时期代表商业资产阶级利益的一种经济学说和政策体系。它流行于16~17世纪,是资产阶级对资本主义生产方式最初的理论考察,是封建社会末期的商业资产阶级和封建专制国家狂热追求金银货币的要求在理论上和政策上的反映。它分为早期重商主义和晚期重商主义。

第二阶段是古典政治经济学阶段。其创始人是英国的威廉·配第和法国的比埃尔·布阿吉尔贝尔。其后在法国又有重农学派,其主要代表人物是弗朗斯瓦·魁奈和杜尔阁。英国的亚当·斯密是资产阶级古典政治经济学的杰出代表和理论体系的建立者;大卫·李嘉图则是这一理论体系的最后完成者。这一阶段的时间跨度为17世纪中叶到19世纪初叶。

第三阶段是资产阶级古典政治经济学开始庸俗化的阶段。时间上是指在李嘉图之后到19世纪30年代。其主要代表人物有法国的让·巴蒂斯特·萨伊和英国的托马斯·罗伯特·马尔萨斯。他们都以亚当·斯密理论的解释者自居,实际上继承并发展了斯密理论中的庸俗成分。

第四阶段是传统的资产阶级庸俗经济学占统治地位的阶段。它始于19世纪30年代,终于20世纪30年代。这个阶段的主要代表人物是英国的约翰·穆勒和阿尔弗雷德·马歇尔(主要代表作为《经济学原理》)。他们吸收和综合了各派庸俗经济学说,建立了一个以折中主义为特点的庸俗经济学体系,他们的分析方法基本上属于微观经济分析。他们认为市场完美有效,能够自动实现资源最佳配置,奠定了现代微观经济学理论的基本框架,包括均衡价格理论、消费者行为理论、厂商理论、分配理论等。该学派没有明确研究宏观经济现象,一般认为其宏观经济学观点是:市场经济能够自动实现充分就业,不需要政府干预。该学派的代表人物除穆勒和马歇尔外,晚期包括:属于英国剑桥学派的庇古、罗伯逊、霍特里等;属于洛桑学派的法国经济学家瓦尔拉斯和意大利经济学家帕累托;属于奥国学派的奥地利经济学家门格尔、维塞尔、庞巴维克等;属于瑞典学派的威克塞尔、卡塞尔等;属于美国学派的克拉克、费雪、柯布、道格拉斯等。

第五阶段为现代西方经济学阶段。它始于20世纪30年代,以1936年英国经济学家凯恩斯所著的《就业、利息和货币通论》一书的出版为标志。凯恩斯面对20世纪30年代世界性经济危机的现实,通过研究国民收入变动及其与就业、经济周期波动、通货膨胀等之间的关系,得出了资本主义经济不可能自行调节以实现充分就业的均衡发展,并且在通常情况下出现小于充分就业的均衡的论断。根据凯恩斯主义经济学,社会总需求不足是造成失业和生产过剩的原因,主张政府采取财政政策和货币政策来刺激总需求,以增加国民收入和扩大就业。现代经济学以凯恩斯宏观经济学的创立为标志。

第二次世界大战以后,凯恩斯主义经济学在发展过程中形成了两个派系:一个是以英国剑桥大学的经济学家罗宾逊夫人、斯拉法和卡尔多等人为代表的新剑桥学派;另一个是以美国麻省理工学院的经济学家萨缪尔森、托宾和索洛等人为代表的新古典综合派。两个派别之间进行了长达几十年的论战,进一步推动了凯恩斯经济理论的向前发展。

进入20世纪70年代以后,西方世界出现了严重的失业和通货膨胀并存的滞胀局面,凯恩斯主义无法解释滞胀产生的原因。与此同时,货币学派、供给学派和理性预期学派等纷纷崛起,对凯恩斯主义进行抨击,形成了强有力的挑战,从而凯恩斯主义的正统地位已经动摇。但是,在目前的经济学界,还没有一个学派能提出一套理论体系以取代凯恩斯主义的理论。

目前现代西方经济学发展的新动向表现在20世纪90年代以后,西方经济学进入新发展阶段,帕金称之为"新凯恩斯主义"。主要代表人物有美国斯坦福大学的斯蒂格利茨、哈佛大学的曼昆和萨莫斯、麻省理工学院的布兰查德和罗泰姆伯格、哥伦比亚大学的费尔普斯、加州大学伯克利分校的阿克洛夫和耶伦、威斯康星大学的格特勒,以及普林斯顿大学的伯南克等。主要特点有:(1)强调政府有用;(2)强调用微观经济学原理解释宏观经济现象;(3)加强了对市场垄断势力、价格歧视、信息不对称、外在经济、博弈论、委托-代理关系、公共物品等现象的研究;(4)用总需求-总供给模型(AD-AS模型)取代IS-LM模型;(5)各流派融合发展。

二、对经济学的总体评价

学好经济学，必须要对它有一个正确的认识和态度。西方经济学是一种通俗的说法，主要指自马歇尔以来西方的微观经济学和宏观经济学，也可以称为市场经济学。现代西方经济学，特别是占主导地位的经济学说，作为国家垄断资本主义这一历史条件下的经济思想，既有资产阶级庸俗经济学所固有的辩护性，又有其明显的实用性。

首先，它是在资产阶级庸俗经济学的思想基础上发展起来的，是为垄断资本主义辩护和服务的。现代西方经济学作为一种意识形态，属于上层建筑的范畴。它是产生于国家垄断资本主义社会这个经济基础之上并为其服务的。它是代表现代垄断资产阶级观点的经济思想，并为垄断资产阶级的剥削辩护，力图掩盖、调和垄断资本主义的各种矛盾，美化和维护资本主义制度。在现代西方经济学中，无论是微观部分的个量分析，还是宏观部分的总量分析，都是以实现资源的有效配置为目的，对各种经济变量之间的关系进行研究。这种抽象的数理分析方法，体现的只能是物与物之间的关系和物与人之间的关系，而掩盖了资本主义生产关系下的人与人之间的关系，掩盖了资本主义制度下的基本矛盾和阶级对立。但是，从另一方面来看，现代西方经济学注意研究各种具体经济问题，在一定范围内探讨了社会化大生产和商品经济的一般规律，为垄断资产阶级加强微观经济管理和宏观调节服务。某些研究方法和原理，带有一定程度的科学性和实用性。

其次，从其研究对象看，它以垄断资本主义经济运行机制及有关的经济政策为研究对象。一方面，它以经济运行机制这一表面层次为主，抛开了社会生产关系的深层本质。这就决定了现代西方经济学无法说明垄断资本主义经济的本质特征，无法科学地解释资本主义的分配，无法找到资本主义周期危机的根本原因。所以，它无法解决现代资本主义的各种矛盾。但是，从另一方面来看，现代西方经济学致力于垄断资本主义经济运行机制及相关政策的研究，为人类探索商品经济的运行机制积累了知识，在相当长的历史积累中形成了一套市场经济运行机制及其宏观调节的理论体系。这对于我们建立社会主义市场经济体制具有借鉴意义。

最后，从其研究方法看，总体上说，现代西方经济学的方法论是违背历史唯物主义的。这就决定了西方经济学不能揭示资本主义经济的本质和发展规律。同时，西方经济学的某些方法，特别是进行数量分析的一些方法，如边际分析法、均衡分析法、长期与短期分析法等，对某些较为具体的经济问题的分析有其方法论的价值。

第四节　经济学的作用

一、有助于人们更好地了解和理解现实的经济社会

经济学研究人类一般的经济生活事务，其原理可以运用到生活的许多方面。在日常生

活中,有许多经济问题会激起人们的好奇心。为什么有些人乘坐公共汽车,而有些人却能开自己的小轿车?为什么电视机行业接连发生价格战?为什么有些企业破产,而另一些企业却在盈利?为什么一个国家会有这么多的失业人口?为什么有些国家生活水平那么低?为什么国家会降低存款利率?……所有这些问题都可以在经济学这门课程中找到答案。

二、有助于人们学会像经济学家一样思考问题

经济学家在研究经济问题时使用一套独特的方法、工具和概念,建立了反映市场经济中经济规律的理论。当一般人仅仅看到经济中各种问题的现象时,经济学家却抓住了事物的本质,这正是经济学家的高明之处。只有认识事物的本质并掌握经济规律,才能作出正确的决策,这正是我们要学习经济学的原因。

假如当你大学毕业并开始寻找工作,你要选择合适的单位和部门,对工资、劳动时间和劳动条件如何选择?工资和闲暇是有矛盾的,你追求高工资往往要牺牲休息和闲暇,反之则相反。当你得到工资后,把多少收入用于消费、多少用于储蓄,以及把多少储蓄用于投资,都需要有经济学知识才能作出正确决策,达到效用最大化。如果你有机会管理一家企业或大公司,经济学知识将对你有更大的帮助。你要决定产品的市场定位、产量定量、价格定位,决定生产的技术结构和成本结构,力求做到投入最少、产出最大、成本最低、收益和利润最高。但学习经济学并不是要用现成的理论去套现实问题,而是要学会一套分析这些问题的方法。经济学不可能为所有问题都提供现成的答案,但教会我们分析这些问题的方法。我们每天都会遇到许多经济问题,也需要随时作出许多选择的决策。像经济学家一样思考就是要学会用经济学提供的方法、工具、概念和理论来分析现实问题,并作出正确的决策。

三、有助于人们加深对政府政策的理解

社会经济增长的潜力受到资源的约束,在此范围内现实的增长要看需求的拉动,看投资、消费和出口的情况。学习经济学后,人们可以从国家统计公报中了解到这些数字,就可大体预测下一季、下一年的经济发展态势;对于政府的各项重大政策,人们会有一个判断标准。例如,政府的税收政策或预算赤字将如何影响到生产和消费、物价和就业;政府的哪些货币政策是从宽的、稳健的或是从紧的,它们各自将对经济产生什么影响;在什么时候、什么条件下采用哪一种政策最有利于经济的稳定、持续和快速发展;等等。又如,社会主义初级阶段为什么需要以公有制为主的多种所有制共同发展的基本制度,为什么我们还面临着调整和完善它的任务;我们的经济运行过程在企业制度、市场制度、分配制度等方面,还存在哪些影响经济效益提高的缺陷,如何改革它才能解放生产力;等等。

总之,经济学是一门致用之学。无论是经济管理学科、人文社会学科,还是理工学科,都要学习经济学,这将是一笔收益丰厚的投资。

本章小结

经济学是研究人们将稀缺的资源配置到各种不同的和相互竞争的用途上,并得到最大满足的科学。经济学之所以会产生和存在,是由于资源的稀缺性,稀缺性是相对于人类的无限欲望而言的。因为资源稀缺,所以选择是必要的。选择面临三个方面的问题:一是生产什么、生产多少;二是如何生产,即用什么方式来组织生产;三是生产出来的产品如何分配,也就是为谁生产。如何选择的问题就是资源的配置问题。

经济学根据考察范围和分析方法的不同,可划分为微观经济学和宏观经济学两大部分。微观经济学是以单个经济单位为研究对象,通过研究单个经济单位的经济行为和相应的经济变量单项数值的决定来说明价格机制如何解决社会资源的配置问题。宏观经济学是以整个国民经济为研究对象,通过研究经济中各有关总量的决定及其变化来说明资源如何才能得到充分利用。微观经济学和宏观经济学之间所体现的是一种相互补充、相互依存的关系。

经济学的研究方法有很多,但最基本的方法包括:边际分析法,个量与总量分析法,均衡分析法,静态、比较静态与动态分析法,实证分析法,规范分析法,长期与短期分析法,建立经济模型等。

要学好经济学,首先要正确对待经济学,在此也要搞清经济学的来龙去脉和它的重要性。

经济学是一门指导人们经济行为的科学,是一门致用之学、致富之学。学习它有助于人们更好地了解和理解现实的经济社会,也有助于人们学会像经济学家一样思考问题,更有助于人们加深对政府政策的理解。

主要概念

经济学　稀缺性　资源配置　宏观经济学　微观经济学　规范经济学　实证经济学

思考案例

水权交易与水资源的配置

水荒似乎成了永恒的话题,特别是在夏日,河水枯了,泉水不冒了,水流变细了。我国目前面临着严峻的缺水形势。如何有效利用市场机制,优化配置水资源,是一个迫切需要研究的问题。2000年11月24日,浙江省金华地区的东阳市和义乌市签订了有偿转让用水权的协议,义乌市拿出2亿元向毗邻的东阳市购买横锦水库5 000万 m³ 水资源的永久使用权。

东阳与义乌的水权交易之所以能够发生,根本上在于供给和需求的市场力量。义乌市人均水资源仅为1 132 m³,加之自有水库蓄水不足和水污染,水源不足成为经济社会发展的瓶颈。据预测,当城市人口发展到50万时,城市用水缺口为5 200万~6 200万 m³。在义乌各种备选的水源规划方案中,区内挖潜的办法(如新建水库等)大多投资成本高、建设周期长、水质得不到保障。而从毗邻的东阳市横锦水库引水,投资省、周期短、水质好,是满足用水需求的最优方案。东阳市水资源相对丰富,具有供给义乌用水的能力。东阳市横锦水库 1.4 亿 m^3 的蓄水库容,除满足本市城市用水和农业灌溉用水之外,每年汛期还要弃水 3 000 万 m^3。

1998 年开始的灌区设施配套建设,使横锦水库新增城镇供水能力 5 300 万 m^3。东阳市还可以开发后备水源,从境内梓溪流域引水入横锦水库,能够新增供水 5 000 万 m^3。因此,东阳市有能力将一部分横锦水库的水供给义乌市使用,把丰裕的水资源转化为经济效益。一方有需求,另一方能供给,于是最朴素的市场法则促成了这笔首例跨城市水权交易。

东阳与义乌的水权交易实质上是一次重大的改革实践。该事件至少有三大重要意义。

一是打破了行政手段垄断水权分配的传统。长期以来,我国的水权分配被行政垄断,主要表现为"指令用水,行政划拨"。在流域管理中,流域各地区用水通常是由上级行政分配,解决干旱季节用水或水事纠纷也主要采取行政手段。在跨区域或跨流域调水中,调水工程一般由中央或上级行政部门主导实施,对区域之间的水资源实行行政划拨,调水工程由国家包办或有很高的投资补贴。在市场经济条件下,无论是流域内上下游水事管理,还是跨流域调水,运用行政手段难度越来越大,协调利益冲突的有效性越来越差。在东阳与义乌的水权交易中,由于利用行政协调速度慢、不可靠,加之自身经济实力很强,义乌选择了直接向东阳买水,运用市场机制获得用水权,这不同于以往的跨区域调水,突破了行政手段进行水权分配的传统。

二是标志着我国水权市场的正式诞生。水资源的所有权属于国家,因此水权的初始分配必须通过政府机构。但是水权的再分配并不必然通过行政手段,如果通过市场进行,就会形成水权交易市场,简称水权市场。同样,水商品的分配如果通过市场来进行,就会形成水商品市场。实际生活中,我们把水权市场和水商品市场笼统地称为水市场。在自来水市场中,虽然水价还没有完全实现市场定价,但市场机制已经大量引入。而在纯净水和矿泉水市场,则完全实现了市场化,桶装的纯净水每吨 500～600 元,小瓶的每吨则可高达 2 000～3 000 元,价格完全由供求决定。缺水给企业带来巨大的商机,并因此推动水商品市场迅速发展壮大。而与此同时,水资源使用权的流转却完全通过行政划拨,水权市场还是一片空白,与水商品市场形成巨大反差。东阳与义乌的水权交易打破了水权市场的空白,率先以平等、自愿的协商方式达成交易,第一次形成一个跨城市的水权流转市场。

三是证明了市场机制是水资源配置的有效手段。东阳和义乌运用市场机制交易水权,双方的利益都得到了增加。东阳通过节水工程和新的开源工程得到的丰裕水,其每立方米的成本尚不足 1 元,转让给义乌后却得到每立方米 4 元的收益;而义乌购买 1 立方米水权虽然付出 4 元的代价,但如果自己建水库至少要花 6 元。东阳和义乌的水权交易,将促使买卖双方更加重视节约用水和保护水资源,市场起到了优化资源配置的作用。如果双方通过行政手段解决问题,势必会增加两市矛盾,甚至可能发展成为水事纠纷,所以市场机制实质上还起到协调地方利益冲突的作用。

资料来源：刘东、梁东黎、史先诚编著,《微观经济学教程》(第二版),科学出版社 2010 年版。

问题讨论：

1. 通过东阳与义乌水权交易的案例,理解"资源稀缺"的含义。
2. 通过东阳与义乌水权交易的案例,理解"市场"一词的含义。在该例中具有市场的所有特征吗？
3. 为什么会发生东阳与义乌水权交易？是需求、供给,还是其他什么力量在其中起作用？
4. 这个事例是否说明,水权的再分配并不必然通过行政手段,如果通过市场进行,会更有效率？

课后习题

1. 什么是经济学？
2. 为什么会产生经济学？
3. 经济学需要回答哪三个问题？
4. 经济学有哪些作用？
5. 以下问题中不属于微观经济学考察问题的是（　　）。
   A. 一个厂商的产出水平　　　　　B. 某种劳务的价格
   C. 某个行业中雇用的工人数量　　D. 某个国家失业率的水平
6. 以下问题中不属于宏观经济学考察问题的是（　　）。
   A. 某个国家 2000 年的国民生产总值达 1 亿美元
   B. 美国自 2000 年下半年以来已连续 6 次加息
   C. 某个国家工厂开工率达 75%
   D. 电视机的价格便宜了 5%
7. 判断下列命题属于实证分析还是规范分析。
   (1) 最低工资率法律增加了青年工人和非熟练工人的失业率；
   (2) 20 世纪 70 年代世界油价暴涨是垄断组织造成的；
   (3) 政府在扩大就业方面应起到更大的作用；
   (4) 政府开支超过了应有的水平；
   (5) 在美国,收入最高的 10% 的家庭收入占据了总收入的 25%,而收入最低的 20% 的家庭收入在总收入中占 11%。

第二章

均衡价格理论

均衡价格理论是微观经济学的核心。在任何一种商品市场上,供给和需求决定价格,价格又反过来影响供给和需求。对经济学家来说,价格本身就是非常美好的东西,它以这样或那样的方式给市场经济提供激励手段,以便有效率地使用稀缺的资源。从某种角度讲,几乎所有的微观经济问题都归结为需求、供给和价格之间的关系问题。因此,需要从需求、供给分析出发,阐述市场均衡价格的形成过程及其作用,对市场机制进行总体考察。

第一节 需求与供给

一、需求的基本理论

(一)需求、需求价格与需求曲线

1. 需求

这里所讲的需求不是一般意义上的需求,而是经济学意义上的需求。经济学意义上的需求是指,在某一时期内、在每一种价格水平上消费者愿意并且能够购买的某种商品的数量。它是购买欲望和购买能力的统一。

在市场上,消费者实际上面对的是不同的商品和不同的价格,即使同种商品也有不同的价格水平。这里,仅以同种商品进行分析。对同一商品而言,随着价格的不同,消费者愿意和能够购买的数量也在变化。这种不同的价格与相应的需求量之间的关系就是需求。这里所说的需求量,必须是有支付能力的需求量。如果在一定的价格水平上,消费者愿意购买一定数量的某种商品,却没有相应的支付能力,就不能算作需求量。因此,这里要特别注意"愿意而且能够购买"这几个字。"愿意"是指有购买欲望,"能够"是指有购买能力,所以说,需求是购买欲望和购买能力两者的统一,缺少哪一个都不能构成需求。比如说,想听通俗歌手唱歌而买不起门票的人没有这种需求,能买得起门票但不愿听通俗歌曲的人也没有这种需求,只有既想听又买得起门票的人才构成对通俗歌手演唱会的需求。

需求与需求量是两个相互联系而又不同的概念。需求量是指按照某种给定的价格,人们愿意并能够购买的商品和服务的数量。而需求则是指价格与需求量之间的关系,动态地反映不同价格水平下对该商品的需求量。在需求一定的情况下,需求量可以随着价格的变化而变化。

需求可以分为个人需求和市场需求。个人需求是指某个消费者对某一种商品的需求;而市场需求则是指消费者全体对于某一种商品的总需求,市场需求是个人需求的加总。显然,经济学研究的需求实际上是市场需求。

2. 需求价格

需求价格是指消费者在一定时期内对一定数量的商品所愿意支付的价格。在市场经济中,商品会被愿意支付并最有能力支付的人获得。因此,市场经济又称为价格制度。在这种制度下,消费者所面对的市场价格有两种情况:一种情况是在完全竞争市场上,所面对的卖主很多,每个人的要求不得不非常接近,因为,如果某人要价过高,他的生意会被其他的卖主抢走,而在完全竞争的情况下,每一个卖主都是价格的接受者,他只能接受这个价格,而不能影响市场的价格;另一种情况是在垄断市场上,即使垄断经营者抬高商品的价格,他的生意也不会被别人所抢走,这样的经营者称为价格的制定者,他们的价格是建立在预期利润的基础上的。因此,在市场经济条件下,需求价格并不完全是消费者的行为,而实际上价格是经济参与者相互联系信息的方式。

3. 需求曲线

如前所述,需求是指价格与需求量之间的关系。这种关系可用市场需求表来表示。需求表是根据购买者在一定时期内和一定市场中按照某种商品不同价格水平所愿意并能够购买的量所列成的表,如表 2-1 所示。

表 2-1 需 求 表

价格(元)	需 求 量				市场需求量(吨)
	个人需求量(千克)				
	甲	乙	丙	…	
6	2	1	4	…	2
5	3	2	6	…	3
4	4	3	7	…	4
3	5	4	8	…	6
2	6	5	13	…	9
1	8	7	15	…	10

表 2-1 描述了某一市场上在一定时期内对某种商品的个人需求和市场需求。它表示甲的需求状况是这样的:若价格为 1 元,他愿意买进的数量是 8 千克;价格为 2 元时,他愿意买进 6 千克;价格涨到 6 元时,他只愿意购买 2 千克。同样,乙在价格为 1 元时,愿意购买的数量是 7 千克;价格为 3 元时,愿意购买的数量是 4 千克……丙的需求状况是:价格为 1 元时,需求量为 15 千克;价格为 5 元时,需求量为 6 千克……从表 2-1 中可以看出,当价格较高时,需求量较低;当价格较低时,需求量较高。需求量与价格呈反方向变动。我们把描述某人(家庭)与任一价格相对应的需求数量的表格,称为个人需求表。

同样的关系也可以用一个几何图形来表示。图 2-1 就是根据表 2-1 中甲的资料绘制而成的。

图 2-1 中向右下方倾斜的曲线便是甲对商品的需求曲线。它形象地说明了价格与需求量

之间呈反方向变动的关系。图中的纵轴表示商品的价格,横轴表示对商品的需求量。曲线上任何一点都有相对应的价格和在该价格水平上的需求量。在某一产品市场上,把每一价格对应的每个人的需求量加在一起,就构成表达该市场上与每一价格对应的市场需求量的市场需求,这样的市场需求表和市场需求曲线,描述了市场需求状况。如表2-1表示,若市场实际的售卖价格为1元,则市场

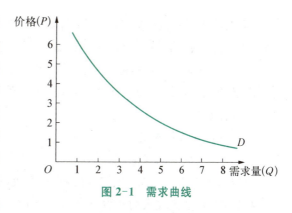

图2-1 需求曲线

上所有的消费者加起来的需求量合计为10吨;但若价格上涨到5元,生产者就只能够卖出3吨了,这是因为每单位产品卖价为5元时,该市场所有消费者愿意购买的数量加起来只有3吨。

以上所讲的需求曲线指的是需求的一般情况,即在影响需求量的其他因素给定不变的条件下,对于一种商品的需求量与其价格之间存在的反方向关系。也就是说,如果价格高或提高,需求量就少或减少;价格低或下降,需求量就多或增加。这在经济学中称为需求定理。由于商品需求量与其价格之间存在着互为反方向变化的依存关系,因而需求曲线是一条自左上方向右下方倾斜的曲线。

4. 需求曲线的例外情况

在现实生活中,也可能遇到以下几种商品的例外情况。

第一,炫耀性商品。例如,珠宝、项链等装饰品代表一定的社会地位与身份,如果价格下降,它们就不能再代表这种社会地位与身份,对它们的需求量就会减少。

第二,珍贵、稀罕性商品。例如,古董、古画、名贵邮票等往往是价格越高越显示它们的珍贵性,从而对它们的需求量就越大。

在以上两种情况下,需求曲线可能呈现从左下方向右上方倾斜的正斜率的情况。价格越高,需求量越大;价格越低,需求量越小。

第三,某些商品小幅度调价,需求按正常情况变动;大幅度调价,人们就会采取观望的态度或不冷静的选择,需求将出现不规则的变化。例如,证券、黄金市场上就常有这种情况。这种情况下,需求曲线可能呈现出不规则的状态。

(二) 影响需求的因素与需求函数

在一种商品市场上,引起市场需求量变化的因素是多种多样的。其中,商品本身的价格是最主要的因素,除此之外,影响需求的因素一般有如下几种。

1. 相关商品的价格

商品之间的关系有两种:替代关系和互补关系。相应的,一种商品的相关商品可以分为替代品和互补品。如果两种商品可以互相替代以满足消费者的一种欲望,则称这两种商品之间存在着替代关系,或称这两种商品互为替代品。一种商品的需求数量与该商品的替代品价格之间呈同方向的变动关系。例如,牛肉和羊肉互为替代品,当牛肉的价格上升时,

人们就会减少对牛肉的购买而增加对羊肉的购买,从而羊肉的需求数量上升。如果两种商品互相补充,共同满足消费者的一种欲望,则称这两种商品之间存在着互补关系,或称这两种商品为互补品。一种商品的需求数量与该商品的互补品价格之间呈反方向的变动关系。例如,录音机和磁带互为互补品,当录音机的价格上升时,磁带的需求数量会因录音机的需求数量的减少而减少。

2. 消费者的收入水平

个人收入水平的变化对不同商品的需求数量的影响是不同的。一般来说,随着个人收入的增加,消费者对大多数正常商品的需求数量就会增加,而对劣等商品的需求数量就会减少;相反,随着个人收入的减少,则对正常商品的需求数量就会减少,而对劣等商品的需求数量就会增加。

3. 消费者的偏好

消费者对某一商品的偏好程度取决于消费者对商品的主观心理评价,这种评价有时也受外界因素影响,如他人的消费示范、广告宣传等。例如,受广告宣传的影响,消费者对某一商品的偏好增加,尽管该商品价格没有发生变化,消费者却会增加对该商品的需求数量。

4. 消费者对该商品的价格预期

一般来说,消费者预期某商品的价格会上升,则会增加现期对该商品的需求数量;相反,预期某商品的价格会下降,则会减少现期对该商品的需求数量。

5. 政府的经济政策

如果政府采取某些刺激经济的政策,如降低利息率和增加财政支出等政策,经济中对商品的需求数量就会增加;相反,如果政府采取某些紧缩经济的政策,如提高利息率和削减财政支出等政策,经济中对商品的需求数量就会减少。

总之,影响需求的因素是多种多样的,有些主要影响需求欲望,有些主要影响需求能力。这些因素共同作用决定了需求。

由此可见,一个市场在一定时期对某一商品(如棉布)的需求数量,取决于消费者的偏好和收入、棉布的价格和其他相关商品(如化纤产品)的价格,以及人们预计棉布和其他商品将来的价格等五个因素,并随着这五个因素的变化而变化。对于棉布的需求数量与影响需求数量因素之间的这种依存关系,用数学语言来说,称为需求函数。

需求函数是用来表示在某一时期内某商品的需求数量与影响该商品需求数量的各因素之间的相互关系的。如果把影响需求的各种因素作为自变量,把需求作为因变量,则它们之间的函数关系可以表示为:

$$D = f(a, b, c, d, \cdots, n)$$

其中,D 代表消费者在一定时期内对某商品的需求量;$a,b,c,d,\cdots,n$ 代表影响需求的因素。

由于影响一种商品需求的因素是十分复杂的,所以经济学在需求分析时采用的是经济分析中常用的科学抽象法,即假定影响棉布需求量的因素,除棉布的价格以外,其余因素都是给定不变的。这样,可以认为棉布需求量发生变化的唯一原因在于棉布价格的变化,如果用 P 代表棉布的价格,于是棉布的需求函数可表示为:$D = f(P)$。

需求函数是市场预测的一个理论基础,它可为企业生产决策提供依据。

(三) 需求量的变动与需求的变动

1. 需求量的变动

需求量的变动是指在其他条件不变的情况下,商品本身价格变化所引起的需求数量的变动。需求量的变动表现为同一条需求曲线上点的移动,可用图 2-2 来说明。

在图 2-2 中,当价格由 P_0 上升为 P_1 时,需求量从 Q_0 减少到 Q_1,在需求曲线 D 上则是从 b 点向上方移动到 a 点;当价格由 P_0 下降到 P_2 时,需求量从 Q_0 增加到 Q_2,在需求曲线 D 上则是从 b 点向下方移动到 c 点。可见,在同一条需求曲线上,向上方移动是需求量减少,向下方移动是需求量增加。

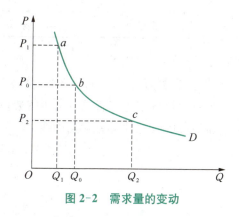

图 2-2 需求量的变动

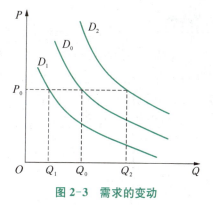

图 2-3 需求的变动

2. 需求的变动

需求的变动是指在商品本身价格不变的情况下,其他因素变动所引起的需求数量的变动。需求的变动表现为需求曲线的平行移动,可用图 2-3 来说明。在图 2-3 中,价格是 P_0,其他因素变动而引起的需求曲线的移动就是需求的变动。例如,收入减少了,在同样的价格水平 P_0 处,需求数量从 Q_0 减少到 Q_1,则使需求曲线由 D_0 移动到 D_1;收入增加了,在同样的价格水平 P_0 处,需求数量从 Q_0 增加到 Q_2,则使需求曲线由 D_0 移动到 D_2。可见,需求曲线向左方移动是需求减少,需求曲线向右方移动是需求增加。

二、供给的基本理论

(一) 供给、供给曲线

1. 供给

经济学意义上的供给是指企业(生产者)在某一特定时期内、在每一价格水平上愿意而且能够出售的商品量。作为供给,一是必须有出售的愿望,二是必须有供应能力,两者缺一不可。在企业的供给中,既包括新生产的产品,也包括过去生产的存货。需要强调的是,这里所说的供给量不是某一特定价格上的供给量,而是指在每一种可能的价格水平上的各个不同的供给量。因此,与需求类似,经济学意义上的供给所反映的也是价格与其对应的供应量之间的关系。供给的变动有可能导致供给量的变动,但不能反过来说,供给量的变动就是供给的变动。供给也分为个别供给和市场供给:个别供给是指个别企业在一定时期内、在每一价格水平上愿意而且能够出售的某种特定商品的数量;而市场供给则是指市场上全体企业在一定时期内、在每一价格水平上愿意而且能够出售的某种商品的数量,市场供给是个别供给的加总。一般来说,经济学所研究的供给是指市场供给。

2. 供给曲线

企业在不同价格水平对某商品的供给情况可以通过市场供给表来表示(见表2-2)。

表2-2　市 场 供 给 表

价格(元)	6	5	4	3	2	1
供给量(吨)	11	10	8	6	3	0

表2-2是描述一种商品供给状况的市场供给表。它表示,若售价为1元,没有任何生产者愿意提供产品;若价格为2元,则该市场内每个生产者愿意销售的数量合计为3吨;价格为3元时市场供给量为6吨……若销售价格上升到6元,则该市场各个生产者愿意销售的数量合计达到11吨。若把表2-2中的数据描绘在坐标图上,即为如图2-4所示的供给曲线。

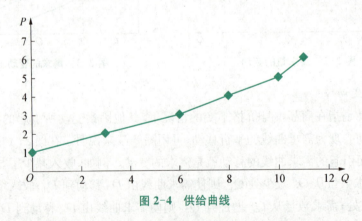

图2-4　供给曲线

由表2-2可见,供给数量随着商品价格的上升而增加。相应的,在图2-4中,供给曲线是一条向右上方倾斜的曲线。供给表和供给曲线均反映了商品的价格与供给量之间呈同方向变动的规律。由此可以得到供给定理:在其他条件不变的情况下,商品的供给量随价格的上升而增加,随价格的下降而减少。

导致供给曲线向右上方倾斜的原因主要有两个。第一,企业对最大利润的追求。较高的价格意味着较多的利润,较多的利润驱使企业增加生产,从而增加了供给。当价格下降时,利润也下降了。这又促使企业缩减生产,从而减少了供应量。第二,根据收益递减规律和成本递减规律,在一定的生产技术条件和生产规模之下,产量达到一定程度以后便会出现收益递减和成本递减现象。在这种情况下,商品的价格必须同增加的成本(边际成本)相适应,才能使商品的供给量增加。

在一般情况下,商品的价格与在该价格水平上的供应量之间的关系都是符合供给定理的。但对某些特殊商品来说,供给定理也有例外。如劳动的供给就属于特殊情况。当工资小幅度上升时,劳动的供给会增加,但当工资增加到一定程度时,如果再增加,劳动的供给往往不仅不增加,反而会减少,如图2-5 所示。

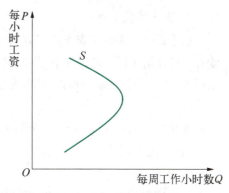

图 2-5 劳动的供给曲线

劳动的供给曲线之所以呈现如图 2-5 所示的形状,是因为随着工资的进一步提高,劳动者仅用较少的工作时间就可以获得原先需要较多的工作时间才能获得的维持基本开支所需要的工资收入。在这种情况下,闲暇在人们心目中的地位相对提高,因此倾向于把更多的时间作为闲暇来安排,而不是用于工作。

对于同一种商品来说,各个生产并销售这种商品的企业的供给曲线是不同的。不同企业的供给曲线的形状和位置,取决于它们各自的技术条件和成本状况。各个不同企业的不同供给曲线的加总,便是市场供给曲线。市场供给曲线与个别企业的供给曲线的基本特征是一样的,都向右上方倾斜,但由于市场供给曲线是个别曲线的加总,因此,在一般情况下,市场供给曲线的斜率不同于任何一个个别企业供给曲线的斜率。

不同商品的市场供给曲线的形状是各不相同的,这是由于不同商品的供给数量对价格变化的敏感程度不同。有些商品价格上升很小幅度就会引起供给数量的很大变动;而有些商品的价格上升很大幅度却只引起供给数量的微小变动。对此,我们在后面还要进行分析。

(二)影响供给的因素与供给函数

影响供给的因素是多方面的,现在假定商品自身的价格不发生变化,那么,影响供给的其他因素主要有以下 6 种。

1. 相关商品的价格

这里分替代商品和互补商品两种情况。如果某商品是这个商品的替代品,其价格上升会使这个商品的供给减少。例如,在种植面积一定的条件下,当小麦价格不变而玉米价格提高时,生产者将缩减小麦种植面积而多种植玉米。这表示玉米价格的提高会引起小麦供给的减少。如果某商品是这个商品生产中的互补品,其价格上升会增加这个商品的供给,使这个商品的供给曲线右移。

2. 生产要素的价格

如果生产要素价格下跌,商品的生产成本就会下降,企业就愿意以比之前更低的价格提供同样数量的商品。所以,生产要素的价格下跌会使商品的供给增加,供给曲线右移;相反,生产要素价格上涨会使供给曲线左移。

3. 生产的技术水平

技术是社会关于工农业技艺方面知识的总存量。技术进步可以大大提高生产效率,使企业有可能在给定资源的条件下,生产出更具竞争力的商品,因而企业愿意以比过去更低的价格来提供一定数量的商品。所以,技术进步会使供给增加,供给曲线右移;反之,则供给曲线左移。

4. 生产者对未来的预期

如果生产者对未来的经济持乐观态度,则会增加供给;如果生产者对未来的经济持悲观态度,则会减少供给。

5. 政府的经济政策

当政府采取扩张经济的政策时,比如在鼓励投资、增加财政支出和减税时,经济中商品的供给数量就会增加;反之,当政府采取紧缩经济的政策时,比如在限制投资、减少财政支出和增税时,经济中商品的供给量就会减少。

6. 自然条件、社会条件和政治气候的突变

例如,自然灾害、战争、政治事变等都会使生产者的生产经营活动无法正常进行,给供给带来重大的影响。

影响供给的因素与供给量之间的关系可以用函数来表示。如果把所有影响供给数量的因素作为自变量,把供给数量作为因变量,则它们之间的函数关系可表示为:

$$S = f(a, b, c, d, \cdots, n)$$

这就是供给函数。其中,S 代表生产者在一定时期内对某商品的供给数量;$a,b,c,d,\cdots,n$ 代表影响供给数量的所有因素。实际上,在经济学分析的很多场合,为了分析简便,假定商品的供给数量只受该商品自身价格的影响,而其他影响商品供给数量的因素均不发生变化,于是供给函数表示为:

$$S = f(P)$$

其中,P 表示该商品的价格,S 表示该商品的供给数量。这个函数表示,在其他条件不变的情况下,生产者在一定时期内、在各种可能的价格水平上愿意而且能够提供的某种商品的数量。

(三)供给量的变动与供给的变动

1. 供给量的变动

供给量的变动是指在其他条件不变的情况下,商品本身价格变动所引起的供给数量的变动。供给量的变动表现为同一供给曲线上点的移动,可用图 2-6 来说明。

在图 2-6 中,当价格由 P_0 上升为 P_1 时,供给量从 Q_0 增加到 Q_1,在供给曲线 S 上,则从 b 点上移动到 a 点;当价格由 P_0 下降为 P_2 时,供给量从 Q_0 减少到 Q_2,在供线曲线 S 上,则从 b 点下移到 c 点。可见,在同一条

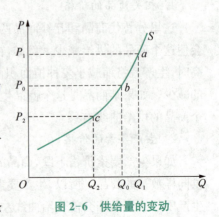

图 2-6 供给量的变动

供给曲线上,向上方移动是供给量增加,向下方移动是供给量减少。

2. 供给的变动

供给的变动是指在商品本身价格不变的情况下,其他因素变动所引起的供给数量的变动。供给的变动表现为供给曲线的平行移动,可用图2-7来说明。

在图2-7中,价格是P_0,其他因素变动而引起的供给曲线的移动是供给的变动。例如,当生产要素价格下降时,在同样的价格水平P_0上,生产者所得到的利润增加,从而产量增加,供给数量从Q_0增加到Q_1,则供给曲线由S_0移动到S_1。当生产要素价格上升时,在同样的价格水平P_0上,生产者得到的利润减少,从而产量减少,供给数量从Q_0减少到Q_2,则供给曲线由S_0移动到S_2。可见,供给曲线向左方移动是供给减少,供给曲线向右方移动是供给增加。

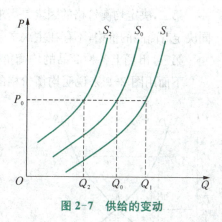

图 2-7 供给的变动

第二节 均 衡 价 格

一、均衡价格的形成

在分析需求和供给的基础上认识到:需求和供给是市场上两种相反的力量,市场上某种商品的价格越低,人们对它的需求量就越多,而企业的供给量却越少;反之,商品价格越高,人们的需求量越少,而企业的供给量却越多。市场上的需求方和供给方对市场价格变化的反应是相反的,生产者和消费者分别从各自的利益出发,对市场价格信息作出不同的反应。因此,在很多情况下,需求量和供给量是不相等的,或者是供过于求,或者是求过于供。当供不应求时,市场价格会上升,从而导致供给量增加而需求量减少;当供过于求时,市场价格会下降,从而导致供给量减少而需求量增加。其结果必然会形成一个市场价格,在这个价格水平上,市场对这种商品的供给量和需求量相等。这种需求和供给相平衡的状态,我们称为均衡状态,此时的价格便是均衡价格,此时的供给量与需求量是一致的,称为均衡数量。现在我们用图2-8说明均衡价格。

在图2-8中,横轴代表数量(需求量与供给量),纵轴代表价格(需求价格与供给价格),D为需求曲线,S为供给曲线。D与S相交于E,这就决定了均衡价格为2元、均衡数量为100千克。

对于均衡价格的理解,应注意以下三点。

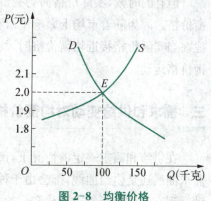

图 2-8 均衡价格

第一,均衡价格的含义。均衡是指经济中各种对立的、变动的力量处于一种力量相当、相对静止、不再变动的状态。均衡一旦形成,如果有另外的力量使它离开原来均衡的位置,则会有其他力量使之恢复到均衡。由此可见,均衡价格就是由于需求和供给这两种力量的作用使价格处于一种相对静止、不再变动的状态。

第二,决定均衡价格的因素是需求和供给。在完全自由竞争市场上,需求和供给两方面共同决定着商品的价格,不存在主次之分。因此,需求和供给的变动都会影响均衡价格的变动。

第三,市场上各种商品的均衡价格是最后的结果,其形成过程是在市场背后进行的。

下面用图 2-9 来说明均衡价格的形成。

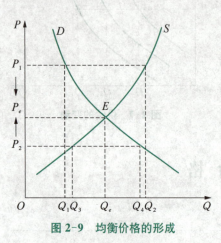

图 2-9 均衡价格的形成

在图 2-9 中,均衡价格为 P_e,均衡数量为 Q_e。当实际价格高于均衡价格为 P_1 时,市场上的过度供给量为 Q_1Q_2。供给量大于需求量的状态,必然会导致实际价格下跌,一直下降到均衡价格 P_e 为止。与此同时,在实际价格的下跌过程中,需求量会逐渐增加,供给量会逐步减少,从而回到均衡数量 Q_e 的水平。相反,当实际价格低于均衡价格为 P_2 时,市场上的过度需求量为 Q_3Q_4。需求量大于供给量的情况,必然会使实际价格上升,直至运动到均衡价格 P_e 为止。与此同时,随着实际价格的提高,需求量会逐渐减少,供给量会逐渐增加,最后达到均衡数量 Q_e 的水平。

二、均衡价格与实际价格

在现实经济生活中,我们看到的只是实际价格而不是均衡价格。经济学家们通常假定实际价格是接近于均衡价格的。这是因为在市场运行中,供给和需求共同作用,总是把实际价格不断地推向均衡价格。所以,如果需求曲线和供给曲线在一个时期内是相当稳定的,实际价格就会趋于成为均衡价格。均衡价格是实际市场价格上下波动的中心。

但有的时候,实际价格向均衡价格的运动要花费很长的时间,有时甚至永远也达不到均衡价格。因为随着市场上影响供给和需求的其他条件的变化,均衡价格自身也会发生变化。往往当实际价格接近均衡价格时,均衡价格自身又变动了,因此,只能说实际价格总是向均衡价格运动。

三、需求和供给变动对均衡价格的影响

在供给和需求一定的情况下,市场的均衡价格是唯一的。但在实际经济生活中,无论是需求曲线还是供给曲线,都会由于种种原因而发生变化,从而引起均衡价格和均衡数量的变动。现在具体分析需求变化和供给变化对均衡价格的影响。

(一) 需求变动对均衡的影响

现在用图 2-10 来说明需求变动对均衡价格和均衡数量的影响。

在图 2-10 中,既定的供给曲线 S 与最初的需求曲线 D_1 相交于 E_1,均衡价格为 P_1,均衡数量为 Q_1。需求增加后,需求曲线由 D_1 平移到 D_2,均衡价格和均衡数量分别提高到 P_2 和 Q_2;需求下降后,需求曲线由 D_1 平移到 D_3,均衡价格和均衡数量分别降低到 P_3 和 Q_3。由此可见,在供给不变的条件下,需求增加会使均衡价格和均衡数量都增加,需求减少会使均衡价格和均衡数量都减少。

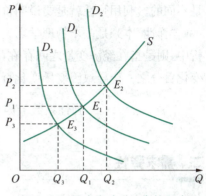

图 2-10 需求变动对均衡的影响

(二) 供给变动对均衡的影响

可用图 2-11 来说明供给变动对均衡价格和均衡数量的影响。

在图 2-11 中,在既定的需求不变的条件下,供给变化前的均衡价格和均衡数量分别为 P_1 和 Q_1。供给增加后,均衡数量由 Q_1 增加到 Q_2,但均衡价格由 P_1 下降为 P_2;供给减少后,均衡数量由 Q_1 减少为 Q_3,但均衡价格由 P_1 上升为 P_3。显然,当需求既定时,供给增加会使均衡数量增加而均衡价格下降,供给减少会使均衡数量减少而均衡价格上升。

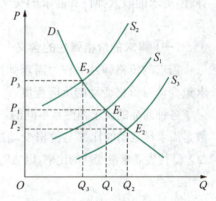

图 2-11 供给变动对均衡的影响

(三) 供求定理

从以上关于需求和供给变动对均衡价格影响的分析中可以得出:需求的增加引起均衡价格上升,需求的减少引起均衡价格下降;需求的增加引起均衡数量增加,需求的减少引起均衡数量减少。所以说,需求的变动引起均衡价格与均衡数量同方向变动。供给的增加引起均衡价格下降,供给的减少引起均衡价格上升;供给的增加引起均衡数量增加,供给的减少引起均衡数量减少。所以说,供给的变动引起均衡价格反方向变动,引起均衡数量同方向变动。这就是经济学中的供求定理。

第三节 弹性理论及其应用

一、弹性

价格的变动会引起需求量或供给量的变动,但需求量或供给量对价格变动的反应程度是不同的。利用弹性就是要说明价格变动与需求量或供给量变动之间量的变化关系。

"弹性"本来是一个物理学名词,指物体对外部力量的反应程度。当把弹性引入经济分析中,则是指在经济变量之间存在函数关系时,因变量对自变量变化的反应程度,即自变量变化百分之一会导致因变量变化百分之几。弹性的一般公式为:

$$弹性系数=因变量的相对变动/自变量的相对变动$$

二、需求弹性

影响需求的因素是多种多样的,需求量对任何一个影响需求的因素的反应程度,都构成了一种需求弹性。所以根据所需研究的影响需求的因素不同,需求弹性又分为需求的价格弹性、需求的收入弹性和需求的交叉弹性。在此,只分析需求的价格弹性。

(一) 需求的价格弹性的含义

需求的价格弹性又称为需求弹性,指价格变动的比率所引起的需求量变动的比率,即需求量变动对价格变动的反应程度。

各种商品的需求弹性是不同的,一般用需求的弹性系数来表示弹性的大小。需求弹性系数是需求量变动的比率与价格变动的比率的比值。如果以 E_d 代表需求弹性的弹性系数,以 $\Delta Q/Q$ 代表需求量变动的比率,以 $\Delta P/P$ 代表价格变动的比率,则需求弹性的弹性系数公式为:

$$E_d = \frac{\Delta Q/Q}{\Delta P/P}$$

这里要注意,因为价格与需求量呈反方向变动,所以当价格增加,即价格的变动为正值时,需求量减少,即需求量的变动为负值;同理,当价格的变动为负值时,需求量的变动为正值。所以,需求弹性的弹性系数应该为负值。但在实际运用时,为了方便起见,一般都取其绝对值。

(二) 需求的价格弹性的分类

各种商品的需求弹性不同,根据需求弹性系数的大小,可以把需求的价格弹性分为五类。

1. 需求完全无弹性,即 $E_d = 0$

在这种情况下,无论价格如何变动,需求量都不会变动。这时的需求曲线是一条与横轴垂直的直线,如图 2-12 中的 D。

2. 需求有无限弹性,即 $E_d \to \infty$

在这种情况下,当价格为既定时,需求量是无限的。这时需求曲线是一条与横轴平行的直线,如图 2-13 中的 D。

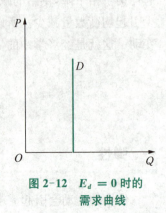

图 2-12 $E_d = 0$ 时的需求曲线

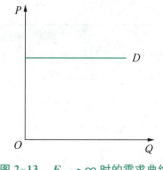
图 2-13　$E_d \to \infty$ 时的需求曲线

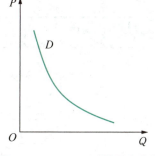
图 2-14　$E_d = 1$ 时的需求曲线

3. 单位需求弹性，即 $E_d = 1$

在这种情况下，需求量变动的比率与价格变动的比率相等。这时的需求曲线是一条正双曲线，如图 2-14 中的 D。

4. 需求缺乏弹性，即 $0 < E_d < 1$

在这种情况下，需求量变动的比率小于价格变动的比率。这时的需求曲线是一条比较陡的线，如图 2-15 中的 D。

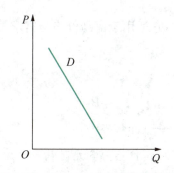
图 2-15　$0 < E_d < 1$ 时的需求曲线

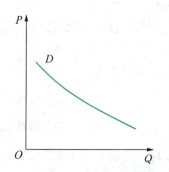
图 2-16　$1 < E_d < \infty$ 时的需求曲线

5. 需求富有弹性，即 $1 < E_d < \infty$

在这种情况下，需求量变动的比率大于价格变动的比率。这时的需求曲线是一条比较平坦的线，如图 2-16 中的 D。

对于商品需求价格弹性的认识，可参考斯蒂格利茨在《经济学》一书中提供的美国经济中某些物品的价格弹性的资料，具体见表 2-3。

表 2-3　不同物品的需求价格弹性

物　　品		需求价格弹性
富有弹性的需求	买来的食品	2.27
	金属	1.52
	家具、木材	1.25
	汽车	1.14

续 表

物　品		需求价格弹性
缺乏弹性的需求	煤气、水、电	0.92
	烟草	0.61
	住房	0.55
	服装	0.49
	书、杂志、报纸	0.34
	肉	0.20

（三）弹性计算的两种方法——弧弹性和点弹性

1. 弧弹性

当商品价格发生了一个较明显的变化导致需求量发生了较大的变化时，从图形上看就是从需求曲线上的一个点移动到另一个点，两点之间形成了一段弧，这时计算的弹性就是弧弹性。

弧弹性是指需求曲线上两点之间一段弧的弹性，它适用于商品价格与需求量的变化都相当大的条件。

弧弹性的计算公式为：

$$E_d = \frac{\Delta Q/[(Q_1+Q_2)/2]}{\Delta P/[(P_1+P_2)/2]} = \frac{\Delta Q}{\Delta P} \cdot \frac{P_1+P_2}{Q_1+Q_2}$$

【例 2.3.1】 某杂志价格为 2 元时销售量为 5 万册，价格为 3 元时销售量为 3 万册，则需求价格弹性为多少？

解：弧弹性 $= \dfrac{3-5}{(3+5)/2} \div \dfrac{3-2}{(3+2)/2} = \dfrac{3-5}{3-2} \times \dfrac{3+2}{3+5} = -1.25$

从上面弧弹性的计算公式和例题可以看出，弧弹性的计算对弹性定义中的两个基数 Q 和 P 作了这样的处理，即取需求量变化前后两个基数的平均值 $\dfrac{1}{2}(Q_1+Q_2)$ 为 Q，取价格变化前后两个基数的平均值 $\dfrac{1}{2}(P_1+P_2)$ 为 P，这是从运算的合理、划一、可比这些技术角度出发的。是以 P_1、Q_1 为基数来计算，还是以 P_2、Q_2 为基数来运算，其结果大不相同。如上面的例题中，$E_d = \dfrac{\Delta Q}{Q_1} / \dfrac{\Delta P}{P_1} = \dfrac{(3-5)/5}{(3-2)/2} = -0.8$，$E_d = \dfrac{\Delta Q}{Q_2} / \dfrac{\Delta P}{P_2} = \dfrac{(5-3)/3}{(2-3)/3} = -2$，相差很大。如果有人以变化前的量为基数，有人以变化后的量为基数，或者有时以变化前的量为基数，有时以变化后的量为基数，那么，势必会造成混乱。所以，取其平均值是比较适宜的。弧弹性实际就是中点弹性。

2. 点弹性

当商品价格和需求量的变化都很小,从图形上看就是在需求曲线上的一个点,这时计算的弹性就是点弹性。

点弹性是指需求曲线上某一点的弹性,适用于价格和需求量变化都极为微小的条件。

点弹性的计算公式为:

$$E_d = \lim_{\Delta P \to 0} \frac{\Delta Q}{\Delta P} \cdot \frac{P}{Q} = \frac{dQ}{dP} \cdot \frac{P}{Q}$$

【例 2.3.2】 需求函数为 $Q_d = a - bP$(a、b 为常数,$b > 0$),设 $P = 1$,求该点的弹性。

解: $P = 1$,则 $Q_d = a - b$,另 $dQ/dP = -b$,有:

$$E_d = \frac{dQ}{dP} \cdot \frac{P}{Q} = -b \times \frac{1}{a-b} = -\frac{b}{a-b}$$

(四) 影响需求价格弹性的因素

1. 必需品与奢侈品

必需品倾向于需求缺乏弹性,而奢侈品倾向于需求富有弹性。当看病的费用上升时,尽管人们会比平常看病的次数少一些,但不会大幅度地改变他们看病的次数。与此相比,当游艇价格上升时,游艇需求量会大幅度减少。原因是大多数人把看病作为必需品,而把游艇作为奢侈品。当然,一种物品是必需品还是奢侈品并不取决于物品本身固有的性质,而取决于购买者的偏好。对于一个热衷于航行而不太关注自己健康的水手来说,游艇可能是需求缺乏弹性的必需品,而看病则是需求富有弹性的奢侈品。

2. 相近替代品的可获得性

有相近替代品的物品往往较富有需求弹性,因为消费者从这种物品转向其他物品较为容易。例如,黄油和人造黄油很容易互相替代,其需求弹性就大;而石油是一种没有相近替代品的物品,石油的需求弹性就较小。

3. 物品消费支出在预算总支出中所占的比重

消费者在某种物品上的消费支出在预算总支出中所占的比重越大,该物品的需求价格弹性通常越大;反之,则与此相反。例如,火柴、食盐等物品的需求价格弹性是比较小的,消费者往往不太重视这类物品价格的变化。

4. 时间的长短

物品往往随着时间变长,其需求更富有弹性。当汽油价格上升时,在最初的几个月中汽油的需求量只略有减少。但是,随着时间的推移,人们会购买更省油的汽车,或转向公共交通,或迁移到离工作地方近的地点,如此几年之后,汽油的需求量会大幅度减少。

(五) 需求的价格弹性与总收益

某种商品的价格变动时,它的需求弹性的大小与出售该商品所得到的总收益是密切相关的,因为总收益等于价格与销售量之积。价格的变动引起需求量的变动,从而也引起了销售量的变动。不同商品的需求弹性不同,价格变动引起的销售量的变化不同,从而总收益的变化也就不同。由此可见,商品的价格弹性和总收益之间有密切的关系。这种关系一般可分为以下两种情况。

第一种情况:对于 $E_d<1$ 的缺乏弹性的商品而言,价格与总收益是呈同方向变动的。也就是说,如果价格提高,则总收益增加;如果价格下降,则总收益减少。可用图 2-17 加以说明。

图 2-17 中的需求曲线 D 上 A、B 两点之间的变化是缺乏弹性的,当价格为 P_1、销售量为 Q_1 时,总收益为 OP_1BQ_1 的面积;当价格上升为 P_2 时,销售量仅以较小的变动率下降为 Q_2,总收益为 OP_2AQ_2 的面积。于是后者的面积大于前者的面积,总收益是增加的。同理,当价格由 P_2 降为 P_1 时,总收益是减少的。

在现实经济生活中,有时会出现一种不容易理解的现象:对一些农产品来说,在丰收年,农场主的总收入是减少的;在歉收年,总收入却是增加的。现在,我们就可以理解"谷贱伤农"的意思了。这种现象的原因在于:农产品往往是缺乏需求价格弹性的商品。在丰收年,农产品供给的增加就会导致价格的下降,在需求弹性不足的作用下,农场主的总收入是减少的;而在歉收年,农产品的供给减少会导致价格上升,同样由于需求弹性不足的原因,农场主的总收入却提高了。正因为这样,西方国家一些援助农场主的计划,就是通过减少农产品的种植面积来保证农场主的总收入的。

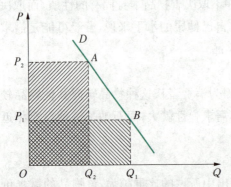 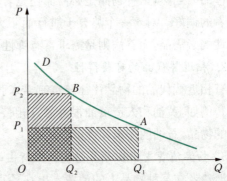

图 2-17　$E_d<1$ 时价格变化对总收益的影响　　图 2-18　$E_d>1$ 时价格变化对总收益的影响

第二种情况:对于 $E_d>1$ 的富有弹性的商品来说,价格与总收益是呈反方向变动的。若价格提高,则总收益会减少;若价格下降,则总收益会增加。图 2-18 可以说明这种情况。

图 2-18 中的需求曲线 D 上的 A、B 两点的变化是富有弹性的。当价格为 P_1 时,销售量为 Q_1,总收益为 OP_1AQ_1 的面积。当价格上升为 P_2 时,销售量以更大的变动率下降为 Q_2,总收益为 OP_2BQ_2 的面积。显然,提价以后的总收益减少了。相反,当价格由 P_2 下降为 P_1 时,总收益却增加了。

在现实经济生活中,某些生产者往往以"薄利多销"的方式来推销商品,增加总收入。凡是能做到这一点的,其销售的商品一定是富有弹性的,因为对于这类商品来说,价格下降反而能使总收益增加。

需求价格弹性与总收益的关系如表 2-4 所示。

表 2-4 需求价格弹性与总收益的关系

弹　性	表　述　用　语	价格上升 1% 对需求量的影响	价格上升 1% 对收益的影响
0	完全无弹性（垂直的需求曲线）	0	增加 1%
0～1	缺乏弹性	下降少于 1%	增加；弹性越小，收益增加越多
1	单位弹性	下降 1%	不变
>1	富有弹性	下降多于 1%	减少；弹性越大，收益减少越多
无穷大	完全弹性（水平的需求曲线）	下降到 0	减少到 0

三、供给弹性

与需求弹性相似，商品在供给方面也有供给弹性。由于影响商品供给量的因素有很多，这里我们只研究一种因素，即价格变动对供给量变动的影响。因此，我们一般讲的供给弹性实际上就是供给价格弹性。

（一）供给弹性的定义与计算

供给弹性是指价格变动的比率与供给量变动的比率之比，即供给量变动对价格变动的反应程度。

供给弹性的大小可以用供给弹性的弹性系数来表示。供给弹性的弹性系数是供给量变动的百分比与价格变动的百分比的比值。如果以 E_s 表示供给弹性系数，$\Delta Q/Q$ 表示供给量变动的百分比，$\Delta P/P$ 表示价格变动的百分比，则供给弹性系数的定义公式为：

$$E_s = \frac{\Delta Q/Q}{\Delta P/P} = \frac{\Delta Q}{\Delta P} \cdot \frac{P}{Q}$$

例如，某种商品价格变动为 10%，供给量变动为 20%，则这种商品的供给弹性系数为 2。由于供给量的变动与价格的变化在方向上是一致的，所以供给弹性均为正数。

与需求弹性的计算相同，供给弹性的计算可分为弧弹性计算和点弹性计算。

弧弹性计算公式为：

$$E_s = \frac{\Delta Q/[(Q_1+Q_2)/2]}{\Delta P/[(P_1+P_2)/2]} = \frac{\Delta Q}{\Delta P} \cdot \frac{P_1+P_2}{Q_1+Q_2}$$

点弹性计算公式为：

$$E_s = \lim_{\Delta P \to 0} \frac{\Delta Q}{\Delta P} \cdot \frac{P}{Q} = \frac{dQ}{dP} \cdot \frac{P}{Q}$$

(二) 供给弹性的分类

供给弹性因各种商品的生产条件不同,即各种商品的供给弹性大小不同,因此,一般可把供给弹性分为以下几类:

1. 供给完全无弹性,即 $E_s = 0$

在这种情况下,无论价格如何变动,供给量始终不变,如土地、文物、某些艺术品的供给。这时的供给曲线是一条与横轴垂直的直线,如图2-19中的直线A。

2. 供给有无限弹性,即 $E_s \to \infty$

在这种情况下,价格既定而供给量无限。如在劳动力严重过剩的情况下,劳动力的价格(工资)即使不发生变化,劳动力的供给也会源源不断地增加。这时的供给曲线是一条与横轴平行的直线,如图2-19中的直线E。

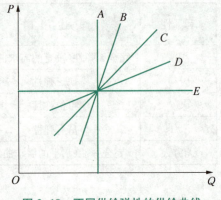

图 2-19 不同供给弹性的供给曲线

3. 单位供给弹性,即 $E_s = 1$

在这种情况下,价格变动的百分比与供给量变动的百分比相同。例如,某些机械产品的供给量变动幅度接近于它们的价格变动幅度。这时的供给曲线是一条与横轴成45°并向右上方倾斜的直线,如图2-19中的直线C。

4. 供给富有弹性,即 $E_s > 1$

在这种情况下,供给量变动的百分比大于价格变动的百分比。一般来说,劳动密集型产品的供给多属于这种情况,因为这种产品的生产增加或减少相对容易些,所以价格变动后,供给量能较大幅度地改变。这时的供给曲线是一条向右上方倾斜且较为平坦的直线,如图2-19中的直线D。

5. 供给缺乏弹性,即 $E_s < 1$

在这种情况下,供给量变动的百分比小于价格变动的百分比。一般来讲,资本密集型产品的供给多属于此类情况,因为这类生产不容易很快增加或减少,所以价格变动后,供给量的增减不会太大。这时的供给曲线是一条向右上方倾斜且较为陡峭的直线,如图2-19中的直线B。

(三) 影响供给弹性的因素

以上五种情况说明,不同商品的供给弹性是不一样的。那么,商品的供给弹性是由什么决定的?一般情况下,供给弹性是由以下4个因素决定的。

1. 生产时期的长短

生产者在长期中可以对价格上升作出某种反应,而这些反应是他在短期内做不到的,这意味着,长期供给曲线的弹性大于短期供给曲线。例如,谷类生产就是一种典型的事例。在短期中,它的供给对价格变化不很敏感,即供给是缺乏弹性的。在农民播种后,它们的产量水平已经基本确定了。即便谷物价格上升,农民也不会种植更多。如果价格下跌,在理论上农民可以不去收获他们的谷物以便减少供给,但这必须以价格下降到很低程度为条件。因此,在这种情况下,供给曲线相对来说接近垂直形状。

但在另一方面,谷物的长期供给曲线是有弹性的。价格上相对小的变化就可以引起供给量的较大变化。相对玉米价格来说,大豆价格的微小上升,可能使许多农民把耕作从玉米和其他作物转到大豆上来,从而引起大豆数量的大量增加。

2. 生产的难易程度

一般而言,容易生产而且生产周期短的产品对价格的反应快,其供给弹性大;反之,生产不易且生产周期长的产品对价格变动的反应慢,其供给弹性也就小。

3. 生产要素的供给弹性

从一般理论上讲,产品供给取决于生产要素的供给。因此,生产要素的供给弹性大,产品供给弹性也大。如在我国棉区,一度由于棉铃虫的蔓延,使棉花的供给弹性很大,因而导致了棉织产品的供给也具有很大的弹性。反之,生产要素的供给弹性小,产品的供给弹性也较小。

4. 生产所采用的技术类型

一般来讲,技术水平高、生产过程复杂的产品,其供给弹性小;而技术水平低、生产过程简单的产品,其供给弹性大。例如,超级计算机由于其技术含量高,对生产过程要求很严,因而其供给弹性较小;而 VCD 由于其技术水平相对要求低,因而其供给呈现很大弹性。

(四) 供给弹性的应用

应用供给弹性可以预测价格上升时产量所发生的变化。例如,人们预期石油价格在今后两年内将上升 10%。如果供给弹性是 0.5,那么,石油供给将会怎样呢?

显然,供给弹性为 0.5,意味着价格上升 1%,将引起产量增加 0.5%。同样,价格上升 10%,将引起产量增加 5%。

为了便于认识不同类型的供给弹性对供给量的影响,我们将其关系列成表 2-5。

表 2-5 不同类型的供给弹性对供给量的影响

弹 性	表 述 用 语	价格上升 1% 对供给量的影响
0	完全无弹性(垂直的供给曲线)	0
0~1	缺乏弹性	上升小于 1%
1	单位弹性	上升 1%
>1	有弹性	上升大于 1%
无穷大	完全弹性(水平的供给曲线)	无限上升

四、蛛网模型

在价格理论的分析中,我们曾经指出均衡价格实际上是一种趋势,而不均衡则是现实生活中的常见状态。为了说明实际价格是如何围绕均衡价格而变动的,有必要介绍经济学中一个最简单的动态模型——蛛网模型。

(一) 蛛网模型的基本假设

蛛网模型较多地用于分析农产品价格与产量的波动关系,为了使分析比较便利,一般需作以下假设:

(1) 从开始生产到生产出产品需要一定的时间,而且在这段时间内生产规模无法改变。

(2) 本期的产量决定本期的价格,以 P_1 和 Q_1 分别代表本期价格与产量,则这两者之间的关系为:$P_1 = f(Q_1)$。

(3) 本期的价格决定下期的产量,以 Q_2 代表下期产量,则两者的关系为:$Q_2 = f(P_1)$。

(二) 蛛网模型的三种类型

1. 供给弹性小于需求弹性:收敛型蛛网

当价格变动对供给的影响小于对需求的影响时,价格波动对产量的影响越来越小,价格与产量的波动越来越弱,最后自发地趋于均衡水平。这种蛛网波动形成一个向内收缩的蛛网,因此被称为"收敛型蛛网"。我们用图 2-20 来说明这种情况。

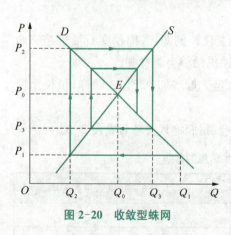

图 2-20　收敛型蛛网

在图 2-20 中,横轴 OQ 代表产量,纵轴 OP 代表价格,S 为供给曲线,D 为需求曲线,供给曲线比需求曲线陡峭,表明供给弹性小于需求弹性。D 与 S 相交于 E,决定均衡价格为 P_0,均衡数量为 Q_0。如果市场价格高于或低于均衡价格,就会引起产量波动,产量波动又引起下一期的价格波动,如此下去就是价格与产量的波动。在图中,我们假设第一期开始时是个丰收年,产量为 Q_1,$Q_1 > Q_0$,决定了价格为 P_1,$P_1 < P_0$。第一期的价格 P_1 决定了第二期的产量为 Q_2,$Q_2 < Q_0$,决定了价格为 P_2,$P_2 > P_0$。第二期的价格 P_2 决定了第三期的产量为 Q_3,$Q_3 > Q_0$,决定了价格为 P_3,$P_3 < P_0$。这样,产量又要低于均衡数量……如此循环下去。这种反复波动的结果,使产量和价格越来越接近于均衡点 E。这说明,如果一种商品的供给弹性小于需求弹性,在失衡的情况下,通过自发的市场调节是能够趋向于平衡的。因此,供给弹性小于需求弹性称为"蛛网稳定条件"。

2. 供给弹性大于需求弹性:发散型蛛网

当价格变动对供给的影响大于需求的影响时,价格波动对产量的影响越来越大,价格与产量的波动越来越强,最后距离均衡点越来越远,无法恢复均衡。这种蛛网称为"发散型蛛网"。我们可用图 2-21 来说明这种情况。

在图 2-21 中，S 为供给曲线，D 为需求曲线，供给曲线比需求曲线平坦，表明供给弹性大于需求弹性。D 与 S 相交于 E 点，决定了均衡价格为 P_0，均衡数量为 Q_0。在图中，我们仍假设第一期开始是个丰收年，产量为 Q_1，$Q_1 > Q_0$，决定了价格为 P_1，$P_1 < P_0$。第一期的价格 P_1 决定了第二期的产量为 Q_2，$Q_2 < Q_0$，决定了价格为 P_2，$P_2 > P_0$。第二期的价格 P_2 决定了第三期的产量为 Q_3，$Q_3 > Q_0$，决定了价格为 P_3，$P_3 < P_0$。这样，产量又要低于均衡数量……如此循环下去。这种反复波动的结果，使价格和产量的波动越来越大，越来越远离均衡点。这说明，如果一种商品的供给弹性大于需求弹性，在失衡的情况下，靠自发的市场调节已不可能再恢复均衡。因此，供给弹性大于需求弹性称为"蛛网不稳定条件"。

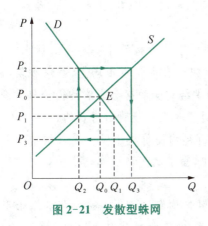

图 2-21 发散型蛛网

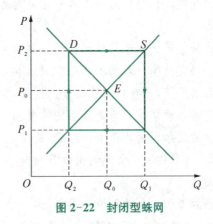

图 2-22 封闭型蛛网

3. 供给弹性等于需求弹性：封闭型蛛网

当价格变动对供给和需求的影响相同时，价格和产量的波动既不趋向均衡点，又不远离均衡点，而是始终在同一幅度线上波动，起点的价格和终点的价格在同一点上相交，从而形成一个循环。这种蛛网称为"封闭型蛛网"。我们用图 2-22 来说明这种情况。

在图 2-22 中，供给曲线与需求曲线斜率相同，表明供给弹性等于需求弹性。D 与 S 相交于 E 点，决定了均衡价格为 P_0，均衡数量为 Q_0。这时的波动情况为：第一期开始时产量为 Q_1，$Q_1 > Q_0$，决定了价格为 P_1，$P_1 < P_0$。第一期的价格 P_1 决定了第二期的产量为 Q_2，$Q_2 < Q_0$，决定了第二期的价格为 P_2，$P_2 > P_0$。第二期的价格 P_2 决定了第三期的产量，这一产量与第一期的产量相同，为 Q_1。这样就又开始了与上次完全相同的波动。如此循环下去，价格和产量始终是相同的波动程度。因此，供给弹性等于需求弹性称为"蛛网中立条件"。

本章小结

需求是指在某一时期内、在每一种价格时消费者愿意并且能够购买的某种商品数量。它是购买欲望和购买能力的统一。需求曲线指的是需求的一般情况，即在影响需求量的其他因素给定不变的条件下,对于一种商品的需求量与其价格之间存在的反方向关系。也就是说,价格高或提高,需求量就少或减少;价格低或下降,需求量就多或增加。这在经济学中称为需求定理。由于商品需求量与其价格之间存在着互为反方向变化的依存关系,因而需求曲线是一条向右下方倾斜的曲线。影响需求的因素有相关商品的价格、收入、偏好、预期和国家政策。需求的变动与需求量的变动不同,前者是整条曲线的移动,后者是曲线上点的移动。

供给是指企业(生产者)在某一特定时期内、在每一价格水平上愿意而且能够出售的商品量。作为供给,一是必须有出售的愿望,二是必须有供应能力,两者缺一不可。供给曲线是一条向右上方倾斜的曲线。供给表和供给曲线均反映了商品的价格和供给量之间呈同方向变动的规律。影响供给的因素有相关商品的价格、要素的价格、技术水平、预期、政策和自然条件等。

均衡价格就是由于需求与供给这两种力量的作用使价格处于一种相对静止、不再变动的状态。决定均衡价格的因素是需求和供给。在完全自由竞争市场上,需求和供给共同决定着商品的价格,不存在主次之分。因此,需求和供给的变动都会影响均衡价格的变动。市场上各种商品的均衡价格是最后的结果,其形成过程是在市场背后进行的。

需求的增加引起均衡价格上升,需求的减少引起均衡价格下降。需求的增加引起均衡数量增加,需求的减少引起均衡数量减少。所以说,需求的变动引起均衡价格与均衡数量同方向变动。

供给的增加引起均衡价格下降,供给的减少引起均衡价格上升。供给的增加引起均衡数量增加,供给的减少引起均衡数量减少。所以说,供给的变动引起均衡价格反方向变动,引起均衡数量同方向变动。

弹性分为需求弹性和供给弹性。需求弹性是指价格变动的比率所引起的需求量变动的比率,即需求量变动对价格变动的适应程度。一般用弹性系数来表示弹性的大小。需求弹性的弹性系数是需求量变动的比率与价格变动的比率的比值。商品的价格弹性和总收益之间有密切的关系。

供给弹性是指价格变动的比率与供给量变动的比率之比,即供给量变动对价格变动的反应程度。其大小可用弹性系数来表示。供给弹性的弹性系数是供给量变动的百分比与价格变动的百分比的比值。

蛛网模型较多地用于分析农产品价格与产量的波动关系,它有三种类型:供给弹性小于需求弹性时为收敛型蛛网;供给弹性大于需求弹性时为发散型蛛网;供给弹性等于需求弹性时为封闭型蛛网。

主要概念

需求　需求曲线　供给　供给曲线　均衡价格　供求定理　需求弹性　供给弹性　蛛网模型

 **思考案例**

小排量车补贴门槛或将提高

2011年在经历了上半年车市销量下滑后,有关小排量车节能补贴门槛提高的消息在汽车市场再次引起轰动。有消息称,三部委将对节能汽车推广政策进行修改,小排量车型3 000元补贴的油耗门槛将大幅提高。小排量车节能补贴门槛提高将给深圳汽车市场带来哪些变化?《深圳商报》记者对相关人士进行了采访。

节能补贴门槛提高,对汽车市场肯定会有影响,但影响不会太大,几位深圳汽车经销商接受采访时,表达的观点大致相同。

深业丰田大客户经理司国华表示,2011年以来,随着经济型车购置税等优惠政策的减少,深圳市场上多数经济型车销售已呈现下滑的势头,特别是4月以来,随着整个汽车产业景气度的下降,经济型车销量的下降趋势更明显。而一旦节能门槛大幅提高,经济型车的市场还会继续受到影响。但他同时表示,由于补贴的额度较低,政策本身对汽车销售的刺激作用就有限,上调节能门槛不会对车市销量形成很大的负面影响。在整个市场销量下滑的前提下,不少汽车品牌为刺激销售,采取大幅降价的方式,其降价幅度大大高于节能补贴力度,因此上调节能门槛不会对车市销量形成过大的负面影响。

他认为,补贴门槛提高后,车企可能会对不再受补贴的车型进行降价清库存,这同样会刺激市场购买力。此外,补贴标准提高,意味着经济型车节能标准也要提高,这对消费者来说是一大利好。

中汽南方有关负责人告诉记者,小排量车补贴门槛提高后,一些本来想买经济型车的消费者可能会在购车时"一步到位",改买中、高档车,这在一定程度上会促进中、高档车销量的增长。

资料来源:http://www.p5w.net/news/cjxw/201108/t3753944.htm,节选。

问题讨论:

1. 影响汽车市场供求关系的主要因素有哪些?
2. 小排量车补贴门槛的提高对汽车市场的短期影响和长期影响分别是什么?

 课后习题

1. 需求的变动和供给的变动对均衡数量和均衡价格会产生什么影响?
2. 什么是供求定理?
3. 什么是需求的价格弹性?
4. 下列情况发生时,某种蘑菇的需求曲线如何移动?
(1) 卫生组织发布一份报告称,食用该种蘑菇有致癌危险;
(2) 另一种蘑菇价格上涨了;

(3) 消费者收入增加了；

(4) 培养蘑菇的工人工资增加了。

5. 在某个时期内,计算机的需求曲线向左平移的原因可以是(　　)。(只有一个答案是正确的。)

  A. 计算机的价格上升   B. 消费者对计算机的预期价格上升

  C. 消费者对计算机的预期价格下降   D. 消费者的收入水平上升

6. 某月商品 A 的替代品的价格上涨和互补品的价格上涨,分别引起 A 商品的需求变动 80 单位和 50 单位,试问在它们的共同作用下,该月 A 商品的需求量应是(　　)。

  A. 减少 30 单位   B. 增加 30 单位

  C. 减少 130 单位   D. 增加 130 单位

7. 如果考虑到提高生产者的收入,那么对农产品和电视机、录像机等耐用消费品应采取提价还是降价办法？为什么？

8. 假定大米市场的需求是没有弹性的,大米的产量等于销售量也等于需求量,恶劣的气候条件使大米的产量下降 20%,在这种情况下,以下说法中正确的是(　　)。

  A. 大米生产者的收入减少,因为大米的产量下降 20%

  B. 大米生产者的收入增加,因为大米价格上涨 20%

  C. 大米生产者的收入增加,因为大米价格上升超过 20%

9. 张某对消费品 X 的需求函数为 $P=100-\sqrt{Q}$,请分别计算 $P=60$ 和 $Q=900$ 时的需求价格弹性系数。

第三章

消费者行为理论

消费是人类生存的基本条件,也是人类最基本的经济活动之一。每个人、每个家庭、每个民族和国家天天都在消费,是因为他们有着消费商品和劳务的欲望。这种欲望可能从肉体产生,也可能从精神产生。消费者行为就是消费者用其收入购买商品或劳务以获得最大满足(或最大幸福)的过程。美国经济学家保罗·萨缪尔森认为:幸福=效用/欲望。因此,要研究消费者行为,就必须从欲望和效用开始。

第一节 欲望与效用

一、欲望

消费者行为的产生,一是取决于消费者的购买欲望,二是取决于消费者得到的满足程度。欲望是指一种缺乏的感觉与求得满足的愿望。也就是说,欲望是不足之感与求足之感的统一,两者缺一不可。

关于欲望或需要的理论,目前较为流行的是美国著名心理学家 A. 马斯洛的需求层次理论。根据该理论,人的欲望或人的需求可分为五个层次:一是生理需求,即人类本能(衣、食、住、行及延续种族等)的最基本需求;二是安全需求,它包括人们对现在与未来人身安全、生活稳定以及免遭各种威胁的需求;三是社交需求,它包括社会交往,希望从属于某一个组织或某一个团体,并在其中发挥作用、得到承认,希望同伴之间保持友谊和融洽的关系,希望得到亲友的爱等需求;四是尊重需求,即自尊、自重,或要求被他人所尊重,包括自尊心、信心、希望有地位和有威望,并受到别人的尊重、信赖,以及高度评价等需求;五是自我实现需求,它包括能充分发挥自己的潜力,表现自己的才能,成为有成就的人,这是人生追求的最高目标。

马斯洛认为,人的欲望或需求是没有止境的,并且总是由低级到高级逐层发展的。当低层次的需求获得满足以后,人们就开始追逐更高层次的需求,驱使人们不断追求最高层次需求的动力就是人们无限的欲望。但是,人们的欲望或需求不可能得到无限的满足,这是因为,任何社会的资源都是有限的,人们在用有限的资源和物品满足人类无限的欲望时,就必须在资源、产品和时间中加以最优选择,并在此基础上获得最大满足。

二、效用

(一) 效用的含义

效用(Utility)是指消费者从消费物品或劳务中所得到的满足程度。效用是对欲望的满足。一种商品对消费者是否具有效用,取决于消费者是否有消费这种商品的欲望,以及这种商品是否具有满足消费者欲望的能力。效用这一概念与人的欲望是联系在一起的，它是消费者对商品满足自己欲望的能力的一种主观心理评价。

（二）效用的特点

1. 效用具有主观性

效用与欲望一样是一种心理感觉。效用因人而不同，其大小取决于个人主观心理评价，同一物品有无效用或效用大小对不同的人来说是不同的。因此，除非给出特殊的假定，否则，效用是不能在不同的人之间进行比较的。例如，辣味对于喜欢吃辣的人来说效用很大，对于不喜欢吃辣的人来说反而是一种负担。

2. 效用具有相对性

效用会因时、因地而不同。对同一个人而言，相同的东西，在不同的地点给人带来的效用不一样，比如水乡里的一杯水和沙漠里的一杯水的效用是不可相提并论的；相同的物品在不同时间带来的效用也不一样，比如同样的饭菜对于一个人酒足饭饱后与饥肠辘辘时所带来的效用是不同的。

3. 效用本身没有伦理学意义

效用本身既没有客观标准，也没有伦理学含义。一种商品是否具有效用，要看它是否能满足人的欲望或需要，而不涉及这一欲望或需要的好坏。欲望可以是求知、求美等有益的欲望，也可以是吸烟、酗酒等不良的欲望，甚至还可以是背离道德、违反法律的欲望，如吸毒和赌博。从这个意义上讲，效用是中性的，没有伦理学的含义。

三、基数效用论和序数效用论

消费者行为理论要研究在假定欲望为既定的前提下效用最大化的问题，那么人们首先考虑的则是效用的度量问题。对于这个问题，西方经济学家先后提出了基数效用论和序数效用论。

（一）基数效用论

19世纪末20世纪初，西方经济学家首先提出了基数效用理论，其代表人物是奥地利的门格尔、英国的杰文斯和法国的瓦尔拉斯等。基数效用论对消费者行为进行分析时所采用的是边际效用分析方法。

基数效用论的基本观点是：效用是可以像基数那样计量并加总求和的。"基数"和"序数"这两个术语来自数学。基数是指1，2，3，…。基数是可以加总求和的。例如，基数3加9等于12，且12是3的4倍。同样的道理，消费者消费某一物品所得到的满足程度可以用效用单位来进行衡量。例如，某消费者吃一块巧克力所得到的满足程度是5个效用单位，听一张贝多芬的音乐唱片所得到的满足程度是6个单位。这样，对于这个消费者来说，听一张唱片比吃一块巧克力更加享受，如果消费者既吃巧克力又听唱片，他所得到的总满足程度就是 11 个单位。根据这种理论,可以用具体的数字来研究消费者效用最大化问题。

(二) 序数效用论

自 20 世纪 30 年代开始,序数效用论的概念为大多数西方经济学家所使用。序数效用论是为了弥补基数效用论的缺点而提出来的另一种研究消费者行为的理论。序数效用论者认为,效用作为一种心理现象,其大小无法计量,也不能求和,只能表示出商品满足程度的高低与顺序,因此效用只能用序数(第一、第二、第三……)来表示。还是举上面消费者消费巧克力和唱片的例子,序数效用论者认为,他从中得到的效用无法衡量,无法加总求和,更不能用基数来表达,但他可以比较从消费这两种物品中所得到的效用。如果他认为消费巧克力所带来的效用大于消费唱片所带来的效用,那么就可以说,巧克力的效用是第一,唱片的效用是第二。序数效用论对消费者行为进行分析时所采用的是无差异曲线分析法。

(三) 序数效用论和基数效用论的比较

基数效用论和序数效用论作为两种不同的消费者行为理论,既有一定的区别,又有一定的联系。

1. 基数效用论和序数效用论的区别

第一,各自的假设不同。基数效用论者认为,效用的大小可以用基数度量并可加总求和。也就是说,消费者消费某一商品或劳务所得到的满足程度可以用效用单位来进行衡量,消费者消费几种物品所得到的满足程度可以加总而得出总效用。而序数效用论者认为,效用作为一种主观感受无法计量,也不能加总求和,只能表示出满足程度的高低和顺序,因此,效用只能用序数来表示。

第二,分析工具和方法不同。基数效用论主要采用边际效用分析方法,利用边际效用递减规律来推导消费者均衡。序数效用论主要采用无差异曲线分析法,利用预算约束线和无差异曲线来推导消费者均衡。

2. 基数效用论和序数效用论的联系

第一,基数效用论和序数效用论都是研究消费者行为的理论,研究的问题都是消费者如何在既定收入约束的条件下追求效用最大化的过程。

第二,基数效用论和序数效用论所得出的消费者均衡条件实质上是相同的,即都可用数学公式表达为:$\frac{MU_X}{P_X} = \frac{MU_Y}{P_Y} = \lambda$(这里,$\lambda$ 为货币的边际效用)。

第三,基数效用论和序数效用论推导的需求曲线具有相同的趋势,即需求曲线向右下方倾斜,符合需求定律,并在需求曲线上的任何一点,消费者都获得了效用最大化。

四、消费者偏好

偏好表现为消费者对不同物品或物品组合的喜好程度,它是决定消费者行为的重要因素。序数效用论者认为,对于各种不同的商品组合,消费者的偏好程度有差别,正是这种偏好程度的差别,反映了消费者对这些不同商品组合的效用水平的主观评价。具体地讲,给定 A、B 两个商品组合,如果某消费者对 A 商品组合的偏好程度大于 B 商品组合,就可以说,这个消费者认为 A 组合的效用水平大于 B 组合,或者说,A 组合给该消费者带来的满足程度大于 B 组合。序数效用论者提出了关于消费者偏好的三个基本的假定:

(一) 偏好的完全性

偏好的完全性是指消费者总是可以比较和排列出不同商品组合。换言之,对于任何两个商品组合 A 和 B,消费者总是可以作出,而且也仅仅只能作出以下三种判断中的一种:对 A 的偏好大于对 B 的偏好;对 B 的偏好大于对 A 的偏好;对 A 和 B 的偏好相同(即 A 和 B 是无差异的)。偏好的完全性的假定保证消费者对于偏好的表达方式是完备的,消费者总是可以把自己的偏好评价准确地表达出来。

(二) 偏好的可传递性

可传递性是指对于任何三个商品组合 A、B 和 C,如果消费者对 A 的偏好大于对 B 的偏好,对 B 的偏好大于对 C 的偏好,那么,在 A、C 这两个组合中,消费者必定对 A 的偏好大于对 C 的偏好。偏好的可传递性假定保证了消费者偏好的一致性,因而也是理性的。

(三) 偏好的非饱和性

该假定是指,如果两个商品组合的区别仅在于其中一种商品的数量不相同,那么,消费者总是偏好于含有这种商品数量较多的那个商品组合。这就是说,消费者对每一种商品的消费都没有达到饱和点,或者说,对于任何一种商品,消费者总是认为数量多比数量少好。此外,这个假定还意味着,消费者认为值得拥有的商品都是"好的东西",而不是"坏的东西"。在这里,"坏的东西"指诸如空气污染、噪声等只能给消费者带来负效应的东西。在我们以后的分析中,不涉及"坏的东西"。

第二节 边际效用分析法与消费者均衡

一、总效用与边际效用

(一) 总效用

总效用(TU)是指消费者从消费一定量的某种物品或劳务中所得到的总满足程度。如果用 X 表示某种物品或劳务的数量,则效用函数可表示为:

$$TU = f(X)$$

(二)边际效用

边际效用(MU)是指消费者连续消费某种物品时,消费量每增(减)一个单位所引起的总效用的增(减)量。若 MU 表示边际效用,ΔTU 表示总效用的增(减)量,ΔX 表示商品数量的增(减)量,则数学表达式为:

$$MU = \frac{\Delta TU}{\Delta X}$$

(三)总效用和边际效用的关系

现举例说明总效用和边际效用之间的关系,假设某消费者连续消费了8个汉堡包,对其产生的总效用和边际效用如表3-1所示。

表 3-1　总效用与边际效用

商品数量	总效用	边际效用	商品数量	总效用	边际效用
0	0	—	5	25	3
1	7	7	6	27	2
2	13	6	7	28	1
3	18	5	8	28	0
4	22	4	9	27	−1

根据表3-1所绘制的总效用和边际效用曲线如图3-1所示。

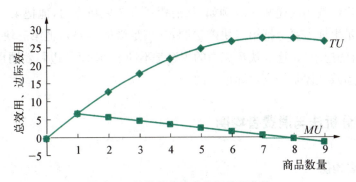

图 3-1　总效用曲线和边际效用曲线

图3-1中的横轴表示商品的数量,纵轴表示总效用和边际效用,TU 曲线和 MU 曲线分别为总效用曲线和边际效用曲线。从图中可以看到,总效用曲线的变动趋势是先递增后递减;边际效用曲线的变动趋势是递减。两者关系是:当边际效用为正值时,总效用曲线呈上升趋势;当边际效用为0时,总效用曲线达到最高点;当边际效用继续递减为负值时,总效用曲线呈下降趋势。

二、边际效用递减规律

(一) 边际效用递减规律的内容

从表 3-1 和图 3-1 中可以看到这样一种情况：随着消费商品数量的增加，人们从消费中得到的总效用在开始的时候不断增加，但边际效用却趋于下降，并在总效用达到最大值后成为负数，也即对某种物品的消费超过一定量后，不但不能增加消费者的满足和享受，反而会引起不良的感觉。这种现象普遍存在于一切物品消费中，称为边际效用递减规律。边际效用递减规律的内容可以表述为：随着消费者对某种物品消费量的增加，他从该物品连续增加的消费单位中得到的边际效用是递减的。

(二) 边际效用递减规律存在的原因

1. 生理或心理的原因

消费一种物品的数量越多，即某种刺激的反复，使人生理上的满足或心理上的反应减少。人们在消费同一物品（如连续吃巧克力）时，都会有这种感觉。尽管人的欲望是无限的，但由于生理等因素的限制，就每个具体的欲望满足来说则是有限的。最初欲望最大，因而消费第一单位商品时得到的满足也最大，随着连续消费的增加，欲望也随之减少，从而感觉上的满足程度降低，以致如果在满足的欲望消失时还增加消费，反而会引起讨厌的感觉。

2. 物品本身用途的多样性

每一种物品都有多种用途，这些用途的重要性不同。消费者总是先把物品用于最重要的用途，而后用于次要的用途。当他有若干这种物品时，把第一单位用于最重要的用途，其边际效用就大；把第二单位用于次重要的用途，其边际效用就小了。以此顺序用下去，用途越来越不重要，边际效用就递减了。例如，某消费者有 3 块巧克力，他把第一块用于自己最重要的充饥（满足生理需要），把第二块赠送朋友（满足爱的需要），把第三块用于施舍（满足自我现实中对善的追求）。这 3 块巧克力的用途是不同的，从而其边际效用也就不同。由此来看，边际效用递减规律是符合实际情况的。

三、边际效用分析法与消费者均衡

(一) 消费者均衡

消费者均衡研究单个消费者在既定收入下如何实现效用最大化。也就是说，消费者如何把有限的货币收入分配在各种商品的购买中以获得最大效用。首先假设：第一，消费者的偏好是既定的；第二，消费者的收入是既定的且全部用于购买商品和劳务；第三，商品的价格是既定的；第四，单位货币的边际效用对消费者都相等，即由于收入是有限的，每 1 元货币的边际效用对消费者来说都是相同的，所以货币的边际效用不存在递减问题。

在这些条件下，假定消费者在市场上只购买两种商品 X 和 Y，由于收入和价格都是既定的,增加 X 的购买量就必须减少 Y 的购买量,购买量的变化必然引起边际效用的变化。如果消费者的货币收入为 M,X 和 Y 的价格分别为 P_X 与 P_Y,所购买的数量分别为 Q_X 与 Q_Y,带来的边际效用分别为 MU_X 与 MU_Y,单位货币的边际效用为 λ。在运用边际效用分析法说明消费者均衡时,消费者均衡的条件就是消费者所购买的各种物品的边际效用之比等于它们的价格之比,或者说,每一单位货币所得到的边际效用都相等。用数学公式表示如下:

$$P_X Q_X + P_Y Q_Y = M \tag{3.1}$$

$$\frac{MU_X}{P_X} = \frac{MU_Y}{P_Y} = \lambda \tag{3.2}$$

其中,(3.1)式为限制条件,说明收入是有限的,因而能购买的商品数量的组合也是有限的。(3.2)式是消费者均衡的原则,即获得最大效用的条件。该式表示,所购买的商品 X、Y 带来的边际效用与其价格之比都要相等,也就是说,最后一单位货币不论用于购买商品 X 还是商品 Y,所得到的边际效用都相等。

消费者之所以按照这一原则来购买商品并实现效用最大化,是因为在既定收入条件下,多购买商品 X 就要减少对商品 Y 的购买。随着 X 购买量的增加,商品 X 的边际效用就会递减,相应的商品 Y 的边际效用就会递增。为了使所购买的 X、Y 组合能够带来最大的总效用,消费者就不得不调整这两种商品的组合数量。当消费者购买的最后一个单位商品 X 所带来的边际效用与其价格之比等于其购买的最后一个单位商品 Y 所带来的边际效用与其价格之比时,也就是说,无论是购买哪种物品,每一单位货币所购商品的边际效用都相等时,就实现了总效用最大化,即消费者均衡。两种商品的购买数量也随之确定,不再调整。

一般情况下,如果消费者消费价格分别为 P_1,P_2,$\cdots$,P_n 的 n 种商品,则他选择的 n 种商品最优的消费数量 Q_1,Q_2,$\cdots$,Q_n 满足以下条件:

$$\begin{cases} P_1 Q_1 + P_2 Q_2 + \cdots + P_n Q_n = M \\ \dfrac{MU_1}{P_1} = \dfrac{MU_2}{P_2} = \cdots = \dfrac{MU_n}{P_n} = \lambda \end{cases}$$

(二) 需求定理的边际效用说明

需求定理表现为:在其他条件不变的情况下,商品的需求量与商品自身的价格呈反向变化,需求曲线向右下方倾斜。但为什么需求量与价格呈反方向变化,需求曲线向右下方倾斜呢?关于这个问题,西方经济学家认为其原因在于边际效用递减规律。

由于消费者效用最大化的均衡条件是使每单位货币购买商品所带来的边际效用相等,所以消费者购买一定量某种商品所愿意付出的货币价格取决于边际效用。对于一个商品来说,根据边际效用递减规律,随着消费量的不断增加,边际效用 MU 是递减的,为了满足 $MU/P = \lambda$ 成立,消费者对每单位该商品愿意支付的价格 P 也必然随 MU 的递减而同比例递减。也就是说,消费者买得越多,价格必须越低。这样就得到了每个消费者的向右下方倾斜的需求曲线。由此可见,需求量与商品本身价格呈反方向变化,市场需求曲线向右下方倾斜。

(三) 消费者剩余

消费者进入市场购买商品,存在一个支付意愿,即消费者愿意支付的价格。消费者愿意支付的价格取决于消费者对该商品效用(商品给消费者带来的满足程度)的主观评价。每个买者都愿意用低于自己的支付意愿的价格来购买商品。由于不同的消费者对同一商品的效用评价不尽相同,所以消费者愿意支付的价格也不尽相同。例如,甲、乙和丙进入市场购买某商品,其愿意支付的价格和市场价格如表3-2所示。

表3-2　甲、乙、丙愿意支付的价格和市场价格

姓　名	愿意支付的价格(元)	市场价格(元)
甲	20	15
乙	17	15
丙	15	15

当该商品的价格达到17元时,丙退出竞争;当价格等于20元时,乙也退出购买者的行列,只有甲购买这一商品。消费者愿意支付的价格表明,在市场竞争的条件下,市场上消费者的数量随价格的变动而调整,从而能有效地调节市场需求。

但是市场价格是由市场竞争状况决定的,它不仅取决于需求,更取决于供给者之间的竞争。假定该商品的市场价格是15元,即消费者购买这一商品实际支付的价格是15元。此时,甲的支付意愿为20元,而实际支付了15元,得到了5元价值的福利;乙的支付意愿是17元,实际支付了15元,得到了2元价值的福利。我们把甲得到的5元价值的福利和乙得到的2元价值的福利称为消费者剩余,即消费者愿意支付的价格和实际支付的价格的差额,它等于消费者的支付意愿减去实际支付的价格,如表3-3和图3-2所示(以甲为例)。

表3-3　甲的消费者剩余

市场价格(元)	愿意购买量	市场价格(元)	愿意购买量
>20	0	17	2
20	1	15	3

图3-2中的阴影部分即为甲在价格等于15元时,购买该产品所获得的消费者剩余。如果产品可以无限细分,我们就可以用需求曲线来分析消费者剩余。

在图3-3中,需求曲线以下与商品价格以上的面积可以衡量消费者剩余的多少。图中价格为B,则消费者剩余为三角形ABC的面积。原因是:需求曲线衡量买者对物品的评价,即消费者对此物品愿意支付的最高价格,而价格线是消费者实际支付的价格。这种支付意愿与市场价格之间的差额是每个消费者的消费者剩余,因此,需求曲线以下和价格以上的总面积,是商品市场上所有消费者的消费者剩余的总和。

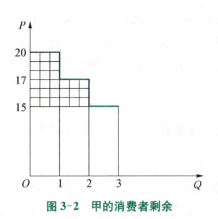

图 3-2　甲的消费者剩余

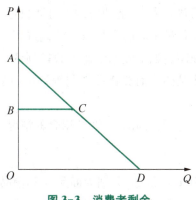

图 3-3　消费者剩余

可见，需求曲线与价格围成的面积（图 3-3 中三角形 ABC 的面积）构成了消费者剩余。现假定商品的价格下降，用同样的分析，可以看出消费者福利的变化，如图 3-4 所示。

当价格由 P_1 下降到 P_2 时，需求量从 Q_1 增加到 Q_2，消费者剩余的面积增加到 AP_2E 的面积。消费者剩余面积的增加，部分是原来的消费者现在支付了较少的价格而增加的消费者剩余（P_2P_1CF 的面积），部分是价格降低后新进入的消费者获得的消费者剩余（CEF 的面积）。

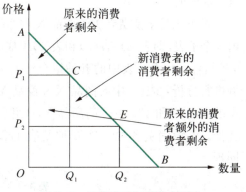

图 3-4　价格变动与消费者剩余

在理解消费者剩余这个概念时，要注意以下几点。

第一，消费者剩余并不是实际收入的增加，这种满足程度也可以用货币单位表示，但只是一种心理感觉。

第二，生活必需品的消费者剩余大，因为消费者对这类物品的效用评价高，愿意支付的价格高，但这类物品的市场价格并不高。

第三，消费者剩余反映消费者的经济福利，消费者剩余应该是消费者从购买的商品中所获收益的最好判断者，消费者剩余越大，消费者从消费中获得的经济福利就越大。消费者剩余的增加就是社会福利的增加。

第三节　无差异曲线分析法与消费者均衡

一、无差异曲线分析法

（一）无差异曲线及其特点

序数效用论用无差异曲线分析法来说明消费者均衡的实现。按序数效用论观点，对于每一个消费者来说,他消费的不可能只是一种商品,而是由几种商品所形成的商品组合。消费者对于各种不同的商品组合的偏好程度是有差别的,这种差别决定了不同商品组合效用的大小顺序。如果效用是按序数排列的,就可以用一组无差异曲线来描述消费者偏好。无差异曲线是能给消费者带来同等效用或满足程度的两种商品的不同数量组合之点连成的曲线。

在研究两种商品 X 和 Y 组合的情况下,与无差异曲线相对应的效用函数为:

$$U = f(Q_X, Q_Y)$$

其中,Q_X 和 Q_Y 分别为商品 X 和商品 Y 的数量;U 是常数,表示一定的效用水平。由于无差异曲线用于表示序数效用,所以,U 只表示消费者期望达到的某一个效用水平,而没有具体的数值。

表 3-4 是某消费者关于商品 X 和商品 Y 的一系列消费组合所构成的无差异表,该表是由 3 个子表,即表(a)、表(b)和表(c)组成的。每个子表中有商品 X 和商品 Y 的不同数量的 5 种组合。每个子表中的五种组合给消费者所带来的效用水平假设是相同的。以表(a)为例进行分析:表(a)中有商品 X 和商品 Y 的 A、B、C、D、E 五种组合。A 组合中有 20 单位的商品 X 和 130 单位的商品 Y,B 组合中有 30 单位的商品 X 和 60 单位的商品 Y,以此类推。假设消费者对于这五种组合的偏好程度是无差异的,即相同的,表(b)和表(c)同理。

表 3-4 某消费者的无差异表

商品组合	表(a)		表(b)		表(c)	
	X	Y	X	Y	X	Y
A	20	130	20	150	20	170
B	30	60	30	80	30	90
C	40	45	40	63	40	83
D	50	35	50	50	50	70
E	60	20	60	44	60	60

由此可知,在表(a)、表(b)、表(c)内部,消费者获得的效用水平是相同的;但是,它们之间的效用水平是不相同的。根据非饱和性假定,分析总表 3-4 可以得出:表(a)所代表的效用水平低于表(b)的,表(b)又低于表(c)的。在实际中,随着消费者偏好程度的无限增大,也同时有无限多个无差异表。

依据表 3-4 可以绘制出无差异曲线,如图 3-5 所示。由于消费者有无限多个无差异子表,所以依据无差异子表作出的无差异曲线相应有无数条,图 3-5 中所表示的不过是其中的三条。其中,横轴代表商品 X 的消费数量,纵轴代表商品 Y 的消费数量,U_1、U_2、U_3 分别代表与表(a)、表(b)、表(c)相对应的三条无差异曲线。每一条无差异曲线都是依次把各个子表中的五个不同的消费组合点连接起来得到的光滑曲线。

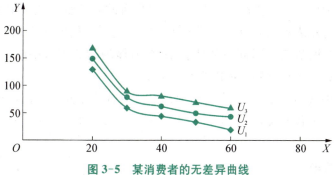

图 3-5 某消费者的无差异曲线

根据前述无差异曲线的概念及其形状,可归纳出无差异曲线的特点。

第一,无差异曲线是一条向右下方倾斜的曲线,其斜率为负值。这是因为在商品 X 和商品 Y 的各种组合中,当商品 X 增加时,商品 Y 必须减少,两种商品不能同时增加或减少。为进一步说明,让我们看看图 3-6。

如图 3-6 所示,如果商品 X 和商品 Y 同时增加或减少,显然此消费者认为商品 X 是令人厌恶的商品,他愿意以减少消费商品 Y 的方式来避免消费某数量的商品 X,这与我们前面对序数效用论的假设,即消费者对数量多的商品组合的偏好永远大于对数量少的商品组合的偏好这一前提相矛盾。

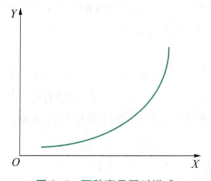

图 3-6 两种商品同时增减

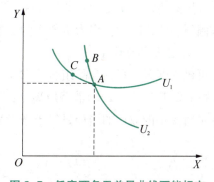

图 3-7 任意两条无差异曲线不能相交

第二,在同一平面图上,任意两条无差异曲线不能相交。现在假设两条无差异曲线相交,如图 3-7 所示。图中有两条无差异曲线 U_1 和 U_2,两条曲线的交点为 A。在无差异曲线 U_2 上取一点 B,在无差异曲线 U_1 上取一点 C,很明显,点 B 代表的商品组合在数量上多于点 C 代表的商品组合。因此,消费者偏好商品组合 B 甚于商品组合 C,但 B 与 A 同在无差异曲线 U_2 上,两者无差异;C 和 A 又同在无差异曲线 U_1 上,两者也无差异。根据偏好具有传递性的假设,消费者对于商品组合 B 和 C 的偏好应该也无差异。这就与前面形成的消费者更偏好商品组合 B 的结论相悖,因此只能有一个解释,就是两条无差异曲线不能相交。

第三,靠近原点的无差异曲线代表的效用水平低,远离原点的无差异曲线代表的效用水平高。在同一平面图上可以有无数条无差异曲线。同一条无差异曲线代表相同的效用或相同的满足程度,而不同的无差异曲线给消费者带来的满足水平或效用是不同的。无差异曲线的位置越高,代表的商品数量就越多,表示的消费者的满意水平或效用水平就越高;无差异曲线越是接近原点,表示的满意水平或效用水平就越低。如图3-5所示,U_1、U_2、U_3是三条不同的无差异曲线,三者对同一消费者来讲,所体现的效用水平或偏好程度也是不同的,该消费者的偏好顺序从低到高依次为U_1、U_2、U_3。

第四,无差异曲线凸向原点,斜率绝对值递减。只有无差异曲线凸向原点,才会出现斜率递减,这是由边际替代率决定的。

(二) 边际替代率

1. 边际替代率的定义

边际替代率是指消费者在保持相同的满足程度或维持效用不变的情况下,增加一单位某种商品的消费数量时所需要放弃的另一种商品的消费数量。它衡量的是从同一条无差异曲线上的一点转移到另一点时,为保持满足程度不变,两种商品之间的替代比例。

以 MRS_{XY} 代表商品的边际替代率,以 ΔX 代表商品 X 的增加量,ΔY 代表商品 Y 的减少量,MRS_{XY} 代表 X 对 Y 的边际替代率,则有:

$$MRS_{XY} = \Delta Y / \Delta X$$

ΔX 与 ΔY 符号肯定是相反的,因此,边际替代率是负值。从数学的角度看,MRS_{XY} 是沿着无差异曲线作微量变动时的变化率,所以它实际上是无差异曲线的斜率,无差异曲线向右下方倾斜表明边际替代率为负值。为了方便,一般取其绝对值。

2. 边际替代率的计算

若可供消费者选择的商品组合为(X, Y),为保持效用水平不变(假定消费者效用为常数U),则消费者对(X, Y)的消费应满足:$|MU_X \cdot \Delta X| = |MU_Y \cdot \Delta Y|$,即消费者增加一种商品数量所带来的效用的增加量等于减少另一种商品数量所带来的效用的减少量。上式可改写为:

$$-\frac{\Delta Y}{\Delta X} = \frac{MU_X}{MU_Y}$$

所以,边际替代率的计算公式为:

$$MRS_{XY} = \frac{MU_X}{MU_Y}$$

3. 边际替代率递减规律

边际替代率递减规律是指在维持效用水平不变的前提下,随着一种商品消费数量的连续增加,消费者为得到每一单位的这种商品所需要放弃的另一种商品的消费数量是递减的,即随着消费者对商品 X 的消费量连续等量地增加,消费者为得到每一单位的商品 X 所需放弃的商品 Y 的消费量是越来越少的。也就是说,对于连续等量的商品 X 的变化量而言,商品 Y 的变化量是递减的。

边际替代率递减的原因主要是：随着商品 X 的增加，它的边际效用在递减；随着商品 Y 的减少，它的边际效用在递增。这样，每增加一定数量的商品 X，所能替代的商品 Y 越来越少，即商品 X 以相同数量增加时，所替代的商品 Y 数量越来越少。

从几何意义上讲，商品的边际替代率递减表示无差异曲线的斜率的绝对值是递减的。无差异曲线的左上段斜率较大，较陡峭；右下段斜率较小，较平缓。边际替代率递减规律决定了无差异线的形状凸向原点。

4. 边际替代率与无差异曲线的形状

边际替代率的大小实际上反映了两种物品相互之间替代性的大小，两种物品之间的替代性不同，反映在图形上就是无差异曲线的形状不同。有三种情况，如图 3-8 所示。

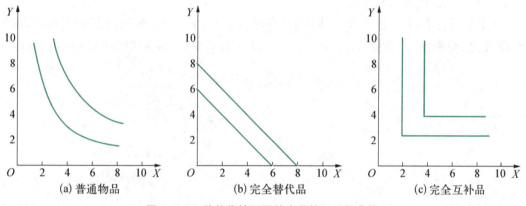

图 3-8　三种替代性不同的商品的无差异曲线

图 3-8(a) 是普通物品的替代情况。这两种物品在一定程度上可以互相代替，但并不能完全互相代替，即没有十分密切的替代关系，如以上所举的汉堡包与唱片的例子。此时，无差异曲线是凸向原点的曲线。这种情况在现实中是普遍存在的。

图 3-8(b) 是完全替代品的情况。即两种物品的效用几乎完全相同，互相可以很容易地替代，人们对消费哪一种物品也并不留意。如各种签字笔，人们很少关心用的是校园商店还是超级市场买的签字笔，随便用哪一种都一样。当两种物品完全可以互相替代时，无差异曲线是一条如图 3-8(b) 所示的向右下方倾斜的直线。完全替代品之间的边际替代率是不变的。

图 3-8(c) 是完全互补关系物品的情况。这些物品相互之间根本不能替代，而是互补的，如眼镜框与眼镜片，或者运动鞋的右边一只与左边一只。完全互补物品的无差异曲线是一条 L 形曲线。这时，这两种物品完全不能替代，消费者对它们中任何一种的偏好都完全相同。

完全替代与完全互补都是极端情况，在现实中并不常见。但是，这两种情况表明，无差异曲线的形状反映了两种物品之间的替代性大小。两种物品相互之间替代性越大，则无差异曲线越接近于一条直线，边际替代率递减得越慢。两种物品相互之间替代性越小，无差异曲线越弯曲，并接近于图 3-8(c) 中的 L 形曲线。

二、消费者的预算约束线

(一) 预算约束线

消费者的预算约束线又称为消费可能性曲线,表示在消费者收入和商品价格假定的条件下,消费者用全部收入所能购买到的两种商品数量的最大组合。

消费预算约束线表明消费者消费行为的限制条件,即消费者购物所花费的货币支出不能大于他的收入,同时消费者购物所花费的货币支出不能小于他的收入。因为,若消费者购物所花费的货币支出大于他的收入,这是不可能实现的;若消费者购物所花费的货币支出小于收入,则无法实现效用最大化。

为了分析方便,假设消费者只购买两种商品 X 和 Y,P_X、P_Y 分别代表这两种商品的价格,Q_X、Q_Y 分别代表两种商品的消费量,M 代表消费者的收入,则这种限制条件可表示为:

$$M = P_X Q_X + P_Y Q_Y$$

或:

$$Q_Y = -\frac{P_X}{P_Y} \cdot Q_X + \frac{M}{P_Y}$$

上式即预算约束线的数学表达式。预算约束线是一条以 $-\frac{P_X}{P_Y}$ 为斜率、以 $\frac{M}{P_Y}$ 为纵截距的直线。很明显,消费预算约束线向右下方倾斜,斜率为负。

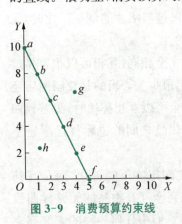

图 3-9 消费预算约束线

如图 3-9 所示,X 轴代表商品 X,Y 轴代表商品 Y,连接 a、b、c、d、e、f 的线就是消费预算约束线。预算约束线上任何一点所购买的商品 X 与商品 Y 的组合正好用完全部收入。例如,假设消费者的收入为 30 元,商品 X 的价格为 1 元,商品 Y 的价格为 3 元,在 a 点时消费者买了 10 单位商品 Y 而没有买商品 X,b 点时消费者买了 8 单位商品 Y 和 1 单位商品 X,都正好用完 30 元($10 \times 3 + 0 \times 1 = 30$ 和 $8 \times 3 + 1 \times 6 = 30$)。

消费预算约束线具有重要的经济意义,表现为对消费者选择的限制。预算约束线以外的点,如图 3-9 中的 g 点,是消费者在目前的收入和价格条件下无法购买到的商品组合,它反映了消费者货币资源的稀缺性。预算约束线以内的点,如图 3-9 中 h 点,是消费者在现有条件下能够购买的商品组合,但存在货币剩余,因此,它反映了消费者货币资源的闲置。只有消费预算约束线上的各点,如 a 点和 b 点,才是消费者刚好用完货币资源所能购买的商品组合,它们反映了消费者货币资源的充分利用。

（二）预算约束线的移动

对消费者消费选择的限制取决于价格与收入，不同的价格与收入水平有不同的预算约束线，当价格与收入水平变动时，预算约束线随之变动。

1. 价格不变，收入变化

收入增加，预算约束线向右平行移动；收入减少，预算约束线向左平行移动，如图 3-10 所示。

2. 收入不变，价格变化

若两种商品的价格同比例上升或下降，则其结果与收入变动相同。商品 Y 价格不变，商品 X 价格下降（上升），则预算约束线与 Y 轴的交点不变，而与 X 轴的交点向右（左）移动，如图 3-11(a)所示。

同理，X 的价格不变，Y 的价格上升（下降），则预算约束线与 X 轴的交点不变，而与 Y 轴的交点向下（上）移动，如图 3-11(b)所示。

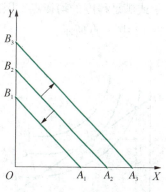

图 3-10 收入变化对预算约束线的影响

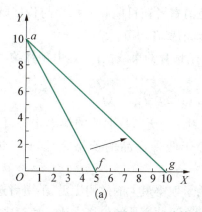

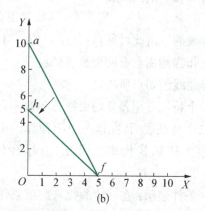

图 3-11 价格变化对预算约束线的影响

三、消费者均衡

（一）消费者均衡的含义

在货币收入一定的条件下，消费者对一种商品消费量的增加，就是对其他商品消费量的减少。消费者选择就是要研究消费者在既定收入的情况下，如何对各种商品的消费量进行选择，以实现效用最大化。当消费者在既定收入条件下实现了效用最大化，就不再改变他的购买方式，这时消费者的行为达到了均衡状态，称为实现了消费者均衡。

（二）消费者均衡的实现

既定的收入和商品价格决定了消费者的预算约束线，它限定了可供消费者选择的范围。

而消费者对这些商品的偏好又可以由无差异曲线表示出来。因此,消费者均衡的条件是在一条既定预算约束线的限定范围内,寻求可以处于最高效用等级的商品组合点。只有既定的预算线与一组无差异曲线群中一条无差异曲线相切的切点,才是消费者获得最大效用水平或满足程度的均衡点。因此,无差异曲线与预算约束线的切点为消费者均衡的条件,如图3-12中 E 点所示。

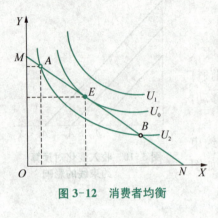

图 3-12　消费者均衡

为什么只有在 E 点时才能实现消费者均衡呢?从图 3-12 可以看出,U_1 所代表的效用最大,但是 U_1 与预算约束线 MN 既不相交也不相切,说明要达到 U_1 的效用水平,X 和 Y 的数量组合在消费者目前的收入和价格既定的条件下是无法实现的。MN 与 U_2 相交于 A、B 两点,在 A、B 点上所购买的 X 和 Y 的数量也是收入与价格既定条件下最大的组合,但 U_2 小于 U_0,A、B 上两种商品的组合并不能达到最大效用。此外,U_0 除 E 点之外的其他各点也在 MN 之外,即所要求的 X 与 Y 的数量组合也是消费者在目前收入水平与价格既定条件下无法实现的。由此可见,只有在 E 点时才能实现消费者均衡。

E 点作为均衡点有两个显著的特征:一是位于预算约束线上;二是由预算约束线与一条无差异曲线的切点所决定。

第一个特征可用预算约束线方程表示,即 $P_X Q_X + P_Y Q_Y = M$。

第二个特征表明,在这一点上预算约束线的斜率与无差异曲线的斜率相等,预算约束线的斜率为边际替代率。因此,边际替代率等于两种商品的价格之比,即 $MRS_{XY} = P_X/P_Y$。

这一条件表示:在一定的收入约束条件下,为了取得最大的效用满足,消费者选择的最佳商品数量应该使得两种商品的边际替代率等于这两种商品的价格之比。换言之,在消费者均衡点上,消费者愿意用一单位商品 X 代替商品 Y 的数量等于市场上商品 X 可以换取的商品 Y 的数量。

因为 $MRS_{XY} = \dfrac{MU_X}{MU_Y}$,这一均衡条件用公式可表示为 $MU_X/MU_Y = P_X/P_Y$,即消费者所购买的任意两种商品的边际效用之比等于这两种商品的市场价格之比。公式的左边是消费者的主观判断,右边则是市场的客观评价,消费者均衡正是消费者主观愿望和客观条件相结合的结果。进一步还可以将上述公式写为 $MU_X/P_X = MU_Y/P_Y$,公式隐含着:消费者实现均衡时,花费在每一种商品上的最后一单位货币的效用相等。

四、收入变化对消费者均衡的影响

对消费者均衡进行比较静态分析时,应先考察商品价格变化和消费者收入变化对均衡的影响，并在此基础上推导出消费者的需求曲线和恩格尔曲线。

（一）收入-消费曲线

收入-消费曲线（ICC）又称为收入-消费扩展线，它表示在商品价格保持不变的条件下，随着消费者收入水平的变动，消费者均衡点变动的轨迹。

如图 3-13 所示，MN、$M'N'$、$M''N''$ 依次代表从低到高三种收入水平下的消费预算约束线，它们分别与从低到高的三条无差异曲线 U_1、U_2、U_3 相切，切点分别为 E_1、E_2、E_3。这些切点是收入变动情况下的消费者均衡点，用光滑的曲线将 E_1、E_2、E_3 点连接起来，便得到了收入-消费曲线。

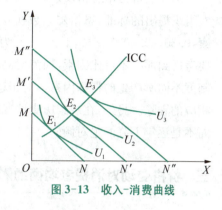

图 3-13 收入-消费曲线

（二）恩格尔曲线

根据收入-消费曲线，可以推导出收入-需求曲线。恩格尔曲线反映了消费者的货币收入量与某种商品需求量之间的函数关系。该曲线由于是德国统计学家和经济学家 E. 恩格尔提出的，因此通常称为恩格尔曲线。如图 3-14 所示，图中横轴表示商品 X 的需求量，纵轴表示消费者的收入。

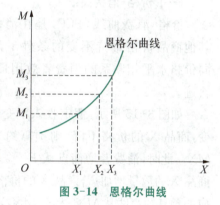

图 3-14 恩格尔曲线

（三）恩格尔定律和恩格尔系数

恩格尔根据统计资料，对消费结构的变化得出一个规律：一个家庭收入越少，家庭收入（或总支出）中用来购买食物的支出所占的比例就越大；随着家庭收入的增加，家庭收入（或总支出）中用来购买食物的支出则会下降。推而广之，一个国家越穷，每个国民的平均收入（或平均支出）中用于购买食物的支出所占的比例就越大；随着国家的富裕，这个比例呈下降趋势。

恩格尔定律是根据经验数据提出的，它是在假定其他一切变量都是常数的前提下才适用的，因此在考察食物支出在收入中所占比例的变动问题时，还应当考虑城市化程度、食品加工、饮食业和食物本身结构变化等因素，它们都会影响家庭的食物支出。只有达到相当高的平均食物消费水平时，收入的进一步增加才不会对食物支出产生重要的影响。

与恩格尔定律相联系的是恩格尔系数，恩格尔系数可用公式表示为：

食物支出对总支出的比率（R_1）＝食物支出变动百分比／总支出变动百分比

或：

食物支出对收入的比率（R_2）＝食物支出变动百分比／收入变动百分比

其中，R_2 又称为食物支出的收入弹性。

国际上常常用恩格尔系数来衡量一个国家和地区人民生活水平的状况。根据联合国粮农组织提出的标准，恩格尔系数在 0.59 以上为贫困，0.50～0.59 为温饱，0.40～0.50 为小康，0.30～0.40 为富裕，低于 0.30 为最富裕。在我国运用这一标准进行国际和城乡对比时，要考虑到那些不可比因素，如消费品价格比价不同、居民生活习惯的差异，以及由社会经济制度不同所产生的特殊因素。对于这些横截面比较中的不可比问题，在分析和比较时应作相应的剔除。另外，在观察历史情况的变化时要注意，恩格尔系数反映的是一种长期趋势，而不是逐年下降的绝对倾向。

五、价格变动对消费者均衡的影响

（一）价格-消费曲线

价格-消费曲线（PCC）是在消费者偏好、收入和其他商品价格维持不变的条件下，与一种商品的不同价格水平相联系的消费者效用最大化的均衡点的轨迹。

如图 3-15 所示，假定收入不变，商品 Y 的价格不变，商品 X 的价格下降，则预算约束线从 MN_1 移至 MN_2，此时，消费者均衡点从 E_1 移至 E_2，消费者购买商品 X 的数量增加；若商品 X 的价格进一步下降，则相应的预算约束线从 MN_2 移至 MN_3，消费者均衡点移至 E_3；随着商品 X 价格的不断变化，可以找到无数个诸如 E_1、E_2 和 E_3 那样的均衡点，它们的轨迹就是价格-消费曲线。

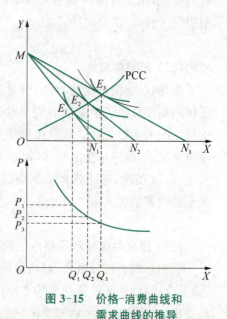

图 3-15　价格-消费曲线和需求曲线的推导

（二）需求曲线

由价格-消费曲线可以推导出消费者对某种商品的需求曲线。需求曲线是指在其他条件不变的情况下，消费者在该商品的不同价格水平上愿意而且能够购买的该商品的数量。所谓"愿意"，意味着消费者可以通过消费该商品而获得最大的满足，"能够"则指在消费者的预算约束范围之内。因此，对应于一种商品的价格，这一价格与假定不变的其他商品的价格一起决定了一条特定的预算线。在这条预算线上，消费者选择的效用最大化的点所对应的该商品的消费量即为这一价格下的需求量。

如图 3-15 所示，假定消费者的收入和商品 X 的价格保持不变，消费者面对商品 X 的价格为 P_1 时决定的预算线为 MN_1，消费者在无差异曲线与该预算线的切点 E_1 上所消费的商品 X 的数量为 Q_1。当商品 X 的价格降至 P_2 时，预算线也移至 MN_2，消费者的消费均衡点 E_2 所对应的消费量为 Q_2。以此类推，通过上述价格-消费曲线，就可以得到消费者对商品 X 在不同价格水平上的消费量。

第四节　替代效应和收入效应

一、替代效应和收入效应的含义

价格变化对预算约束有双重影响。一是实际收入的变化。名义收入或货币收入固定而物价上涨，实际收入降低；名义收入固定而物价下降，实际收入提高。二是相对价格的变化。物价变化通过实际收入的变动而对需求产生影响称为收入效应；通过相对价格的变化而对需求产生影响称为替代效应。

如果一种商品价格下降而另一种商品的价格不变，引起商品的相对价格发生变动，从而导致消费者在保持效用不变的条件下，多购买相对便宜的商品，从而改变对商品的需求量，称为价格变动的替代效应。

由于一种商品价格变动而引起消费者的实际收入发生变动，从而导致消费者对商品需求量的改变，称为价格变动的收入效应。

如图 3-16 所示，假定消费者初始的消费预算线为 AB_1，此时消费者购买量由均衡点 E_1 决定。现假定商品 Y 价格不变，商品 X 价格下降，此时消费者的消费预算线为 AB_3，消费者购买量由均衡点 E_3 决定，即消费者对 X 的消费量从 X_1 增加到 X_3。这一过程可以分解为以下两个部分：

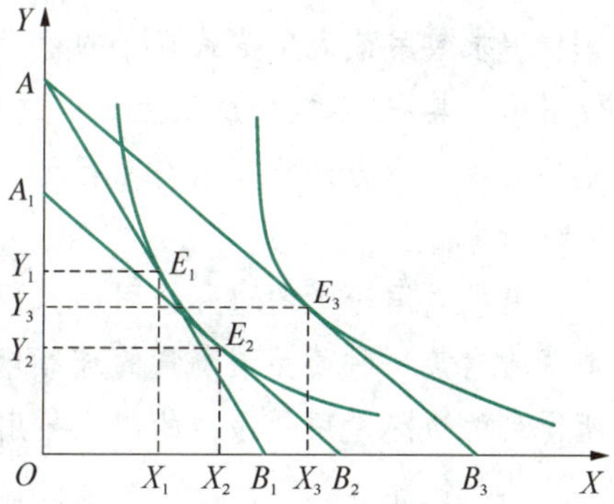

首先，商品 Y 价格不变，商品 X 的价格下降，引起商品 X 和商品 Y 相对价格的变化，相对而言，商品 Y 的价格上升了，此时，消费者在总效用不变的前提下会增加商品 X 的消费量而减少商品 Y 的消费量，从图形上表现为消费者的预算约束线移至 A_1B_2，此时消费者的购买量由均衡点 E_2 决定。商品 X 此时的消费量由 X_1 增加至 X_2，此为替代效应。

图 3-16　价格变化的替代效应、收入效应和总效应

其次，商品 X 价格下降，消费者的实际收入上升，消费者的消费预算线从 A_1B_2 移至 AB_3，此时消费者购买量由均衡点 E_3 决定，商品 X 此时的消费量由 X_2 增加至 X_3。因此，从 E_2 到 E_3 点的变动就是收入效应。

因此，一种商品价格变动对商品需求量的影响，即最终引起该商品需求量的变动，可以分解为替代效应和收入效应，即总效应＝替代效应＋收入效应。商品 X 的需求量从 X_1 上升到 X_2 是替代效应，从 X_2 上升到 X_3 是收入效应。

二、不同商品的替代效应和收入效应

（1）对于正常物品来说，商品价格下降的替代效应和收入效应都使得该商品需求量增加；正常商品的替代效应与价格呈反方向的变动，收入效应也与价格呈反方向的变动，在它们的共同作用下，总效应必定与价格呈反方向的变动。正因为如此，正常物品的需求曲线是向右下方倾斜的。

（2）对于低档物品来说，商品价格下降的替代效应使商品需求量增加，但收入效应却使商品需求量下降；低档商品的替代效应与价格呈反方向的变动，收入效应与价格呈同方向的变动，而且，在大多数场合，收入效应的作用小于替代效应的作用。所以，总效应与价格呈反方向的变动，相应的需求曲线是向右下方倾斜的。

（3）对吉芬商品来说，吉芬物品是一种特殊的低档物品。作为低档物品，吉芬物品的替代效应与价格呈反向的变动，收入效应则与价格呈同方向的变动。吉芬物品的特殊性就在于：它的收入效应的作用很大，以至于超过了替代效应的作用，从而使得总效应与价格呈同方向的变动。这也就是吉芬物品的需求曲线呈现出向右上方倾斜的特殊形状的原因。

本章小结

追求效用最大化是消费者的行为目标。分析消费者行为的理论分为基数效用论与序数效用论。其中，基数效用论者运用边际效用分析方法研究消费者行为；序数效用论者运用无差异曲线分析方法研究消费者行为。在当代西方经济学中，占主导地位的是序数效用论者的分析方法。

基数效用论者的边际效用递减规律是指：在一定时期内其他条件不变的前提下，随着消费者对某一种商品消费量的连续增加，该消费者从连续增加的每一单位的商品消费量中所得到的边际效用是递减的。从效用最大化出发，要达到消费者均衡，所有商品的边际效用与价格之比相等。

序数效用论分析，在商品的价格、消费者的收入和偏好给定的条件下，消费者唯一的一条预算线与无差异曲线组中的一条无差异曲线相切的切点表示消费者均衡。在均衡点上，预算线的斜率与无差异曲线的斜率相等。均衡点上的经济含义是：消费者应该使得自己花费在每一种商品上的最后一元钱所带来的边际效用相等，这样，该消费者就实现了在既定收入、价格和偏好条件下的最大效用。

从消费者效用最大化均衡点出发，可以得到与消费者的不同收入水平相联系的消费者效用最大化的均衡点的轨迹，即收入-消费曲线。由收入-消费曲线出发，可进一步推导恩格尔曲线。

价格变化对预算约束有双重影响。一是实际收入的变化。名义收入或货币收入固定而物价上涨，实际收入降低；名义收入固定而物价下降，实际收入提高。二是相对价格的变化。

物价变化通过实际收入的变动而对需求产生影响称为收入效应；通过相对价格的变化而对需求产生影响称为替代效应。

主要概念

效用　边际效用　基数效用论　序数效用论　边际替代率　无差异曲线　消费者剩余　预算约束线　收入-消费曲线　恩格尔曲线　替代效应　收入效应

思考案例

鼓励孩子买书的零用钱

随着孩子年龄的增长，家长给未成年孩子的零用钱也将增加。增加的方式有两种：第一种是不论孩子如何使用，每月增加一定金额；第二种是将这笔钱用于补贴孩子购买课外书籍，即只有当孩子购买图书时才能获得一定金额的补贴。显然，这两种方式对鼓励孩子读书和增加学习开支，并减少娱乐和零食开支的效果不一样。

资料来源：刘东、梁东黎、史先诚编著，《微观经济学教程》（第二版），科学出版社 2010 年版。

问题讨论：

1. 用消费者行为理论分析两种方式的效果差异。

2. 保持价格体系不变，政策制定者是否可以通过其他手段改变预算约束线的斜率，以达到愿意看到的选择结果？

课后习题

一、单项选择题

1. 无差异曲线的形状取决于（　　）。

　　A. 消费者偏好　　　　　　　　　B. 消费者收入

　　C. 所购商品的价格　　　　　　　D. 商品效用水平的大小

2. 在同一条无差异曲线上，各个消费者所达到的效用水平一般是（　　）。

　　A. 相等的　　　　　　　　　　　B. 不相等的

　　C. 可能相等也可能不相等　　　　D. 以上答案都不对

3. 预算线的位置和斜率取决于（　　）。

　　A. 消费者的收入　　　　　　　　B. 消费者的收入和商品的价格

　　C. 消费者的偏好、收入和商品价格　D. 以上三者都不是

4. 商品 X 和商品 Y 的价格按相同的比率上升，而收入不变，预算线（　　）。

　　A. 向左下方平行移动　　　　　　B. 向右上方平行移动

C. 不变动　　　　　　　　　　　　D. 向左下方或右上方移动

5. 商品 X 和商品 Y 的价格以及消费者的预算都按同一比例变动,预算线(　　)。

A. 向左下方平行移动　　　　　　　B. 向右上方平行移动

C. 不变动　　　　　　　　　　　　D. 向左下方或右上方移动

二、计算题

1. 如果有两种商品 X 和 Y,并满足 $MU_X/P_X < MU_Y/P_Y$,消费者怎样进行调整才能达到效用最大化?

2. 已知某消费者每年用于商品 1 和商品 2 的收入为 540 元,两种商品的价格分别为 $P_1=20$ 元和 $P_2=30$ 元,该消费者的效用函数为 $U=3X_1X_2^2$,则该消费者每年购买这两种商品的数量应各是多少? 每年从中获得的总效用是多少?

3. 假定某消费者的效用函数为 $U=q^{0.5}+3M$,其中,q 为某商品的消费量,M 为收入,求:

(1) 该消费者的需求函数;

(2) 当 $P=1/12$,$q=4$ 时的消费者剩余。

三、问答题

1. 基数效用论是如何推导需求曲线的?

2. 用图说明序数效用论者对消费者均衡条件的分析,以及在此基础上对需求曲线的推导。

3. 什么是边际效用递减规律? 为什么?

4. 无差异曲线的特征有哪些?

第四章

厂商生产理论

物品与劳务是由厂商提供的,在生产者行为分析中一般假定生产者都是完全理性的经济人,目标是实现利润最大化。利润最大化的实现涉及三个问题:① 投入的生产要素与产量的关系,也就是如何使用各种生产要素,使成本最小、产量最大;② 成本与收益的关系,要使利润最大化,就要使扣除成本后的收益达到最大化,并确定一个利润最大化的原则;③ 市场问题,即厂商处于不同的市场结构时,应如何确定产品的产量与价格,以便实现利润最大化。生产者行为理论就是围绕这三个问题展开分析的。厂商尽管组织形式不同,但为了实现利润最大化,都要以某种组合方式投入生产要素,使其转化为产品或社会服务,以实现经营目标。

第一节 市场、厂商与行业

一、市场

市场(Market),一般指一种货物或劳务买卖的场所,买卖双方在市场上决定商品交换的价格。每一种商品有一个市场。一个市场不一定是甚至通常不是一个单一的地点,而是一个区域。它可能有固定场所,也可能通过电话、电传等买卖成交。由此可见,一个市场包括一群企业和个人,他们在其中通过买卖交易产品和劳务发生经济联系,并影响稀缺资源的配置过程。

市场可从不同角度,选择不同的变量来进行分类,西方经济学家通常按照竞争程度这一标准,从厂商数目、产品差别程度、厂商对产量和价格的控制程度以及厂商进入市场的难易程度这些特点,将市场分为四类:完全竞争、完全垄断、垄断竞争和寡头垄断。表 4-1 显示了依据竞争程度对市场结构进行的分类。

表 4-1 市场结构分类

市场结构	现实中接近的行业	厂商数目	产品差异性	厂商控制价格的能力	进入壁垒
完全竞争	农业	极多	没有	没有	没有
完全垄断	自来水、邮政	独家	无替代品	很大	很大
垄断竞争	餐饮业、家具业	很多	较小	较小	较小
寡头垄断	汽车、家电	很少	有或无	较大	较大

二、厂商

厂商(Firm)又可称作企业,是指根据一定目标(一般是追求利润极大化)为市场提供商品和劳务的独立经营单位。企业按照其法律组织形式可分为三类。

（1）业主制，即个体业主制，是一个人所有并负责经营管理的企业，盈亏都由他负责，一般规模较小，但数量极多。这类企业的优势是产权明确、责权利统一、决策效率高；不足是资金有限、企业规模小。

（2）合伙制，是两个或两个以上的业主合伙组成的企业，收益由合伙人分享，责任和风险由他们分担。相对于业主制企业而言，其资金相对较多，规模相对较大。但企业内部容易产生产权不明确、责权利不清楚的问题，不利于协调和统一，合伙人之间的契约关系也不稳定。

（3）公司制，是一种现代企业组织形式，具有法人资格。法人是相对于自然人（如张三、李四等每一个具体的人）而言的，是具有独立财产并能独立承担民事责任的组织机构。公司制企业实行法人治理结构，即形成由股东会、董事会、监事会和经理层组成并有相互制衡关系的管理机制。其中，股东会是公司权力机构；董事会是由股东选出、代表股东利益和意志，并对公司经营作出决策的机构；经理层是董事会聘任的负责公司日常经营管理的人员；监事会是公司的监督机构。公司制的优点是，这一组织形式有利于筹集资金、组织大规模生产经营、分散市场风险，但也存在由经营权和所有权分离而带来的一些缺点。例如，由于公司日常经营管理是由经理层人员负责的，他们对公司经营状况知道得最清楚，而股东和董事并不是很清楚，于是，经理层人员就有可能为了自身利益去做一些不符合所有者利益和意志的事。

企业作为生产经营性组织，总是以盈利为目标的。在微观经济学中，总是假设企业的目标是追求利润的最大化。这一基本假定也是理性经济人的假定在生产理论中的具体化。

对于业主制和合伙制企业来说，利润最大化目标是非常明确的。对于公司制企业，由于其所有权和经营权分离而存在的委托-代理关系，短期内可能存在代理人不以企业的利润最大化为经营目标的情况。但是，长期中一个企业的经营必须要建立在利润最大化的基础之上，否则，一切都是空中楼阁。

三、行业

行业或产业（Industry）是指制造或提供同一或类似产品或劳务的厂商的集合，如纺织业、机器制造业、食品加工业等，而纺织业又可分为棉织业、针织业、丝织业等。

厂商与行业是成员与集体的关系，在经济分析中必须区分厂商与行业。例如，分析需求曲线，就要弄清楚它是厂商需求曲线还是行业需求曲线，因为两者并不总是相同的，"行业"（或产业）这个概念有时也常常与"部门"一词的含义基本相同。

"行业"与"市场"这两个概念也要弄清楚。行业是生产或供给方面的概念，而市场则包括供求双方的关系。

第二节 生 产 函 数

一、生产与生产要素

生产是指对各种生产要素进行组合以制成产品的行为。在生产中要投入各种生产要素并生产出产品,所以,生产也就是把投入变为产出的过程。

生产要素是指生产中所使用的各种资源,任何生产都离不开生产要素。西方经济学认为,基本的生产要素有四种:土地(N)、劳动(L)、资本(K)和企业家才能(E)。

土地是指生产中所使用的各种自然资源,包括土地、水源、自然矿藏等,即用于生产的地上及地下的一切资源。

劳动是指生产中劳动者为生产活动提供服务的能力,即人的脑力和体力的耗费。

资本是指除土地以外的生产资料,可以表示为实物形态和货币形态,实物形态又称为投资品或资本品,如厂房、机器、动力燃料、原材料等;资本的货币形态通常称为货币资本,如现金、银行存款等。

企业家才能通常指企业家组建和经营管理企业的才能。这里的企业家是指决定生产什么商品并且调集生产要素生产这些商品的人。在现代经济社会中,普通劳动力、土地和资本三种要素结合起来进行生产,都是在企业中进行的,因而需要有能够承担风险并担负起开创与组织企业的特殊任务的才能——企业家才能。因此,在四种生产要素中,企业家才能特别重要,正是企业家才能的作用,土地、劳动和资本要素才得以有效配置,并最终生产出各种各样的产品和劳务。

二、生产函数

(一) 生产函数的概念

生产过程中生产要素的投入量和产品的产出量之间的数量关系,可以用生产函数来表示。生产函数就是指一定时期内,在技术水平不变的情况下,生产中所使用的各种要素的投入量与所能生产出的最大产量之间的关系。

生产函数的一般形式是:

$$Q = f(X_1, X_2, X_3, \cdots, X_n)$$

式中的 $X_1, X_2, X_3, \cdots, X_n$ 为自变量,代表 n 种生产要素的投入量;Q 为因变量,代表在一定的技术条件下,任何一组既定数量的生产要素组合 $(X_1, X_2, X_3, \cdots, X_n)$ 所能生产出的最大产量。

前已述及,厂商投入的生产要素被归为四类:劳动(L)、资本(K)、土地(N)和企业家才能(E),则生产函数可表示为：

$$Q = f(L, K, N, E)$$

由于土地是固定不变的,企业家才能难以估量,为了便于分析,我们通常假定只使用劳动和资本这两种投入来生产一种产品。那么,生产函数便简化为：

$$Q = f(L, K)$$

理解生产函数时要注意以下两点。

第一,经济学研究的目的是要实现资源的最有效率的使用,因此,生产函数中的产量,是指一定的投入要素组合所可能生产的最大的产品数量,即生产函数所反映的投入与产出之间的关系是以企业经营管理得好、一切投入要素的使用都非常有效为假设前提的。

第二,任何生产函数都是以一定时期的生产技术水平作为前提的,一旦技术水平发生变化,那么生产函数也跟着发生变化。但生产函数本身并不涉及价格或成本问题。

【例 4.2.1】 若产品 X 的生产函数为 $Q=3L+2K$,说明 1 个单位的 L 和 1 个单位的 K 的组合最大可以生产出 5(=3×1+2×1) 个单位的产品 X;若生产技术水平提高了,则生产函数会发生变化,假定变化为 $Q=3L+3K$,那么 1 个单位的 L 和 1 个单位的 K 的组合可以生产产品 X 的最大产量变为 6(=3×1+3×1) 个单位。

(二) 技术系数

技术系数(Technological Coefficient)是指在各种产品生产中投入的各种要素之间的配合比例。技术系数可以是固定的,也可以是变化的。

如果生产某种产品所要求的各种投入的配合比例是固定不变的,即技术系数是固定的,则每生产一单位某种产品必须按一个固定比例投入劳动和资本,随着产量增加或减少,这两种要素必须按固定比例增加或减少。例如,一辆汽车配一个司机,两辆汽车要配两个司机。这种固定技术系数的生产函数称为固定比例的生产函数。

如果生产某种产品所要求的各种投入的配合比例是可以改变的,如生产一种产品既可以少用劳动、多用资本,也可以多用劳动、少用资本,那么这种生产函数就是可变技术系数的生产函数。

(三) 柯布-道格拉斯生产函数

20 世纪 30 年代初,美国计量经济学家和统计学家保罗·霍华德·道格拉斯(1892~1976)与数学家 C.W. 柯布合作,根据历史统计资料,研究了 1899~1925 年间美国的资本和劳动这两种生产要素对产量的影响,得出了这一时期美国制造业的生产函数,这就是著名的柯布-道格拉斯生产函数：

$$Q = AL^{\alpha}K^{\beta}$$

式中,Q 代表总产量,L 代表劳动投入量,K 表示资本投入量,A、α、β 是常数,且 0＜

$\alpha<1$，$0<\beta<1$，其中，A 为技术进步对产量的影响，当 $\alpha+\beta=1$ 时，α 和 β 分别表示劳动和资本在生产过程中的相对重要性，α 为劳动在总产量中的贡献份额，β 为资本在总产量中的贡献份额。

根据这一时期的统计资料，可将柯布-道格拉斯函数具体化为：

$$Q = 1.01 L^{0.75} K^{0.25}$$

该函数说明，当资本投入量 K 不变时，劳动投入量 L 增加 1%，产量将增加 1%的 0.75 倍，即 0.75%；当劳动投入量 L 不变时，资本投入量 K 增加 1%，产量将增加 1%的 0.25 倍，即 0.25%。如果劳动和资本投入量各增加 1%，分别引起产量增长 0.75%和 0.25%，劳动对产量的贡献是资本的 3 倍。也就是说，在这一期间的总产量中，劳动的贡献或所得的份额为 75%，资本的贡献或所得的份额为 25%。这一结论与美国在同一期间的工资收入与资本收入之比 3∶1 大体相等。

（四）齐次生产函数

如果一个生产函数的每一种投入要素都增加 $\lambda(\lambda>1)$ 倍，引起产量增加 λ^n 倍，则称此生产函数为齐次生产函数，n 称为该生产函数的次数。当 $n=1$ 时，该生产函数称为一次齐次生产函数或线性齐次生产函数。

若生产函数 $Q=f(x_1, x_2, \cdots, x_n)$ 为 n 次齐次生产函数，那么有：

$$f(\lambda x_1, \lambda x_2, \cdots, \lambda x_n) = \lambda^n f(x_1, x_2, \cdots, x_n)$$

【例 4.2.2】 证明柯布-道格拉斯生产函数为线性齐次生产函数。

证明：在柯布-道格拉斯生产函数中，当劳动投入量和资本投入量同时增加 λ 倍时，产量也增加 λ 倍，推导如下：

$$Q = 1.01 L^{0.75} K^{0.25}$$
$$Q' = 1.01 (\lambda L)^{0.75} (\lambda K)^{0.25} = \lambda^{0.75+0.25} \times 1.01 L^{0.75} K^{0.25} = \lambda Q$$

三、短期与长期

在进行具体的生产分析时，还需要区分长期和短期。经济学意义上的长期和短期，不是指具体时间的长短，而是指厂商能否来得及调整全部生产要素投入的时期。

短期是指厂商不能调整全部生产要素投入数量的时期。因此，在短期内，生产要素投入分为固定投入和可变投入。厂商在短期内无法进行数量调整的那部分要素投入是固定投入，如机器设备、厂房、管理人员等。而这些生产要素往往代表一个企业的生产规模。厂商在短期内可以进行数量调整的那部分要素投入是可变投入，如原材料、燃料、动力、生产工人等。

长期是指厂商能够调整全部生产要素投入的时期。长期中厂商不仅能够调整原材料、燃料等要素的数量，也有能力调整厂房、机器等要素的数量，长期中厂商可以通过调整生产规模来达到预期产量。因此,在长期中生产要素就无固定投入和可变投入之分了。

在区分长期和短期的时候应注意两点。

第一,长期和短期的区分不是以物理上的时间长短为标准,而是以生产者能否变动全部要素的数量作为标准的。

第二,长期与短期的区分是相对的,对于不同的产品生产,短期和长期的具体时间的规定是不相同的。例如,变动一个大型炼油厂的所有生产要素可能需要 5 年的时间,而变动一个豆腐作坊的所有生产要素可能仅需要 1 个月的时间,即前者的短期和长期的划分界限为 5 年,而后者仅为 1 个月。

【例 4.2.3】 食品厂和汽车厂的长期与短期

食品厂和汽车厂都可能因为节日的原因使得市场需求量暂时扩大,这时,不论是食品厂还是汽车厂都可通过充分利用原有设备开足马力、加班加点来增加产量以满足需求,即仅增加劳动的数量,而不增加设备的数量。这就是短期调整产量水平的问题。

然而,由于人口的增加及收入水平的上升,市场对食品厂和汽车厂产品的需求就可能长期增加,这时,不论是食品厂还是汽车厂就需要通过增加设备扩大生产规模来满足增长了的市场需求,即所有的投入要素都增加。这就是长期调整生产的问题。对食品厂来说,增加设备可能只需要几个月的时间,此时,对食品厂来说,长期的概念是指几个月;对汽车厂来说,增加设备可能需要一年以上的时间,因此,对汽车厂来讲,长期是指超过一年的时间。

第三节 短期生产理论

一、短期生产函数

由生产函数 $Q=f(L,K)$ 出发,假定两种投入中,资本是固定的,仅有劳动可变,则有了一种可变生产要素的生产函数,用公式表示为:

$$Q=f(L,\overline{K})$$

这一生产函数也称为短期生产函数。它表示:在资本投入量固定时,由劳动投入量变化所带来的最大产量的变化。

二、总产量、平均产量和边际产量

(一)总产量、平均产量和边际产量的概念

根据短期生产函数 $Q=f(L,\overline{K})$,可以得到劳动的总产量、劳动的平均产量和劳动的边际产量的概念。

总产量(Total Product,TP)是指与一定的可变要素劳动的投入量相对应的最大产量。

劳动的总产量函数为：

$$TP_L = Q = f(L, \overline{K})$$

平均产量（Average Product，AP）是指总产量与所使用的可变要素投入量之比。劳动的平均产量函数为：

$$AP_L = TP_L/L$$

边际产量（Marginal Product，MP）是指增加一单位可变要素投入量所增加的产量。劳动的边际产量函数为：

$$MP_L = \Delta TP_L/\Delta L（若生产函数不连续）$$

或：

$$MP_L = dTP_L/dL（若生产函数连续）$$

（二）总产量、平均产量和边际产量之间的关系

利用表 4-2 来说明这三个概念及其关系。表 4-2 描述了某食品公司的生产情况。对于生产食品的企业来说，其拥有的机器设备和厂房在短期内是固定的，但其所雇用的劳动力是可以调整的，工厂的管理人员必须根据销售情况作出雇用多少工人的决策。表 4-2 给出了该食品公司劳动的投入与产出之间的关系。第二列表示资本固定不变，第三列表示与不同劳动投入对应的总产出量。随着劳动投入量的增加，总产出在逐渐增加，当劳动投入达到 7 个单位时，总产出达到最大值，再增加一个单位劳动，劳动投入达到 8 个单位时，总产出没有发生变化。当投入的劳动继续增加时，总产出反而开始减少。

表 4-2 劳动投入与总产量、平均产量和边际产量的关系

劳动数量（L）	资本数量（K）	总产量（TP_L）	平均产量（$AP_L = TP_L/L$）	边际产量（$MP_L = \Delta TP_L/\Delta L$）
0	10	0	—	—
1	10	10	10	10
2	10	30	15	20
3	10	60	20	30
4	10	80	20	20
5	10	95	19	15
6	10	108	18	13
7	10	112	16	4
8	10	112	14	0
9	10	108	12	−4
10	10	100	10	−8

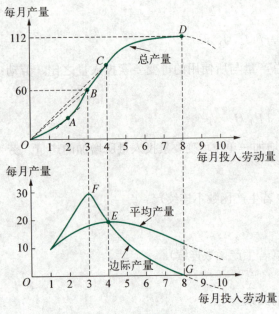

图 4-1 总产量、平均产量和边际产量曲线

利用表 4-2 中的数据可以绘制成图 4-1。

在图 4-1 中,横轴表示劳动投入量,纵轴表示产出量。图 4-1 中上图表示总产量曲线,从图中可以看出,食品公司的总产量伴随劳动投入从 0 开始逐渐增加,总产量曲线先以递增的速度增加,到达拐点 B 以后,增速开始减慢,到达点 D 时总产量到达最大值,过点 D 后总产量则变为递减。图 4-1 下图中分别是平均产量曲线和边际产量曲线。从图中可以看出,总产量曲线上某劳动投入数量点的劳动平均产出是该点与原点连线的斜率,如点 B 与原点连线的斜率为 $60/3=20$,食品公司的平均产量先随劳动投入的增加而增加,达到最高点 E 后即不断下降。而边际产量从几何意义上看即为总产量曲线上其相对应的某点的切线的斜率。根据总产量曲线的特点,在总产量到达拐点之前,其切线的斜率为正且递增,过拐点之后,切线的斜率虽为正但呈递减,达到最高点之后,切线的斜率即为负。因此,与总产量相对应的边际产量起先可能有短暂的上升,到达点 F 后随即不断下降,过了点 G 后边际产量变为负数。

综上所述,可对总产量、平均产量和边际产量的特征及相互间的关系归纳如下:

（1）总产量、平均产量和边际产量在资本量不变的情况下,随着劳动量的增加,最初都是递增的。但是,当劳动量增加到一定程度后就分别有不同程度的递减。

（2）当边际产量为正值时,总产量就增加；当边际产量为负值时,总产量就减少；当边际产量为 0 时,总产量达到最大。

（3）平均产量曲线与边际产量曲线相交于平均产量曲线的最高点。在最高点以前,平均产量是递增的,边际产量高于平均产量（$MP > AP$）；在最高点以后,平均产量是递减的,边际产量低于平均产量（$MP < AP$）；在最高点,平均产量达到最大,边际产量等于平均产量（$MP = AP$）。

为了更清楚地说明 AP 与 MP 的关系,不妨找一实例来说明。假设某一班级学生的数学平均成绩为 80 分（相当于 AP）,若转入一位新同学,其数学成绩为 85 分（相当于 MP）,即原先全班的数学平均成绩小于转入者（即 AP 小于 MP）,这样就会由于转入者成绩的"拉动"作用,使得后来全班的平均成绩增加（相当于 AP 递增）了；反之,若班上转入一位新同学,其数学成绩为 70 分（相当于 MP）,比原班上的平均成绩小（$MP < AP$）,则该班上新的平均成绩会下降（即 AP 此时递减）。这个例子比较形象地说明了平均产量和边际产量的关系。

三、边际收益递减规律

边际收益递减规律(The Law of Diminishing Marginal Return)是指在其他条件不变时,连续将某一生产要素的投入量增加到一定的数量之后,总产量的增量即边际产量将会出现递减现象。在上述食品公司的例子中,随着雇用工人的增加,当增加更多的工人时,每增加1个工人所带来的总产量的增量会越来越小。例如,该食品公司的边际产量在第3个工人之后开始递减,一直到第8个工人的边际产量为0。这一边际产量连续下降的过程称为边际收益递减规律。

理解边际收益递减规律时需要注意以下几点。

(1) 其他条件不变包含的第一个因素是技术水平不变,该规律不能预测在技术水平变动的情况下,增加一单位要素投入对产量的影响。技术水平不变是指生产中所使用的技术没有重大变革。无论是在农业还是工业中,一种技术水平一旦形成,总有一个相对稳定时期,即使在科学技术飞速发展的当代,也并不是每时每刻都有重大的技术突破,技术进步总是间歇式进行的,这一时期就称为技术水平不变。所以,在一定时期内技术水平不变这一前提是存在的,离开了技术水平不变这一条件,此规律不能成立。

(2) 其他条件不变包含的第二个因素是其他要素投入量不变,边际收益递减规律研究的是将不断增加的一种可变生产要素追加到其他不变的生产要素中,对产量或收益产生的影响。该规律对于所有投入要素同时变化的情况并不适用。

(3) 随着可变要素投入量的增加,边际产量要经过递增、递减,甚至成为负数的过程。也就是说,可变要素的边际产量并不是从一开始就递减的,只有当可变要素投入超过一定量时,边际产量才开始递减。在此之前,边际产量是递增的。在前例中,当劳动投入量小于3个单位时,劳动的边际产量是递增的;当劳动投入量超过3个单位时,劳动的边际产量开始递减。边际产量的这一变化规律在图形上表现为:边际产量曲线先是正斜率,后是负斜率。

(4) 边际收益递减规律是一个以生产实践经验为根据的一般性概括,而不是一个物理或生理规律的推论。它指出了生产过程中的一条普遍规律,对于现实生活中绝大多数生产函数都是适用的。例如,农业生产中,如果在一块固定数量的土地上不断地增加劳动投入量,劳动的边际产量必然会出现递减。工业生产中,在生产规模既定时,不断增加工人雇用量,工人的边际产量最终会递减。

边际收益递减规律存在的原因是,随着可变要素投入量的增加,可变要素投入量与固定要素投入量之间的比例在发生变化。在可变要素投入量增加的最初阶段,相对于固定要素来说,可变要素投入量过少,因此,随着可变要素投入量的增加,其边际产量递增。当可变要素与固定要素的配合比例恰当时,边际产量达到最大。如果再继续增加可变要素的投入量,由于其他要素的数量是固定的,可变要素就相对过多,于是边际产量就必然递减。

四、短期生产的三个阶段及其合理区域

根据总产量、平均产量、边际产量的一般变化趋势和它们之间的相互关系,可以将生产划分为三个阶段,如图 4-2 所示。阶段 Ⅰ 被定义为投入要素 L 的平均产量为递增的区间。阶段 Ⅱ 对应的是从投入要素 L 的平均产量的最大点到边际产量(MP)下降为 0 的区间,因此与阶段 Ⅱ 的终点相对应的是 TP 曲线上的最大产量点。阶段 Ⅲ 包括投入要素 L 的总产量下降,或边际产量为负的整个区间。

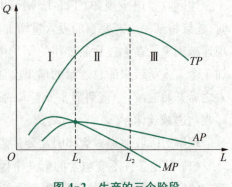

图 4-2 生产的三个阶段

在第 Ⅰ 阶段,产量曲线的特征为:劳动的平均产量始终是上升的,且达到最大值;劳动的边际产量达到最大值,然后开始下降,且劳动的边际产量始终大于劳动的平均产量;劳动的总产量始终是增加的。这说明:在这一阶段,固定生产要素资本的投入量相对过多,生产者增加可变要素劳动的投入量有利于使两者的配合比例更加合理。因此,任何理性的厂商都不会在这一阶段停止生产,而是会连续增加劳动要素的投入量,以增加总产量,并将生产扩大到第 Ⅱ 阶段。

在第 Ⅲ 阶段,产量曲线的特征为:劳动的平均产量继续下降,劳动的边际产量降为负值,劳动的总产量也呈下降趋势。这说明:在这一阶段,可变生产要素劳动的投入量相对于固定要素资本已经过多,此时,生产者减少可变要素劳动的投入量是有利的。即使在这个阶段,可变要素劳动的供给是免费的,理性的厂商也不会增加劳动投入量,而是通过减少劳动投入量来增加总产量,以摆脱劳动的边际产量为负值和总产量下降的局面,并退回到第 Ⅱ 阶段。

综上所述,任何理性的厂商既不会将生产停留在第 Ⅰ 阶段,也不会将生产扩张到第 Ⅲ 阶段,理性的厂商总会选择将生产停留在第 Ⅱ 阶段。在生产的第 Ⅱ 阶段,尽管平均产量开始下降,但边际产量仍然大于 0,这时继续投入可变生产要素,总产量仍然会增加。因此,第 Ⅱ 阶段是理性的厂商进行短期生产的决策区间。在第 Ⅱ 阶段的起点处,劳动的平均产量曲线和劳动的边际产量曲线相交,即劳动的平均产量达到最高点。在第 Ⅱ 阶段的终点处,劳动的边际产量曲线与横轴相交,即劳动的边际产量为 0。至于厂商在实际生产中会选择第 Ⅱ 阶段的哪一点来安排生产为最佳,还要考虑成本、收益和利润等其他因素。

【例 4.3.1】 已知某企业的生产函数为 $Q = 21L + 9L^2 - L^3$,求:

(1) 该企业的平均产量函数和边际产量函数。

(2) 如果企业现在使用了 3 个单位劳动,试问是否合理?如果不合理,那么合理的劳动使用量应在什么范围内?

解：(1) 平均产量函数为：$AP_L = Q/L = 21 + 9L - L^2$。

边际产量函数为：$MP_L = 21 + 18L - 3L^2$。

(2) 我们首先确定合理投入区间的左端点。令 $AP = MP$，即：

$$21 + 9L - L^2 = 21 + 18L - 3L^2$$

整理得：$2L^2 - 9L = 0$。

可解得：$L = 0$（舍去）与 $L = 4.5$。

所以，合理区间的左端点应在劳动投入量为 4.5 个单位时。

再确定合理区域的右端点。令 $MP = 0$，即：

$$21 + 18L - 3L^2 = 0$$

整理得：$L^2 - 6L - 7 = 0$。

解得：$L = -1$（舍去）与 $L = 7$。

所以，合理区域的右端点为 $L = 7$。

这样，合理区域为 $4.5 \leqslant L \leqslant 7$。

目前的使用量 $L = 3$，所以是不合理的。

第四节 长期生产理论之一——生产要素的最优组合

一、长期生产函数

在长期内，所有生产要素的投入量都是可变的。为简化问题，假定生产者用劳动和资本两种可变生产要素来进行生产，则两种可变要素的长期生产函数可以写为：

$$Q = f(L, K)$$

其中，L，K 均可变。

二、等产量线

(一) 等产量线的含义

对于长期生产函数，人们常用等产量曲线来描述。生产理论中的等产量曲线和消费者行为理论中的无差异曲线很相似。所谓等产量曲线，是指在技术水平不变的条件下，生产同一产量的两种生产要素投入量的所有不同组合的轨迹。这实质上就是以曲线的形式来表述包含两种可变投入要素的生产函数，在几何上就是那些能生产出同样数量产品的两种可变生产要素投入数量的各种可能组合的点的轨迹。

【例 4.4.1】 假设某厂商生产时只使用两种投入要素：资本和劳动。其生产函数为

$Q = KL/8$,画出产量分别为 100、200、300 的等产量线。

解:根据生产函数 $Q = KL/8$,可以列出生产 100 单位产品的劳动和资本的可能组合,如表 4-3 所示。

表 4-3 同一产量下不同要素的组合

组合方式	资本(K)	劳动(L)	组合方式	资本(K)	劳动(L)
A	10	80	C	40	20
B	20	40	D	80	10

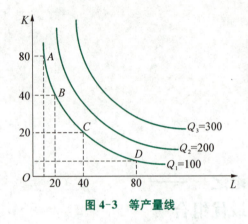

图 4-3 等产量线

以横轴表示劳动的使用数量 L,纵轴表示资本的使用量 K(如图 4-3 所示),依据表 4-3 中给出的数据可知,图中 A、B、C、D 四点表示了能够生产 100 单位产量的投入要素的四种组合。把这些点连接起来便形成一条等产量线 Q_1。它表示每月能够生产 100 单位产量的两种投入要素的各种可能的组合。同样,可以画出等产量线 Q_2,表示能够生产 200 单位产量的投入要素的各种组合。等产量线 Q_3 表示能够生产 300 单位产量的投入要素的各种组合。

(二)等产量线的特征

等产量线的形状和特征与我们在消费者行为理论中介绍的无差异曲线相类似,主要有以下几点。

(1) 等产量曲线是一条向右下方倾斜的线,其斜率为负值。这表明,在生产者的资源与生产要素的价格既定的条件下,为了达到相同的产量,在增加一种生产要素时,必须减少另一种生产要素。两种生产要素之间存在替代关系。两种生产要素同时增加,是资源既定时所无法实现的;两种要素同时减少,不能保持相等的产量水平。

(2) 在同一坐标平面内,可以有无数条等产量曲线,以至于覆盖整个平面。

(3) 每一条等产量曲线代表的产量相等,不同的等产量曲线代表的产量不等。距离原点越近的等产量曲线,代表的产量水平越低;距离原点越远的,代表的产量水平越高。如图 4-3 所示,三条等产量曲线所代表的产量水平关系为 $Q_1 < Q_2 < Q_3$。

(4) 在同一坐标平面图上,任意两条等产量曲线不能相交。因为相交就会出现两条等产量曲线代表相同的产量水平或同一条等产量线代表不同的产量水平的情况,与第三个特征相矛盾。

(5) 等产量曲线是一条凸向原点的线。这是由边际技术替代率递减所决定的。

(三) 边际技术替代率及其递减规律

如前所述,在两种可变要素的生产函数中,两种投入要素间存在着相互替代的关系,经济学家一般用边际技术替代率来分析要素间存在的替代关系。

1. 边际技术替代率的含义

边际技术替代率(Marginal Rate of Technical Subsititution,MRTS),是指在维持产量水平不变的条件下,增加一个单位的某种要素投入量时所减少的另一种要素的投入数量。

具体来说,劳动对资本的边际替代率($MRTS_{LK}$)是指在维持产量水平不变时,增加一单位劳动所需要减少的资本量。以 ΔL 代表劳动的增加量,ΔK 代表资本的减少量,$MRTS_{LK}$ 代表以劳动代替资本的边际技术替代率,则有:

$$MRTS_{LK} = -\frac{\Delta K}{\Delta L}$$

当 $\Delta L \to 0$ 时,有:

$$MRTS_{LK} = -\frac{dK}{dL}$$

从几何意义上分析,等产量线上任何一点的边际技术替代率即为过该点切线斜率的绝对值,所以,等产量线上某一点的边际技术替代率就是等产量线在该点斜率的绝对值。

2. 边际技术替代率的计算

在生产过程中,一种生产要素的投入对另一种生产要素投入的边际替代率的大小与两种生产要素的边际产量存在密切的关系。因为放弃一单位的劳动,产量将减少 MP_L,故若放弃 ΔL 的劳动,产量将减少 $MP_L \cdot \Delta L$;为了维持原产出水平,势必要增加资本的投入,而每增加一单位的资本可增加的产量为 MP_K,增加 ΔK 的资本,可以增加 $MP_K \cdot \Delta K$ 的产量。因此,在相同的产量水平之下,生产者增加一种生产要素的数量所带来的产量的增加量等于减少另一种生产要素的数量所带来的产量的减少量,即:

$$|MP_L \cdot \Delta L| = |MP_K \cdot \Delta K|$$

上式可写为:

$$MRTS_{LK} = -\frac{\Delta K}{\Delta L} = \frac{MP_L}{MP_K}$$

3. 边际技术替代率递减规律

边际技术替代率递减规律是指在维持产量不变的前提下,当一种生产要素的投入量不断增加时,每一单位的这种要素所能替代的另一种生产要素的数量呈递减的现象。

从图 4-4 中可以清楚地看出,在同一条等产量曲线上,由点 A 到点 B、点 C、点 D 和点 E 连续移动时,要素 L 连续等量地增加,即 $\Delta L_1 = \Delta L_2 = \Delta L_3 = \Delta L_4$,另一个要素 K 却在逐步递

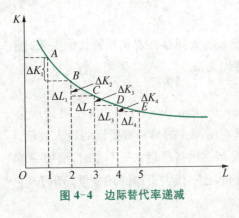

图 4-4　边际替代率递减

减，即 $\Delta K_1 > \Delta K_2 > \Delta K_3 > \Delta K_4$。说明当我们连续不断地增加一种要素 L 的投入量并想保持产量不变时，随着 L 数量的增加，每单位 L 能够替代另一要素 K 的数量却在不断减少，即边际技术替代率是递减的。

之所以存在边际技术替代率递减规律，是因为边际收益递减规律的作用。在同一条等产量线上，随着劳动对资本的不断替代，劳动的数量不断增加，劳动的边际产量是逐渐递减的，而资本的边际产量是逐渐递增的。根据前面介绍的边际技术替代率的计算公式，$MRTS_{LK} = MP_L/MP_K$，所以，边际技术替代率一定是下降（或递减）的，从而等产量线通常凸向原点。

（四）生产的经济区域

在某些情况下，等产量曲线可能有斜率为正的部分，或向自身弯曲的部分，如图 4-5 所示。横轴为劳动量 L，纵轴为资本量 K，三条等产量曲线分别代表 50、100、150 的产量水平。

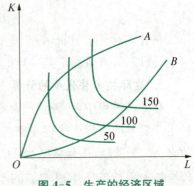

图 4-5　生产的经济区域

在 OA 以上和 OB 以下的部分，斜率为正。斜率为正，意味着要保持一定的产出率或产量水平，所需的资本和劳动的数量都要增加，如果有这样的情况，其中至少有一种要素的边际产量是负的。这是由投入的要素过多造成的。在 OA 以上，资本的边际产量为负，在劳动量保持不变时，减少资本使用量会使产量增加（边际产量为正）；在 OB 以下，劳动的边际产量为负，在资本量保持不变时，减少劳动量，产量会增加。

OA、OB 曲线称为脊线，两条脊线之间的区域称为生产的经济区域。因为，在脊线内比脊线外使用较少的投入，可以达到同样的产量。

（五）等产量线的两种特例

上面说明的是一般情况下等产量线的性质，而生产过程中投入要素的替代，有两种极端的生产函数，从而造成等产量曲线的两种特例。第一种是两种投入要素之间是完全可替代的，第二种是两种投入要素之间是完全互补的。

当两种投入要素之间完全可替代时，一种要素总是按相同比率替代另一种要素，即边际技术替代率在等产量曲线上所有的点均为常数，所以，等产量线是一条直线，如图 4-6 所示。例如，大桥的收费可以采用自动化，也可以采用人工来

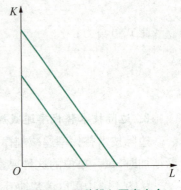

图 4-6　两种投入要素完全替代的等产量曲线

完成。

当两种投入要素之间完全互补时,两种投入要素必须按固定比例配合使用才能生产出产品。例如,一个人驾驶一台拖拉机耕地,如果只增加一台拖拉机而不增加劳动,那么,新增的拖拉机的边际产量为 0。如图 4-7 所示,此时,两种要素的替代比率是射线 OP 的斜率,等产量曲线为 $90°$ 的折线。

如果投入的比例是不能改变的,则两条脊线会合并成一条脊线,即图 4-7 中的 OP 射线。在这种情况下,厂商只能在 OP 射线上选择投入要素的组合方式。

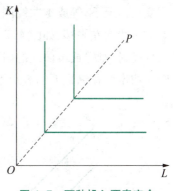

图 4-7　两种投入要素完全互补的等产量曲线

三、等成本线

厂商对在要素市场上购买的生产要素的支付,构成了厂商的成本。在生产要素价格既定的情况下,厂商花费相同的成本可以购买到的两种生产要素的数量组合是不同的。在生产理论中,有一个与效用理论中的消费者预算线相似的分析工具,即等成本线。

等成本线(Isocost Line)是指在既定的成本和生产要素价格条件下,生产者可以购买到的两种生产要素的各种不同数量组合的轨迹。

假定厂商每年既定的总成本或总支出为 C,L、K 分别为劳动和资本投入量,P_L 和 P_K 分别为劳动和资本投入品单位价格,则等成本线方程为:

$$P_L L + P_K K = C$$

即:

$$K = C/P_K - L \cdot P_L/P_K$$

显然,等成本线为一条直线,如图 4-8 所示:其斜率等于 $-P_L/P_K$(要素的相对价格之比);在纵轴上的截距为 C/P_K,说明总支出全部购买资本 K;在横轴上的截距为 C/P_L,说明总支出全部购买劳动 L。

等成本线有关特征与消费者的预算线非常类似。例如,对于等成本曲线以内的任何一点,均表示既定的全部总成本都被用来购买该点所代表的资本和劳动的数量组合后还有剩余;而对于等成本曲线以外区域上的任何一点,表示用既定的成本无法购买的资本和劳动的数量组合。因此,唯有等成本曲线上的任何一点,才表示用既定的全部成本能刚好购买的劳动和资本的组合。

另外,当厂商花费的成本总量发生变动,而要素价格固定

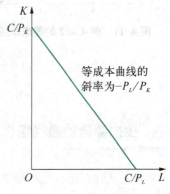

图 4-8　等成本线

不变的情况下,等成本曲线向右或向左平行移动:成本增加,等成本线向右平移;成本减少,等成本线向左平移(如图4-9所示)。如果厂商花费的成本总量不发生任何变动,而要素价格变动时,则等成本曲线的斜率会发生变化;如果资本的价格不变,仅是劳动的价格下降,则等成本线在纵轴上的截距不变,斜率的绝对值变小(如图4-10所示)。

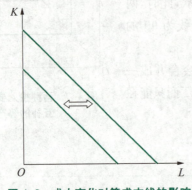

图4-9 成本变化对等成本线的影响

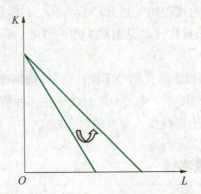

图4-10 价格变化对等成本线的影响

【例4.4.2】 假定某厂商的总成本为8,资本的单价为1,劳动的单价为0.8,请写出该厂商的等成本线方程并作图。当资本和劳动的单价没有发生变化,而总成本增加为10时,等成本线如何变化?当总成本和资本的单价没有发生变化,而劳动的单价上升为1.6时,等成本线如何变化?

解: 分别用K和L代表资本和劳动的数量,则等成本线方程为:

$$K + 0.8L = 8, 即 K = 8 - 0.8L$$

其相应图形如图4-11所示。

当总成本上升为10时,等成本线方程为:

$$K + 0.8L = 10, 即 K = 10 - 0.8L$$

总成本增加,等成本线向右平移了2.5,如图4-11所示。

当劳动的单价上升为1.6时,等成本线方程为:

$$K + 1.6L = 8, 即 K = 8 - 1.6L$$

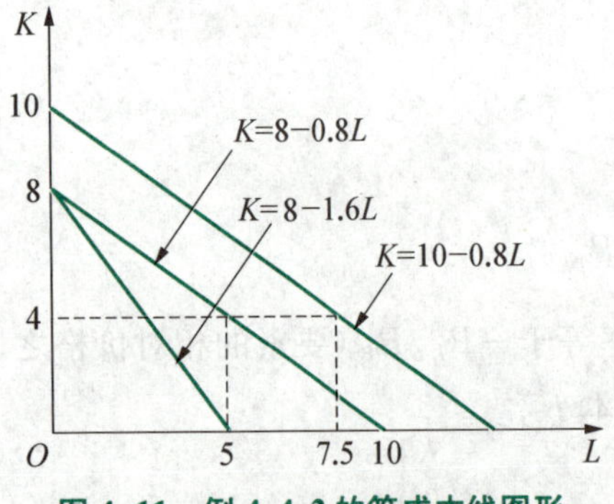

图4-11 例4.4.2的等成本线图形

当劳动的价格上升时,等成本线斜率的绝对值变大,等成本线绕着与纵轴的交点向左旋转,如图4-11所示。

四、生产要素的最优组合

在长期内,所有生产要素的投入数量都是可以变动的,任何一个理性的厂商都会选择最优的要素组合进行生产。根据利润最大化的要求,假定生产出来的产品都能以一个不变的价格销售,最优生产要素组合是指,成本一定时产量最大或产量一定时成本最小。

(一) 成本一定时产量最大

这里,可以将等产量线和等成本线相结合来进行分析,即把企业的等产量曲线和相应的等成本线画在同一个平面坐标系中,就可以确定企业在成本一定的情况下实现最大产量的最优要素组合点,即生产的均衡点。

在图 4-12 中,有一条等成本线 K_1L_1 和三条等产量曲线 Q_1、Q_2 和 Q_3。等成本线 K_1L_1 代表了一个既定的成本量,由图中可见,唯一的等成本线 K_1L_1 与其中一条等产量曲线 Q_2 相切于点 E,该点就是生产的均衡点。它表示:在既定成本条件下,厂商应该按照点 E 的要素组合进行生产,即劳动投入量和资本投入量分别为 L_E 和 K_E,这样,厂商就会获得最大的产量。

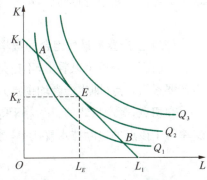

图 4-12 成本一定时产量最大的生产要素组合

为什么点 E 就是最优的要素组合点呢?这就需要分析代表既定成本的唯一的等成本线 K_1L_1 与三条等产量曲线 Q_1、Q_2 和 Q_3 之间的关系。在这三条等产量线中,等产量曲线 Q_3 所代表的产量最高,但唯一的等成本线 K_1L_1 与等产量曲线 Q_3 既无交点又无切点。这表明等产量曲线 Q_3 所代表的产量是企业无法实现的产量,因为厂商利用既定成本只能购买到位于等成本线 K_1L_1 上或等成本线 K_1L_1 以内区域的要素组合。再看等产量曲线 Q_1,等产量曲线 Q_1 虽然与唯一的等成本线 K_1L_1 相交于 A、B 两点,但等产量曲线 Q_1 所代表的产量在三条线中是最低的。因为,此时企业在不增加成本的情况下,只需由点 A 出发向右或由点 B 出发向左沿着既定的等成本线 K_1L_1 改变要素组合,就可以增加产量。所以,只有在唯一的等成本线 K_1L_1 和等产量曲线 Q_2 的相切点 E,才是实现既定成本条件下的最大产量的要素组合。任何更高的产量在既定成本条件下都是无法实现的,任何更低的产量都是低效率的。

通过上面的分析得出结论,成本一定时产量最大的生产要素组合点是等成本线和等产量线的切点。

(二) 产量一定时成本最小

运用同样的分析方法,如图 4-13 所示,有一条等产量线 Q 以及三条等成本曲线 K_1L_1、K_2L_2 和 K_3L_3。等产量线 Q 代表了一个既定的产量,三条等成本线代表了三种不同的成本。K_1L_1 代表的成本最小,与唯一的等产量线 Q 既无交点又无切点,这表明 K_1L_1 所代表的成本是无法实现等产量曲线 Q 所代表的产量的。而等成本线 K_3L_3 虽然与唯一的等产量线 Q 相交于 A、B 两

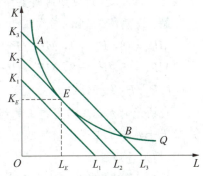

图 4-13 产量一定时成本最小的生产要素组合

点,但等成本曲线 K_3L_3 所代表的成本在三条线中是最高的。因为,此时企业在不减少产量的情况下,只需由 A 点出发向右或由 B 点出发向左沿着既定的等产量线 Q 改变要素组合,就可以减少成本。所以,只有在唯一的等产量线 Q 和等成本线 K_2L_2 的相切点 E,才是实现既定产量条件下的最小成本的要素组合。

通过上面的分析得出结论,产量一定时成本最小的生产要素组合点与成本一定时产量最大的生产要素组合点同样,都是等成本线和等产量线的切点。

(三) 生产要素最优组合的数学表达及其经济含义

从前面的分析可以看出,不论是产量一定时成本最小还是成本一定时产量最大,最优的生产要素组合点(即生产者均衡点)都是等产量线和等成本线的切点。

在切点,等产量线的斜率等于等成本线的斜率,而根据前面的研究,等产量线上某点的斜率等于该点的边际技术替代率,等成本线的斜率等于两种要素的价格之比,即:

$$MRTS_{LK} = P_L/P_K$$

而

$$MRTS_{LK} = -\frac{\Delta K}{\Delta L} = \frac{MP_L}{MP_K}$$

故在生产要素的最优组合点必须满足:

$$\frac{MP_L}{MP_K} = \frac{P_L}{P_K} \text{ 或 } \frac{MP_K}{P_K} = \frac{MP_L}{P_L}$$

上面的公式说明,在生产要素的最优组合点,两种要素的边际技术替代率等于两种要素的价格之比;或者说,厂商花费在各种要素上的最后一单位货币的边际产量相等。

【例 4.4.3】 设某企业是一个劳动密集型的工厂,其中熟练工与普通工各占一半,在一定程度上两者可以互相替代。假定熟练工每天工资为 4 元,每增加一人可增加产量 8 件;普通工每天工资为 2 元,每增加一人可增加产量 5 件。该企业熟练工与普通工的组合比例是否最佳? 若不是,则应如何调整?

解: 设熟练工为 x,普通工为 y,则有:
$MP_x = 8, P_x = 4, MP_x/P_x = 2$
$MP_y = 5, P_y = 2, MP_y/P_y = 2.5$
$MP_x/P_x < MP_y/P_y$

说明此时熟练工与普通工的组合比例不是最佳的。普通工工资支出每增加一元的边际产量大于熟练工工资支出每增加一元的边际产量,所以,组合比例调整的方向应该是减少熟练工、增加普通工。

最后,可以总结一下生产要素最优组合的条件,应满足两点。

(1) 限制条件。在某一条确定的等产量线上(产量一定),等产量线方程为:

$$Q = f(L, K)$$

或者，在某一条确定的等成本线上（成本一定），满足等成本线方程：

$$C = P_K \cdot K + P_L \cdot L$$

(2) 均衡条件。等成本线与等产量线相切，即：

$$\frac{MP_K}{P_K} = \frac{MP_L}{P_L}$$

【例 4.4.4】 已知某厂商的生产函数为 $Q = L^{3/8} K^{5/8}$，又设 $P_L = 3$，$P_K = 5$，试求：

(1) 产量 $Q = 10$ 时的最低成本以及使用的 L 与 K 的数值。

(2) 总成本为 160 元时厂商均衡的 Q、L 与 K 的值。

解： (1) 厂商生产既定产量使其成本最小的要素投入组合要求满足 $\frac{MP_L}{MP_K} = \frac{P_L}{P_K}$，对于生产函数 $Q = L^{3/8} K^{5/8}$，有 $MP_L = \frac{3}{8} L^{-\frac{5}{8}} K^{\frac{5}{8}}$，$MP_K = \frac{5}{8} L^{\frac{3}{8}} K^{-\frac{3}{8}}$，代入均衡条件，得：

$$\frac{MP_L}{MP_K} = \frac{\frac{3}{8} L^{-\frac{5}{8}} K^{\frac{5}{8}}}{\frac{5}{8} L^{\frac{3}{8}} K^{-\frac{3}{8}}} = \frac{P_L}{P_K} = \frac{3}{5}$$

简化得，$K = L$。

代入产量 $Q = 10$ 时的生产函数 $Q = L^{3/8} K^{5/8} = 10$，求得 $L = K = 10$。

此时最低成本支出为 $TC = 3L + 5K = 80$。

(2) 厂商花费既定成本，使其产量最大的要素投入组合同样要求满足 $\frac{MP_L}{MP_K} = \frac{P_L}{P_K}$，上面已求得 $K = L$，代入总成本为 160 元时的成本方程 $3L + 5K = 160$，求得 $L = K = 20$。

此时最大产量为 $Q = L^{3/8} K^{5/8} = 20$。

五、生产扩展线

在其他条件不变的情况下，如果厂商的总成本变化，会使等成本线发生平移；如果厂商的总产量变化，会使等产量曲线发生平移。这些不同的等成本线将与不同的等产量曲线相切，形成一系列的均衡点，这些均衡点的轨迹便是企业生产的扩展线（Expansion Path）。

生产扩展线是指在生产要素价格不变的条件下，与不同总成本支出相对应的最优要素投入组合点的轨迹。

图 4-14 中的 OP 线就是扩展线。扩展线表示：在其他条件不变时，若厂商的成本发生变化，或厂商的产量发生变化时，厂商都应该沿着扩展线来调整生产要素的投入组合，只有这样，

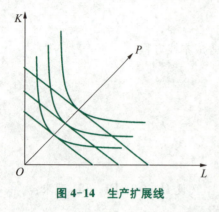

图 4-14 生产扩展线

厂商才能实现要素最佳组合的均衡条件,从而在既定成本下达到产量最大,或者在既定产量下达到成本最小。

可以证明,如果生产函数是齐次的,那么,扩展线必然是一条由原点出发的射线。

扩展线为厂商的生产决策提供了依据,厂商只要沿着扩展线的路径扩大生产,均能实现要素的最优组合,因而扩展线有时也称为最优扩展线(Optimal Expansion Path)。总之,扩展线反映了在生产要素价格不变的前提下,总成本支出变动时厂商的最佳生产行为。

第五节 长期生产理论之二——规模报酬

一、规模报酬及其类型

经济学家利用规模报酬(Returns to Scale,又称规模收益)的概念来分析所有投入都成比例变化时产出的变化情况。依据所有投入同比例变化时产出的变化水平不同,存在三种类型的规模报酬:

(1)规模报酬递增,是指产量增加的比例大于各种生产要素投入增加的比例,如所有投入增加1倍而产出增加超过1倍;

(2)规模报酬不变,是指产量增加的比例等于各种生产要素投入增加的比例,如所有投入增加1倍而产出也增加1倍;

(3)规模报酬递减,是指产量增加的比例小于各种生产要素投入增加的比例,如所有投入增加1倍而产出增加低于1倍。

一般情况下,当企业改变生产规模时,随着生产规模从小变大,会依次经过规模报酬递增、不变和递减三个阶段。

二、规模报酬变动的原因

(一)规模报酬递增的原因

规模报酬变化的原因来自两个方面:一个是企业内部,另一个是企业外部。从企业内部来看,一个企业在扩大生产规模时从自身内部引起一些因素的变化,从而导致生产率的提高,这称为内在经济。内在经济主要包括以下4种。

(1)可以使用更加先进的设备和技术。当企业生产规模较小时,产量较低,只宜采用比较简单的机器设备。随着生产规模的扩大,有利于采用生产效率高或容量大的先进设备和技术,从而实行大量销售和大量采购,节省购销费用,增加产量或降低耗费。

(2) 实行专业化生产。在小规模生产中,工人数量少,一个工人可能要做好几种作业。随着生产规模的扩大,工人可以分工更细,实行专业化,这样就有利于工人提高技术熟练程度,从而有利于提高劳动生产率。

(3) 随着生产规模的扩大,便于实行大量销售和大量采购,从而节省购销费用。

(4) 大规模生产便于实行多种经营,比如对副产品进行综合利用。

从企业外部来看,行业内每个企业都扩大规模,即行业规模扩大,这也会对单个企业产生影响,有利于企业生产效率的提高,这叫做外在经济。外在经济主要是指当一个行业生产规模扩大时,使个别厂商在辅助交通设施、人才、信息等方面获得某些好处而提高了效率。

(二) 规模报酬不变的原因

随着生产规模的不断扩大,内在经济和外在经济的作用会逐渐减弱,例如,工人分工如果过细,就会导致工人工作单调,影响工人的积极性;设备生产率的提高,最终也要受到当前技术水平的限制。因此,规模报酬递增的趋势不可能是无限的。超过一定规模之后,就会进入规模报酬不变阶段。这时企业的生产规模是适度的,如果再扩大生产,就应采用新建若干个规模基本相同的工厂的办法。规模报酬不变阶段往往可以经历很长一段时期,但最终会进入规模报酬递减阶段。

(三) 规模报酬递减的原因

从企业内部来看,如果一个企业的生产规模过大,会从自身内部导致效率的降低,这叫做内在不经济。内在不经济主要在于管理效率的降低,一般而言,企业规模越大,对企业各方面业务进行协调的难度也会越大。当企业规模过大时,由于中间环节太多,高级管理人员难以全面了解基层情况,容易造成官僚主义,使得管理效率降低。

从企业外部来看,行业规模扩大时会给个别厂商带来损失,使它们的收益减少或成本增加,这叫做外在不经济。外在不经济主要是指整个行业生产规模过大会引起竞争的加剧,厂商为获得生产要素和销售产品需要付出更大的代价,从而导致生产经营效率降低。

三、规模报酬类型的分析方法

(一) 代数分析法

假定生产函数为:

$$Q = f(x_1, x_2, \cdots, x_n)$$

使所有要素投入量都以 $k(k>1)$ 的比例增加,可以把生产函数改写成:

$$hQ = f(kx_1, kx_2, \cdots, kx_n)$$

$h<k$,生产函数呈现递减的规模报酬;$h=k$,生产函数呈现不变的规模报酬;$h>k$,

生产函数呈现递增的规模报酬。

【例 4.5.1】 分析生产函数 $Q=4x_1x_2-x_1^2-2x_2^2$ 的规模收益率。

解： 由于 $Q(x_1,x_2)=4x_1x_2-x_1^2-2x_2^2$，使所有投入要素增加 k 倍（$k>1$），有：

$$\begin{aligned}Q(kx_1,kx_2)&=4kx_1kx_2-(kx_1)^2-2(kx_2)^2\\&=k^2(4x_1x_2-x_1^2-2x_2^2)\\&>k(4x_1x_2-x_1^2-2x_2^2)\\&=kQ(x_1,x_2)\end{aligned}$$

因为 $Q(kx_1,kx_2)/Q(x_1,x_2)>k$，所以，该生产函数有递增的规模收益率。

假如生产函数是 t 次齐次生产函数，当 $0<t<1$ 时，规模收益率是递减的；当 $t=1$ 时，规模收益率不变；当 $t>1$ 时，规模收益率递增。

【例 4.5.2】 分析生产函数 $Q=Ax_1^{0.5}x_2^{0.4}x_3^{0.3}$（$A>0$）的规模报酬类型。

解： 记 $X=(x_1,x_2,x_3)$，$Q(X)=Ax_1^{0.5}x_2^{0.4}x_3^{0.3}$。

对于 $Q(kX)=A(kx_1)^{0.5}(kx_2)^{0.4}(kx_3)^{0.3}$，有：

$$k^{1.2}Ax_1^{0.5}x_2^{0.4}x_3^{0.3}=k^{1.2}Q(X)$$

可知，$Q(X)$ 是齐次生产函数。

又因为 $1.2>1$，所以，$Q(X)$ 呈现递增的规模收益率。

（二）等产量线图形分析法

我们也可以通过等产量线图来反映规模报酬的情况。

如图 4-15 所示，随着等产量线的每次移动，产量都增加 1 倍。需要指出的是，等产量线之间的距离并不代表相应的产量差别，产品差别相同的等产量线之间的距离可以是不相等的。A 点到 B 点出现规模报酬递增，因为等产量线之间的距离越来越小；B 点到 C 点出现规模报酬递减，因为等产量线之间的距离越来越大。

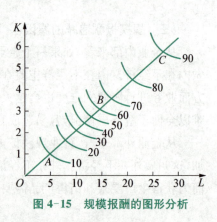

图 4-15 规模报酬的图形分析

四、适度规模

适度规模就是两种生产要素的增加，即生产规模的扩大正好使收益递增达到最大。当收益递增达到最大时就不再增加生产要素，使这一生产规模维持下去。对于不同行业的厂商来讲，实现适度规模是非常重要的。

从规模报酬变化的三个阶段可知，当一个企业规模过小时，不能充分发挥规模经济的作用，应继续扩大生产规模。当一个企业规模过大时，就会产生规模不经济，应缩小生产规模。因此，一个企业的适度规模应是规模报酬不变阶段。但是，一个企业最佳规模的确定还必须考虑市场需求、技术水平、生产行业的特点等因素。

 **本章小结**

生产是指对各种生产要素进行组合以制成产品的行为。基本的生产要素有四种：土地、劳动、资本和企业家才能。

生产函数是指在一定时期内，在技术水平不变的条件下，生产中所使用的各种生产要素的数量与所能生产的最大产量之间的关系。

根据研究期间是否存在固定要素，将生产函数分为短期生产函数和长期生产函数。

在短期生产函数中，可变要素与一定量的固定要素相结合所能生产出来的最大产量为总产量，总产量除以投入要素的数量是该要素的平均产量，可变要素每增加一单位投入所引起的总产量的变动是该要素的边际产量。边际收益递减规律是从实践中观察到的普遍现象。总产量、平均产量、边际产量三者的关系将生产分成三个阶段，第二阶段是生产的合理阶段。

在长期，所有要素皆可以变动，此时的生产函数要用等产量曲线来表示。等产量曲线是指在技术不变的条件下，生产同一产量所必须使用的两种投入要素的各种不同组合的轨迹。等产量曲线的特性有：等产量曲线的斜率为负；等产量曲线凸向原点；任意两条等产量曲线不可相交；等产量曲线布满整个平面；越远离原点的等产量曲线，其产量越大。

生产者实现最优要素组合的条件为：在等产量曲线和等成本线的切点，或者两种要素的边际技术替代率（两种要素的边际产量的比率）与两种要素价格比率相等，或者一种投入要素每增加一单位货币所增加的产量和另一种投入要素每增加一单位货币所增加的产量相等。

扩展线是指在生产要素价格不变的条件下，与不同的总成本支出相对应的最优要素投入组合点的轨迹。扩展线为厂商的生产决策提供了依据，厂商只要沿着扩展线的路径扩大生产，均能实现要素的最优组合。

从生产函数中，可进一步分析投入增加比例和产出增加比例两者间的关系，即规模报酬。规模报酬有三种：① 规模报酬递增，即所有投入要素增加的比例小于产出增加的比例；② 规模报酬递减，即所有投入要素增加的比例大于产出增加的比例；③ 规模报酬不变，即所有投入要素增加的比例等于产出增加的比例。规模报酬变动的原因是内（外）在经济和内（外）在不经济。对于不同行业的厂商来讲，实现适度规模是非常重要的。

 主要概念

生产　生产要素　生产函数　短期　长期　固定要素　可变要素　短期生产函数　长期生产函数　总产量　平均产量　边际产量　边际收益递减规律　等产量线　边际技术替代率　边际技术替代率递减规律　等成本线　最优要素组合　规模报酬　内在经济　内在不经济　外在经济　外在不经济

 **思考案例**

马尔萨斯的人口论与边际报酬递减规律

经济学家马尔萨斯(1766~1834)的人口论的一个主要依据便是报酬递减定律。他认为,随着人口的膨胀,越来越多的劳动力耕种土地,地球上有限的土地将无法提供足够的食物,最终劳动的边际产出与平均产出下降,但又有更多的人需要食物,因而会产生大的饥荒。幸运的是,人类的历史并没有按马尔萨斯的预言发展(尽管他正确地指出了"劳动边际报酬"递减)。

在 20 世纪,技术发展突飞猛进,改变了许多国家(包括发展中国家,如印度)对食物的生产方式,劳动的平均产出因而上升。这些进步包括高产抗病的良种、更高效的化肥、更先进的收割机械。在第二次世界大战结束后,世界上总的食物生产的增幅总是或多或少地高于同期人口的增长。

粮食产量增长的源泉之一是农用土地的增加。例如,1961~1975 年,非洲农业用地所占的百分比从 32% 上升至 33.3%,拉丁美洲从 19.6% 上升至 22.4%,在远东地区,该比值从 21.9% 上升至 22.6%;但同时,北美的农业用地则从 26.1% 降至 25.5%,西欧由 46.3% 降至 43.7%。显然,粮食产量的增加更大程度上是由于技术的改进,而不是农业用地的增加。

在一些地区,如非洲的撒哈拉,饥荒仍是一个严重的问题。劳动生产率低下是原因之一。虽然其他一些国家存在着农业剩余,但由于食物从生产率高的地区向生产率低的地区的再分配的困难和生产率低的地区收入也低的缘故,饥荒仍在威胁着部分人群。

资料来源: 龚治国主编,《微观经济学》,上海财经大学出版社 2007 年版。

问题讨论:

1. 什么是边际报酬递减规律?其发生作用的条件如何?
2. 既然马尔萨斯的预言失败,你认为边际报酬递减规律还起作用吗?
3. 请你谈谈对"中国人口太多,将来需要世界来养活中国"或"谁来养活中国"的观点。

 课后习题

一、单项选择题

1. 当劳动的总产量下降时,( )。
   A. AP_L 是递减的 B. AP_L 为 0 C. MP_L 为 0 D. MP_L 为负
2. 如果连续增加某种生产要素,在总产量达到最大时,边际产量曲线( )。
   A. 与纵轴相交 B. 经过原点
   C. 与平均产量曲线相交 D. 与横轴相交
3. 当 AP_L 为正但递减时,MP_L 是( )。

A. 递减的 B. 负的 C. 0 D. 上述任何一种

4. 下列说法中错误的是(　　)。

A. 只要总产量减少,边际产量一定是负数

B. 只要边际产量减少,总产量一定也减少

C. 随着某种生产要素投入量的增加,边际产量和平均产量到一定程度将趋于下降,其中边际产量的下降一定先于平均产量的下降

D. 边际产量曲线一定在平均产量曲线的最高点与之相交

5. 如果某厂商增加1单位劳动使用量能够减少4单位资本,而仍生产同样的产出量,则 $MRTS_{LK}$ 为(　　)。

A. -0.25　　　　B. -4　　　　C. -1　　　　D. -5

6. 等产量线是指在这条曲线上的各点代表(　　)。

A. 生产同等产量投入要素的各种组合比例是相同的

B. 生产同等产量投入要素的价格是不变的

C. 不管投入各种要素数量如何,产量总是相等的

D. 投入要素的各种组合所能生产的产量都是相等的

7. 如果等成本曲线在坐标平面上与等产量线相交,那么要素生产等产量曲线表示的产量水平(　　)。

A. 应增加成本支出　　　　B. 不能增加成本支出

C. 应减少成本支出　　　　D. 不能减少成本支出

8. 等成本线平行向外移动表明(　　)。

A. 产量提高了　　　　B. 成本增加了

C. 生产要素的价格按相同比例提高了　　　　D. 生产要素的价格按不同比例提高了

9. 等成本曲线围绕着它与纵轴的交点逆时针移动,表明(　　)。

A. 生产要素 Y 的价格上升了　　　　B. 生产要素 X 的价格上升了

C. 生产要素 X 的价格下降了　　　　D. 生产要素 Y 的价格下降了

10. 如果规模报酬不变,单位时间里增加了10%的劳动使用量,但保持资本量不变,则产出将(　　)。

A. 增加10%　　　　B. 减少10%

C. 增加大于10%　　　　D. 增加小于10%

11. 经济学中短期与长期的划分取决于(　　)。

A. 时间长短　　　　B. 可否调整产量

C. 可否调整产品价格　　　　D. 可否调整生产规模

12. 在以下几种情况下,实现生产要素最优组合的是(　　)。

A. $MP_L/P_L = MP_K/P_K$　　　　B. $MP_L/P_L > MP_K/P_K$

C. $MP_L/P_L < MP_K/P_K$　　　　D. 以上都不能实现

13. 规模报酬递减是在(　　)的情况下发生的。

A. 按比例连续增加各种生产要素
B. 不按比例连续增加各种生产要素
C. 连续投入某种生产要素而保持其他生产要素不变
D. 上述都正确

二、简答题

1. 平均产量与边际产量的关系如何?
2. 简述边际产量递减规律及其存在的条件。
3. 对于短期生产函数来说,生产被划分为三个阶段。问:
   (1) 生产的三个阶段是如何划分的?
   (2) 为什么生产者要将生产推进到第Ⅱ阶段?
   (3) 如果相对于资本的价格而言,劳动的价格较高,生产者会将生产推进到哪一点?如果相对于劳动的价格而言,资本的价格较高,生产者会将生产推进到哪一点?
4. 如何实现生产要素的最佳组合?
5. 为什么边际技术替代率会出现递减?
6. 什么是规模经济?它有哪几种类型?

三、计算与分析题

1. 设某公司短期生产函数为 $Q=72L+15L^2-L^3$,其中 Q 和 L 分别代表一定时间内的产量和可变要素投入量。
   (1) 求 MP_L 及 AP_L 的函数。
   (2) 当 $L=7$ 时,MP_L 是多少?
   (3) L 投入量为多大时,MP_L 将开始递减?
   (4) 设生产的第Ⅱ阶段为 $a<L<b$,试求 a、b。

2. 已知某企业的生产函数为 $Q=L^{\frac{3}{7}}K^{\frac{4}{7}}$,两种要素 L、K 的价格分别为:$P_L=3$,$P_K=4$,试求总成本为140元时厂商对两种要素的最优使用量,以及此时的最优产量。

3. 设生产函数为 $Q=2L^{0.6}K^{0.2}$,假设两种要素 L、K 的价格分别为 P_L 和 P_K,试求:
   (1) 该产品的扩展线。
   (2) 该生产函数是否是齐次函数?次数是多少?
   (3) 该生产函数的规模报酬情况。

第五章

厂商成本理论

成本是指以货币支出来衡量的从事某项经济活动所必须支付的代价。企业的生产成本是指企业在生产过程中为生产产品而支出的一切费用的总和,所以成本又称为生产费用。企业的生产费用实际上就是购买各种生产要素所支付的货币。由于生产要素包括劳动、资本、土地和企业家才能,所以成本相应包括工资、利息、地租和正常利润。其中,正常利润是企业家才能的报酬,它包含在成本当中。从这一点上看,经济学中的成本与日常生活中的成本的含义并不完全相同,因此,必须对经济学中的成本概念进行分析。

第一节 成本概述

一、显性成本与隐性成本

经济学家将厂商的生产成本分为显性成本与隐性成本两个部分。显性成本是指厂商在生产要素市场上购买或租用所需生产要素的实际支出。例如,厂商在开始生产行为时,需要在劳务市场上雇用一定数量的工人、在金融市场上取得一定数量的贷款、在房地产市场上租用一定数量的土地或厂房,这样,它就需要向工人、金融机构、土地所有者分别支付工资、利息和地租,这些支出就构成了这个厂商的显性成本,并在其会计账簿上作为成本项目记入。

隐性成本是指厂商自己所拥有的且被用于该厂商生产过程中的那些生产要素的总价格。例如,厂商为了进行生产,还可能使用了自有的资金、土地等生产要素。既然使用别人的资金、土地需要支付利息、地租,那么在生产活动中使用自有的生产要素也就应该计算相应的报酬,否则,厂商就会将自有生产要素出卖或出租给他人使用以取得利息、地租等相应的报酬,从而可能导致生产活动的中断,因此这笔报酬也应记入生产成本之中。不过,由于这笔成本支出并没有在会计成本账目中表现出来,因而称为隐性成本。具体来说,隐性成本包括三部分内容:自有资本的利息;自有厂房、机器设备的折旧;自有地产的地租和经营者自身管理才能的报酬。如果厂商的业主为该厂商提供劳务,比如亲自管理企业,那么他也应该获得报酬,这个报酬称为正常利润。也就是说,正常利润是厂商对自己所提供的企业家才能的报酬。西方经济学家在经济分析中把正常利润也看做成本项目而记入产品生产的成本之内。西方经济学家认为,正常利润是隐含成本的一个组成部分,它之所以要作为产品的一项成本,是因为从长期来看,这笔报酬是使得厂商继续留在该行业的必要条件,这时厂商才会在该行业生产与供给该产品。否则,假如没有正常利润,生产出的产品卖价仅能支付工资、利息、地租等,那么厂商就将停止该产品的生产,而把他的资金转移到别的行业,使得该产品将不再被生产出来。所以包括正常利润在内的成本概念,具有产品得以被供给所必须支付的代价的含义。西方经济学认为,厂商生产产品的实际成本叫经济成本,它是显性成本与隐性成本两者之和。

二、会计成本与机会成本

会计成本主要从单个厂商角度来讲,为取得一定的收益而必须消耗的资源,以求企业收益最大化,亦即厂商对所购买的生产要素的货币支付。企业生产与经营中的各种实际支出称为会计成本,因为这些支出一笔一笔地记在会计账簿中,所以称为会计成本。它相当于显性成本。

机会成本是指生产者为了生产一定数量的产品所放弃的使用相同的生产要素在其他生产用途中所能得到的最高收入。西方经济学从稀缺资源配置的角度来研究生产一定数量的某种产品所必须支付的代价。这意味着必须用机会成本的概念来研究厂商的生产成本。

为什么称为机会成本?这是因为当经济资源用于某种用途时,就会失去该资源用于其他用途可能取得收益的机会,所以它是一种机会损失。这种损失是厂商在选择经济资源的用途时,也就是在生产决策时所必须考虑的。对经济学家来说,机会成本才是真正的成本。严格地说,机会成本通常并不是实际发生的成本,而是在选择资源作不同用途时所产生的观念上的成本,这种观念上的成本极大地影响着厂商的经营决策。

【例5.1.1】 假定现有一笔资源,它可以有三种使用方案:方案一能够带来100元收益,方案二能够带来200元收益,方案三能够带来300元收益。

如果企业选择方案一,就无法实施方案二和方案三。这时,企业为得到100元的收益,必须放弃200元或300元的收益,而放弃的最大收益为300元,所以该资源用于方案一的机会成本为300元。同理,该资源用于方案二的机会成本为300元,用于方案三的机会成本为200元。

三、社会成本与私人成本

私人成本是指厂商的生产所发生的成本,它反映了厂商可以得到的资源的最好替换用途。社会成本是指整个社会所发生的成本,它反映了社会可以得到的资源的最好替换用途。

私人成本是按厂商所使用的资源的市场价格来计算的,而社会成本是由整个社会使用的资源所体现出的社会价值来衡量的。当资源的市场价格反映该资源的社会价值时,私人成本与社会成本是一致的。但是,生产某种商品的私人成本并不总是等于社会成本。例如,对于向河流中排放污水的化工厂来说,排放污水的私人成本只是直接排放的费用。但河流受到污染,其他厂商和消费者要使用无污染的河水,就必须额外支付使河水净化所需的费用。在此情况下,排放污水的社会成本大于私人成本。

四、短期成本与长期成本

在生产理论的研究中,我们将生产分为短期与长期,而对成本上的讨论,也有短期与长期之分。

由于在短期内企业根据其所要达到的产量,只能调整部分生产要素的数量而不能调整全部生产要素的数量,所以短期成本又有不变成本和可变成本之分。由于长期来看,厂房和设备等都可以改变,厂商可以根据其要达到的产量来调整全部生产要素的数量,因此,在长期内所有要素的成本都是可变的,长期成本没有不变成本和可变成本之分。

但是,短期成本与长期成本又存在着密切的联系。在实际的生产过程中,厂商在对所生产产品的需求函数有一定估计后,就能设计出一个生产效率最高的工厂蓝图。最佳工厂的规划一经确定并付诸实施,经营决策就将受到这个规划的制约。也就是说,厂商是在长期中计划,在短期中经营。由于厂商的长期成本函数多用于企业的长期规划,所以长期成本曲线往往称为"计划曲线";而厂商的短期成本函数则多用于日常的经营决策,所以短期成本曲线一般称为"经营曲线"。

五、成本函数

成本函数是一定产量和生产该产量的最低成本之间的关系。如果以 C 为成本,Q 为产量,成本函数为:

$$C = f(Q)$$

这里要注意区分成本函数和上一章中介绍的成本方程,成本函数说的是成本和产量之间的关系,成本方程说的是成本等于投入要素价格的总和。如果投入的是劳动 L 和资本 K,其价格为 P_L 和 P_K,则成本方程是 $C = L \cdot P_L + K \cdot P_K$。成本方程是一个恒等式,而成本函数则是一个变量为产量的函数式。

成本函数取决于两个因素:生产函数和投入要素的价格。生产函数所反映的是投入的生产要素与产出之间的物质技术关系,它揭示在各种形式下厂商为了得到一定数量产品,至少要投入多少单位生产要素。生产函数结合投入要素的价格就决定了成本函数。

【例 5.1.2】 某企业的技术部门已经估计出该企业的生产函数为 $Q = 4\sqrt{KL}$。这里,Q 为每月的产量(千件),K 为每月的资本投入量(千台时),L 为每月雇用的人工数(千工时)。假定工人每千工时的工资为 8 000 元,资本每千台时的费用为 2 000 元。

(1) 求出它的短期总成本函数(假定短期内,K 是固定的,等于10)。

(2) 求出它的长期总成本函数。

解: (1) $Q = 4\sqrt{KL}$

$TC = 2\,000K + 8\,000L$

$L = Q^2/16K$

$TC = 500Q^2/K + 2\,000K$

令：$K = 10$

∴ $STC = 500Q^2/10 + 2\,000 \times 10 = 50Q^2 + 20\,000$

$SAC = STC/Q = 50Q + 20\,000/Q$

$SMC = d(STC)/dQ = 100Q$

(2) 从长期看，求产量为 Q 时的 $\min TC$。

$dTC/dK = -500Q^2/K^2 + 2\,000 = 0$

$K = Q/2$

∴ $LTC = 2\,000Q$

$LAC = LTC/Q = 2\,000$

$LMC = d(LTC)/dQ = 2\,000$

第二节 短期成本

一、短期成本的分类

在短期，存在着固定要素和可变要素，相对应地，就有固定成本和可变成本之分。因此，短期成本可分为三类，共七种。

(一) 总成本

(1) 总固定成本（TFC）。这是指那些短期内无法改变的固定投入所带来的成本，这部分成本不随产量的变化而变化。一般包括厂房和资本设备的折旧费、地租、利息、财产税、广告费、保险费等项目支出。即使在企业停产的情况下，也必须支付这些费用。

(2) 总可变成本（TVC）。这是指短期内可以改变的可变投入的成本，它随产量的变化而变化，如原材料、燃料、动力支出、雇用工人的工资等。当产量为 0 时，变动成本也为 0，产量越多，变动成本也越多。

(3) 短期总成本（STC）。这是指短期内生产一定产量所付出的全部成本，是厂商总不变成本与总可变成本之和。由于 TVC 是产量的函数，因此 STC 也是产量的函数。用公式表示为：

$$STC(Q) = TFC + TVC(Q)$$

(二) 平均成本

(1) 平均固定成本（AFC）。这是指厂商短期内平均生产每一单位产品所消耗的总不变成本。公式为：

$$AFC = TFC/Q$$

（2）平均可变成本（AVC）。这是指厂商短期内平均生产每一单位产品所消耗的总可变成本。公式为：

$$AVC = TVC/Q$$

（3）短期平均成本（SAC）。这是指厂商短期内平均生产每一单位产品所消耗的全部成本。公式为：

$$SAC = STC/Q$$

由 $STC = TFC + TVC$ 得：

$$SAC = STC/Q = (TFC + TVC)/Q = TFC/Q + TVC/Q$$

即：

$$AC = AFC + AVC$$

上式说明，短期平均成本由平均固定成本和平均可变成本构成。

（三）边际成本

短期边际成本（SMC）。这是指厂商在短期内增加一单位产量所引起的总成本的增加。公式为：

$$SMC = \Delta STC/\Delta Q$$

当 $\Delta Q \to 0$ 时，有：

$$SMC = dSTC/dQ$$

由于 $STC = TFC + TVC$，而 TFC 始终不变，因此 SMC 的变动与 TFC 无关，SMC 实际上等于增加单位产量所增加的可变成本。即：

$$SMC = dSTC/dQ = dTVC/dQ（因为 dTC = dTVC + dTFC）$$

从以上各种短期成本的定义公式中可见，由一定产量水平上的总成本（包括 TFC、TVC 和 STC）出发，可以得到相应的平均成本（包括 AFC、AVC 和 SAC）和边际成本（即 SMC）。

【例 5.2.1】 假定一个生产小木凳的小企业，每天需要支付 50 元租金以利用一个小型加工厂，工人每天工资是 20 元。依据短期的定义，我们假设小木凳厂厂房设备条件不变，但是雇用工人数可以改变。表 5-1 显示了木凳厂产量、可变投入要素的数量及成本。

表 5-1 短期成本表

产出量(个)	固定成本(元)	可变投入和成本		总成本(元)	平均固定成本(元)	平均可变成本(元)	平均成本(元)	边际成本(元)
		工人数	可变成本(元)					
Q	TFC	L	TVC	STC	AFC	AVC	SAC	SMC
0	50	0	0	50	—	—	—	—
5	50	1	20	70	10.00	4.00	14.00	4.00
11	50	2	40	90	4.55	3.64	8.18	3.33
18	50	3	60	110	2.78	3.33	6.11	2.86
26	50	4	80	130	1.92	3.08	5.00	2.50
33	50	5	100	150	1.52	3.03	4.55	2.86
39	50	6	120	170	1.28	3.08	4.36	3.33
44	50	7	140	190	1.14	3.18	4.32	4.00
48	50	8	160	210	1.04	3.33	4.38	5.00
51	50	9	180	230	0.98	3.53	4.51	6.67
53	50	10	200	250	0.94	3.77	4.72	10.00
54	50	11	220	270	0.93	4.07	5.00	20.00

表 5-1 中第 1 列显示的是总产出的数量，第 3 列表示相对应的可变要素（工人）的数量，即描述了小木凳厂的短期生产函数。根据短期生产函数和两种要素的价格，可以计算出各短期成本的值。

例如，当产出量 $Q=5$ 个时，固定成本 $TFC=50$ 元，即每天都需支付的租金；工人的数量是 1，所以：

可变成本 $TVC=1\times 20=20$（元）；

短期总成本 $STC=TFC+TVC=50+20=70$（元）；

平均固定成本 $AFC=TFC/Q=50/1=50$（元）；

平均可变成本 $AVC=TVC/Q=20/1=20$（元）；

短期平均成本 $SAC=STC/Q=70/1=70$（元）或 $SAC=AFC+AVC=50+20=70$（元）；

短期边际成本 $SMC=\Delta STC/\Delta Q=(70-50)/(5-0)=4$（元）或 $SMC=\Delta TVC/\Delta Q=(20-0)/(5-0)=4$（元）。

二、各短期成本的变化规律及其相互间关系

根据短期成本的构成状况，我们可以在以横坐标表示产量、纵坐标表示成本的平面图上画出各类短期成本函数。仍以例 5.2.1 中数据为例，根据表 5-1 的数据绘图并加以平滑，可作出 7 条短期成本曲线，如图 5-1 和图 5-2 所示。从图形中可以更清楚地了解各短期成本的变化规律及其相互关系。

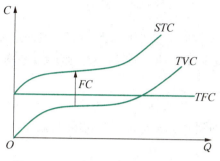

图 5-1　总固定成本线、总可变成本线和短期总成本曲线

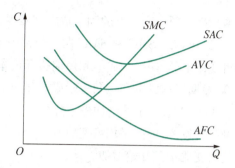

图 5-2　平均固定成本线、平均可变成本线、短期平均成本线和短期固定成本线

（一）各总成本的变化规律及其相互关系

图 5-1 中显示了总固定成本、总可变成本和短期总成本三条成本曲线,可以发现:

(1) TFC 曲线是一条与表示产量的横轴平行的水平线,与纵轴的交点表示固定成本,说明总固定成本不会随着产量的变化而变化,是一个常数。

(2) TVC 曲线是一条由原点出发向右上方倾斜的曲线,其斜率为正,而且是逐步由递减变化为递增的,说明总可变成本随着产量的增加而上升。特别应该注意的是,它最初比较陡峭,表示这时变动成本的增加率大于产量的增加率;然后较为平坦,表示变动成本的增加率小于产量的增加率;最后又比较陡峭,表示变动成本的增加率又大于产量的增加率。

究其原因,是因为:首先,在产量开始增加时由于固定生产要素与可变生产要素的效率未得到充分发挥,因而变动成本的增加率要大于产量的增加率;其次,随着产量的增加,固定生产要素与可变生产要素的效率得到充分发挥,变动成本的增加率小于产量的增加率;最后,由于边际收益递减规律,变动成本的增加率又大于产量的增加率。

(3) STC 曲线是从固定成本出发向右上方倾斜的曲线,表明短期总成本随产量的增加而增加。在产量为 0 时,其值最小并等于固定成本。

(4) STC 曲线形状与 TVC 曲线的形状相同,但是 STC 曲线相比 TVC 曲线处于较高位置,两者高度差别正好是固定成本数量。这是因为,短期总成本是固定成本加上可变成本,由于固定成本是不变的,短期总成本曲线的形状变化完全由可变成本决定,即短期总成本的变动规律与总变动成本的变动规律相同。

（二）平均成本、边际成本及其相互关系

图 5-2 显示了平均固定成本、平均可变成本、短期平均成本和短期边际成本四条成本曲线。

(1) AFC 曲线是一条向右下方倾斜的曲线,它最初比较陡峭,说明在产量开始增加时,它下降的幅度很大;以后越来越平坦,说明随着产量的增加,它下降的幅度越来越小。也就是说,平均固定成本随着产量的增加而减少,这是因为固定成本总量不变,随着产量的增加,分摊到每一单位产品上的固定成本就减少了。

（2）AVC、SAC 和 SMC 曲线都是先下降再上升的 U 形曲线，说明随着产量的增加，平均可变成本、短期平均成本和短期边际成本均先减少，但产量增加到一定程度后，平均可变成本、短期平均成本和短期边际成本又开始增加。

AVC 随着产量的增加先下降再上升的原因是：最初随着产量的增加，生产要素的效率逐渐得到发挥，因此平均可变成本减少；但产量增加到一定程度后，由于边际收益递减规律，平均可变成本又开始增加。

SAC 随着产量的增加先下降再上升的原因是：短期平均成本的大小是由平均固定成本与平均变动成本决定的。当产量开始增加时，平均固定成本迅速下降，加之平均可变成本也在下降，因此短期平均成本迅速下降。以后，随着平均固定成本越来越小，它在平均成本中占的比例也越来越小，这时短期平均成本主要随平均可变成本的变动而变动，即随产量的增加而下降，产量增加到一定程度之后，又随产量的增加而增加。

SMC 随着产量的增加先下降再上升的原因同样是由于边际收益递减规律。根据边际收益递减规律，在开始的时候，边际产量递增，即 L 每增加 1 单位所带来的产量越来越大，因此，Q 每增加 1 单位产品需要增加的 L 越来越少，即边际成本递减；从某个点之后，边际产量递减，即 L 每增加 1 单位所带来的产量越来越小，因此，Q 每增加 1 单位产品需要增加的 L 越来越多，即边际成本递增。我们将在后面用边际产量函数和边际成本函数的关系进一步来分析。

（3）SMC 曲线与 AVC 曲线相交于 AVC 曲线的最低点。在最低点，$SMC=AVC$，即短期边际成本等于平均可变成本。在最低点左侧，$AVC>SMC$，即短期边际成本小于平均可变成本，AVC 曲线不断下降；在最低点右侧，$AVC<SMC$，即短期边际成本大于平均可变成本，AVC 曲线不断上升。

（4）SMC 曲线与 SAC 曲线相交于 SAC 曲线的最低点。在最低点，$SMC=SAC$，即短期边际成本等于短期平均成本。在最低点左侧，$SAC>SMC$，即短期边际成本小于短期平均成本，SAC 曲线不断下降；在最低点右侧，$SAC<SMC$，即短期边际成本大于短期平均成本，SAC 曲线不断上升。

（5）SAC 曲线的最低点在 AVC 曲线最低点的右上方。这是因为 $SAC=AFC+AVC$，而 $AFC>0$，故 SAC 曲线在 AVC 曲线的上方；又因 AFC 曲线不断下降，故 SAC 曲线的最低点出现较 AVC 曲线要迟。

（三）总成本与平均成本、边际成本的关系

将总成本曲线图和平均成本、边际成本曲线图对比研究，如图 5-3 所示，总成本与平均成本、边际成本的关系如下。

（1）STC 曲线拐点（图 5-3 中的点 A）处的 SMC 最低。

从几何意义上看，SMC 相当于 STC 曲线各点切线的斜率。在拐点以前（即 Q_1），STC 曲线上各点切线的斜率随 Q 的增加而下降；在拐点以后，STC 曲线上各点切线的斜率随 Q

的增加而上升;故 STC 曲线拐点处的 SMC 最低。

(2) TVC 曲线拐点(图 5-3 中的点 B)处的 SMC 最低。

因为,从几何意义上看,SMC 同样相当于 TVC 曲线各点切线的斜率,而 TVC 曲线的形状与 STC 曲线的形状是完全一样的。

(3) 从原点 O 引一条直线与 TVC 曲线相切于点 C,则点 C 的产量 Q_2 即为 AVC 曲线最低点的产量。

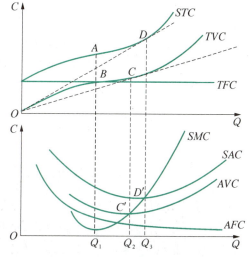

图 5-3　总成本线与平均成本线、边际成本线的关系

从几何意义上看,AVC 相当于 TVC 与原点 O 连线的斜率。从原点 O 引直线与 TVC 曲线的其他任何点相交,该直线的斜率(AVC)比点 C 切线的斜率(AVC)大。这样,在点 C' 之前 AVC 下降,在点 C' 之后 AVC 则上升,只有在点 C' 处 AVC 达到最低。

(4) 从原点 O 引一条直线与 STC 曲线相切于点 D,则点 D 的产量 Q_3 即为 SAC 曲线最低点的产量。

从几何意义上看,SAC 相当于 STC 与原点 O 连线的斜率。从原点 O 引直线与 STC 曲线的其他任何点相交,该直线的斜率(SAC)比点 D 切线的斜率(SAC)大。这样,在点 D' 之前 SAC 下降,点 D' 之后 SAC 则上升,只有在点 D' 处 SAC 达到最低。

三、短期产量与短期成本的关系

前面,我们通过成本表作图分析的方法,得出了短期成本的变化规律。这一部分,将通过短期生产函数和短期成本函数的比较分析,研究短期产量曲线与短期成本曲线的关系,从而推导出短期成本的变化规律。

(一) 总产量与总成本

假定只有两种投入要素,其中资本是固定的,仅有劳动可变,则短期生产函数为:

$$Q = f(L, \overline{K})$$

根据成本方程式 $C = L \cdot P_L + K \cdot P_K$,成本的大小取决于要素的数量和价格,而资本的数量是已知固定的,在某一确定的产量时,劳动的数量由短期生产函数决定。故成本函数取决于两个因素:生产函数和投入要素的价格。

总可变成本取决于可变要素的数量和可变要素的价格,以 L 表示劳动的数量,P_L 表示劳动的价格,则总可变成本函数为:

$$TVC = L(Q) \cdot P_L$$

其中,$L(Q)$是短期生产函数$Q = f(L, \overline{K})$的反函数。

总固定成本取决于固定要素的数量和固定要素的价格,以K表示劳动的数量,P_K表示劳动的价格,则总固定成本函数为:

$$TFC = \overline{K} \cdot P_K$$

短期总成本函数为:

$$STC = TVC + TFC = L(Q) \cdot P_L + \overline{K} \cdot P_K$$

根据上述短期生产函数和总成本函数,以及上一章所介绍的总产量线的变化规律,即随着可变要素的增加,总产量先升后降,刚开始的阶段是快速上升,然后是缓慢上升,最后下降,可以判断总成本的变化规律是:随着产量的增加,可变要素的数量增加,总成本增加,刚开始的阶段是快速上升,然后是缓慢上升,并一直上升。

(二) 边际产量和边际成本

根据边际成本的定义:

$$MC = \frac{dSTC}{dQ} = \frac{dTVC}{dQ}$$

根据总成本函数,求导得:

$$\frac{dTVC}{dQ} = \frac{dL}{dQ} \cdot P_L$$

同时根据边际产量的定义有:

$$MP_L = \frac{dQ}{dL}$$

所以有等式:

$$MC = \frac{dL}{dQ} \cdot P_L = \frac{1}{MP_L} \cdot P_L$$

根据上面的等式,可以看出:MC与MP_L成反比,由于边际报酬递减规律的作用,可变要素的边际产量MP_L先是上升,达到一个最高点以后再下降,所以,边际成本MC先是下降,达到一个最低点以后再上升。这种对应关系如图 5-4 所示:MP_L曲线的上升段对应MC曲线的下降段;MP_L曲线的下降段对应MC曲线的上升段;MP_L曲线

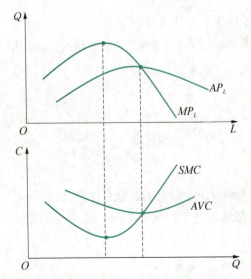

图 5-4 短期产量与短期成本的关系

的最高点对应 MC 曲线的最低点。

(三) 平均产量和平均可变成本

根据平均产量和平均可变成本的定义,有等式:

$$AVC = \frac{TVC}{Q} = \frac{L \cdot P_L}{Q} = \frac{1}{AP_L} \cdot P_L$$

根据上面的等式,可以得出以下两点结论:

第一,可变生产要素的平均产量 AP_L 和平均可变成本 AVC 之间存在着一种对应关系(如图 5-4 所示):前者递增时,后者递减;前者递减时,后者递增;前者的最高点对应后者的最低点。

第二,由于 MC 曲线与 AVC 曲线交于 AVC 曲线的最低点,MP_L 曲线与 AP_L 曲线交于 AP_L 曲线的最高点,所以,MC 曲线和 AVC 曲线的交点与 MP_L 曲线和 AP_L 曲线的交点是对应的,如图 5-4 所示。

在本节结束时,可以根据图 5-4 考虑这样一个问题:在第四章第三节分析短期生产决策时指出,在短期内厂商一定是在生产的第二阶段进行生产,在这一阶段,MP_L 不仅递减,而且还小于或等于 AP_L(见图 4-2)。现在,根据短期生产函数和短期成本函数之间的对应关系,是否可以这样说:在短期内厂商一定是在边际成本 MC 不仅递增而且还大于或等于平均可变成本 AVC 的阶段进行生产的?这个推论是正确的。下一章的分析会证明这一点。

第三节 长 期 成 本

在长期内厂商可以根据产量的要求调整全部生产要素的投入量,甚至进入或退出一个行业。该时期内一切成本都是可以变动的,在这种条件下形成的产量与成本之间的关系,就是长期成本函数。厂商的长期成本可以分为长期总成本、长期平均成本和长期边际成本。

一、长期总成本

长期总成本(LTC)是厂商在长期中各种产量水平上通过改变生产规模所能达到的最低总成本的轨迹,即长期总成本是在各种最优规模上进行生产所支付的总成本。那么长期总成本随着产量的变化有什么样的变化规律呢?长期总成本曲线的形状是怎样的呢?我们可以从生产扩展线和短期成本两个方面来分别研究。

(一) 从生产扩展线到长期总成本曲线

在厂商的投入要素价格和生产函数不变的条件下,扩展线上的点分别为不同水平的等产量曲线与等成本曲线的切点。根据扩展线的定义，它们又都是厂商生产某一产量的总成本最低的要素投入组合点。如图 5-5 所示，先考察与产量 Q_1 相对应的点 E_1。显然，由点 E_1 所代表的要素投入组合的总成本等于 B_1 乘以单位劳动的价格 P_L，即 $TC_1 = P_L \cdot OB_1$。这是因为 E_1 是等成本曲线 A_1B_1 上的一点，它所代表的投入组合与点 E_1 所代表的投入组合所花费的总成本（TC_1）是相同的，而在点 B_1 上，其投入组合的总成本等于 $P_L \cdot OB_1$。同理，与产量 Q_2 相对应的投入组合是 E_2 所代表的总成本，即 $TC_2 = P_L \cdot OB_2$；与产量 Q_3 相对应的投入组合点的总成本为 $TC_3 = P_L \cdot OB_3$。如果用横轴表示产量，用纵轴表示总成本，把上述分别对应于 Q_1、Q_2 和 Q_3 产量的总成本 TC_1、TC_2 和 TC_3 的交点连接起来，便可从图 5-5(a)中的扩展线推导出图 5-5(b)中的长期总成本曲线（LTC）。

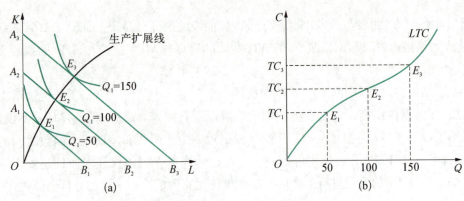

图 5-5 扩展线与长期总成本曲线

(二) 从短期总成本曲线到长期总成本曲线

假设长期中只有三种可供选择的生产规模，分别由三条短期总成本曲线表示，三条短期总成本曲线的截距不同，生产规模由小到大依次为 STC_1、STC_2、STC_3，如图 5-6 所示。

假定厂商要生产 Q_2 的产量，厂商面临三种选择：STC_1 是较小规模，最低总成本在点 d；STC_2 是中等规模，最低总成本在点 b；STC_3 是较大规模，最低总成本在点 e。长期中可以调整选择最优规模，以最低总成本生产。在 d、b、e 三点中点 b 的成本最低，所以长期中厂商选择 STC_2 规模生产产量 Q_2。同理，如果厂商要生产 Q_1 的产量，可以选择 STC_1 曲线所代表的生产规模，在点 a 进行生产；生产 Q_3 的产量会选择 STC_3 所代表的生产规模，在点 c 进行生产；等等。这样，在长期内，厂商可以在任何产量水平上都找到相应的一个最优生产规模，从而把总成本降到最低水平，即找到无数类似于点 b 的点，把这些点连接起来所形成的轨迹

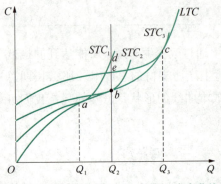

图 5-6 短期总成本曲线与长期总成本曲线

就构成了 LTC 曲线。

进一步,当生产规模可以无限细分,并成为一个连续函数时,所有 STC 曲线与 LTC 曲线的切点将形成一条光滑的 LTC 曲线,显然,LTC 曲线是无数条 STC 曲线的包络线。

所谓包络线,是指厂商的长期总成本曲线把无数条短期总成本曲线(每条短期总成本曲线对应一个可供选择的生产规模)包围起来,每条短期总成本曲线与长期总成本曲线不相交但相切。

(三) 长期总成本曲线的形状

从上面的分析可以看出,LTC 曲线的形状和 STC 曲线的形状一样,都是一条向右上方倾斜的曲线,随着产量的增加,开始时快速上升,然后慢速上升,最后又快速上升。

同时,LTC 曲线与 STC 曲线又有区别。

(1) LTC 曲线从原点出发而 STC 曲线不从原点出发。这是因为,在长期,不存在固定成本,所以产量为 0 时,长期总成本也为 0。

(2) STC 曲线和 LTC 曲线的形状的决定因素是不同的。STC 曲线的形状是由于可变投入要素的边际收益率先递增后递减决定的,而在长期,由于所有的投入要素都是可变的,因此,这里对应的不是要素边际收益率问题而是要素的规模报酬问题,LTC 曲线的形状是由规模报酬先递增后递减决定的。

二、长期平均成本

长期平均成本(LAC)是指厂商在长期内按产量平均计算的最低总成本。它等于长期总成本(LTC)除以产量(Q),即:

$$LAC = \frac{LTC}{Q}$$

(一) 从短期平均成本曲线到长期平均成本曲线

长期平均成本线同样可以从短期平均成本曲线推导出。

接着前面的假设,假设长期中只有三种可供选择的生产规模,三种规模的短期平均成本曲线分别是 SAC_1、SAC_2 和 SAC_3(如图 5-7 所示),其对应的短期总成本曲线分别为图 5-6 中的 STC_1、STC_2、STC_3。

为使平均生产成本最小,该企业应建造哪种规模的工厂? 所要建造的工厂的适当规模取决于该企业打算生产的产量。例如,如果长期内所希望生产的产量为 Q_1,选择 SAC_1,C_1 是最低成本;生产 Q_2,选择 SAC_2,C_2 是最低成本;生产 Q_3,选择 SAC_3,C_3 是最低成本。

更一般地说,对于任何小于 Q_1' 的产量,SAC_1 所对应规模其产量的平均成本最低;对于 Q_1' 和 Q_2' 之间的产量,SAC_2 所对应规模其产量的平均成本最低;对于超过 Q_2' 的产量,SAC_3

所对应规模其产量的平均成本最低。把三条短期平均成本曲线中对于每一产量都是最低的部分连接起来即可形成长期平均成本曲线,如图 5-7 中的实线部分所示。

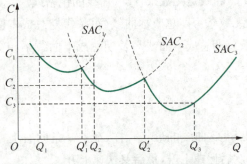

图 5-7　短期平均成本曲线与长期平均成本曲线(三种生产规模时)

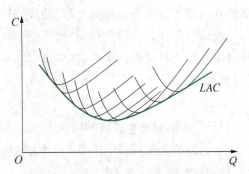

图 5-8　短期平均成本曲线与长期平均成本曲线(生产规模可无限调整时)

现在假定厂商的生产规模可以无限细分,即有无数种可供选择的工厂规模。图 5-8 刻画了一组可能的短期平均总成本曲线。连接各条短期平均成本曲线上代表每一产量的最低单位成本的点,便可得出一条长期平均成本曲线。每条短期成本曲线与长期平均成本曲线相切,长期平均成本曲线是无数条短期平均成本曲线的包络曲线。

(二) 长期平均成本曲线与短期平均成本曲线的联系与区别

从图 5-8 中可以看出,LAC 曲线的形状与 SAC 曲线完全相似,都是先降后升的 U 形曲线。

在每一产量水平,都有一个 LAC 曲线与 SAC 曲线的切点,切点对应的平均成本就是生产相应产量水平的最低平均成本。所有的 SAC 曲线都在 LAC 曲线的上方,在切点处,$SAC = LAC$;在切点之外,SAC 高于 LAC。在 LAC 曲线的下降段,LAC 曲线相切于所有相应的 SAC 曲线最低点的左边;在 LAC 曲线的上升段,LAC 曲线相切于所有相应的 SAC 曲线最低点的右边。只有在 LAC 曲线的最低点上,LAC 曲线才相切于相应的 SAC 曲线的最低点。

LAC 曲线与 SAC 曲线的区别在于,引起两者呈 U 形的原因不同:导致 SAC 曲线呈 U 形的原因是边际收益递减规律,而导致 LAC 曲线呈 U 形的原因是规模报酬的变动规律。LAC 曲线比 SAC 曲线平缓。

三、长期边际成本

长期边际成本(LMC)是指厂商在长期内每增加一单位产量所引起的最低总成本的增加量。它等于长期总成本的变动量(ΔLTC)除以产量的变动量(ΔQ),即:

$$LMC = \frac{\Delta LTC}{\Delta Q}$$

(一) 从短期成本到长期边际成本

我们已经知道,长期总成本曲线是短期总成本曲线的包络线,长期平均成本曲线是短期平均成本曲线的包络线。那么长期边际成本曲线是否也是短期边际成本曲线的包络线呢?

下面我们仍然通过前面的例子来说明。长期中,假设只有三种规模,对应的短期平均成本线分别是 SAC_3、SAC_2 和 SAC_1,相应的短期边际成本线分别是 SMC_3、SMC_2 和 SMC_1(如图 5-9 所示)。

在图 5-9 中,在产量为 Q_1 时,根据前面的分析,最优规模所对应的短期平均成本线是 STC_1,即最优规模所对应的短期边际成本线是 SMC_1,所以,产量 Q_1 的长期边际成本的大小由点 P 决定,即在点 P,$LMC = SMC_1$。类似地,可以得到无数个点,如 R、S 等,将这些点连起来形成 LMC。

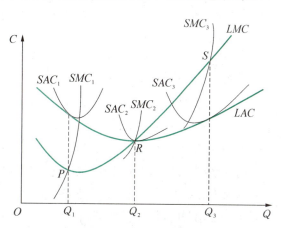

图 5-9 长期边际成本曲线与短期边际成本曲线和长期平均成本曲线

(二) 长期边际成本与其他成本的关系

从图 5-9 中可以看出,LMC 曲线同样是一条 U 形曲线,表明随着产量的增加,长期边际成本先下降后上升。

同时,与短期平均成本和短期边际成本的关系一样,长期边际成本曲线和长期平均成本曲线相交于长期平均成本线的最低点:在最低点的左边,长期边际成本小于长期平均成本;在最低点的右边,长期边际成本大于长期平均成本;在最低点,长期边际成本等于长期平均成本。

但是,LMC 曲线与 SMC 曲线不再是相切的关系,而是相交的关系:交点左边,SMC 位于 LMC 下方,或 $SMC < LMC$;交点右边,SMC 位于 LMC 上方,或 $SMC > LMC$。

四、规模经济与范围经济

(一) 规模经济

前面介绍了长期平均成本变化的规律是先下降后上升,现在我们来介绍一下与该规律相联系的两个概念:规模经济和规模不经济。

1. 规模经济的概念及形成原因

所谓规模经济,是指随着生产规模扩大,产品平均成本下降的情况。如果产品平均成本随生产规模扩大而上升,则称规模不经济。

形成规模经济的原因是,随着生产规模的扩大,使厂商能够采用更大的、效率更高的机器,能够提高工人的专业化程度。例如,比较一个小餐馆的厨房与麦当劳的厨房。当产量较低时,比如一天提供 15 份饭菜,那么,小厨房做饭菜的平均成本比麦当劳的低;但如果产量增加,比如一天提供超过 100 份饭菜,那么,麦当劳的厨房会有较低的平均成本。因此,由于规模经济,餐馆的长期平均成本随餐馆规模的扩大而下降。

但是,当规模扩大到一定程度时,被称作规模不经济的另一种力量最终会占据主导地位,从而使长期平均成本随产量的增加而上升。在所使用资源的数量和种类增加时,协调所有投入的成本也会增加。工人人数增多时,则需要增加管理层来监管生产。在日益膨胀的官僚机构中,信息可能被歪曲而失真。高层管理者更难以与工人保持联系,因为信息在穿过较长的命令链条时已被扭曲。实际上,在一些庞大的机构中,谣传可能会成为信息的主要来源,从而会降低该机构的效率,增加平均成本。

2. 规模经济与规模报酬的联系

前面已经介绍了,导致 LAC 曲线呈 U 形的原因是规模报酬的变动规律,而从规模经济形成的原因和第四章中规模报酬变化的原因来看,规模经济的形成原因与规模报酬递增的原因基本是相同的,规模不经济的形成原因与规模报酬递减的原因基本是相同的。

所以说,规模经济与规模报酬是对同一问题从不同角度的研究:规模报酬重点考察产品的数量与投入的数量变化之间的关系,重在实物形态;而规模经济重点考察产量变动过程中成本如何变动,重在价值形态。

3. 经济规模

与规模报酬和规模经济有关的还有一个经济规模的概念。经济规模通常指生产能力大小或企业规模大小。不少产品生产需要有一定的经济规模,才能取得规模经济,并有规模报酬递增的好处。然而,各个企业的生产究竟需要多大的规模才有规模经济,要由产品本身的性质决定。对于一家钢铁厂,拥有几百名职工的规模大约不可能有规模经济,但对于一家理发店,也许有几十名职工就已经够大了。可见,经济规模不等于规模经济。

(二)范围经济

所谓范围经济,是指组合多种相关产品的生产比把这些产品彼此独立地分开生产更为经济,在生产上可使更多产品生产时运用同一设备,营销上使更多产品销售时运用同一管道。

大企业往往不仅有规模经济,还有范围经济的优势。例如,某大型食品企业生产系列产品。这些食品在生产过程中由于能联合使用某些设备,又具有共同的知名品牌,因而可联合营销,这样,这些系列食品的成本会低于单独生产这些食品的企业成本。

范围经济和规模经济不同。范围经济是利用相同设备或相关联的生产要素生产多种产品而形成的经济,而规模经济是大规模生产同种产品而形成的经济。

第四节 厂商收益与利润

厂商的目标是实现利润最大化,那么,在什么情况下才能实现利润最大化呢?这就需要对收益与利润进行分析。

一、收益

收益是指厂商出售产品时所得到的收入。它一般可分为总收益、平均收益和边际收益,可分别用 TR、AR 和 MR 表示。

总收益(TR)是指厂商出售一定量产品所获得的全部收益。如果厂商能够顺利地出售自己的全部产品,这时的产量就是成交额,即销售量,用 Q 来表示,产品的售价用 P 来表示。总收益就是产量和售价的乘积,即:

$$TR = P \times Q$$

平均收益(AR)是指厂商在平均每一单位产品销售上所获得的收益,即:

$$AR = TR/Q$$

边际收益(MR)是指厂商每增加一单位产品的销售时所获得的收益增量,即:

$$MR = \Delta TR/\Delta Q$$

当总收益函数连续并可导时,有:

$$MR = dTR/dQ$$

二、利润

(一) 利润的含义

利润是总收益与总成本的差额,当总收益超过总成本时,此超过额为厂商的利润;当总成本超过总收益时,此超过额为厂商的亏损。总收益超过总成本最大时,利润最大;总成本超过总收益最小时,亏损最小。设利润为 π,则有:

$$\pi = TR - TC$$

(二) 利润的种类

在本章的第一节,我们介绍了成本的不同概念,对应不同的成本概念有不同的利润概念,主要有会计利润、经济利润和正常利润。

(1) 会计利润,是指销售总收益(TR)与会计成本(显性成本)的差额。

(2) 经济利润,是指销售总收益与企业经营的机会成本或经济成本的差额。经济成本不仅包含会计成本即显性成本,还包括隐性成本。由于人们在经济活动中,不但隐性成本要符合机会成本原则,显性成本也要符合机会成本原则,因此,通常把会计成本加隐性成本就当成经济成本。但我们还是应记住,经济成本是企业经营中所使用的各种要素(不管是否自有)的机会成本的总和。

(3) 正常利润,是指经济成本超过会计成本的部分,亦即厂商投入经营活动的各项资源的机会成本超过会计成本的部分的总额。

举例来说,假定某企业从一项经营活动中获得销售总收益是10万元,会计成本是6万元,则会计利润就是4万元;如果厂商的机会成本是9万元,则经济利润就是1万元,而正常利润则是3万元。可见,正常利润实际上是包含在经济成本9万元中的,从长期来看,它是使厂商留在该市场(行业)中经营的必要条件。也就是说,厂商收益不仅要能补偿会计意义上的费用,而且要能补偿所用各项资源的机会成本,否则就是亏损。如果厂商收益正好等于经济成本,则经济利润为0。经济利润为0,不等于没有正常利润。如上所述,利润是总收益与总成本的差额,此总成本是指经济成本的总和,利润是指经济利润。

三、利润最大化

(一) 利润最大化原则

厂商从事经济活动的目的在于求得经济利润极大值。因此,厂商在决定产量时,一方面要考虑增加产量能增加多少收益,即边际收益(MR);另一方面要考虑增加产量会增加多少成本,即边际成本(MC)。一般来说,只要边际收益大于边际成本,厂商就会增加生产;如果边际成本大于边际收益,厂商就会缩减生产,直到边际收益和边际成本相等时为止。此时,厂商的利润达到最大,或者亏损达到最小。也就是说,利润最大化的原则是:边际收益等于边际成本($MR=MC$)。

(二) 利润最大化原则的经济含义

当$MR>MC$时,每增加一单位产品所增加的收益大于这一单位的成本,厂商有利可图,必然扩大产量。例如,如果增加一单位产品所增加的收益为10美元,而增加的成本为8美元,则增加这一单位产品的生产和销售能给该厂商带来2美元的利润。相反,如果厂商减少这一单位产品的生产,就会减少2美元的利润。

当$MR<MC$时,每增加一单位产品所增加的收益小于这一单位的成本,厂商会亏损,必然减少产量。

只有在$MR=MC$时,厂商既不扩大也不缩小产量,而是维持产量,表明该赚的利润都赚到了,即实现生产者利润最大化。

(三) 利润最大化原则的数学推导

根据利润的含义,有利润函数:

$$\pi(Q) = TR(Q) - TC(Q)$$

从数学原理可知,任何函数有极值的必要条件是一阶导数等于0,即:

$$\pi'(Q) = 0$$

于是,求 $\pi(Q)$ 对于产销量 Q 的一阶导数,并令其所得结果为 0,则有:

$$\pi'(Q) = TR'(Q) - TC'(Q) = 0$$

所以,利润最大化的必要条件为:

$$TR'(Q) = TC'(Q)$$
$$dTR/dQ = dTC/dQ$$

dTR/dQ 为边际收益,dTC/dQ 为边际成本,所以,上式也可写成:

$$MR = MC$$

利润最大化的充分条件是 π 的二阶导数小于 0,即:

$$\pi''(Q) < 0$$
$$dMR/dQ < dMC/dQ$$

【例 5.4.1】 设一企业某产品的销售收入函数为:$TR = 31.5Q - 1.1Q^2$。其成本函数为:$C = 150 - 0.5Q^2 + 0.02Q^3$。其中,$Q$ 为产量。问:企业利润最大时的产量应为多少?

解:$MR = \dfrac{dTR}{dQ} = 31.5 - 2.2Q$,$MC = \dfrac{dTC}{dQ} = -Q + 0.06Q^2$

∵ $MR = MC$ 时利润最大,

∴ $31.5 - 2.2Q = -Q + 0.06Q^2$

$0.06Q^2 + 1.2Q - 31.5 = 0$

解方程式得:$Q_1 = -35$,$Q_2 = +15$。产量不能为负数,取正根。所以,利润最大时产量为 15 单位。

本章小结

经济学中的成本是企业进行生产活动所使用的生产要素的价格,或生产要素的所有者必须得到的报酬或补偿。企业的生产成本可划分为显性成本和隐性成本两个部分:显性成本是指厂商在生产要素市场上购买或租用所需要的生产要素的实际支出;而隐性成本是指厂商本身所拥有的且被用于该企业生产过程的那些生产要素的总价格。经济分析中的成本和财务会计分析中的成本含义并不完全相同。会计成本是指企业生产过程中按市场价格直接支付的一切费用,这些费用一般可以通过会计账目反映出来,仅包含显性成本;而经济分析中所使用的成本,是指企业为从事生产所投入的全部要素的机会成本,既包含显性成本,又包含隐性成本。

成本函数反映了企业的成本与其所生产的产品产量之间的相互关系,厂商的成本函数分为短期成本函数和长期成本函数。短期成本包括短期总成本、短期平均成本、短期边际成本、平均固定成本和平均变动成本。长期成本包括长期总成本、长期平均成本和长期边际成本。

收益函数反映了各种价格条件下企业的收益与其所生产的产品产量之间的关系。收益也分为总收益、平均收益和边际收益。

企业生产追求利润最大化，而由于会计成本与机会成本的区别导致厂商的会计利润与正常利润和经济利润的区别。会计利润是厂商销售产品的总收益减去会计成本（显性成本）后的余额；而正常利润则属于隐性成本，它包含在厂商的生产成本之中。正常利润是使一个厂商滞留在原行业中从事生产经营活动的必要条件。厂商销售产品的总收益减去按机会成本计算的生产成本（显性成本加隐性成本）的余额，就是厂商的经济利润或称超额利润。

利润最大化的基本条件是边际收益等于边际成本。

主要概念

隐性成本　显性成本　机会成本　会计成本　经济利润　正常利润　会计利润　短期总成本　总可变成本　总固定成本　短期平均成本　平均可变成本　平均固定成本　短期边际成本　长期总成本　长期平均成本　长期边际成本　规模经济　范围经济

思考案例

大型零售商场为什么平时不延长营业时间？

春节期间许多大型零售商场都延长了营业时间，为什么平时不延长营业时间呢？从理论上说，延长时间1小时，就要支付1小时所耗费的成本，这种成本既包括直接的物耗，如水、电等，也包括由于延时而需要支付售货员的加班费，这种增加的成本就是边际成本。假如延长1小时增加的成本是1万元（注意，这里讲的成本是西方成本概念，包括成本和正常利润），并且在延时的1小时里商场由于卖出商品而增加收益大于1万元，那么作为一个精明的企业家，他还应该将营业时间在此基础上再延长，因为这时他还有一部分该赚的钱没赚到手。相反，如果他在延长的1小时里增加的成本是1万元，增加的收益不足1万元，他在不考虑其他因素的情况下就应该取消延时的经营决定，因为他延长1小时的成本大于收益。由于春节期间的假日消费，人们有更多的时间去旅游购物，使商场的收益增加，而平时工作紧张、家务繁忙，人们没有更多的时间和精力去购物，商场就是延时服务也不会有更多的人光顾，增加的销售额不足以抵偿延时所增加的成本。这就能够解释商场在春节期间延长营业时间而在平时不延长营业时间的经济学道理。

资料来源：唐树伶、张启富、周培仁著，《经济学》，东北财经大学出版社2010年版。

问题讨论：

1. 本案例中是如何进行成本与收益对比的？

2. 假日消费是否可以给商场带来更多的利润？

课后习题

一、单项选择题

1. 经济学中短期与长期划分取决于(　　)。
   A. 时间长短　　　　　　　　　　B. 可否调整产量
   C. 可否调整产品价格　　　　　　D. 可否调整生产规模
2. 使用自有资金也应计算利息收入，这种利息从成本角度看是(　　)。
   A. 固定成本　　B. 隐含成本　　C. 会计成本　　D. 生产成本
3. 由企业购买或使用任何生产要素所发生的成本是指(　　)。
   A. 显性成本　　B. 隐性成本　　C. 变动成本　　D. 固定成本
4. 长期平均成本曲线为 U 形的原因与(　　)有关。
   A. 规模报酬　　　　　　　　　　B. 外部经济或不经济
   C. 要素的边际生产率　　　　　　D. 固定成本及可变成本所占比重
5. 长期总成本曲线是各种产量的(　　)。
   A. 最低成本点的轨迹　　　　　　B. 最低平均成本点的轨迹
   C. 最低边际成本点的轨迹　　　　D. 平均成本变动的轨迹
6. 在从原点出发的直线(射线)与 TC 曲线的切点上，AC(　　)。
   A. 是最小的　　　　　　　　　　B. 等于 MC
   C. 等于 $AVC+AFC$　　　　　　　D. 上述都正确
7. 随着产量的增加，平均固定成本(　　)。
   A. 在开始时下降，然后趋于上升　B. 在开始时上升，然后趋于下降
   C. 一直趋于下降　　　　　　　　D. 一直趋于上升
8. 对许多公司而言，分摊成本是很重要的，管理问题随企业规模的扩大而变得更重要，这可以解释(　　)。
   A. 短期平均成本曲线的 U 形特点　B. 收益递增(减)法则
   C. 长期平均成本曲线的 U 形特点　D. 为何不变成本不随产量变化
9. 如果劳动是唯一可变的投入，而且劳动的收益递增，产量随劳动的增加而(　　)，平均成本随产量的增加而(　　)。
   A. 以更小的幅度增加，下降　　　B. 以更小的幅度增加，上升
   C. 以更大的幅度增加，下降　　　D. 以更大的幅度增加，上升
10. 对应于边际报酬的递增阶段，STC 曲线(　　)。
    A. 以递增的速率上升　　　　　　B. 以递增的速率下降
    C. 以递减的速率上升　　　　　　D. 以递减的速率下降
11. 短期平均成本曲线呈 U 形，是因为(　　)。

A. 外部经济问题　　　　　　　　B. 内部经济问题
C. 规模收益问题　　　　　　　　D. 边际收益(报酬)问题

12. 关于长期平均成本和短期平均成本的关系,以下正确的是(　　)。
A. 长期平均成本线上的每一点都与短期平均成本线上的某一点相对应
B. 短期平均成本线上的每一点都在长期平均成本线上
C. 长期平均成本线上的每一点都对应着某一条短期平均成本线的最低点
D. 每一条短期平均成本线的最低点都在长期平均成本线上

二、简答题

1. 机会成本与会计成本有什么区别?
2. 短期成本的种类有哪些?
3. 短期边际成本的变动规律是什么? 它与短期平均成本的关系如何?
4. 长期平均成本曲线是如何构成的? 其特征是什么?
5. 利润最大化的原则是什么? 为什么?

三、计算与分析题

1. 一个企业每周生产100单位产量,成本包括:机器200元,原料500元,抵押租金400元,保险费50元,工资750元,废料处理100元。求企业总固定成本与平均可变成本。

2. 已知生产函数为 $Q=10X$,X 为可变投入单位量,Q 为产出数量,不变投入的单位为3个,不变投入的单价为1 000元,可变投入的单价为50元。求相应的 TFC、TVC、AC、AFC、AVC、ATC、MC 的方程式。

3. 某厂商拥有两家工厂,生产同一种产品,其长期生产总成本函数为 $LTC=0.005Q^3-1.4Q^2+280Q$。 两家工厂的短期成本函数分别为:

$$STC_1=0.006Q^3-1.33Q^2+201.6Q+6\,860$$
$$STC_2=0.005\,7Q^3-1.424Q^2+205.6Q+10\,240$$

(1) 产量多大时,厂商可使长期平均成本最小?
(2) 哪家工厂能获得最小长期平均成本?
(3) 产量保持在 $Q=160$ 时,厂商应选择哪家工厂?

4. 假定某厂商需求如下:$Q=5\,000-50P$。 其中,Q 为产量,P 为价格。厂商的平均成本函数 $AC=6\,000/Q+20$。求使厂商利润最大化的价格与产量,以及最大的利润。

第六章

市场理论

市场从本质上讲就是买卖双方相互作用并得以决定其交易价格和交易数量的一种组织形式或制度安排。它影响着厂商的经济行为和决策模式。按照一定的分类标准,市场可分为完全竞争市场、完全垄断市场、垄断竞争市场和寡头垄断市场四种市场结构类型。

第一节 完全竞争市场

一、完全竞争市场的含义与特征

(一)完全竞争市场的含义

完全竞争市场又称纯粹竞争市场,它是指一种竞争完全不受任何阻碍和干扰的市场结构,既没有政府的干预,也没有企业的集体勾结行为对市场机制作用的阻碍。在这种市场中,企业既多又小,就像物质结构中的原子一样,因此,完全竞争市场又称为"原子式市场"。

(二)完全竞争市场的特征

完全竞争市场的特征可以从四个方面概括。

(1) 市场上有无数的买者和卖者。任何个人所占比重极小,其经济行为不能影响市场价格。他们都是在既定的市场价格水平下选择最优的购买量或销售量。这意味着在一个完全竞争市场上,任何一个卖者或买者都是价格的接受者,而不是价格的决定者。

(2) 产品是同质的。市场上同一行业中的每一个厂商生产出来的同种产品,在性质和质量上都没有差别。这不仅指商品之间的质量完全一样,还包括在销售条件、商标、装潢等方面是完全无差别的。

如果一个生产者稍微提高他的产品卖价,所有的消费者将会转而购买其竞争者的产品,在所有生产者的卖价相同时,消费者购买哪个生产者的产品完全是随机的。

(3) 市场中所有的生产资源都可以在各行业之间自由流动。由于完全竞争市场不存在任何法律的、社会的或资金的障碍以阻止新的厂商进入该行业,所以在完全竞争市场上,厂商可以及时地向获利的行业运动,及时地离开亏损的行业,即生产资源可以随着需求的变化在不同行业之间自由流动。

(4) 完全畅通的信息。在完全竞争市场中,卖者和买者被假定为对于有关市场的信息具有完全的认识,他们不仅掌握市场上目前出现的情况,也了解市场今后将发生的情况。卖者与买者都可以获得完整而迅速的市场供求信息,以确定自己的最佳生产量与最佳购买量,各自获得最大的经济利益。这就排除了由于市场信息不畅通而可能产生的一个市场同时存在几种价格的情况。

从以上四个条件可看出,同时满足这样严格的四个条件的完全竞争型市场在现实中是很难找到的,农产品市场被认为接近于完全竞争市场。

二、完全竞争厂商面临的需求曲线和收益曲线

(一) 完全竞争市场上的市场需求曲线和厂商需求曲线

在完全竞争条件下,对整个行业来说,市场需求曲线是由所有消费者在每一价格水平上的个人需求数量加总而成,是一条向右下方倾斜的曲线。供给曲线是由该行业的所有厂商的供给曲线加总而成,是一条向右上方倾斜的曲线。整个行业产品的价格就是由供给和需求决定的均衡价格,也就是能使供给量与需求量恰好相等的成交价格。

但对个别厂商来说情况就不同了。当市场价格确定之后,厂商面对的价格是既定的,其产量变动不会影响市场价格,而市场对个别厂商产品的需求是无限的。因此,市场对个别厂商产品的需求曲线是一条由既定市场价格出发的平行线。

可用图 6-1 来说明以下两种需求曲线。

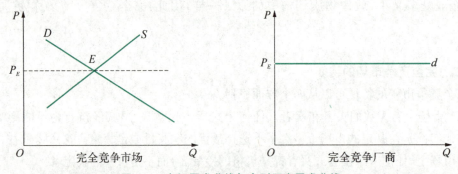

图 6-1 市场需求曲线与个别厂商需求曲线

图 6-1 左图中的曲线 D 是一条完全竞争市场上的需求曲线,向右下方倾斜,表示市场上的商品需求量与价格呈反方向变动。曲线 S 是一条完全竞争市场上的供给曲线,向右上方倾斜,表示市场上的商品供给量与价格呈同方向变动。图中的 P_E 是市场需求曲线 D 与市场供给曲线 S 相交所决定的均衡价格,也就是能使供给量与需求量恰好相等的成交价格。

图 6-1 右图中的曲线 d 是厂商的需求曲线,它是相对于市场需求曲线 D 和市场供给曲线 S 的相交点 E 所决定的均衡价格 P_E 而言的。这条曲线表示,在完全竞争市场上个别厂商只能被动地接受市场价格,而且,在每一个既定的价格水平,相对于市场上大量的买者来说,个别厂商总是可以把他的任何数量的商品卖出去,即在既定的价格之下,市场对个别厂商产品的需求是无限的。

(二) 完全竞争厂商的收益曲线

厂商的收益就是厂商的销售收入,它可以分为总收益、平均收益和边际收益,这里分别

用 TR、AR 和 MR 表示。在完全竞争市场上，由于厂商是价格的接受者，价格 P 是一个常数，不随产量 Q 的变化而变化，所以存在如下的收益函数：

$$TR = PQ$$

$$AR = TR/Q = P$$

$$MR = \mathrm{d}TR/\mathrm{d}Q = P$$

从上面的公式可知，由于完全竞争厂商面临的是由市场供求情况决定的均衡价格，所以厂商的总收益曲线为从原点出发的一条向右上方倾斜的直线，如图 6-2 所示，$TR = PQ$，P 为 TR 曲线的不变斜率。

在完全竞争市场上，厂商需求曲线又是平均收益曲线和边际收益曲线，三条线重合在一起，如图 6-3 所示。

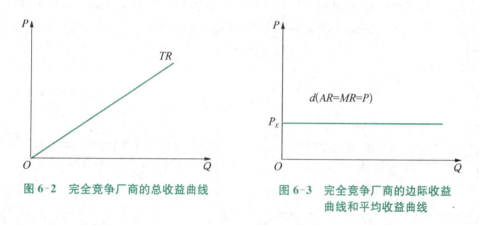

图 6-2　完全竞争厂商的总收益曲线

图 6-3　完全竞争厂商的边际收益曲线和平均收益曲线

在各种类型的市场上，平均收益与价格都是相等的，即 $AR = P$，但只有在完全竞争市场上，对个别厂商来说，平均收益、边际收益与价格才相等，即 $AR = P = MR$。

三、完全竞争厂商的短期均衡

完全竞争市场的厂商均衡可分为短期均衡与长期均衡。短期均衡是在部分生产要素不能变动的条件下分析厂商如何达到最优生产状态的。

在短期内，由于厂商不能根据生产的状况来调整其全部生产要素的配置，也就是说，其在短期内无法变动其固定投入要素，因此其生产规模也是给定的，相应的成本结构也是不变的。同时，在完全竞争条件下，厂商面临的市场条件基本给定，其需求曲线是由市场均衡价格决定的水平线，即 $P = P_E = MR = AR$。这样，短期内完全竞争厂商利用既定的生产规模，通过对产量的调整来实现利润最大化。因此，完全竞争厂商实现短期均衡的必要条件 $MR = MC$ 可变为：$P_E = SMC$。这就意味着，在完全竞争市场上，当短期边际成本等于既定的市场价格时，厂商可获最大利润（或最小亏损）。

（一）完全竞争厂商实现短期均衡时的利润情况

现实中，由于各个厂商的生产条件不一样，其成本状况也会不一样。因此，短期内即使各厂商所面对的需求曲线是相同的，不同生产条件的厂商获取利润的情况也会不一样。生产效率较高的厂商，在同一产量下其平均成本较低；反之则较高。因此，生产效率较高的厂商可能有超额利润；生产效率较低的厂商可能亏损；生产效率适中的厂商可能既无超额利润亦无亏损，而只有正常利润。

1. 厂商有超额利润

生产效率较高的厂商，其平均生产成本较低。当完全竞争市场上产品的市场价格 P_E 高于厂商的最小短期平均成本时（如图6-4所示），作为价格接受者的完全竞争厂商根据 $MR=MC$ 的利润最大化原则选择最优的产量为 Q_0，此时该厂商的单位产品收益 AR 为 EQ_0，单位产品成本 SAC 为 BQ_0。从图6-4中可以看出，在最佳产量 Q_0 处，$AR>SAC$，平均收益大于短期平均成本，从而该厂商的单位产品利润为 EB，总利润为矩形 P_EEBA 的面积，为正。由于这时新的厂商不能参加进来，老的厂商不能扩大工厂规模，因而厂商获得超额利润。

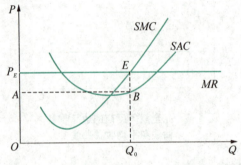
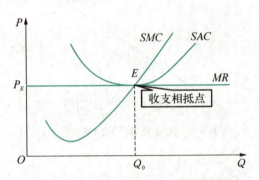

图6-4 厂商短期均衡：获得超额利润的情形　　图6-5 厂商短期均衡：获得正常利润的情形

2. 厂商的超额利润为0

生产效率适中的厂商，其平均生产成本不高不低。当完全竞争市场上产品的市场价格 P_E 等于厂商的最小短期平均成本时（如图6-5所示），作为价格接受者的完全竞争厂商根据 $MR=MC$ 的利润最大化原则选择最优的产量为 Q_0，此时该厂商的单位产品收益 AR 为 EQ_0，短期均衡点 E 正好也是短期平均成本曲线的最低点，从而单位产品成本 SAC 也是 EQ_0。从图6-5中可以看出，在最佳产量 Q_0 处，$AR=SAC$，平均收益等于短期平均成本，从而该厂商的单位产品利润为0。即此时厂商的经济利润为0，只能获得正常利润。

短期平均成本的最低点 E 称为收支相抵点或盈亏平衡点。在这一点上，短期平均成本等于价格水平，也等于边际成本，利润为0。

3. 厂商亏损最小

生产效率较低的厂商，其平均生产成本较高，这就有可能会出现亏损，但厂商并不一定会停产，厂商会根据价格与平均可变成本的对比，选择亏损最小的情况。

(1) 亏损小于全部的固定成本,继续生产。

当完全竞争市场上产品的市场价格 P_E 大于平均可变成本的最小值,但小于短期平均成本的最小值时(如图 6-6 所示),作为价格接受者的完全竞争厂商根据 $MR=MC$ 的利润最大化原则选择最优的产量为 Q_0,此时该厂商的单位产品收益 AR 为 EQ_0,单位产品成本 SAC 为 AQ_0,单位产品的可变成本 AVC 为 BQ_0。

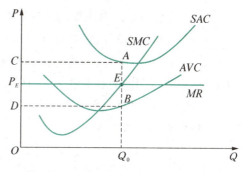

图 6-6　厂商短期均衡:亏损最小情形

从图 6-6 中可以看出,在最佳产量 Q_0 处,$AVC<AR<SAC$,平均收益高于平均可变成本,但仍小于短期平均成本。这意味着,若此时厂商生产的话,不仅可以弥补全部的可变成本,还可以弥补部分的固定成本,即亏损额为部分的固定成本;若此时厂商停产的话,亏损额为全部的固定成本。所以,当价格大于平均可变成本的最小值,但小于短期平均成本的最小值,即 $\min AVC<P=AR<\min SAC$ 时,厂商有亏损,但仍可继续生产。

(2) 停止营业点。

当完全竞争市场上产品的市场价格 P_E 等于平均可变成本的最小值时(如图 6-7 所示),作为价格接受者的完全竞争厂商根据 $MR=MC$ 的利润最大化原则选择最优的产量为 Q_0,此时该厂商的单位产品收益 AR 为 EQ_0,单位产品成本 SAC 为 AQ_0,单位产品的可变成本 AVC 为 EQ_0。从图 6-7 中可以看出,在最佳产量 Q_0 处,$P=AR=AVC<SAC$,平均收益等于平均可变成本,但仍小于短期平均成本。由于此时价格 P 等于 EQ_0,平均收益恰好等于平均可变成本,厂商从事生产和不从事生产所受的亏损是一样的,其亏损额都等于固定成本,这时厂商处于营业的边际状态。因此,价格等于最低的平均可变成本这一点(图中的均衡点 E)就称为停止营业点。

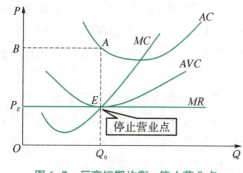

图 6-7　厂商短期均衡:停止营业点

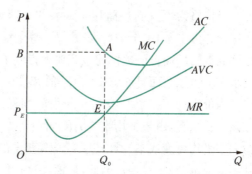

图 6-8　厂商短期均衡:停止生产

(3) 亏损等于全部的固定成本,停产。

如果市场价格进一步下降,一旦价格低于单个厂商的最低平均可变成本,由于平均收益小于平均可变成本,此时,如果继续生产,则全部收益连可变成本都无法弥补,因而应停止生产,如图 6-8 所示。

(二)完全竞争厂商短期均衡的条件

依据上面的讨论,当完全竞争厂商实现短期均衡时,厂商既可能获得最大的超额利润,也可能没有任何利润,甚至还会处于亏损状态,但此时亏损也是最小的亏损状态。存在亏损情况下,只要短期内能够保证 $P=AR \geqslant AVC$,厂商就会继续生产。

因此,完全竞争厂商短期均衡条件为:

(1) $MR=SMC=P$;

(2) $P \geqslant \min AVC$,即价格要大于平均可变成本的最低点。

(三)完全竞争厂商的短期供给曲线

在短期内,完全竞争厂商的供给曲线表明了在给定市场价格的情况下厂商愿意并且能够供给的产品数量。因此,厂商的供给函数 Q_S 可以写成一个关于价格 P 的函数,即:$Q_S=S(P)$。

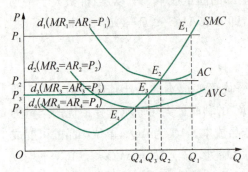

图 6-9 完全竞争厂商短期供给曲线的推导

根据前面的分析,完全竞争厂商短期均衡的条件是 $SMC=P$,且价格要大于平均可变成本的最低点。由此,可以推导出完全竞争厂商的短期供给曲线,如图 6-9 所示。

当价格为 P_1 时,厂商利润最大的均衡点为 E_1,对应的利润最大化的产量水平为 Q_1。在该产量水平上,由于平均收益 AR_1 大于平均成本 SAC,因此厂商能够获得超额利润。因为能够获得利润,厂商在这一价格水平上当然愿意而且能够提供 Q_1 的产量。以此类推,当价格水平处于短期平均成本曲线最低点以上时,厂商愿意而且能够提供的商品数量是需求曲线和短期边际成本曲线的交点对应的产量水平。

当价格为 P_2 时,厂商利润最大的均衡点为 E_2,对应的利润最大化的产量水平为 Q_2。在这一产量水平,由于平均收益 AR_2 等于平均成本 SAC,因此厂商超额利润为 0,但是作为隐性成本的厂商自己提供的生产要素得到了回报,厂商实现了正常利润,因此厂商在这一价格水平上也愿意而且能够提供 Q_2 的产量。

当价格为 P_3 时,厂商利润最大的均衡点为 E_3,对应的利润最大化的产量水平为 Q_3。在该产量水平,由于平均收益 AR_3 小于平均成本,厂商是亏损的。但是,由于厂商的平均收益大于平均可变成本,所以,厂商经营获得的收益除支付可变成本外,还可以最大限度地弥补不变成本,减少亏损。因此,厂商在这一价格水平上也愿意而且能够提供 Q_3 的产量。

当价格为 P_4 时,厂商利润最大的均衡点为 E_4,对应的利润最大化的产量水平为 Q_4。在该产量水平,由于平均收益 AR_4 小于平均成本,厂商亏损,并且在这一价格水平上厂商的平均收益等于平均可变成本,所以,厂商经营获得的收益恰好可以支付可变成本。因此,厂商在这一价格水平上也能够提供 Q_4 的产量。

当价格低于平均可变成本最低点时,即使在实现利润最大化的产量水平上,因为平均收益小于平均可变成本,所以厂商经营不但承受亏损,而且会使亏损加剧。因此在这种情况下,厂商只能选择停业,而不愿意提供任何数量的产量。

根据以上分析可知,高于短期平均成本线最低点的边际成本曲线的任何一点,都存在着保证完全竞争厂商利润最大化的均衡产量和价格的一一对应关系,这种一一对应关系就是完全竞争厂商的短期供给曲线。完全竞争厂商的短期供给曲线应该用 SMC 曲线上大于或等于 AVC 曲线最低点(停止营业点)的部分来表示。

(四) 完全竞争行业的短期供给曲线

在我们得到了单个完全竞争厂商的供给曲线之后,就可以得出完全竞争行业的供给曲线。假定厂商的技术水平和投入要素价格不变,一个完全竞争行业的短期供给曲线就是由该行业内所有单个厂商的短期供给曲线水平加总而来的。用公式表示如下:

$$S(P) = \sum_{i=1}^{n} S_i(P)$$

上式中,n 表示整个行业中厂商的数目,$S_i(P)$ 是第 i 个厂商的短期供给函数,$S(P)$ 是整个行业的短期供给函数。

行业的短期供给曲线同样向右上方倾斜,它表明市场的产品价格和市场的短期供给量呈同方向变动。行业的短期供给曲线上与每一价格水平相对应的供给量都是可以使全体厂商在该价格水平上获得最大利润或最小亏损的最优产量。

【例 6.1.1】 完全竞争市场中某厂商的成本函数为 $STC = 0.1Q^3 - 2Q^2 + 15Q + 10$。试求:
(1) 若产品价格为 55 美元,厂商利润最大时的产量和利润。
(2) 厂商在什么情况下才会停止生产?
(3) 厂商的短期供给函数。

解:(1) $MR = 55$,$MC = 0.3Q^2 - 4Q + 15$,

根据 $MR = MC$,得 $55 = 0.3Q^2 - 4Q + 15$,

解得,$Q = 20$ 或 $Q = -6.67$(舍去)。

当 $Q = 20$ 时,$STC = 0.1 \times 20^3 - 2 \times 20^2 + 15 \times 20 + 10 = 708$,$TR = 20 \times 55 = 1\,100$,

故,$T\pi = 1\,100 - 708 = 392$(美元)。

(2) $TVC = 0.1Q^3 - 2Q^2 + 15Q$,$AVC = \dfrac{TVC}{Q} = 0.1Q^2 - 2Q + 15$,

根据 $AVC = MC$,AVC 最小,得 $0.1Q^2 - 2Q + 15 = 0.3Q^2 - 4Q + 15$,

解得,$Q = 10$ 或 $Q = 0$(舍去)。

当 $Q = 10$ 时,$AVC = 0.1 \times 10^2 - 2 \times 10 + 15 = 5$,

故当价格低于 5 美元时,停产。

(3) 由上题可知,当 $Q \geqslant 10$ 时,$MC \geqslant AVC$,

故厂商的短期供给曲线为 $P = MC = 0.3Q^2 - 4Q + 15(Q \geqslant 10)$,

或 $Q = S = \dfrac{4+\sqrt{1.2P-2}}{0.6}$，

由上可知，当 $Q=10$ 时，AVC 最小，其值为 $AVC = 0.1\times 10^2 - 2\times 10 + 15 = 5$，

于是短期供给函数可表示为：$\begin{cases} S = \dfrac{4+\sqrt{1.2P-2}}{0.6} & (P \geqslant 5) \\ S = 0 & (P < 5) \end{cases}$

四、完全竞争厂商的长期均衡

(一) 完全竞争厂商长期均衡的调整过程

在完全竞争市场上，如果说在短期内厂商来不及调整自己的生产规模，从而出现超额利润或亏损，那么在长期内这两种情况将不复存在。

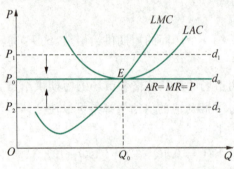

图 6-10 完全竞争厂商长期均衡的调整

因为，在长期中，各个厂商都可以根据市场价格来调整全部生产要素的投入，通过调整自身的规模或者进入或退出该行业以改变行业中厂商的数量，来消除亏损或瓜分超额利润，直到超额利润为 0。我们可以用图 6-10 来分析这一过程。

在图 6-10 中，LMC 曲线是长期边际成本曲线，LAC 曲线是长期平均成本曲线，d_0、d_1 和 d_2 分别是某一代表性厂商在不同市场价格下所面临的需求曲线。

当市场均衡价格为 P_1 时，厂商有超额利润，各厂商会扩大生产，其他行业的厂商也会转而进入该行业，引起整个市场供给增加，从而价格下降，单个厂商的需求曲线 d_1 向下移动。市场价格的降低减少了行业中单个厂商的利润。当市场价格下降到使单个厂商的利润为 0 时，新厂商停止进入。

当市场均衡价格为 P_2 时，厂商出现亏损，各厂商会减产甚至退出该行业，引起整个市场供给减少，从而价格上升，厂商的需求曲线 d_2 向上移动。市场价格的上升减少了行业中单个厂商的亏损。当市场价格上升到使单个厂商的亏损消失至利润为 0 时，原有厂商停止退出。

这种调整的结果是使需求曲线最终移动到 d_0。边际成本曲线 (LMC) 与边际收益曲线 (MR) 即 d_0 相交于 E 点，决定了产量为 Q_0。这样，总收益等于总成本，厂商既无超额利润也无亏损，因此，也就不再调整产量。此时，经济利润为 0。

(二) 完全竞争厂商长期均衡的条件

通过上面的分析，我们知道，在长期内完全竞争厂商可以自由进入或退出某一行业，并可以调整自己的生产规模，直到超额利润为 0。这时，行业内每个厂商都实现了长期均衡。因此，完全竞争厂商的长期均衡首先要满足厂商利润最大化的原则，即 $MR = MC =$

$LMC=SMC$；其次，要满足零利润的均衡条件，即 $P=LAC=SAC$；而完全竞争市场中厂商面临的需求曲线、平均收益曲线和边际收益曲线是同一条线，即 $P=MR=AR$。

所以，完全竞争厂商长期均衡的条件是：$MR=LMC=SMC=LAC=SAC=P=AR$。这一均衡条件可用图 6-11 来表示，图中的点 E 就是完全竞争厂商的长期均衡点。

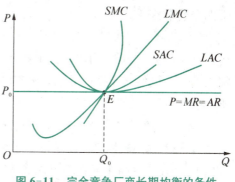

图 6-11　完全竞争厂商长期均衡的条件

五、对完全竞争市场的评价

若从经济效率来看，完全竞争市场是一个非常具有经济效率的市场，因为完全竞争市场的长期均衡说明市场机制能够以最有效率的方式配置资源。

第一，在完全竞争市场中，当市场处于长期均衡时，市场刚好出清——既不存在供不应求，也不存在产品过剩，社会需求等于社会供给，生产者的生产不会有不足或过剩，消费者的需求也得到了充分满足，使得资源得到最优配置。

第二，市场处于长期均衡时，所有厂商同时处于长期平均成本和短期平均成本的最低点，表明生产要素的效率得到了最有效的发挥。

第三，从消费者的角度来看，消费者获得了最大满足。由于完全竞争市场长期均衡时市场价格在平均成本的最低点，从消费者角度来看，市场价格不可能再低，价格再低就将使企业亏损，因此消费者为这种商品所花费的消费成本也是最低的，此时消费者得到了最大的消费者剩余，即获得了最大满足。

完全竞争市场虽然能够促进资源优化配置，但也有一些缺陷影响着厂商和消费者的发展：① 厂商缺乏创新的积极性，这是因为完全竞争市场中不存在能够保证创新实现而必须获得的超额利润；② 产品是完全同质无差别的，无法满足消费者的各种不同的需要；③ 各厂商的平均成本最低，并不一定意味着社会成本最低；④ 在现实中完全竞争的情况几乎不可能出现，即使接近的情况也很少。

第二节　完全垄断市场

一、完全垄断市场的含义与特征

完全垄断（Monopoly），又称独占、卖者垄断或纯粹垄断，是指一家厂商是某种产品的唯一售卖者，它控制了该产品全部供给的市场结构。

完全垄断与完全竞争一样都是一种极端的市场结构。具体来说，完全垄断市场具有以下四个基本特征。

(1) 市场上只有唯一的一家厂商进行生产和销售。完全垄断市场中只有一家厂商单独生产商品，完全垄断厂商代表整个产业，因此，市场的需求曲线就是完全垄断厂商所面对的需求曲线。虽然此商品仅由该完全垄断厂商独家生产，但是市场需求曲线仍然遵守需求法则，因此市场需求曲线的斜率为负。

(2) 厂商生产和销售的商品没有任何相近的替代品。垄断企业所生产的产品被公认为具有某种绝对的独特性，其他产品根本无法替代。如果其他企业可以生产替代品来代替垄断企业的产品，完全垄断企业就不可能成为市场上唯一的供给者。因此，消费者无其他选择。例如，电力是提供家庭电器用品的主要能源，而拥有发电机的家庭不多，因此电厂在照明能源上具有垄断地位，因为蜡烛或煤油灯虽然是电灯的替代品，但不是相近的替代品。不过消费者的大多数需求均可用多种不同的方式予以满足，所以纯粹完全垄断的例子并不多见。

(3) 厂商进出市场的障碍很大，其他厂商进入该行业都极为困难或不可能。在完全垄断市场中，原来的厂商难以退出，新厂商不容易进入。在这样的市场中，排除了任何竞争因素，独家垄断厂商控制了整个行业的生产和市场的销售，所以完全垄断厂商可以控制和操纵市场价格。

(4) 完全垄断企业是市场价格的制定者。由于垄断企业控制了整个行业的供给，也就控制了整个行业的价格，成为价格制定者。完全垄断企业可以有两种经营决策：以较高价格出售较少产量，或以较低价格出售较多产量。

二、垄断形成的原因

垄断厂商之所以能够成为某种产品的唯一供给者，是由于该厂商控制了这种产品的供给，使其他厂商不能进入该市场并生产同种产品。形成垄断的原因一般有以下四个方面。

(一) 对资源的独家控制

如果一家厂商控制了用于生产某种产品的全部资源或基本资源的供给，其他厂商就不能生产这种产品，从而该厂商就可能成为一个垄断者。最典型的资源垄断的例子是第二次世界大战之前的美国铝业公司，该公司从 19 世纪末到 20 世纪 30 年代一直控制着全美铝矾土矿的开采，从而成为美国制铝行业的垄断者。

(二) 拥有专利权和版权

专利权与版权是政府和法律允许的一种垄断形式。专利权和版权用于禁止其他人生产某种产品或使用某项技术，除非得到发明人的许可。因此，一家厂商或个人可能因为拥有专利权和版权而成为某种商品的垄断者。

专利权是为促进发明创造、发展新产品和新技术，而以法律的形式赋予发明人的一种权利。一家厂商可能因为拥有专利权而成为某种商品的垄断者。不过专利权带来的垄断地位是暂时的,因为专利权有法律时效。在我国专利权的法律时效为 15 年,美国为 17 年。

(三) 政府特许权

政府往往在某些行业授予某个厂商经营某种产品的特许经营权,如邮政部门、广播电视、供水部门等。于是,一家厂商就成了这个行业的唯一供给者。我国古代长期对盐、铁两种基本生活和生产资料进行垄断经营。由于盐、铁经营对财政具有重要意义,盐政和铁政也是我国历朝施政的一项重要内容。进入现代社会以后,被国家政府行政垄断的行业大多是与国计民生和公共福利密切相关的行业,如铁路运输部门、邮电部门等。在这些行业中,企业虽然由政府特许而获得垄断地位,但作为政府给予企业特许权的前提,企业同意政府对其经营活动进行管理和控制。

(四) 规模经济的要求形成自然垄断

生产上的规模经济促使企业的长期平均成本向下倾斜,也就是说,企业的产出越多,或企业的投资越大,它的单位成本就越低。如果规模经济一直持续到单个企业为整个市场生产,这个市场就称为自然垄断。对于自然垄断行业来说,只有在整个行业的产量都由一家企业来生产时,才有可能达到这样的生产规模,而且,只要发挥这家企业在这一生产规模上的生产能力,就可以满足整个市场对产品的需求。如果由两家或两家以上的企业生产,将产生较高的平均成本,造成资源浪费。在这类产品的生产中,行业内总会有某个厂商凭借雄厚的经济实力和其他优势,最先达到这一生产规模,从而垄断了整个行业的生产和销售。这就是自然垄断。许多公用事业,如电力供给、煤气供给、自来水供给、固定电话、铁路等都是典型的自然垄断行业。

三、完全垄断厂商面临的需求曲线和收益曲线

(一) 完全垄断厂商面临的需求曲线

完全垄断市场中由于只有唯一一家厂商,故市场需求曲线即为完全垄断厂商所面临的需求曲线,它向右下方倾斜,表示完全垄断厂商可以用减少销售量的办法来提高市场价格,或者通过增加销售量来压低市场价格,即完全垄断厂商可以通过改变销售量来控制市场价格。

(二) 完全垄断厂商面临的收益曲线

从前面的分析我们知道,垄断厂商的收益状况直接受到其所面对的市场需求状况的影响,也就是说,市场需求曲线的特性会直接影响其收益曲线的特征。下面以直线型的需求曲线为例来说明垄断厂商的收益曲线的情况。

若需求函数为:

$$P = a - bQ$$

则总收益为:

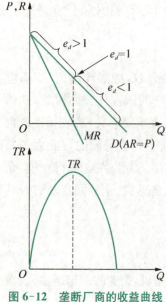

图 6-12 垄断厂商的收益曲线

$$TR = aQ - bQ^2$$

平均收益为:

$$AR = P$$

边际收益为:

$$MR = a - 2bQ$$

所以,完全垄断厂商的平均收益曲线、边际收益曲线与总收益曲线具有如图 6-12 所示的特征:垄断厂商的平均收益曲线与其所面对的需求曲线重合,也呈向右下方倾斜的特征;而边际收益曲线位于需求曲线或平均收益线的下方,由于需求曲线为一条直线,因而边际收益线也是一条斜率为需求曲线斜率 2 倍的直线。

完全垄断厂商的边际收益不仅与价格相关,还与需求弹性相关。设需求函数为 $P = P(Q)$,则有:

$$TR(Q) = P(Q) \times Q$$

$$MR = \frac{\mathrm{d}TR}{\mathrm{d}Q} = P + Q \times \frac{\mathrm{d}P}{\mathrm{d}Q} = P\left(1 + \frac{Q}{P} \times \frac{\mathrm{d}P}{\mathrm{d}Q}\right) = P\left(1 - \frac{1}{e_d}\right)$$

其中,e_d 为需求价格弹性。从上式可以看出:① 当需求富有弹性,即 $e_d > 1$ 时,$MR > 0$,富有弹性的需求曲线意味着价格降低,产量的增加更快,从而将使总收益增加;② 当需求缺乏弹性,即 $e_d < 1$ 时,$MR < 0$,缺乏弹性的需求曲线意味着产量的增加将使总收益减少;③ 当需求具有单位弹性,即 $e_d = 1$ 时,$MR = 0$,此时完全垄断厂商的总收益达到最大。

四、完全垄断厂商的短期均衡

在完全垄断市场上,厂商可以通过对产量及价格的控制来实现利润最大化。但是处于完全垄断地位的厂商也并不能为所欲为,要受到市场需求状况的限制。因此,在完全垄断市场上,厂商仍然根据边际收益与边际成本相等的原则来决定产量。

(一) 完全垄断厂商实现短期均衡时的利润情况

短期垄断厂商也像其他市场结构的厂商一样,市场的技术水平和生产规模固定,其盈亏完全取决于生产的需求状况。当供大于求时会有亏损;当供小于求时则会有超额利润;当供等于求时只有正常利润。

1. 厂商有超额利润

当市场供给小于需求时,价格水平高(价格线在平均成本曲线的上方),如图 6-13 所示,完全垄断厂商根据利润最大化原则,在点 E 实现了短期均衡,并由此确定最佳产量为 Q_0,然后再

根据市场需求曲线 D，将价格定在 P_0。在 Q_0 水平上有 $P>SAC$，此时该完全垄断厂商获得超额利润，单位平均利润为 FG，将其乘以产量 Q_0，便为利润总额，即矩形 P_0FGH 的面积。

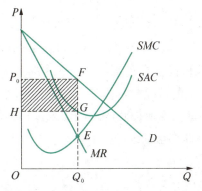

图 6-13 完全垄断厂商短期获取超额利润　　图 6-14 完全垄断厂商短期超额利润为 0

2. 厂商获得正常利润，超额利润为 0

当市场供给等于需求时，价格等于短期平均成本，如图 6-14 所示，完全垄断厂商根据利润最大化原则，在点 E 实现了短期均衡，并由此确定最佳产量为 Q_0，然后再根据市场需求曲线 D，将价格定在 P_0。在 Q_0 水平上有 $P=SAC$，单位利润为 0，从而使总超额利润亦为 0。此时的均衡点 E 称为收支相抵点。

3. 厂商亏损最小

当市场供给大于需求时，价格低于短期平均成本，如图 6-15 所示，垄断厂商根据利润最大化原则，在点 E 实现了短期均衡，并由此确定最佳产量为 Q_0，并决定其价格为 P_0。在此产量水平上，完全垄断厂商的短期平均成本低于价格，单位利润为负，平均亏损为 FG，将其乘以产量 Q_0，便为亏损总额，即矩形 P_0FGH 的面积。

与完全竞争厂商相同，在亏损的情况下，若 $AC>P>AVC$，企业生产 Q_0 所造成的亏损比停产时的亏损要少一些，那么，企业为了做到亏损最小化就应该生产 Q_0，如图 6-15 所示。

如果 $AC>AVC>P$，厂商生产所造成的亏损比不生产时的不变成本还要大，即图 6-16

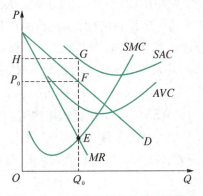
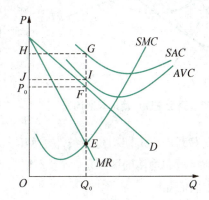

图 6-15 完全垄断厂商短期亏损最小　　图 6-16 完全垄断厂商短期停产

中的矩形 P_0FGH 的面积(厂商的总亏损)要大于矩形 $JIGH$ 的面积(厂商的总不变成本),那么理性的厂商此时应该停产。

(二)完全垄断厂商短期均衡的条件

通过上面的分析,我们可以看到,垄断厂商尽管可以利用其垄断地位,在短期内根据利润最大化原则来调整价格或产出水平,但是并不能保证其盈利水平。由于垄断厂商的成本状况或需求状况发生变化,在短期内也可能存在亏损的情况。具体来说,造成亏损的原因可能是既定生产规模下的生产成本过高,也可能是垄断厂商所面临的市场需求过小。但是,不管怎样,只要短期内能够保证 $P=AR \geqslant AVC$,厂商都会继续经营下去。

因此,垄断厂商短期均衡的条件为:
(1) 垄断厂商必须在 $MR=SMC$ 上进行生产;
(2) 垄断厂商的价格水平必须不小于其平均可变成本,即 $P \geqslant AVC$。

五、完全垄断厂商的长期均衡

由于完全垄断市场只有一家厂商经营该行业的全部产品,不存在第二家厂商,所以,即使完全垄断者存在超额利润,在长期也不可能像完全竞争市场那样通过厂商间的竞争消除超额利润。如果完全垄断厂商短期内获得利润,长期内只要需求状况不发生变化,厂商仍然可以获得利润,甚至可以通过调整生产规模获得更大的利润。如果完全垄断厂商短期内出现了亏损,长期内厂商可以通过调整生产规模进而获取利润;如果通过调整生产规模无法获取利润,则厂商退出该行业。因此,完全垄断厂商的长期均衡是指完全垄断厂商在长期内通过调整生产规模而达到利润最大化的均衡。可以用图 6-17 来说明这一点。

在图 6-17 中,假设垄断厂商现有设备的短期平均成本曲线为 SAC_1,为了赚得最大利润,该厂商销售的产量是 Q_1(MR 与 SMC 的交点),销售价格为 P_1。因为在产量为 Q_1 时,$SMC_1 \neq LMC$,所以这样的均衡是短期均衡,而不是长期均衡。在长期内,该厂商将扩大其厂房设备的规模,使产品产量增加。该厂商通过调整厂房设备来增加产品产量,当产量增加到 Q_2 时,其短期平均成本曲线为 SAC_2,短期边际成本曲线 SMC_2 与 MR 相交,销售价格为 P_2,这时 $MR=LMC=SMC_2$,实现了长期均衡。

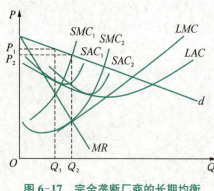

图 6-17 完全垄断厂商的长期均衡

完全垄断厂商短期均衡的条件是 $MR=SMC$,长期均衡的条件是 $MR=LMC=SMC$。长期均衡与短期均衡的区别是,后者不要求长期边际成本 LMC 与边际收益 MR 相等,而前者则要求它们相等。

通过上述图形分析说明,在短期中,垄断厂商无法调整全部生产要素,因此不一定能实现利润最大化。但在长期中，厂商可以调整全部生产要素，因此可以实现利润最大化，这时就可以产生垄断利润。

六、完全垄断厂商的价格歧视

(一) 价格歧视的含义及其形成条件

价格歧视又称差别价格，指厂商销售同一产品时索取不同的价格，而且价格的差异并不反映成本的差异。

现实中，价格歧视的例子随处可见：按身份的不同，电影票分学生票、团体票、全票三种；按身高、年龄的不同，乘车车票分半价票、全票两种；按位置远近的不同，观赏音乐会时对不同位置的观众收取不同的票价；按使用时间的不同，通信行业有夜间、白天电话计费方法的不同；等等。

实行价格歧视的目的是要获得超额利润。要使价格歧视得以实行，一般必须具备三个条件。

1. 对厂商来说，必须有一条向下倾斜的需求曲线

为了实行价格歧视，厂商必须能够做到对某些消费者提高价格而不失去他们的生意。当厂商面对一条向下倾斜的需求曲线时，即使价格上升，一些消费者仍会继续购买。垄断厂商因为面对向下倾斜的需求曲线而始终满足该条件。

但是，竞争性厂商不能实行价格歧视，这是因为如果他稍微提高价格，他的消费者就会转而购买其他厂商以市场价格出售的同质产品。这就是为什么在完全竞争性市场，诸如小麦、大豆等市场中不存在价格歧视的原因。

2. 厂商必须能区分不同市场的消费者，以便制定不同价格

为了区别定价，厂商必须能够区分不同的消费者愿意支付多少。一般而言，市场的区隔是以消费者的需求弹性予以划分。

3. 市场之间的有效分割

它是指厂商能根据某些特征，把不同市场或同一市场的各部分有效地分开。市场有效分割的实质就是厂商能够防止他人从差别定价中套利。例如，电影院内贩卖的爆米花没有儿童价，因为电影院不能防范儿童购买爆米花后再转售给成人赚取价差，无法进行市场有效分割。而航空公司在飞机升空后，不允许经济舱的旅客坐到商务舱或头等舱的座位上，这就是进行了市场有效分割。

(二) 价格歧视的类型及其影响

一般情况下，价格歧视可以分为三种类型：一级价格歧视、二级价格歧视和三级价格歧视。

1. 一级价格歧视

一级价格歧视(First-degree Price Discrimination)，又称为完全价格歧视(Perfect Price

Discrimination),是指垄断厂商了解消费者购买每一单位产品所愿意付出的最高价格,并据此确定每单位产品的价格。

如果垄断厂商对每一个消费者的需求都非常了解,即知道消费者对任一单位数量的产品愿意并且能够支付的最高价格,那么垄断厂商就可以采取一级价格歧视的策略,将任一单位数量的产品都以最高的价格出售给消费者。如图6-18所示,假定市场的均衡价格是4元,而消费者购买第一单位产品的需求价格为12元,第二单位的需求价格为10元……第五单位的需求价格为4元。如果消费者购买5单位的产品,按照均衡价格只需支付20元;但如果垄断厂商采取一级价格歧视,出售第一单位产品收取12元的价格,出售第二单位产品收取10元的价格,等等,则消费者必须支付40元。从图中可以看到,均衡价格下的消费者剩余 $\triangle ABC$ 大部分已经被垄断厂商获取,只剩下阴影部分面积。如果价格与销售量是连续变动的,即垄断厂商对每一个微小的销售增量都收取最高的价格,那么消费者剩余 $\triangle ABC$ 就会全部被垄断厂商剥夺。因此,实行一级价格歧视的厂商实际上是将所有消费者剩余全部剥夺,消费者剩余为0,所有的消费者剩余都变成了生产者剩余。

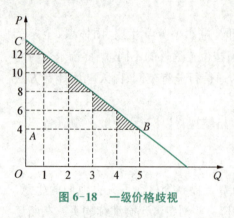

图 6-18　一级价格歧视

应该说明,一级价格歧视完全是一种理论分析,在实际经济生活中是很少见的,因为垄断厂商往往不能确知消费者所愿意支付的最高价格。就算能够知道,向每一个消费者索取不同的价格也是很困难的。

2. 二级价格歧视

二级价格歧视(Second-degree Price Discrimination)是指垄断厂商按不同的价格出售不同单位数量的同一商品,而对于每一个购买相同数量商品的消费者则收取相同的价格。

二级价格歧视又称为非线性定价,因为它意味着每单位产品的价格不是不变的,而是取决于购买者购买的数量。因此,二级价格歧视策略并不是对不同的消费者进行歧视,而是对不同的购买数量和数量段进行歧视。一般来说,购买的数量越多,价格就越低。例如,在一些商场里经常可以看到,一种商品标出两个价格,即零售价和批发价,或者注明批量购买可以打折等情况。但对于一些紧缺商品却正好相反,如上海地区的民用自来水,是用得越多,收费越高。

假定消费者对某商品的需求曲线为 D,当消费者的购买量低于 Q_1 时,厂商按价格 P_1 向消费者收费;当购买量达到 Q_2 时,增加消费的部分 Q_1Q_2 按价格 P_2 收费;当购买量达到 Q_3 时,超过 Q_2 的部分 Q_2Q_3 以更低的价格 P_3 收费。从图6-19中可以看出,二级价格歧视与一级价格歧视不同,对不同的数量制定不同价格。假设完全垄断厂商的平均成本为

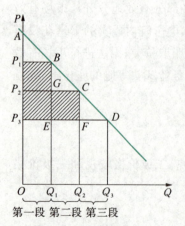

图 6-19　二级价格歧视

P_3，则销售量为 Q_3 时，厂商的收益增加为图 6-19 中阴影部分的面积 $FCGBP_1P_3$。当按同一价格，例如，以价格 P_3 销售 Q_3 产量时利润为 0。而阴影部分面积属于消费者剩余的一部分，因此，在二级价格歧视下，垄断厂商将这部分消费者剩余转化成了垄断利润。

3. 三级价格歧视

三级价格歧视（Third-degree Price Discrimination）是指垄断厂商在不同的市场对同一商品索取不同的价格，而在同一市场中则按相同的价格要价。

三级价格歧视在现实经济中最为普遍。例如，同一商品在豪华商场与在超级市场的价格就会相差很大；很多服务性行业往往会对学生、老人等一些特殊人群提供低价位的服务；电力公司对工业用电收费低，对居民用电收费高。

但并不是所有的垄断商品都可以实行三级价格歧视，它必须具备两个条件：其一，必须存在两个或两个以上可以分隔的市场。如果市场不可分隔，那么消费者就有可能在低价格市场购买商品，然后到高价格市场抛售，这种市场套利行为，将使得价格歧视消失；其二，在被分隔的各个市场中，需求弹性必须不同，否则，垄断厂商就无法制定不同的价格。

完全垄断厂商通常的做法是把消费者分类（一般按照个人需求弹性大小来分类），对不同类的消费者规定不同的价格，同一类的消费者则支付相同的价格。这等同于把整个销售市场分割为若干个分市场，先按照 $MR_1=MR_2=\cdots=MR_n=\cdots=MR=MC$ 原则，把产量分配到各个分市场，然后根据各个分市场的需求价格弹性的大小来制定相应的价格，即在需求弹性大的市场中采取低价策略，在需求弹性小的市场中则采取高价策略，以赚取更高的利润。

下面，我们通过一个具体的例子来说明在三级价格歧视下，厂商为了追求最大利润，是如何进行价格和产量决策的。

【例 6.2.1】 某垄断者的一家工厂所生产的产品在两个彼此分割的市场出售，产品的成本函数和两个市场的需求函数分别为：
$TC=Q^2+10Q$，$q_1=32-0.4P_1$，$q_2=18-0.1P_2$。

（1）若两个市场能实行差别定价，求利润最大时两个市场的售价、销售量和利润。

（2）计算没有市场分割时垄断者获取最大利润的产量、价格和利润，并与问题（1）的结果作比较。

解：（1）由需求函数 $q_1=32-0.4P_1$，得 $P_1=80-2.5q_1$，进而 $MR_1=80-5q_1$，
由需求函数 $q_2=18-0.1P_2$，得 $P_2=180-10q_2$，进而 $MR_2=180-20q_2$，
由成本函数 $TC=Q^2+10Q$，得 $MC=2Q+10$，
这样，由 $MR_1=MC$，即 $80-5q_1=2Q+10$，得 $q_1=14-0.4Q$，
由 $MR_2=MC$，即 $180-20q_2=2Q+10$，得 $q_2=8.5-0.1Q$，
将 $q_1=14-0.4Q$ 和 $q_2=8.5-0.1Q$ 代入 $Q=q_1+q_2$，得：
$Q=(14-0.4Q)+(8.5-0.1Q)$
解得：$Q=15$。
将 $Q=15$ 代入 $q_1=14-0.4Q$，得 $q_1=14-0.4\times15=8$，

将 $Q=15$ 代入 $q_2=8.5-0.1Q$,得 $q_2=8.5-0.1\times15=7$,

再将 $q_1=8$ 代入需求函数 $P_1=80-2.5q_1$,得 $P_1=60$,

将 $q_2=7$ 代入需求函数 $P_2=180-10q_2$,得 $P_2=110$。

将所得结果代入利润函数,得:

$\pi=P_1q_1+P_2q_2-(Q^2+10Q)=60\times8+110\times7-(15^2+10\times15)=875$

(2) 若两个市场没有被分割即没有实行差别定价,则两个市场价格相同,即 $P_1=P_2=P$,

由 $q_1=32-0.4P_1$,$q_2=18-0.1P_2$ 及 $Q=q_1+q_2$,得:

$Q=(32-0.4P_1)+(18-0.1P_2)=(32-0.4P)+(18-0.1P)=50-0.5P$

即 $P=100-2Q$,于是得 $MR=100-4Q$,

又由成本函数 $TC=Q^2+10Q$,得 $MC=2Q+10$,

根据利润极大化条件 $MR=MC$,即 $100-4Q=2Q+10$,得 $Q=15$,

将 $Q=15$ 代入 $P=100-2Q$,得 $P=70$,

将所得结果代入利润函数,得:

$\pi=TR-TC=PQ-(Q^2+10Q)$
$=70\times15+110\times7-(15^2+10\times15)=675$

七、对完全垄断市场的评价

完全竞争的市场结构会使资源得到充分的利用和有效的配置,但完全垄断的市场结构却无法达到这一点。

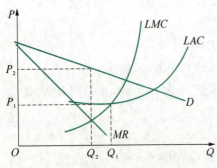

图 6-20 完全竞争与完全垄断条件下价格与产量水平的比较

如图 6-20 所示,在完全竞争市场条件下,厂商长期均衡的价格和产量分别为 P_1 和 Q_1。而如果是在完全垄断市场条件下,厂商长期均衡的价格和产量分别为 P_2 和 Q_2。完全垄断厂商的价格高于完全竞争厂商的价格,而产量低于完全竞争厂商的产量。

首先,这说明完全垄断时资源配置不合理。这是因为完全竞争厂商在长期均衡时,分别在短期平均成本和长期平均成本最低点上经营;而完全垄断厂商的长期均衡对其产量来说是最佳生产规模,但这个生产规模本身并不是使平均成本降到最低点的生产规模。

同时,在完全垄断市场中,$P>LMC$,厂商能够按照高于边际成本的价格出售商品,意味着在这种产品的生产上资源不足,从而带来了供不应求的局面;反之,在其他产品的生产上资源过剩。

其次,对于消费者来说,消费者没有得到最大满足。因为,完全垄断条件下消费者不得不支付较高的价格,同时必须按照高于边际成本的价格购买商品,这意味着消费者的货币支出除了要补偿厂商生产中受到的损失之外,还要增加一笔额外支出。

同时,完全垄断条件下厂商的外部激励机制较差。在完全竞争市场中,激烈的竞争迫使厂商不断改善经营管理、提高产品质量等;但在完全垄断条件下,厂商往往依靠其特殊的垄断地位便可以获得超额利润。因此,垄断厂商进一步改善经营管理和提高产品质量的冲动就减弱了。

八、政府的价格管制

完全垄断厂商的存在降低了社会资源的分配效率,但是现代社会中还是有少数公用事业必须依赖垄断的方式提供,为求社会公平,政府常会介入管制完全垄断厂商的定价。

价格管制的方法主要有两种:一是边际成本定价法,二是平均成本定价法。

(一) 边际成本定价法

这种定价方法使得消费者每消费一单位商品所支付的价格等于完全垄断厂商生产该单位商品的边际成本,即依据 $P=AR=MC$ 决定供给量及价格。

如图 6-21 所示,如果不实行价格管制,垄断厂商的产量和定价分别为 Q_1 和 P_1。采取边际成本定价法,政府规定价格为 P_2,即 LMC 曲线和需求曲线 D 的交点所代表的价格,这时产量为 Q_2。由于此时价格大于平均成本(即 $NQ_2 > FQ_2$),所以厂商仍可获得超额利润。政府可以通过增加税收等办法来消除这部分超额利润。

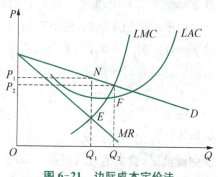

图 6-21 边际成本定价法

(二) 平均成本定价法

这种定价方法使得消费者每消费一单位商品所支付的价格等于完全垄断厂商生产该单位商品的平均成本,即依据 $P=AR=AC$ 决定供给量及价格。

如图 6-22 所示,政府如果采取边际成本定价法,价格为 P_1,低于平均成本 AC,造成完全垄断厂商的经济损失,长期而言将使得完全垄断厂商的资本逐渐耗尽而破产,除非得到政府补贴。

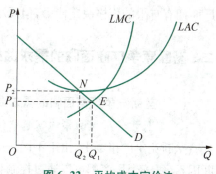

图 6-22 平均成本定价法

此时,可按平均成本定价法将价格定为 P_2,即 LAC 曲线和需求曲线 D 的交点所代表的价格,这样,厂商可收回全部成本,即这种定价方法保证完全垄断厂商可以赚到正常利润。

第三节　垄断竞争市场

一、垄断竞争市场的含义与特征

垄断竞争是指众多厂商生产和销售相似但又有差异的商品的一种市场结构。垄断竞争具有如下几个特征。

1. 厂商数目众多

在垄断竞争市场中，厂商数目如同完全竞争市场上一样难以确定，虽然不像完全竞争市场那么多，但也是"相当多"，"多"到任何厂商采取行动都不易被其他厂商察觉。

2. 每个厂商生产的产品是有差别的

消费者可以感受到个别垄断竞争厂商所生产的产品有些许差异，但产品间的差异程度不大。产品差别可能来自产品本质上的不同，如由于设计、功能、技术的不同而导致；也可能来自非本质上的不同，如由于商标、包装、广告、售后服务等不同而导致。

由于产品的差别性，使得它们相互之间不能完全替代，从而厂商对自己的产品具有一定的垄断性。另一方面，由于产品的差别不大或很小，使得它们相互之间具有较高的替代性，从而厂商对自己的产品不具有完全的垄断性。

3. 买卖双方进出市场都比较容易

因为在垄断竞争条件下，厂商规模不是太大，所需资本不是太多，所以厂商可以较容易地进入或退出市场。又由于厂商之间存在激烈的竞争，所以消费者也可以根据自己偏好的变化等情况，自由地进入或退出市场。

4. 厂商具有部分价格决定能力

由于每一个垄断竞争厂商的规模相对于整个行业而言十分微小，且生产异质商品，个别厂商拥有有限的价格决定能力，但无法影响整个行业的市场均衡。

二、垄断竞争厂商面临的需求曲线和收益曲线

（一）垄断竞争厂商面临的需求曲线

1. 垄断竞争厂商面临的需求曲线的一般特征

垄断竞争的市场上，由于不同厂商生产的产品具有一定的差异，因而带有一定程度的垄断因素，每一个厂商都可以通过控制自己所生产的产品的销售量来影响相应的价格，所以单个厂商面临的需求曲线不像完全竞争市场那样是水平的，而是向右下方倾斜的。但是，垄断竞争厂商生产的产品又具有某种相似性，因而具有一定的竞争因素，这样使得厂商的向右下方倾斜的需求曲线与完全垄断厂商面对的需求曲线相比又比较平坦。

因此，垄断竞争厂商面临的需求曲线与完全垄断厂商面临的需求曲线相似，是一条向右

下方倾斜的需求曲线。

但是,垄断竞争厂商面临的需求曲线与完全垄断厂商面临的需求曲线又不完全相同。垄断竞争厂商面临的需求曲线仅仅是单个厂商面临的需求曲线,而不是市场需求曲线;而完全垄断厂商面临的需求曲线不仅仅是单个厂商面临的需求曲线,同时也是市场需求曲线。因此,在市场需求相同的情况下,与完全垄断厂商面临的需求曲线相比,垄断竞争厂商面临的需求曲线更平缓,在纵轴上的截距更小。

2. 主观需求曲线和客观需求曲线

因为在完全竞争的市场上有很多厂商,"多"到任何厂商采取行动都不易被其他厂商察觉,所以当一个厂商采取降价行动,如果其他厂商不降价,则该厂商的需求量可能上升很多,但如果其他厂商也采取降价措施,则该厂商的需求量不会增加很多。因此,垄断竞争市场结构的特点是每一个厂商面临两条需求曲线:一条是厂商期望的需求曲线(主观需求曲线),另一条是厂商实际的需求曲线(客观需求曲线)。

主观需求曲线(d)反映的是在垄断竞争市场中单个厂商改变产品价格,而其他厂商的产品价格保持不变时,该厂商的产品价格与销售量之间的对应关系。因为在市场中有大量的企业存在,因而单个厂商认为自己的行动不会引起其他厂商的反应,于是他便认为自己可以像垄断厂商那样,独自决定价格。这样,单个厂商在主观上就有一条斜率较小的需求曲线,称为主观需求曲线。

客观需求曲线(D)反映的是在垄断竞争生产集团中的单个厂商改变产品价格,而其他所有厂商也使产品价格发生相同变化时,该厂商的产品价格和销售量之间的关系。在现实中,一个垄断竞争厂商降低价格时,其他厂商为了保持自己的市场,势必也会跟着降价,该厂商因而会失去一部分顾客,需求的上升量不会如厂商想象得那么多,因而还存在着另外一条需求曲线,称之为客观需求曲线或比例需求曲线。

如图6-23中的d_1是一个垄断竞争厂商的主观需求曲线。当价格为P_1时,销量为Q_1;该厂商将价格降至P_2,销量会增加到Q_n。这意味着其他厂商未降低价格,从而一些原先购买其他厂商产品的顾客转而购买该厂商的产品,故而该厂商的销量大增。

但实际上,当厂商的价格从P_1降为P_2时,其他厂商也会降价,那么该厂商的销量增加不多,即从Q_1增至Q_2。由于其心目中仍有一条主观需求曲线,所以他又将通过点F的d_2视为针对其产品的需求曲线。而连接图

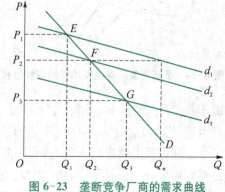

图6-23 垄断竞争厂商的需求曲线

中的点E、F、G的D曲线则是实际上的客观需求曲线,又称为比例需求曲线。这是因为,厂商的产品价格的变动所带来的销售量的变动是与他的产品在本行业产品中所占比例相联系的。

(二)垄断竞争厂商面临的收益曲线

由于垄断竞争厂商面临的需求曲线的形状与完全垄断厂商面临的需求曲线相似,因此

根据平均收益和边际收益的概念可以推导出，垄断竞争厂商的平均收益曲线和边际收益曲线的特征与完全竞争厂商的收益曲线的特征相同。

（1）垄断竞争厂商的平均收益曲线与其所面对的需求曲线重合，也呈现向右下方倾斜的特征。

（2）垄断竞争厂商的边际收益曲线位于需求曲线或平均收益线的下方，且较平均收益曲线更为陡峭。

（3）如果假定垄断竞争厂商面临的需求曲线为一条直线，则边际收益线是一条斜率为需求曲线斜率2倍的直线。

三、垄断竞争厂商的短期均衡

（一）垄断竞争厂商短期均衡的调整过程

任何一种市场条件下，厂商利润最大化的条件都是 $MR=MC$，垄断竞争的市场中也同样如此。每一个垄断竞争厂商在主观上都想根据主观需求曲线 d 来决定其价格和销售量。但实际上，还是由客观需求曲线 D 来决定他们的价格和销售量。而每一个厂商在制定价格和产量决策时，并不确切地知道自己所面临的实际需求曲线 D 的位置，只能依据期望的需求曲线 d 及与它对应的边际收益 MR 曲线来决定产量和价格，然后经过不断调整使 $d=D$，从而达到均衡。下面我们用图 6-24 来分析这一过程。

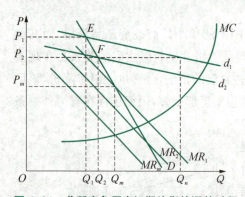

图 6-24 垄断竞争厂商短期均衡的调整过程

如图 6-24 所示，假设开始时，厂商产品的售价为 P_1，销售量为 Q_1，即图中的 E 点。因为在该产量水平上 $MR_1 \neq MC$，所以这时并未使利润最大化。垄断竞争厂商总是撇开其他厂商来行事和决定，即总是根据他的主观需求曲线 d_1 和 $MR_1=MC$ 来决定和行事。

厂商将价格降至 P_2，以便使销量增至 Q_n，但由于其他厂商也降价，导致 d_1 下移至 d_2，销量只增至 Q_2（也可理解为销量从 D 线上的 E 点移至 F 点），但这时 $MR_2 \neq MC$。于是，价格继续下降。

上述过程继续进行下去，直到价格为 P_m、销量为 Q_m 时才停止，因为这时 $MR_m=MC$，短期均衡形成。也就是说，P_m 和 Q_m 是在成本状况既定（表现为 MC 曲线不变）和需求状况既定（表现为对本产品或该行业的需求曲线 D 不变）的前提下，该厂商和同行业的其他厂商实现利润最大化的均衡价格和均衡产量。

（二）垄断竞争厂商短期均衡时的利润情况

同完全垄断厂商一样，垄断竞争的厂商面对一条负斜率的需求曲线，以 $MR=MC$ 作为产量的决策标准，按市场的需求状况及厂商的成本高低，短期内可能会得到超额利润、正常利润或发生亏损,如图 6-25 所示。

在图 6-25 中,短期均衡点为边际收益曲线和边际成本曲线的交点 E,此时,厂商为了获取利润最大化生产 Q_0 的产量并以 P_0 的价格进行销售。当厂商的生产成本较低、平均成本线为 AC_1 时,在利润最大化的决策点 E,$P_0 > AC_1$,厂商获取了超额利润;当厂商的生产成本较高、平均成本线为 AC_2 时,在利润最大化的决策点 E,$P_0 = AC_2$,厂商的超额利润为 0,仅获得正常利润;当厂商的生产成本进一步上升,且平均成本线为 AC_3 时,在利润最大化的决策点 E,$P_0 < AC_3$,厂商出现了亏损,此时厂商是否停产,要看价格与平均可变成本的大小,当价格小于平均可变成本时停产。

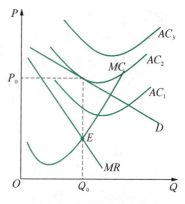

图 6-25 垄断竞争厂商短期均衡时的利润情况

(三)垄断竞争厂商短期均衡的条件

综上所述,在垄断竞争条件下,厂商实现短期均衡的条件为:

(1) 边际收益等于边际成本,即 $MR = MC$,且对应着主观需求曲线与客观需求曲线的交点;

(2) $P \geqslant AVC$。

四、垄断竞争厂商的长期均衡

在长期,垄断竞争厂商与完全竞争厂商相同,可以自由进出市场。如果该行产业存在经济利润,原有的厂商可能会扩大生产,新厂商会进入市场,一直到市场内所有厂商的利润都为 0 时才会停止;反之,如果该行业无利可赚,存在亏损,则现有的厂商将退出市场,一直到市场内所有厂商的超额利润恢复到 0 时为止。因此,就长期而言,每一个垄断竞争厂商只能得到正常利润,如图 6-26 所示。垄断竞争厂商与完全竞争厂商不同的是,垄断竞争厂商提供异质性商品,每一个单个厂商均拥有部分的价格决定能力,故每一个单个厂商所面对的是一条负斜率的需求曲线,且其依据 $MR = MC$ 所决定的产量 Q_0 并非位于长期平均成本曲线(LAC)的最低点。

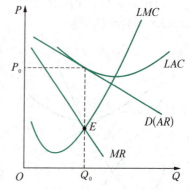

图 6-26 垄断竞争市场的长期均衡

五、垄断竞争厂商的非价格竞争

厂商之间的竞争一般采取两种手段:一是价格竞争,二是非价格竞争(Non-price Competition)。价格竞争是厂商通过压低价格来争夺市场。非价格竞争是厂商通过提高产品的质量,改进产品的性能,改变产品的设计、包装、装潢,赠送额外利益,或者通过大量的广告推销产品来争夺市场。

由于价格竞争中价格下降,超额利润消失,因此厂商一般不会轻易变动价格,而采取非价格竞争手段。

产品变异就是非价格竞争的重要手段之一。产品变异是指变换产品的颜色、款式、质地、做工和附带的服务等来改变原有的产品,以形成产品差别,影响市场均衡。产品变异会影响产品成本和产量,但关键要看经过变异能否形成较大的需求从而给垄断竞争的厂商带来更大的超额利润。如果经过变异之后,在新的均衡条件下超额利润高于原来均衡时的超额利润,这种变异就是优化的变异。

推销活动的竞争是另一种非价格竞争的重要手段。推销活动会引起销售成本的变化。销售成本是指用来增加产品需求的成本,包括广告开支、各种形式的推销活动,如送货上门、陈列样品、举办展销、散发订单之类的开支。其中以广告最为重要。

与完全竞争和完全垄断市场不同,广告对垄断竞争厂商具有十分重要的作用。它是垄断竞争厂商扩大产品销路的重要手段。广告一方面会增加产品的销量,但另一方面会增加销售成本,因此是否做广告以及花费多少费用做广告是垄断竞争厂商必须充分考虑的事情。

六、对垄断竞争市场的评价

尽管垄断竞争的厂商与完全竞争市场中的厂商一样,从长期看都没有获得超额利润,但垄断竞争市场对资源配置的效率低于完全竞争市场。

首先,垄断竞争厂商在长期均衡时,产品价格高于最低平均成本,并且产量低于最低平均成本所对应的产量。

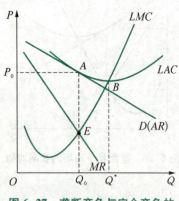

图 6-27 垄断竞争与完全竞争的资源配置效率比较

如图 6-27 所示,在完全竞争下,厂商在长期均衡时,$P=LMC=LAC$,利润为 0,但由于长期均衡点在 LAC 曲线的最低点(即 U 形曲线的底部),即图中的点 B,因而实现了资源的最优配置,效率最大。在垄断竞争下,虽然长期内垄断竞争厂商实现均衡时,$P=LAC$,利润也为 0,但是由于每一个厂商面对的需求曲线向右下方倾斜,因而它不能像完全竞争行业那样,与 LAC 曲线的最低点(U 形曲线底部)相切。垄断竞争厂商的需求曲线 D 一定与 LAC 曲线的左边相切于点 A,如图 6-27 所示,点 A 位于 LAC 曲线底部的左上方。这一长期均衡点的产出量要小于最低成本的产出量。在长期均衡点,垄断竞争行业不是以最低平均成本生产。因此,与完全竞争行业相比,垄断竞争行业往往在长期效率较低。

其次,垄断竞争厂商长期均衡时,存在过剩的生产能力。从图 6-27 中可以看出,垄断竞争厂商长期平均成本最低的产量应该是 Q^*，这就表示在长期垄断竞争厂商未充分利用产能，而有大小为 Q^*-Q_0 的产能过剩的现象，因而垄断竞争厂商的长期均衡是在无效率的状态下从事生产。

最后，垄断竞争厂商为了形成产品差别，在提高产品质量、进行广告促销等方面有额外支出，使产品成本上升，造成了资源的浪费。

但有的经济学家认为，垄断竞争中存在的产品差别可以满足消费者多方面的需要，有助于增进消费者的福利。同时，相对于完全竞争和完全垄断，垄断竞争有利于促进技术创新。没有竞争，就没有创新，因为只有激烈的竞争才能迫使厂商不断改进生产技术。但如果没有一定程度的垄断，就不会出现创新，因为如果没有垄断就不能保证创新者获得技术创新所带来的超额利润，从而削弱甚至消除技术创新的积极性。

第四节　寡头垄断市场

一、寡头垄断市场的含义、特征与分类

(一) 寡头垄断市场的含义

寡头垄断市场是指极少数几家厂商控制整个市场产品的生产与销售的一种市场结构类型。寡头垄断多见于汽车、钢铁、有色金属等行业。

(二) 寡头垄断市场的特征

1. 市场数目极少

在寡头垄断市场上，只有少数几家厂商，他们控制了大部分或全部的市场供给。因此，每个厂商在市场上都具有举足轻重的地位，对市场价格都会产生直接的影响。目前，全球的汽车行业几乎被来自美国、日本、欧洲的几大汽车公司所控制；而国内的家电行业主要由海尔、TCL、美的、长虹和几个跨国家电巨头所控制；国内的电信行业则已被电信、移动、联通等公司所控制。此外，在国际原油市场上，石油输出国组织(OPEC)也是典型的国际寡头垄断组织，控制着全球大部分的原油生产和销售。

2. 产品可能同质也可能异质

寡头市场中各厂商生产的产品可能同质也可能异质，例如，中国石化、中国石油生产的汽油就是同质产品，而广州本田与广州丰田生产的汽车在外观、配备、价格等方面均有所差异，因而是异质的产品。

3. 厂商之间相互依存

由于是少数厂商控制市场，因此，一家厂商的产量或价格发生变动，就会影响到其他厂商的销售量。所以，每个厂商在进行决策时，不能我行我素，必须慎重地考虑其他厂商对此将要作出的反应，然后制定一个合理的行动策略。

4. 厂商很难自由进出市场

与完全竞争及垄断竞争市场相比,寡头市场中厂商较少,新厂商加入时容易受到现有厂商的抵制与排挤。由于各个厂商的生产规模较大,新厂商必须投入很高的固定资本才得以加入,这个限制除了使得新厂商不易加入外,对于已投入的厂商而言,其退出的沉没成本也很高,因而也不容易退出。

(三) 寡头垄断市场的分类

按寡头垄断市场上厂商的数目划分,可分为双头垄断、三头垄断和多头垄断。

按寡头垄断市场上产品的差异性划分,可分为纯粹垄断和差别垄断。产品没有差别,称为纯粹垄断;产品有差别,称为差别垄断。

按寡头垄断市场上厂商的行为划分,可分为独立行动的寡头垄断和勾结性的寡头垄断。

二、独立行动的寡头模型

(一) 古诺模型

古诺模型由法国数理经济学家古诺(Augustin Cournot,1801~1877)在其1838年出版的《财富理论的数学原理研究》一书中创立,古诺于1838年在分析双寡头行为时提出该理论模型,由于它是一个只有两个寡头厂商的简单模型,该模型也称为"双头模型"。这一模型尽管十分简单,但一直受到广泛的重视,至今仍被普遍引用。

1. 古诺模型的假定

古诺模型的假定条件是:第一,市场上只有两个厂商(寡头甲和寡头乙);第二,两个厂商生产同质产品;第三,两个厂商的生产成本都为0,边际成本也为0(这是为了简化论证过程);第四,两家厂商面临相同的线性需求曲线,并且都准确知道市场需求曲线;第五,都假定对方产量不变来确定自己利润最大化的产量。

2. 古诺模型的分析及结论

如图6-28所示,厂商甲首先进入市场,它的最优产量为市场总容量的1/2;之后,乙进入市场,乙在已知甲的产量之后根据剩余市场容量所决定的最优产量是全部市场容量的1/4。之后,当甲知道乙留给它的市场容量为3/4时,为了利润最大化,甲将产量调整至总市场容量的3/8,如此等等。经过一系列的产量调整后,甲的产量逐渐减少,乙的产量逐渐增加。

设 $OA=1$,则:

$Q_甲 = 1/2 - 1/8 - 1/32 - \cdots = 1/3$

$Q_乙 = 1/4 + 1/16 + 1/64 + \cdots = 1/3$

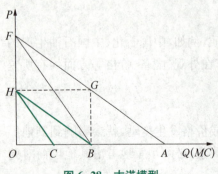

图 6-28 古诺模型

最终,当甲和乙的产量分别达到市场总容量的

1/3 时，市场处于均衡。

3. 古诺模型的数学推导

下面我们通过一个具体的例子来对古诺模型进行数学推导。

【例 6.4.1】 假如一个寡头垄断市场只有 A、B 两家厂商，两家厂商的生产成本均为 0。市场需求为 $P=90-Q$，市场供给为 $Q=Q_A+Q_B$。求厂商是如何作出产量决策的。

解：需求函数为：$P=90-Q_A-Q_B$。

厂商 A 的利润为：$\pi A = P \cdot Q_A - 0 = (90-Q_A-Q_B)Q_A = 90Q_A - Q_AQ_B - Q_A^2$。

假定厂商 B 产量不变，则厂商 A 为实现利润最大化，有：

$d\pi/dQ_A = 90 - Q_B - 2Q_A = 0$

求得：$Q_A = 45 - 0.5Q_B$，此即为厂商 A 的反应函数。

同样，B 的反应函数为：$Q_B = 45 - 0.5Q_A$。

市场均衡意味着两家厂商都没有变动产量的意愿。两个反应函数必须同时成立。$Q_A = 45 - 0.5Q_B$ 与 $Q_B = 45 - 0.5Q_A$ 联立，得：

$Q_A = Q_B = 30$

这里，我们先解释一个概念。反应函数是指在厂商 B 的各种产量水平下，厂商 A 作出最优反应的产量组合。当市场均衡时，两个厂商都实现了利润最大化，即作出了最优反应的产量决策，因此两个反应函数必须同时成立。

从上例中我们看到，市场总容量为 90，两个厂商均衡的产量均为 30，即都是市场容量的 1/3，两个寡头厂商的总产量实际只有市场总容量的 2/3。剩余 1/3 的市场容量，寡头垄断市场无法满足，是寡头垄断的社会损失。

4. 古诺模型推论

若共有 n 个厂商，市场总容量为 Q^*，则均衡时，总产量为 $\dfrac{n}{n+1}Q^*$，每个厂商产量为 $\dfrac{1}{n+1}Q^*$。

完全垄断时，$n=1$，总产量为 $\dfrac{1}{2}Q^*$；完全竞争时，$n=\infty$，总产量 $\to Q^*$。

（二）斯威齐模型

斯威齐模型由美国经济学家保罗·马勒·斯威齐（Paul Marlor Sweezy）于 1939 年建立，用于说明为什么寡头垄断市场价格是刚性的。

寡头厂商的价格在长期内不变称为价格是刚性的，价格刚性表明当需求或成本发生适度变动时，价格保持不变。

斯威齐从一个价格已经确定的寡头垄断市场出发，用拐折的需求曲线来进行分析。斯威齐模型假定：对应于一个特定的价格，当一个寡头厂商降低价格的时候，其他厂商会跟着降价；当一个寡头厂商提高价格的时候，其他厂商会保持价格不变。做这些假定的原因是，当一个厂商降低其产品的价格时,其他厂商如果不跟着降价,那么其他厂商的市场份额就会减少,从而产量下降,利润下跌;而当一个寡头厂商提高其产品的价格时,如果其他厂商价格保持不变,那么提价厂商的一部分市场份额将会自动被其他厂商瓜分,从而其他厂商的产量会上升,利润会增加。

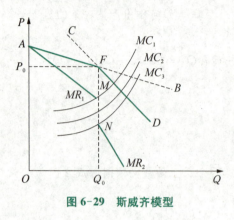

图 6-29 斯威齐模型

在这样的假设前提下,寡头厂商面临的需求曲线就变成了一条拐折的需求曲线,如图 6-29 所示。假设寡头厂商的现行产量为 Q_0,价格为 P_0,即处于图中的点 F。如果该厂商提高价格,由于该行业的其他寡头厂商不提价,该厂商的提价将使自己的销量大减,也就是使市场对其产品的需求大减。该厂商在现行价格 P_0 以上的需求曲线,将是 AB 上的 AF 段,AF 段的斜率的绝对值较小,曲线较平缓。如果降低价格,其他厂商也会随之降价,该厂商的降价所能增加的销量很少。该厂商在现行价格 P_0 以下的需求曲线,将是 CD 上的 FD 段,这段曲线较陡直,斜率的绝对值较大。所以,该寡头厂商的需求曲线便成为拐折的需求曲线,即为 AFD 曲线。

与此相应,该寡头厂商的边际收益曲线是间断的,即与 AF 相应的 MR_1 和与 FD 相应的 MR_2。

从图 6-29 中可以看出,只要 MC 曲线与 MR 曲线相交于 MR 曲线的不连续部分,利润最大化的产量便仍是 Q_0,价格仍是 P_0。例如,设边际成本曲线为图中的 MC_1 曲线,产量大于 Q_0 意味着 $MC_1 > MR_1$,表示利润总量反而减少。若产量小于 Q_0,则 $MC_1 < MR_1$,表示增加产量可使利润总量增加。所以,只有产销量为 Q_0,即 $MR=MC$ 时,利润总量达到最大。同理,当 MC_1 下移到 MC_2 时,厂商仍将使其产量和价格保持不变。这说明,在一定的范围内,边际成本的变动不会影响产量和价格。即价格在短期内是比较稳定的,价格表现为刚性。

三、相互勾结的寡头模型

(一) 公开勾结——卡特尔

一个卡特尔(Cartel)是一个行业内各个独立的厂商,就价格、产量和瓜分销售地区或分配利润等其他事项达成协议并据此结成的经济同盟关系。

当一个行业形成卡特尔并将该行业的所有者都吸收为成员时,卡特尔就成为一个完全垄断者。它按照行业利润最大化的原则确定总产量和价格,然后在各成员间分配产量。

然而,在现实中,成功的卡特尔并不多见。原因之一是,在大多数国家中卡特尔都是违法的。即使没有法律限制,要建立成功的卡特尔,还必须具备如下条件。

第一,市场需求缺乏弹性。因为只有在市场需求缺乏弹性的情况下,限制产量才能有效地提高价格,从而增加利润。

第二,只有少数厂商。这是因为,厂商们就产量配额和价格的谈判是有成本的,厂商个数太多,谈判和组织成本就会太高,甚至无法达成协议。

第三,这个行业中要有愿意担当发起人的大厂商。大厂商从成功的卡特尔中得到的利益最大,从而愿意担当发起人。而且,大厂商一般来说也比较有号召力。

第四,存在进入这个行业的障碍。当现有厂商联合起来限制产量和提高价格后,如果其他厂商可以轻易进入这个行业,那么,卡特尔就不可能成功。所以,一个行业要建立成功的卡特尔,就必须有进入这个行业的障碍。这些障碍可以是天然的,也可以是人为的。

第五,必须能够有效地监督和惩罚违背协议者。当卡特尔有效地提高价格后,价格会远远高于单个厂商的边际成本。这时,单个厂商会有强烈的作弊动机,即突破产量配额。如果没有有效的监督和惩罚手段,所有厂商都会突破产量配额,最终导致卡特尔名存实亡。

对于成功的卡特尔来说,上述条件缺一不可。这就可以解释,为什么现实中成功的卡特尔很少。在上述条件中,尤其难以做到的是防止其他厂商进入,以及有效监督和惩罚作弊者。

(二) 暗中默契——价格领导

由于卡特尔组织的公开勾结行为为大多数国家法令所不容许,所以厂商之间往往采用非公开勾结方法——暗中默契。其主要方式是价格领导。

价格领导是指一个行业的价格通常由某一寡头垄断厂商率先制定,其余厂商追随其后确定各自的售价。

根据价格领导厂商的具体情况,价格领导可分为晴雨表型的价格领导和支配型的价格领导。

(1) 晴雨表型的价格领导是晴雨表型厂商根据市场行情,首先宣布能够合理而准确地反映整个行业成本和需求情况变化的价格,其他厂商则按这一价格对自己的价格进行调整。晴雨表型厂商并不一定是行业中规模最大、效率最高的厂商,但他熟悉市场行情,因此他的价格在该行业有晴雨表的作用,其他厂商会参照该厂商的价格变动来变动自己的价格。

(2) 支配型的价格领导是指销售占市场容量较大比重、地位稳固、具有支配力量的大厂商,根据自己利润最大化的需求和其他厂商希望销售的全部产量确定和变动价格。中小厂商则以这一价格作为他们的需求曲线,并按照边际成本等于价格的原则确定均衡产量。

四、对寡头垄断市场的评价

由于寡头垄断市场是一个垄断性较强的市场,所以寡头垄断的经济效率是比较低下的,仅仅高于完全垄断。在长期均衡时,寡头垄断厂商的产量仅高于完全垄断厂商,价格仅低于完全垄断厂商。同时,由于广告的非价格竞争,也造成了资源浪费。

但是,与其他市场相比较,寡头垄断市场却有一个突出的优点,那就是寡头垄断市场有利于研究与开发。在完全竞争市场和完全垄断市场中,很少有对研究与开发的刺激。而且,完全竞争厂商与垄断竞争厂商一样,通常力量较小,无力承担研究工作。

本章小结

　　任何厂商利润最大化决策的原则都是 $MR=MC$,但是由于厂商面临的市场环境不同,导致厂商面临的需求曲线不同,从而边际收益也不同。因此,即使是同一厂商,当他处于不同的市场结构时,他的利润最大化决策也是不同的。

　　完全竞争是指竞争完全不受任何阻碍和干扰的市场结构。其特征是:市场上有大量的买者和卖者,任何一个买者或卖者都不能影响市场价格;企业生产的产品具有同质、无差别的特征;生产者自由进出市场,不受社会力量的限制;市场交易活动自由、公开,没有人为的限制;市场信息畅通、准确,市场参与者充分了解各种情况;各种资源都能够充分地流动。

　　完全竞争厂商面对的需求曲线为一条水平线,而且在完全竞争市场中,厂商面对的需求曲线、平均收益曲线及边际收益曲线是同一条水平线。完全竞争厂商实现短期均衡的条件为:$P=SMC$。完全竞争厂商的长期均衡条件是,厂商面临的需求曲线与其长期平均成本曲线最低点相切,在这一切点上满足以下条件:$LMC=SMC=MR=AR=P=LAC=SAC$。

　　完全垄断,又称独占、卖者垄断或纯粹垄断,是指一家厂商是某种产品的唯一售卖者,它控制了该产品全部供给的市场结构。其特征是:市场上只有唯一的一家厂商进行生产和销售;产品没有任何相近的替代品;厂商进出市场的障碍很大,其他厂商进入该行业都极为困难或不可能;完全垄断企业是市场价格的制定者。完全垄断厂商面临的需求曲线就是市场需求曲线,它向右下方倾斜。

　　垄断竞争是既包含垄断的因素,又有竞争成分的一种市场结构。其特征是:厂商数目较多;产品有一定差异;厂商进出行业较容易;厂商对价格有一定影响力。垄断竞争厂商面临的需求曲线与完全垄断厂商面临的需求曲线相似,是一条向右下方倾斜的需求曲线。其与完全垄断市场不同的是:垄断竞争厂商面临的需求曲线不是市场需求曲线,因而更平缓,在纵轴上的截距更小。

　　寡头垄断是指极少数几家厂商控制整个市场产品的生产和销售的一种市场结构形式。其特征是:厂商数目少;产品同质或异质;厂商进出不易;厂商之间相互依存。

　　在任何一种市场结构中,厂商在短期均衡时均可能出现获取超额利润、仅获得经济利润(超额利润为0)、亏损这三种情况,当价格等于或小于平均可变成本时才会停产。但在长期,只要新厂商的进入受到阻止,完全垄断厂商和寡头垄断厂商就能够持续获得超额利润;而由于厂商进出行业较容易,完全竞争厂商和垄断竞争厂商仅能获得正常利润,超额利润为0。

　　尽管完全竞争厂商和垄断竞争厂商在长期均衡时超额利润都为0,但由于他们面临的需求曲线不同,长期均衡时,完全竞争厂商是在长期平均成本线的最低点进行生产,而垄断竞争厂商是在长期平均成本线最低的左侧进行生产,即长期均衡时,完全竞争的产量高于垄断竞争,而价格等于垄断竞争。

因此，从资源配置的效率上看，完全竞争市场是最有效率的市场，伴随着垄断性的逐步增强，长期均衡时的产量逐步降低，价格逐步上升，资源配置的效率逐步下降。完全垄断厂商长期均衡时的产量最低、价格最高，其资源配置的效率最低。

主要概念

完全竞争市场　完全垄断市场　垄断竞争市场　寡头垄断市场　收支相抵点　停止营业点　价格歧视　一级价格歧视　二级价格歧视　三级价格歧视　主观需求曲线　客观需求曲线　卡特尔　价格领导

思考案例

中国电信业的改革

在20世纪80年代初期，我国电信业是一个垄断的体系。邮电部是一个政企不分的机构，它既是政府，也是电信运营商，也是电信设备制造商，也是销售商。这样的一个机构，完全垄断了所有的电信资源，生产、采购、服务、销售还有管理都是由它来做。这种情况下，中国电信资源极度短缺，通信产品不但价格高，而且你还买不到。最显著的现象是，向消费者收取的"入场费"即电话初装费节节上升，而电信服务质量却没有明显改善。例如，当时安装一部电话的时间可能长达数月甚至半年以上。

20世纪90年代，我国电信业的市场化改革开始了实质性的逐步推进。1994年7月19日，电子部、电力部、铁道部三部发起，以及10个部委共同出资，成立了一家新的电信运营商：中国联通。由此，打破了电信一家垄断的局面，形成了由中国电信总局和中国联通两家构成的双寡头垄断局面。

1998年3月，邮电部被拆分为邮政局和信息产业部，同时电信业政企分开，中国电信与原信息产业部脱钩，成为自负盈亏的企业。信息产业部的成立标志着中国电信业被进一步推向市场，电信业政企合一的状态从根本上被动摇了。

1999年2月，信息产业部拆分中国电信为新中国电信、中国移动和中国卫星通信，同时网通公司、吉通公司和铁通公司获得了电信运营许可证，七雄初立，基本形成一个竞争态势。在这种格局下，几大运营商马上进入全面竞争状态，采用各种手段压制对方，以取得市场主导地位。竞争手段包括互联互通、市场宣传、价格竞争等。2000年之后，中国电信服务的价格一直不断下降，从原来的统一定价到各种套餐出现，在广东首先爆发了价格大战与宣传大战，初装费被取消，入网费被取消，平均资费逐年下降。

2001年10月，中国电信南北拆分的方案出台，北方10省划给中国网通。拆分重组后形成新的"5+1"格局，这五大电信巨头包括了中国电信、中国网通、中国移动、中国联通、中国铁通以及中国卫星通信集团公司。

残酷的市场竞争之后，打破垄断和市场竞争显露出一个新的问题，就是在激烈的市场竞争中,缺少实力的小运营商根本无法在市场中生存,激烈竞争的结果就是小企业被挤垮。

为合理配置我国现有的电信网络资源,实现全业务经营,形成适度、健康的市场竞争格局,既防止垄断,又避免过度竞争和重复建设,2008年5月24日,中国工业和信息化部、国家发改委及财政部联合发布《关于深化电信体制改革的通告》,鼓励中国电信收购联通CDMA网(包括资产和用户),联通与网通合并,卫通的基础电信业务并入中国电信,中国铁通并入中国移动。另外,改革重组将与发放3G牌照相结合,重组完成后发放三张3G牌照。

重组后的三家电信运营商均拥有3G牌照、移动网络和固网,进入全业务运营和竞争时代,而且在跨地区运营方面也相互给予准入。重组后的格局如表6-1所示。

表6-1 重组后电信业的格局

	组 成	业 务	用户规模
新移动	中国移动＋中国铁通＋TD-SCDMA	TD-SCDMA网络,固网总资产为6 000亿元	移动:3.866亿用户(GSM) 固话:原铁通210万用户 宽带:原铁通400万用户
新电信	中国电信＋CDMA网络＋CDMA2000	CDMA网络,固网总资产为4 000亿元	移动:4 192.6万用户(CDMA) 固话:2.26亿用户 宽带:3 817万用户 小灵通:约5 400万用户
新联通	中国联通(－CDMA网)＋中国网通＋WCDMA	WCDMA网络,固网总资产为3 400亿元	移动:1.205 64亿用户(GSM) 固话:1.187 8亿用户,其中无线市话2 868万用户 宽带:2 266万用户 小灵通:约2 400万用户

中国电信业的改革并没有止步,2013年5月17日,发放首批19家虚拟运营商牌照。2014年7月,中国通信设施服务股份有限公司(俗称"铁塔公司")正式挂牌成立。

不难发现,电信行业改革的目标一直是打破垄断,实行资费市场化,提高公众福利。

资料来源:刘东、梁东黎、史先诚编著,《微观经济学教程》(第二版),科学出版社2010年版。

问题讨论:

(1)电信运营市场的进入壁垒有哪些?进入壁垒高低如何?
(2)三家电信运营商提供的服务基本同质吗?
(3)从规模上看,电信运营市场存在主导企业吗?模拟市场竞争行为时可用哪些模型?
(4)比较分析垄断与竞争的优劣。

课后习题

一、单项选择题

1.假如某厂商的平均收益曲线从水平线变为向右下方倾斜的曲线,这说明(　　)。

A. 既有厂商进入该行业,也有厂商退出该行业
B. 完全竞争被不完全竞争所取代
C. 新的厂商进入了该行业
D. 原有厂商退出了该行业

2. 在完全竞争条件下,如果厂商把产量调整到平均成本曲线最低点所对应的水平,则(　　)。
   A. 他将取得最大利润　　　　　　　B. 他没能获得最大利润
   C. 他是否获得最大利润仍无法确定　　D. 他一定亏损

3. 在完全竞争市场上,已知某厂商的产量是500单位,总收益是500美元,总成本是800美元,总不变成本是200美元,边际成本是1美元,按照利润最大化原则,他应该(　　)。
   A. 增加产量　　　　　　　　　　　B. 停止生产
   C. 减少产量　　　　　　　　　　　D. 以上任何一个措施都可采取

4. 完全竞争市场的厂商短期供给曲线是指(　　)。
   A. $AVC > MC$ 中的那部分 AVC 曲线　　B. $AC > MC$ 中的那部分 AC 曲线
   C. $MC \geqslant AVC$ 中的那部分 MC 曲线　　D. $MC \geqslant AC$ 中的那部分 MC 曲线

5. 当完全竞争厂商和行业都处于长期均衡时,有(　　)。
   A. $P = MR = SMC = LMC$　　　　　B. $P = MR = SAC = LAC$
   C. $P = MR = LAC$ 的最低点　　　　D. 以上都对

6. 完全垄断厂商的平均收益曲线为直线时,边际收益曲线也是直线。边际收益曲线的斜率为平均收益曲线斜率的(　　)。
   A. 2倍　　　　B. 1/2倍　　　　C. 1倍　　　　D. 无法确定

7. 在短期,完全垄断厂商(　　)。
   A. 无盈利　　　　　　　　　　　　B. 有盈利
   C. 发生亏损　　　　　　　　　　　D. 以上任何一种情况都可能出现

8. 要有效地实行差别定价,下列(　　)不是必须具备的条件。
   A. 分割市场的能力
   B. 一个巨大的、无弹性的总需求
   C. 每个分市场上不同的需求价格弹性
   D. 保持市场分割以防止商品在需求较有弹性时被顾客再售卖

9. 采取(　　)时,消费者剩余最小。
   A. 一级差别价格　　B. 二级差别价格　　C. 三级差别价格　　D. 无差别价格

10. 拐折的需求曲线模型(斯威齐模型)是(　　)。
   A. 假定一个厂商提高价格,其他厂商就一定跟着提高价格
   B. 说明为什么每个厂商要保持现有价格,而不管别的厂商如何行动
   C. 说明为什么均衡价格是刚性的(即厂商不肯轻易变动价格),而不是说明价格如何决定

D. 假定每个厂商认为其需求曲线在价格下降时比上升时更有弹性

11. 卡特尔制定统一价格的原则是（　　）。
A. 使整个卡特尔的产量最大　　　　B. 使整个卡特尔的利润最大
C. 使整个卡特尔的成本最小　　　　D. 使整个卡特尔中各厂商的利润最大

12. 在垄断竞争中，（　　）。
A. 只有为数很少的几个厂商生产有差异的产品
B. 有许多厂商生产同质产品
C. 只有为数很少的几个厂商生产同质产品
D. 有许多厂商生产有差异的产品

二、简答题

1. 完全竞争市场有哪些基本特征？
2. 用图说明完全竞争厂商短期均衡和长期均衡的形成及其条件。
3. 简述垄断市场的形成原因。
4. 成为完全垄断的厂商可以任意定价，这种说法对吗？
5. 完全垄断厂商和完全竞争厂商的需求曲线及边际收益的形状有何区别？
6. 什么是价格歧视？实现价格歧视的条件和形式是什么？
7. 简述寡头垄断市场的特征。
8. 在斯威齐模型中，寡头垄断企业的边际收益曲线有什么特征？为什么？该模型说明了什么？

三、计算与分析题

1. 完全竞争行业中某厂商的成本函数为 $STC = Q^3 - 6Q^2 + 30Q + 40$，假定产品价格为 66 美元，试求：

   (1) 利润最大化时的产量及利润总额。

   (2) 由于竞争市场供求发生变化，商品价格变为 30 美元，在新的价格条件下，厂商是否会发生亏损？如果会，最小的亏损额是多少？

   (3) 该厂商在什么情况下会退出该行业（停止生产）？

   (4) 厂商的短期供给函数。

2. 已知某完全竞争的成本不变行业中，单个厂商的长期总成本函数为 $LTC = Q^3 - 12Q^2 + 40Q$。试求：

   (1) 当市场商品价格为 $P = 100$ 时，厂商实现利润最大化时的产量、成本和利润。

   (2) 该行业长期均衡时的价格和单个厂商的产量。

   (3) 当市场的需求函数为 $Q = 660 - 15P$ 时，行业长期均衡时的厂商数量。

3. 某完全垄断市场的需求函数为 $Q = 800 - P$，完全垄断企业总成本函数为 $TC = 1200 + 80Q - 4Q^2 + 0.1Q^3$，求该垄断厂商的均衡产量、总利润或总亏损额。

4. 某垄断厂商所生产的产品在两个彼此分割的市场出售，产品的成本函数和两个市场的需求函数分别为：$TC = Q^2 + 10Q$，$q_1 = 32 - 0.4P_1$，$q_2 = 18 - 0.1P_2$。

(1) 若两个市场能实行差别定价，求解利润最大时两个市场的售价、销售量和利润，并比较两个市场的价格与需求弹性之间的关系。

(2) 计算没有市场分割时垄断者获取最大利润时的产量、价格和利润，并与问题(1)的结果作比较。

5. 已知垄断者成本函数为 $TC = 6Q + 0.05Q^2$，产品需求函数为 $Q = 360 - 20P$，求：

(1) 利润最大时的销售价格、产量和利润。

(2) 如果政府试图对该垄断企业采取规定产量措施，使其达到完全竞争行业所能达到的产量水平，求解这个产量水平和此时的价格，以及垄断者的利润。

(3) 如果政府试图对该垄断企业采取限价措施，使其只能获得生产经营的正常利润，求解这个限价水平以及垄断企业的产量。

6. 某公司面对两段需求曲线：$P = 25 - 0.25Q(0 < Q < 20)$，$P = 35 - 0.75Q(Q \geqslant 20)$。公司的总成本函数为 $TC = 200 + 5Q + 0.125Q^2$。

(1) 请画出需求曲线、边际收入曲线和边际成本曲线。

(2) 请说明该公司所属行业的市场结构是什么类型的？为什么它的需求曲线的形状是这样的？

(3) 公司的最优价格和产量是多少？这时利润(亏损)多大？

(4) 如果成本曲线改为：$TC_2 = 200 + 8Q + 0.125Q^2$，最优的价格和产量是多少？

(5) 如果成本曲线改为：$TC_3 = 200 + 8Q + 0.25Q^2$，最优的价格和产量是多少？

第七章

收入分配理论

经济学家认为,劳动、资本、土地(自然资源)和企业家才能这四种生产要素共同创造了社会财富,分配就是把社会财富分给这四种生产要素的所有者。劳动得到工资,资本得到利息,土地得到租金,企业家才能得到正常利润。收入分配理论就是要研究四种要素所得到的收入多少是如何决定的。随着知识经济和全球经济一体化,贫富差距又一次受到关注。

第一节 生产要素的需求与供给

一、生产要素的需求

生产要素是指在生产过程中所使用的各种要素。传统经济学一般将生产要素分为劳动、土地和资本三种。19世纪法国经济学家萨伊提出土地、劳动、资本共同创造财富,这就是著名的"三位一体"理论。从19世纪末期起,经济学家们将管理或企业家才能也列为一种生产要素,从而生产要素就有四种。

(一) 生产要素需求的特征

在产品市场上,需求来自消费者,消费者为了满足自己的消费需要而购买产品。因此,消费者对产品的需求是直接需求。而生产要素的需求是一种派生的需求,取决于产品的销售量为多少,也就是说,是由于对产品的需求引起了对生产要素的需求。厂商之所以需要生产要素,是为了用它生产出各种产品,实现利润最大化。因此,生产要素的需求呈现出明显的特征。

1. 生产要素需求是一种引致需求

所谓引致需求,是指某种生产要素的需求是由它所生产的产品的需求决定的,也可称为派生需求。例如,某企业雇用劳动力、投入资本和土地用来生产某种产品。而企业对生产要素的需求反映或根源于人们对产品本身的需求。如果某种生产要素的价格下降,企业会多使用这种要素,其原因有以下两点。一是企业相对较多地使用这种生产要素,可以降低产品的成本。例如,失业工人的增多、工资的下降使净菜公司倾向于雇用更多的工人洗菜,而放弃对净菜设备的采购。二是当要素价格下降时,如果企业选择生产更多的产品,它将需要更多的生产要素。就净菜公司而言,要素价格下降使其生产成本降低,促使它去雇用更多的工人增加更多的产量。

2. 生产要素需求具有相互依存的关系

任何生产要素不可能单独生产出社会产品。社会产品是各种生产要素共同作用的产物。生产要素之间在技术上可以相互替代,例如,劳动密集型产业与资本(技术)密集型产业对要素的需求就不相同。同时,各种生产要素由于其价格上的差别也同样会造成相互替代现象。生产要素的这种可替代性,带来了生产要素之间的相互竞争,但是,生产要素的可替代性并不能带来要素的互补。这也是生产要素需求和产品需求的一个明显区别。由此也就不难得出,生产要素的需求既取决于该生产要素本身的价格,也取决于与之竞争的生产要素的价格;既存在一般需求价格弹性,也存在需求交叉弹性。

3. 生产要素需求受制于利润最大化原则

生产要素的需求来自厂商,追求利润最大化是厂商的目标,因此,厂商对生产要素需求数量的选择,最终取决于生产要素数量所能带来的利润是否最大。因此,在一切可能的产量中能够获得最大利润的生产要素的需求数量必须服从 $MR=MC$,即利润最大化原则。

4. 生产要素需求和产品供求相互联系、相互制约

生产要素的需求与产品的供求在逻辑上完全对应,厂商对生产要素的需求取决于人们对产品的需求,而产品的供求和生产要素的供求存在着相互依存、相互制约的关系。

(二) 生产要素需求变化的原因

由于生产要素的需求是一种引致需求,而且各生产要素需求间具有相互依存性,因此,生产要素需求的变化是由以下三种因素引起的。

1. 产品需求变化

既然生产要素需求是引致需求,那么,产品需求数量的改变必然直接影响对生产要素的需求。产品需求增加,相应的生产要素需求就增加;产品需求减少,相应的生产要素需求就减少。

2. 其他生产要素价格的变化

由于相关生产要素的需求存在相互依存的关系,特别是替代性,当有关的生产要素价格变化时,必然使得其他有关生产要素的需求发生变化。如果是替代关系,当其他生产要素的价格上升(或下降)时,这种生产要素的需求量就会增加(或减少)。

3. 技术的进步

技术进步也是影响生产要素需求的一种重要因素。从技术进步的历史进程来看,最典型的是资本部分取代了劳动力。从一定程度上说,各种行业使用资本的数量增加了,而劳动力的使用量减少了。由于生产要素需求的联系性和派生性,决定了它的需求比产品的需求要复杂得多,在分析生产要素需求时要注意以下问题:(1)产品市场结构的类型是完全竞争还是不完全竞争;(2)一家厂商对生产要素的需求与整个行业对生产要素的需求的联系及区别;(3)只有一种生产要素变动与多种生产要素变动的情况;(4)生产要素本身的市场结构是完全竞争的还是不完全竞争的。

二、生产要素的供给

由于不同种类的生产要素各有其特点,所以各生产要素的供给也不相同。一般来讲,就

一个社会中的自然资源而言,在经济分析中总是假定它的供给是既定不变的。而像资本这种生产要素,经济学家认为,生产要素所有者往往会把生产要素用于或转移到收益率相对较高的用途上去,以便取得较高的生产要素收入。这样,较高的价格水平会把生产要素从一个行业或职业转移到另一个收益较高的行业或职业中去,从而扩大后者的生产要素供给,市场上也就形成了不同的生产要素供给数量。所以,资本的供给曲线是自左下方向右上方倾斜的,与产品的供给曲线相同。也就是说,生产要素的价格越高,该生产要素的供给量就越多。像劳动这种生产要素不同于物质要素,有其特殊的供给,对此我们将在后面进行介绍。

三、生产要素价格的均衡

与一切物品的价格一样,生产要素的价格也是由其供求关系决定的。分配理论是价格决定理论在收入分配问题中的应用。在市场经济中,各种生产要素所得到的收入由其在创造社会财富的生产过程中作出的贡献决定。各种生产要素的贡献由其生产率和数量决定。而各种要素的生产率是由其价格来表示的。所以各种要素的收入就是其价格与数量的乘积。例如,劳动的收入就是工资率(每小时的工资,即劳动的价格)乘以劳动量(按小时计算)。可见,收入分配的关键就是生产要素的价格决定。

第二节　生产要素的价格

一、工资的决定

工资是劳动这种生产要素的价格,由劳动的供求决定。劳动者提供了劳动就获得了作为收入的工资。那么,劳动者应该获得多少工资,即劳动这种生产要素的价格应如何确定呢?在不同的市场结构中,其决定方式是不一样的。

(一) 完全竞争市场上工资的决定

完全竞争的劳动市场是指,无论是劳动的买方还是卖方都不存在对劳动的垄断。在这种情况下,劳动就会像其他商品一样,其价格即工资完全是由劳动的供求关系所决定的。

1. 劳动的需求

劳动的需求是一种派生需求,虽然受多种因素(如市场对产品的需求、生产技术状况、劳动的价格等)的影响,但最根本是取决于劳动的边际生产力。因为厂商需求劳动的目的并不是为了给工人解决就业和生活问题,而是为了实现利润最大化,利润又是收益与成本的差额,所以厂商要雇用多少劳动,自然要首先考虑劳动能给自己带来多少收益,即要考虑劳动的边际生产力。劳动的边际生产力是指在其他条件不变的情况下,增加一单位劳动所增加的产量或收益。在其他生产要素投入不变的情况下,劳动这一生产要素随着投入量的增加,其边际生产力是递减的。这种递减不是一开始就下降,而是先上升然后逐渐下降。厂商仍然按照利润最大化的原则确定劳动的购买量,即在购买劳动时要使劳动的边际生产力等于劳动的边际成本(即工资)。如果劳动的边际生产力小于工资,劳动的需求就会减少;如果劳动的边际生产力大于工资,劳动的需求就会增加。这样,劳动需求量就与其他物品的需求一样,随工资下降而增加,随工资上升而减少。因此,劳动的需求曲线是一条向右下方倾斜的曲线,表明劳动的需求量与工资水平呈反方向变动,可用图 7-1 来说明。

在图 7-1 中,横轴 OL 代表劳动的需求量,纵轴 OW 代表工资水平,D 为劳动的需求曲线。

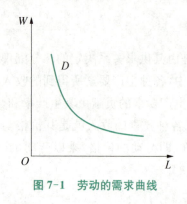

图 7-1 劳动的需求曲线

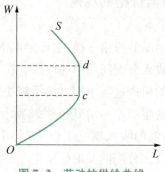

图 7-2 劳动的供给曲线

2. 劳动的供给

劳动的供给主要取决于劳动的成本,它包括两部分内容:一是劳动的实际成本,即维持劳动者及其家庭生活所必需的生活资料的费用,以及培养、教育劳动者的费用;二是劳动的心理成本,即劳动者认为劳动是以牺牲闲暇的享受为代价的,劳动会给劳动者心理上带来负效用,补偿劳动者这种心理上负效用的费用就是劳动的心理成本。劳动的供给有自己的特殊规律。一般来说,劳动的供给曲线可能向后弯曲,如图 7-2 所示。之所以出现如此形状,是因为当工资提高时,对劳动供给所产生的替代效应和收入效应呈相反的作用。

工资变动的替代效应是指工资变动对于劳动者消费闲暇与收入之间的替代所产生的影响。较高的工资意味着闲暇变得相对昂贵,因而若工资提高,则劳动者倾向于用消费其他商品来代替闲暇。所以,工资提高的替代效应使得劳动供给量增加。同理,若工资降低,替代效应使得劳动者增加闲暇时间,即工资降低的替代效应使得劳动供给量减少。

工资变动的收入效应是指工资变动引起的收入变动对于劳动时间所产生的影响。如果劳动者的工作时间保持不变,那么工资的提高使得劳动者的收入提高。收入提高将使得劳动者能够购买更多的商品,其中包括购买更多的闲暇时间。闲暇时间增加意味着劳动时间减少。因此,工资提高的收入效应使得劳动时间减少;反之,工资下降的收入效应使得劳动者增加劳动时间。

一般来说,工资较低时,工资提高对于劳动者的收入影响不大,工资提高的收入效应小于替代效应,因而劳动的供给曲线向右上方倾斜。但是,当工资上升到一定程度以后,工作较少的时间就可以维持较好的生活水平,工资提高的收入效应强度增加,超过替代效应,从而使得劳动供给曲线开始向后倾斜。因此,随着工资提高,劳动者的劳动供给曲线呈现向后弯曲的形状。

由此可见,劳动的供给曲线可分为以下三个阶段。

第一阶段,当工资提高时,劳动的供给量会逐渐增加。因为工资提高时,人们愿意工作较多的时间来换取货币收入,即工资提高的替代效应大于收入效应。因此,一般情况下,劳动的供给曲线向右上方倾斜。如图 7-2 中点 c 之前的供给曲线。

第二阶段,当工资提高到一定程度后,尽管还继续提高,劳动的供给量却不再增加。这是由于工资提高到一定程度后,工人对货币工资的需求就不再那么迫切,即工资提高的替代效应等于收入效应。这时的供给曲线是与横轴垂直的直线,如图 7-2 中的线段 cd。

第三阶段,当工资上升到一定高度后,劳动的供给数量不仅不会增加,反而会逐渐减少。这是因为工作的代价是牺牲闲暇的享受,而闲暇的代价是失去工资。随着工资的升高,人们开始愿意工作较多的时间,然而货币收入增多后,货币的边际效用递减;而由于闲暇时间的减少,使闲暇的边际效用增加。这时,随着工资的继续升高,工人宁愿少劳动、少拿工资而利用这些时间从事各种娱乐活动,即工资提高的收入效应大于替代效应。因此,这一阶段的供给曲线向左上方延伸。如图 7-2 中点 d 之后的供给曲线。

3. 工资的决定

在完全竞争市场上,工资水平由劳动的需求与供给共同决定,即由需求曲线与供给曲线的交点决定,如图 7-3 所示。

在图 7-3 中,劳动的需求曲线 D 与劳动的供给曲线 S 相交于点 E,这就决定了工资水平为 W_0,这一工资水平等于劳动的边际生产力。这时劳动的需求量与供给量都是 L_0。

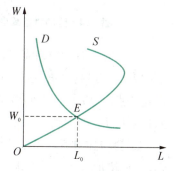

图 7-3 完全竞争的劳动市场的工资的决定

(二) 不完全竞争市场上工资的决定

前面假定劳动市场是完全竞争的,所有的劳动都是同质的,而且所有职业都具有相同的吸引力,这纯粹是为了分析的简便。而在现实经济中,这种假定是不存在的。实际上,在劳动市场上,卖方垄断情况下的工会作用、政府干预劳动市场情况下的最低工资法、劳动者具有不同技能情况下的人力资本等因素,都会影响到劳动这种生产要素的价格。

1. 工会对工资的影响

工会在市场经济中是普遍存在的。有时加入工会是完全自愿的,有时又是强制性的,在美国甚至有的商店或工厂只雇用工会会员。如果所有的工人都可自己决定是否加入工会,就会出现"搭便车"现象,即可能有的工人享受着较高的工资和较好的工作条件,却不缴纳会费或履行其他义务。这样,工会组织就会受到损害,因此强制性工会会员就应运而生了。工会力量越强大,它对工资率的影响也就越大。工会组织的存在对工资率的影响与工会追求的目标紧密相关。工会的目的在于提高劳动工资,工会对工资决定产生影响的主要方法有:

(1) 减少劳动供给。工会可以限制劳动的供给,以便使工资沿着劳动的引致需求曲线上升,但这种方法会使就业减少。图7-4清楚地描述了减少劳动供给对工资水平和劳动雇佣量的影响。劳动供给从 S_0 减少到 S_1 时,工资水平由 W_0 提高到 W_1,说明工资水平上升了,但劳动雇佣量却由 L_0 减少到 L_1。

工会减少劳动供给的方法主要有:拒绝接纳新会员加入工会或不让非工会会员参加工作,迫使政府通过强制退休、禁止使用童工、限制移民、减少工作时间的法律,等等。

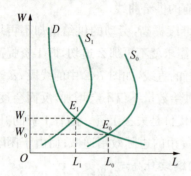
图7-4 劳动供给减少对工资的影响

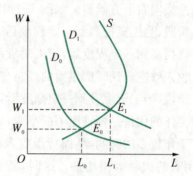
图7-5 劳动需求增加对工资的影响

(2) 增加对劳动的需求。工会可以通过改善对劳动需求的政策,即通过增加对劳动需求的方法来提高工资,这种方法不但会使工资增加,也会使雇佣量增加。图7-5清楚地表明了这一点。在图7-5中,劳动的需求由 D_0 上升到 D_1 时,工资水平由 W_0 提高到 W_1,劳动雇佣量由 L_0 增加到 L_1,说明工资水平和劳动雇佣量都增加了。

工会增加对劳动需求的方法主要是增加市场对产品的需求,因为劳动需求是一种引致需求,而增加对产品的需求,就要通过政府提高关税等方法,扩大出口,限制进口。同时,机器对劳动的替代是劳动需求减少的一个重要原因,因此,工会也会从增加对劳动需求这一目的出发,反对用机器替代工人。此外,工会还采取协助本行业雇主维持高额垄断利润,使超额利润的一部分变为较高的工资等方法来提高工资水平。

2. 最低工资法

工会迫使政府通过立法规定最低的工资水平,这样,在劳动供给大于劳动需求时,便能保证工资维持在一个既定的水平上,如图7-6所示。在图中,劳动的供求曲线相交于 E_0,这时,工资水平为 W_0,劳动雇佣量为 L_0。最低工资法规定的最低工资为 W_1,显然 $W_1 > W_0$,但是在 W_1 这样的工资水平下,劳动的需求量却为 L_1,而劳动供给量为 L_2,将有 L_2L_1 这样一部分人失业。不难看出,是高额的标准工资率(最低工资)造成就业机会的不足。

在实施最低工资法的情况下,由于只有在普通的、缺乏技术的劳动市场中,最低工资才会高于均衡工资率,因此缺乏技术的工人比技术工人更多地受到最低工资的影响。而

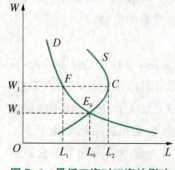
图7-6 最低工资对工资的影响

在技术工人的劳动市场中,由于多数工人的边际产量价值高于最低工资,竞争的结果最终使技术工人得到的工资等于他们的边际产量价值。所以,最低工资往往对技术工人劳动市场的就业量或工资水平没有多大影响。对年龄较小又缺乏技术的工人来说,最低工资法一方面使他们中能够就业的人得到的工资收入高于他们的边际产量价值,另一方面又使他们中的一些人失业。

3. 人力资本理论

前面在分析工资决定过程中,我们曾假定劳动是同质的。而实际上,劳动者在技能上进而在生产力上是有差别的,所以劳动市场的竞争会使不同技能的劳动者的工资报酬出现差别。这就是人力资本理论所要解决的问题。

人力资本是指通过教育、培训、从工作经验中的学习以及人们在孩提时父母在时间和金钱上的投入发展起来的,体现在劳动者身上的可赢得收益的技能。人力资本的发展来源于正常的学校教育和非学历教育,随着社会经济的发展,人力资本的增长要比物质资本的增长迅速得多,并显得越来越重要,一些经济学家估计,全部资本中的 2/3~3/4 是人力资本。

下面以受过大学教育的劳动市场为例,结合图 7-7 来说明人力资本投资对工资差别的影响。

在图 7-7 中,纵轴表示受过大学教育者与没有受过大学教育者的工资差异,横轴表示受过大学教育的劳动者占总劳动者的比例。D_0 和 D_1 均为受过大学教育的劳动者的需求曲线。在短期内,受过大学教育的劳动者占劳动者总数的比例是固定的,因此短期供给曲线 S_0 为一条垂直线。该线的位置由过去受过大学教育的人数决定。虽然受过大学教育的短期劳动供给曲线是

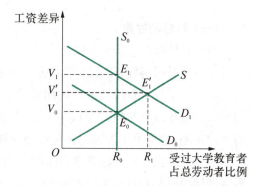

图 7-7 人力资本投资对工资差别的影响

垂直的,但在长期中,受过大学教育的劳动者占劳动者总数的比例是可以改变的。一般在长期中,受过大学教育的劳动供给将随着工资差异的增大而增加。这样,受过大学教育的劳动长期供给曲线将表现为一条向上倾斜的曲线 S。

假如开始时,受过大学教育者的劳动供给曲线为 S_0,需求曲线为 D_0,两线的交点为 E_0,则相应的工资差异为 V_0,相应的受过大学教育的劳动者占劳动者总数的比例为 R_0。这里,E_0 为短期均衡点,它同时也在长期供给曲线上。现假定由于社会经济的发展,社会对受过大学教育的劳动需求发生了变化,需求曲线由 D_0 移到 D_1。这样,在短期内,均衡点就会从 E_0 移到 E_1,受过大学教育者与没有受过大学教育者的工资差异在短期内会突然上升,从 V_0 上升到 V_1。这样的工资差异会使人们较多地选择大学教育,从而使受过大学教育的劳动者占劳动者总数的比例上升,如图中长期供给曲线 S 所示。而随着受过大学教育人数增多,结果会使工资差异从 V_1 降到 V_1',相应的均衡点从 E_1 移到 E_1',此时受过大学教育的劳动者占劳动者总数的比例为 R_1。

人力资本理论的内容十分丰富,它已经越来越被人们所重视。例如,美国在人力资本上

的投资数额巨大。投资的筹措既有公共的部分,也有私人的部分。地方、州和联邦政府每年在教育上的支出大约是 2 500 亿美元。对小学和中学教育的政府支出是地方和州政府的最大一项支出,占总支出的比例超过 20%。

二、利息的决定

利息是资本这种生产要素的价格。习惯上资本通常被视为一定量的货币或股票、债券等资产凭证。但在微观经济分析中,资本指的是实物意义上的资本品,主要指厂房、机器、设备及其他生产工具等,即已被生产出来但未作消费之用而被储蓄起来作为生产要素投入的物质资料。利息的多少一般不用货币的绝对量来表示,而是用利率来表示,利率是利息在单位时间内(如一年),在货币资本中所占的比率。例如,货币资本为 1 万元,利息一年为 1 000 元,则利率为 10%,或称年息为 10%。这 10% 就是货币资本在一年内提供生产性服务的报酬,也是这一定量货币资本的价格。

(一) 利息的性质

利息是什么? 它是资本的所得。为什么要对资本支付利息? 原因很简单,人们在消费上具有一种时间偏好,即在即期消费和未来消费中,人们更偏好于即期消费。也就是说,即期每增加一单位消费所带来的边际效用总是大于将来增加一单位消费所带来的边际效用。因为未来是难以预测的,人们对物品未来效用的评价总是小于现在的效用。因此,放弃现在消费的乐趣,把货币作为资本就应该得到补偿,这种补偿就是利息。

利息从何而来? 它是资本带来的。为什么资本能带来利息? 迂回生产理论表明了这一点。迂回生产是和直接生产相对的,人们用劳动和自然资源这两种原始的生产要素直接生产消费品时(如渔夫直接跳到河里用手抓鱼),称为直接生产。迂回生产就是用劳动和自然资源先制造出资本品(生产资料),然后用它制造消费品(如人们先制造船和渔网,然后再去捕鱼)。迂回生产提高了生产效率,迂回生产过程越长,生产效率越高。但如何实现迂回生产呢? 这就需要资本的投入,所以,资本使迂回生产成为可能,这种由于资本而提高的效率,就是资本的净生产力。资本具有净生产力,是资本能够带来利息的根源。

(二) 利息率的决定

利息率取决于资本的需求和供给。资本的需求主要是厂商投资的需求,资本的供给主要是储蓄,因此,我们将用投资需求、储蓄分别代表资本需求和资本供给。这样,就可以用投资和储蓄来说明利息率的决定。

从投资的角度来讲,厂商借入资本进行投资是为了利润,是否投资,就取决于利润率和利息率的差额。利润率越是大于利息率,厂商纯利润就越多,厂商也就越愿意投资;反之,厂商也就不愿意投资。在利润率一定时,利息率与投资呈反方向变动。所以,资本的需求曲线是一条向右下方倾斜的曲线 D。

从储蓄的角度来讲,人们放弃即期消费是为了获得利息。利息率越高,人们越愿意增加储蓄;反之,人们就要减少储蓄。这样,利息率与储蓄呈同方向变动,资本的供给曲线是一条向右上方倾斜的曲线 S。利息率是由资本供求决定的。如图 7-8 所示,资本供给曲线 S 和资本需求曲线 D 相交于 E,决定了利息率为 i_0,资本量为 K_0。

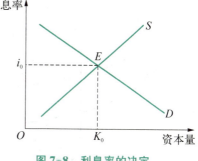

图 7-8 利息率的决定

此外,还可以用可贷资金的需求和供给来说明利息率的决定。

以上论述的是均衡利率,但在现实生活中,由于受到投资风险程度、贷款期限、贷款数量、贷款竞争程度等因素的限制,并无一个统一的利率。同时,要素市场的供求关系也会使利率不断调整,使之保持资本市场的均衡。

(三) 利息的功能和作用

在现代经济中,利息具有日益重要的功能和作用,主要表现为:

1. 利息可以调节储蓄和投资水平

较高的利息可以刺激和诱使人们削减即期消费并放弃对货币灵活性的偏好,扩大货币投资和货币供给,并把投资需求约束在一个可行的、经济的限度之内。当利息较少或下降时,将刺激厂商扩大投资,并相应地导致居民扩大消费,减少储蓄。

2. 利息可以使资本得到优化配置

利息是资本和社会资源在不同行业、厂商之间进行优化配置的手段。短缺的资本将按照资本生产率首先满足效率最高的部门,然后按照资本生产率的高低向下递延使用。如果没有利息(或利率)这个工具,就无法解决稀缺资本配置的最优化问题。

3. 利息具有调节宏观经济的功能

当一个社会出现通货膨胀时,利息的增加和利息率的提高可以抑制对可贷资金的需求,使可贷资本增加供给,从而制止通货膨胀。所以,利息和利息率是调节经济的一个重要杠杆。

三、地租的决定

经济学地租是土地这种生产要素的价格。这里所讲的土地不仅指地面,也指地下、空中、海洋等一切自然资源。它的特点是永久性、固定性、不可增减性。

(一) 地租的决定

地租由土地的需求与供给决定。土地需求取决于土地的边际生产力。由于土地的边际生产力是递减的,因此土地的需求曲线是一条向右下方倾斜的曲线。但土地的供给量是固定的,因此,土地的供给曲线是一条与横轴垂直的线。这样,地租水平完全取决于需求状况,

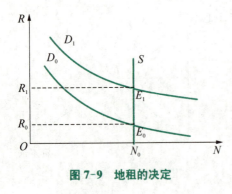

图 7-9 地租的决定

可用图 7-9 来说明这种情况。

在图 7-9 中,横轴 ON 代表土地量,纵轴 OR 代表地租,垂线 S 为土地的供给曲线,表示土地的供给固定为 N_0,D_0 为土地的需求曲线,D_0 与 S 相交于 E_0,决定了地租为 R_0。随着经济的发展,社会对土地的需求不断增加,而土地的供给是固定的,因此,地租就有不断上升的趋势。当 D_0 移动到 D_1 时,D_1 与 S 相交于 E_1,决定了地租为 R_1,$R_1 > R_0$,说明由于土地需求的增加,地租上升了。

(二) 准地租

在短期内,工厂、机器及其他耐用性设备固定性很强,不易从这个产业转到另外产业,这有些类似于土地。厂商可以利用这些较好的固定要素,以较低的平均成本进行生产,从而取得较大的超额利润,这类似于地租。这种厂商的总收入与其可变成本的差额即为固定要素的报酬,由于这些要素只是在短期内暂时固定,所以它们的报酬称为准地租。一般来说,准地租是某些素质较高的生产要素在短期内供给不变的情况下所产生的一种超额收入,对此可用图 7-10 来说明。

在图 7-10 中,如果价格为 P_1,产量为 Q_1,则收益只能弥补平均可变成本,这时不存在准地租。如果价格上升为 P_2,产量为 Q_2,这时,收益弥补平均可变成本后尚有剩余,剩余部分(图中阴影部分)就是准地租。准地租只在短期内存在。由于在长期中,一切生产要素都是可以变动的,固定资产的收入就是折旧费及其利息收入,因此也就不存在准地租了。

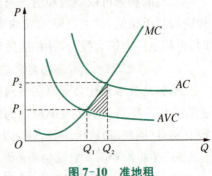

图 7-10 准地租

(三) 经济地租与生产者剩余

如果生产要素的所有者得到的实际收入高于他们希望得到的收入,则超过的这部分就称为经济地租。这种经济地租类似于消费者剩余,所以也称为生产者剩余。

例如,有一位歌星,他的年薪为 20 万美元,但若他从事其他职业,最多只能得到 3 万美元,这表示他本人唱歌的机会成本,即由于唱歌导致未能从事另一职业而牺牲的收入为 3 万美元。在这种情况下,他的 20 万美元收入超过机会成本 3 万美元的余额为 17 万美元。同地租的决定相类似,该余额完全是由需求所决定的收入超过机会成本的余额,称为经济地租。可见,经济地租不是由于生产要素的边际生产水平高所引起的,而是由于需求数量增加的结果,并且是在长期内存在的。

这种经济地租是生产要素所有者得到的超过他愿意接受的收入部分,其他生产要素的所有者也可以得到这种经济地租。

四、利润的决定

经济学家认为利润是总收益和总成本之间的差额,可分为正常利润和超额利润两种。

(一) 正常利润

正常利润是企业家才能的价格,是企业家才能这种生产要素得到的报酬。正常利润打入成本,其性质与工资相类似,也是由企业家才能的需求和供给决定的。

企业家才能是管理与经营企业的能力。在早期市场经济阶段,资本所有者与经营者往往是合二为一,由一人承担的。因此,在法国经济学家萨伊的三要素理论中,并没有把企业家才能单独作为一种生产要素。随着市场经济的发展,管理与经营企业成为一种专门职业,在企业中越来越重要。企业的经营管理权逐渐与所有权分离,出现了职业经理人。因此,英国经济学家马歇尔把企业家才能作为一种独立的生产要素从劳动中分离出来。企业家经营管理企业,进行创新和承担风险的活动就是企业家才能的运用。企业家为此所获得的收入称为正常利润。

在现代社会中,企业家的收入是相当高的,但这种高收入也是由企业家才能的供求所决定的。企业家是生产中的灵魂,只有在企业家的高超指挥之下,各种生产要素才得以演绎出一幕幕有声有色的生产戏剧,创造出丰富的产品。企业家是一个企业成败的关键,因此,对企业家的需求是很大的。但企业家的供给又是非常少的。成为一名成功的企业家要有先天的智商和情商,要受过系统的高等教育(国外成功的企业家多为名牌 MBA 毕业生),还要有丰富的经营管理经验。这样的人当然是很少的,就像体育明星或文艺明星那样。高需求、低供给的供求关系决定了企业家的收入极高。应该说,既然有人愿意出高价雇用他们,就说明他们值这个价钱。

(二) 超额利润

利润中超过正常利润的部分称为超额利润,具体包括以下三类。

1. 创新利润

创新是指企业家对生产要素的重新组合。创新的形式有:引进一种新产品,引进一种新技术,开辟一个新市场,获得一种原材料的新供给,生产组织技术上的新发现及应用等。它们都会带来创新利润。引进一种新产品可以使其价格高于旧产品价格,从而获得超额利润;采用新的生产组织方式、引进一种新技术,都可以提高生产效率而降低成本;等等。创新是社会发展和进步的推动力,是社会进步所付出的代价,由创新所获得的超额利润是对创新者的奖励,是合理的。

2. 风险利润

风险是指投资者所面临的盈利或亏损的可能性。在一种动态经济环境中,未来具有不确定性,任何对未来的预测都有可能出现失误,因此,风险是普遍存在的,企业家必须承担这种风险。由承担风险产生的利润,就是风险利润,它是企业家承担风险的报酬。

3. 垄断利润

在垄断存在的条件下,厂商能够限制产量,控制价格,禁止其他厂商的进入。因垄断而获得的利润就是垄断利润。垄断的形式有买方垄断和卖方垄断。

买方垄断也称专买,是指对某种产品或生产要素购买权的垄断。在要素市场买方垄断的情况下,垄断者可以压低收购价格,以损害生产者和生产要素供给者为代价来获得垄断利润。垄断利润代表了要素的边际生产率与工资间的差距。

卖方垄断也称垄断或专卖,是指对某种产品出售权的垄断。垄断者可以抬高销售价格,以损害消费者的利益为代价来获得超额利润,是由产品"专卖"产生的对消费者的剥削。

(三) 利润的作用

作为企业家才能的报酬,利润既是厂商从事生产经营活动的动机,也是评价生产经营的标准。在完全竞争的情况下,利润的作用主要表现为以下5点。

(1) 正常利润是对企业家才能的报酬,它可以刺激企业家更好地管理企业,提高经济效率。

(2) 超额利润是创新的动力,没有超额利润,就没有创新,从而也就不会有对创新的模仿和跟进。

(3) 利润(包括正常利润和超额利润)是投资活动以及经济增长的基本动力和重要条件,要使经济增长,就不能没有投资,要投资就不能没有利润。

(4) 利润对资源配置起到重要作用。利润是一种信息,某些厂商获得较多的利润,其他厂商受到刺激,就会调整自己的经营方向,转向利润较高的产品或行业。因此,没有利润,也就没有资源的合理配置。

(5) 利润使投资者愿意承担一定的风险,如果没有利润,某些产品或某些行业的生产将不会有人去从事。

由于现实的市场不可能是完全竞争的,而且利润的动机往往会刺激厂商去取得并巩固其垄断地位,因此,垄断利润也将长期存在。有时,垄断利润也会刺激科学研究和创新活动,促使行业扩大。但是,当厂商"人为地制造稀缺"时,垄断利润不过是代表垄断者损害消费者利益而获得的租金,它不能导致资源的有效配置。因此,政府通过行政干预来消除垄断是很有必要的。

第三节 收入分配与分配政策

一、收入分配的衡量:洛伦茨曲线和基尼系数

收入分配是否平等,历来是经济学上一个敏感的问题。如何衡量社会收入的分配状况

并纠正收入分配的不平等状况、研究不平等现象存在的原因及政策、在平等与效率之间作出协调仍然是一系列亟待解决的难题。衡量一个社会收入分配平等状况的指标有好几种,经济学家经常使用统计学家洛伦茨提出的检验社会收入分配平均程度的方法,这种方法就是用下面的曲线图来表明收入分配状况。反映收入分配平均程度的曲线,称为洛伦茨曲线。

如果把社会上的人口或者家庭分为五个等级,各占人口的20%,再按他们在国民收入中所占份额的大小,可以制成表7-1。根据表7-1可以画出图7-11。

表7-1 人口—收入百分比关系表

级 别	占人口的百分比(%)	合 计	占收入的百分比(%)	合 计
1	20	20	6	6
2	20	40	12	18
3	20	60	17	35
4	20	80	24	59
5	20	100	41	100

在图7-11中,横轴OP代表人口百分比,纵轴OI代表收入百分比,OY为45°线,在这条线上,每20%的人口得到20%的收入,表明收入分配绝对平等,称为绝对平等线。折线OPY表示收入绝对不平等,是绝对不平等线。根据表7-1所画的反映实际收入分配状况的洛伦茨曲线介于这两条线之间。洛伦茨曲线与OY越接近,收入分配就越平等;洛伦茨曲线与OPY越接近,收入分配就越不平等。很明显,洛伦茨曲线的特点是直观地表现了收入分配的状况,但它难以从数量上说明收入分配的平等状况。

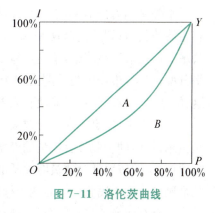

图7-11 洛伦茨曲线

意大利经济学家基尼根据洛伦茨曲线图找出了判断收入分配平等程度的指标,这个指标就是基尼系数,或称洛伦茨系数。

在图7-11中,A表示实际收入分配曲线与绝对平等曲线之间的面积;B表示实际收入分配曲线与绝对不平等曲线之间的面积,则:

$$基尼系数 = \frac{A}{A+B}$$

当$A=0$时,基尼系数$=0$,收入绝对平等;当$B=0$时,基尼系数$=1$,收入绝对不平等。实际上,基尼系数总是在0~1之间。基尼系数越接近于0,收入就越平等;基尼系数越接近于1,收入就越不平等。

从纵向看,利用洛伦茨曲线可以对一国不同时期的收入分配平等性进行分析,也可以对各种政策的收入效应作出积极的评价;从横向看,利用洛伦茨曲线可以对不同国家收入分配的平等程度进行比较。

二、平等与效率

平等和效率,在经济学上是一对永恒的矛盾。效率,就是资源的合理配置。效率包含了两层含义,即生产上的效率与经济制度上的效率。

生产上的效率是指如何以最少的资源生产出一定水平的产品,或者以一定的资源生产出最多的产品。生产上的效率是以技术上的效率和经济上的效率为保证的。

经济制度上的效率,是指在该经济制度下资源配置和产品分配已达到最优水平,以至于不可能再好。如果要使某一个人再受益,就必然使另一个人受损,这个经济制度就称为是有效率的;反之,如果不会使任何一个人受损,就能使他人受益,则说明这个经济制度还没有达到最佳水平,因而这个经济制度就被认为是无效率的。当然,资源的合理配置、追求生产的高效率,并非是评判一个经济制度和经济政策的最高标准,一个有效率的经济制度如果没有平等的分配,那也是不适合的。

平等又称为公平,是指一个经济制度在负担和利益的分配上是公平的。负担是指工作和生活的负担;利益包括收入、财富、职业满意、生活环境的愉快等。公平的关键是收入分配公平。但在市场经济中,单纯依靠市场机制,即使在完全竞争条件下,也不会实现收入的公平分配;相反,市场机制反倒会使个人收入水平出现不同等级的差别,甚至严重的不平等。这样,就需要政府制定出能使收入差别缩小的平等化政策。

一般来讲,制定收入分配政策时,必须有相应的原则或标准。收入分配有三种标准:一是贡献标准,即按照社会成员的经济贡献来分配国民收入,这一标准能保证经济效率;二是需要标准,即按照社会成员对生活必需品的需要分配国民收入;三是平等标准,即按照公平的准则来分配国民收入。后两个标准有利于收入分配的平等化。

一个有效率的经济需要保持收入的差别,因为这种差别是刺激和激励人们努力工作、有效利用资源、进行储蓄和投资的动力,可是,从平等的目标出发,又应该与前述内容相反,这就意味着效率下降。因此,有利于经济效率则会不利于平等,有利于平等则会不利于经济效率,这就是经济学中所说的平等与效率的矛盾。

收入分配要有利于经济效率的提高,只有这样,才能扩大社会产品的产出,使社会财富不断增加,使得经济以较高的速度增长。收入分配的平等可以用三种标准衡量:一是劳动分配率,即劳动收入在国民收入中所占的比例;二是洛伦茨曲线和基尼系数;三是工资的差异率。总之,收入分配政策的目标,就是既要有利于经济效率,又要有利于平等。

三、收入分配平等化政策

分配政策主要是指政府调节国民收入在各个家庭或个人间的分配,其目的在于实现收入的公平分配。这里所讲的分配政策是指微观分配政策,包括收入分配平等化政策和社会经济福利政策。由于社会经济福利政策也以收入分配公平为目标,所以从广义上讲,它也属于收入分配平等化政策。这样,分配平等化政策就包括以下四种。

(一) 产品价格和要素价格决定的平等化政策

产品价格和要素价格决定方面的平等化政策包括两方面内容:一是排除垄断因素对价格的影响,使产品价格和要素价格恢复到完全竞争市场机制所决定的水平,使市场参与者有一个公平竞争的机会;二是提高劳动收入的相对份额和缩小工资差异,即限制财产收入,提高工资率,规定最低工资标准,降低工人消费品的价格,使收入较低者的收入有所提高。但是,由于产品价格等于产品边际成本的利润最大化法则,以及要素价格等于要素边际产品的收入最大化法则的作用,在生产要素占有不平等的条件下,产品价格和要素价格决定的平等化政策有它的限度——产品价格受其边际成本的制约以及生产要素价格受其边际产品价格的制约,因而不可能实现收入分配的绝对平等化,若超过这个限度,则对提高效率不利。

(二) 收入再分配政策

收入再分配政策是指社会成员的原始收入从一个人或一个集团转移到另一个人或另一个集团,这种经济行为通常由政府进行,因此,收入再分配政策具有强制性。收入再分配政策包含两方面内容:一是有利于低收入阶层的税收政策;二是有利于低收入阶层的政府支出政策。关于后者,我们将在后面的"社会福利政策"部分进行专门的论述,这里只阐述税收政策。

税收政策又包括两方面内容:一是对高收入阶层征高税,例如,在个人所得税中采用累进所得税的制度对高收入者按高税率征税,同时还通过遗产与赠与税、财产税、消费税等对富人征税;二是对低收入阶层征低税、减税,例如,在个人所得税中对低收入者按低税率征税。采取这些方法,均有助于提高低收入阶层在实际国民收入中的分配份额,从而达到收入分配平等化的效果。

(三) 收入源泉平等化政策

在市场经济条件下,个人或家庭取得收入的源泉,取决于其对生产贡献的大小。而贡献的大小主要是由他们所能提供的要素的数量和质量决定的。但是,如前所述,社会成员拥有的生产要素是不相等的,如果对其收益不加调节,要素收入的差异将日益加大。由于社会成员各自面临的经济环境、社会环境等客观差异,成员在先天上便无法处于平等竞争的地位,政府为改变这种现象而实行源泉平等化政策,具体包括以下两方面。一是财产收入源泉的平等化,包括财产的公有化和财富分配的平等化,例如,政府购买公司股票,逐步将公司股份的所有权从私人手中转移到国家手中;实行高额财产累进税,抑制食利者收入;等等。二是劳动收入源泉的平等化,包括机会平等和权力平等。政府采取诸如缩小工资差距、提高妇女就业等措施,使得劳动收入差距缩小。

(四) 社会福利政策

社会福利政策是通过给低收入阶层进行补贴来实现收入平等化。因此,社会福利政策是收入分配平等化的重要方法之一。社会福利政策的历史悠久,早在18世纪的英国,就有《济贫法》;但作为一项重要的经济政策,是在20世纪30年代形成的。第二次世界大战以后,社会福利政策得到了迅速发展,尤其在北欧和西欧的一些国家,实行了被称为"从摇篮到坟墓"的终生社会保险福利制度,最典型的如瑞典等国。从现实的角度看,社会福利政策主要有以下内容。

(1) 各种形式的社会保障和社会保险。包括失业救济金制度、老年人年金制度、残疾人保险制度、未成年子女家庭的补助、对贫困线以下家庭与个人的补助等。其资金来源于个人或企业缴纳的保险金或政府的税收。

(2) 向贫困者提供就业机会与培训。收入不平等的原因在于贡献的大小,而贡献的大小又与个人的机遇和才能相关,因此,政府致力于改善穷人就业的能力与条件。

(3) 医疗保险的医疗援助。医疗保险包括住院费用保险、医疗费用保险及出院后的护理费用保险等,主要由保险金支付。医疗援助则是政府出钱资助医疗卫生事业,使社会成员都享受良好的医疗服务。

(4) 对教育事业的资助。包括兴办国立学校、设立奖学金及大学生贷款等。这种资助有助于社会成员提高文化素质,有利于收入分配平等化。

(5) 各种保护劳动者权益的立法。包括最低工资法、最高工时法、环境保护法、食品和医疗卫生法等,这些立法都有助于增加劳动者收入,降低收入分配不平等的程度。

(6) 改善住房条件。包括以低价和低房租向穷人出售或出租国家兴建的住宅、对私人出售的房屋实行房租限制、资助无房者建房、实行住房房租补贴等,这也有利于实现收入分配平等化。以上所述的社会福利政策,对改善低收入阶层居民的地位和生活条件、提高他们的实际收入起到了很大的作用,对社会稳定、经济发展起到了积极作用。但是其带来的负效应也是明显的,例如,降低了社会生产效率,增加了政府的负担,同时,这些社会福利政策往往会造成人们参与社会生产的"惰性",这也是造成各国财政赤字的主要原因。社会福利政策的必要性和由此带来的问题,以及如何解决这些问题,仍将是经济学研究的重点内容。

本章小结

劳动、资本、土地(自然资源)和企业家才能这四种生产要素共同创造了社会财富,分配就是把社会财富分给这四种生产要素的所有者,即劳动得到工资、资本得到利息、土地得到租金、企业家才能得到正常利润。这些收入都由要素的需求与供给的均衡决定。

劳动需求是一种派生需求,虽然受多种因素(如市场对产品的需求、生产技术状况、劳动的价格等)的影响,但厂商对它的需求最根本取决于劳动的边际生产力。劳动的供给主要取决于劳动的成本,它包括两部分内容:一是劳动的实际成本,即维持劳动者及其家庭生活所必需的生活资料的费用,以及培养、教育劳动者的费用;二是劳动的心理成本,即劳动者认为劳动是以牺牲闲暇的享受为代价的,劳动会给劳动者心理上带来负效用,补偿劳动者这种心理上负效用的费用就是劳动的心理成本。劳动的供给有自己的特殊规律。一般来说,劳动的供给曲线可能向后弯曲。利息是资本这种生产要素的价格。习惯上资本通常被视为一定量的货币或股票、债券等资产凭证。但在微观经济分析中,资本指的是实物意义上的资本品,主要指厂房、机器、设备和其他生产工具等,即已被生产出来但未作消费之用而被储蓄起来作为生产要素投入的物质资料。利息的多少一般不用货币的绝对量来表示,而是用利率来表示,利息率取决于资本的需求和供给。资本的需求主要是厂商投资的需求,资本的供给主要是储蓄,因此,我们用投资需求、储蓄分别代表资本需求和资本供给。地租是土地这种生产要素的价格,由土地的需求与供给决定。土地的需求取决于土地的边际生产力。由于土地的边际生产力是递减的,因此土地的需求曲线是一条向右下方倾斜的曲线。但土地的供给量是固定的,因此土地的供给曲线是一条与横轴垂直的线。这样,地租水平完全取决于需求状况。利润是总收益和总成本之间的差额,可分为正常利润和超额利润两种。正常利润是企业家才能的价格,是企业家才能这种生产要素所得到的报酬。正常利润打入成本,其性质与工资相类似,其价格也是由企业家才能的需求和供给决定的。

收入分配是否平等,历来是经济学上一个敏感的问题。如何衡量社会收入的分配状况并纠正收入分配的不平等状况、研究不平等现象存在的原因及政策、在平等与效率之间作出协调仍然是一个难题。衡量一个社会收入分配平等状况的指标有好几种。经济学家经常使用洛伦茨曲线和基尼系数来反映收入分配状况。在市场经济中,单纯依靠市场机制,即使在完全竞争条件下,也不会实现收入的公平分配;相反,市场机制反倒会使个人收入水平出现不同等级的差别,甚至严重的不平等。这样,就需要政府制定能使收入差别缩小的平等化政策。收入分配政策的目标就是既要有利于经济效率,又要有利于平等。分配平等化政策包括产品价格和要素价格决定的平等化政策、收入再分配政策、收入源泉平等化政策以及社会福利政策。

主要概念

要素价格　要素的边际生产力　洛伦茨曲线　基尼系数

思考案例

中国基尼系数创 2003 年来最低　城乡差距仍大

"十三五"规划建议提出,明显增加低收入劳动者收入,扩大中等收入者比重。
收入分配怎样才能更公平?

这一年,薪水涨了吗?股票赚了吗?聚会时晒收入底气足吗?收入分配改革,最引发社会关注。

"十三五"规划建议提出,到 2020 年收入差距缩小,中等收入人口比重上升。要缩小收入差距,提低、扩中、控高,应该重点抓哪一个? 收入分配中最尖锐的矛盾是什么? 记者采访了有关专家。

2014年我国基尼系数为0.469,是2003年以来最低。收入分配的话题往往最吸引老百姓的视线。十八届五中全会召开前夕,人民网的民生调查显示,在收入增加、消费便利、住得更好等凸显老百姓获得感的选项中,"收入增加"以18.17%的得票率,成为最受百姓期待的事。

"十二五"期间,我国城乡居民人均可支配收入明显增长,收入分配差距也在缩小。人力资源和社会保障部劳动工资研究所研究二室主任、副研究员刘军胜介绍,2014年,代表全国居民收入水平差距的基尼系数为0.469,是2003年以来的最低值。从2010年到2014年,城乡居民收入差距从3.23倍缩小到2.75倍,行业收入差距也有缩减。与此同时,收入分配格局也得到明显改善。2014年与2010年相比,居民收入在国民收入分配中的比重上升。

"收入分配改革取得的进展与'十二五'期间改革规划的落实密切相关。"刘军胜介绍,"十二五"期间,收入分配改革以提高居民收入为落脚点,针对老百姓关心的收入热点、难点、突出问题分步推进。不断增加农民收入,将扶贫标准提至2 300元,比2009年提高近一倍;增加中低收入者收入的同时又降低其税收负担,包括连续上调最低工资标准,11次连提企业退休人员基本养老金,将个税起征点提至月收入3 500元……

时间很快走向下一个五年。"十三五"末收入分配改革的目标能否实现? "通过坚持不懈的努力,到2020年建立起相对成熟的收入分配制度的目标是可以实现的。"北京师范大学收入分配研究院执行院长李实表示。但他同时也指出,收入分配改革的任务仍很艰巨。一方面收入差距扩大趋势得到了初步遏制,但仍处在高位水平上;另一方面收入分配不公问题有所缓解,但没有得到根本解决。

李实认为,"十三五"规划建议中,指向缩小收入差距和缓解收入分配不公的亮点颇多。"在经济保持中高速增长的目标中,强调平衡性,首次提到包容性,这都与缩小收入差距密切相关。"在李实看来,平衡性包含了缩小城乡之间、地区之间的发展差距,也包括了缩小收入差距问题,而包容性则意味着经济发展的成果要更多地让全体人民来分享,特别是低收入人群。

在具体政策措施方面,李实认为"十三五"规划建议中提到的人口城镇化率提高、增加就业机会、稳步提高基本公共服务均等化、解决贫困人口脱贫问题等,都有利于缩小收入差距。

最严重的收入差距在城乡之间,"提低"是重中之重。"我已经6年没涨过工资了。"来自江西的焊接工李航对记者说。这6年间,吃的、用的、房租、水电都在涨,有了孩子后开销更大了,李航觉得生活的担子越来越重。

收入不符合预期、感到收入增长的平均数与自己无关,李实认为这些感受还是收入差距过大、收入分配不公所致。李实分析,从2000年至2008年,全国收入差距处于扩大趋势,基尼系数从0.412上升到0.491,虽然近几年收入差距略有缩小,但收入差距的核心问题——收入分配不公仍没有得到有效缓解。

在李实看来,最为严重的收入差距仍然横亘在城乡之间:"城乡收入差距近几年虽有缩小,但与发达国家相比,绝对水平仍然较高,很多农村地区发展仍然严重滞后。"

收入分配不公的现象还体现在垄断行业过高的工资水平上。李实表示,垄断行业平均工资与全社会平均工资的差距从20世纪90年代中期开始不断扩大。他研究发现,垄断行业与竞争行业之间的工资差距中只有不到40%的部分是由员工本身的人力资本及个人能力的差别带来的,很大一部分来自垄断地位。

此外,李实认为腐败带来的非法收入、灰色收入也影响着收入的公平性。缩小收入差距、促进分配公平,在"提低、扩中、控高"三个解决途径中,"提低"被普遍认为是未来改革的重点。李实认为,经济社会无论如何发展,理应首先关注社会最底层人群,且从目前收入差距的主要矛盾来看,消除贫困人口、提高农民收入应当成为缩小差距首先要解决的问题。刘军胜认为,从政策的可操作性来看,"扩中"主要取决于经济结构不断升级和高等教育普及化,是一个长期发展过程,短时间内难以显著达成。

考虑到当前经济进入新常态,李实认为"提低"关乎经济增长与社会稳定。"让低收入群体有更多收入有助于消费倾向的上升,从而实现消费驱动的增长方式,也会带动社会公众公平感上升,有助于社会稳定,为经济适应新常态创造一个和谐的社会环境。"

应通过教育扶贫和加强培训来"提低"

中国最低收入的人群——7 017万农村贫困人口的生存状况如何?从湖北孝感最袖珍的山村小学中也许可见一斑。这个小学只有3名学生,孩子们的父亲在外打工,母亲因为忍受不了贫穷离开了,仅有的两位老师一位是村主任,另一位是身患癌症仍继续教课的老师。

在李实看来,发展农村教育事业才是阻断贫穷代际传递、减少相对贫困的根本办法,是"提低"最紧要的措施。"扶贫先扶智,农村劳动力受教育水平严重低下,劳动生产率低,收入就低。"李实说,随着精准扶贫政策的不断落实,2020年全部农村贫困人口脱贫的目标有望实现。如果将眼光放得更长远,5年以后,即便贫困人口脱离绝对贫困,也远未能达到社会平均水平,需要教育扶贫等更多政策持续性地支持。

同样,不提高低收入人群的劳动生产率也难以解决增加收入的问题。李实表示,不断提高最低工资标准来"提低"是不现实的,因为提高最低工资标准必须与低收入人群的劳动生产率保持同步,不然企业认为劳动力成本太高,也会"机器换人",反而会带来失业问题。因此,通过职业技能培训来提升低收入人群的劳动生产率才是出路。

教育扶贫和加强培训提升低收入人群收入,都写入了"十三五"规划建议。"更注重收入分配的起点公平性,是此次规划建议的亮点之一。"刘军胜建议,通过立法建立正常工资增长机制,提高低收入行业职工工资。

"提低"也难以绕开收入分配改革的难点——"控高"。"整个社会蛋糕就那么大,不对过高收入者进行调节,那么低收入者收入提高也感受不到。"刘军胜说。

在李实看来,"控高"应分类进行,要坚决打击腐败收入、灰色收入等违法高收入,垄断收入等不合理的高收入要通过推进国企改革等来解决;而一些通过合法途径取得的高收入,需要通过改革税收制度修正调节。

"建立综合和分类的个人所得税制度是'十三五'规划建议的创新点,对于调节高收入会起到很好的作用。"刘军胜认为这种税收制度综合考虑家庭收入来征税,充分体现了二次分配更加注重公平的原则。

作为提低控高的有效机制,慈善事业被写进"十三五"规划建议也是亮点。"未来如果建立比较好的慈善机制,是政府公共服务一个很重要的补充,有助于调节收入分配,特别是有效解决社会当中老弱病残的问题。"李实说。

反腐、国企改革、税收制度改革……今后收入分配改革的推进依赖于方方面面改革的推进,而这些改革恰恰又是最难啃的"硬骨头"。"必然会触及不同的利益,受到的阻力也会增大,这就需要有更科学的顶层设计、更坚定的改革决心,不拖延,不犹豫,不错过改革的窗口期。"李实表示。

资料来源:《人民日报》,2015 年 11 月 23 日。

问题讨论:

1. 基尼系数是如何反映不平等程度的?
2. 收集近 5 年我国的基尼系数,探讨其发展趋势。
3. 基尼系数变化的原因是什么?

课后习题

1. 简述工资、地租、利息、利润理论的基本内容。
2. 劳动的供给曲线为何向后弯曲?
3. 如何理解平等和效率的关系?
4. 收入分配政策包括哪些内容?
5. 辨析题:

(1) 如果一个厂商只能获得正常利润,则说明没有获得超额利润。

(2) 一个竞争性的厂商,当其最后雇用的那个工人所创造的产值大于其雇用的全部工人的平均产值时,他一定没有实现最大利润。

第八章

国民收入核算理论

宏观经济学以整个国民经济为研究对象,通过研究经济中各有关总量的决定及其变化来说明资源如何才能够得到充分利用,而用来衡量国民经济总量的规定与相关技术的国民收入核算理论和方法是宏观经济学的前提。国民收入核算体系有两种:一种是适用于实行市场经济各国的国民经济核算体系(SNA),另外一种是适用于实行计划经济各国的物质产品平衡体系(MPS)。随着实行中央计划经济的各国逐步向市场经济转变,这些国家也逐渐采用了国民经济核算体系。

第一节 国民收入的总量及其关系

一、国民收入

国民收入(National Income,NI)是指一个国家在一定时期内(通常为一年)物质资料生产部门的劳动者新创造的价值的总和,即社会总产品的价值扣除用于补偿消耗掉的生产资料价值的余额。在使用价值上,国民收入是由体现新创造价值的生产资料和消费资料所构成的。国民收入是衡量社会经济活动成就的一个广泛概念,实际上包括了国内生产总值、国内生产净值、国民生产总值、国民生产净值、狭义国民收入、个人收入和个人可支配收入等总量。国民收入增长的决定因素主要有以下几个方面:

一是社会投入物质生产部门的劳动量的增加。在其他条件既定的情况下,投入物质生产部门的劳动量与国民收入的增长量成正比。投入的劳动量越大,国民收入的价值量和使用价值量就越大;反之,就越小。

二是社会劳动生产率的提高。物质形态上的国民收入与社会劳动生产率的提高成正比,社会劳动生产率越高,国民收入增长得就越快。当社会劳动资源已得到较充分的利用、经济的发展达到较高水平的阶段时,发展科学技术、提高社会劳动生产率,是增加国民收入的主要途径,也是增加按人口平均计算的国民收入的根本途径。

三是生产资料的节约。节约生产资料可以用相同的生产资料生产更多的社会总产品,从而使得相同的社会总产品中,国民收入所占的比重相对增大。

在以上三个决定因素中,社会劳动生产率的提高是国民收入增长的最重要因素。

从狭义上讲,国民收入是指一国一年内提供各种生产要素的所有者获得的收入总和,它包括工资、利息、利润和地租的总和,但不包括企业间接税。企业间接税是指由企业缴纳但并非由企业负担的税。企业在制定产品价格时要考虑到间接税的缴纳,企业把间接税支出附加在成本上,在产品销售中转移出去。间接税作为产品价格的附加,既不是任何生产要素提供的,也不被任何生产要素所有者获得,因此,必须在计算国民收入时扣除。

实务中,常用的总量指标是国内生产总值(GDP),下面,我们从 GDP 开始,介绍包括 NI 在内的相关概念。

二、国内生产总值

国内生产总值(Gross Domestic Product,GDP)是指一国(或地区)在一定时期内(通常是一年)在其领土范围内生产出的全部最终产品(物品和劳务)的市场价值的总和。它是反映经济活动的综合性指标,其增长率也就是经济增长率。这个定义包括以下几方面含义:

第一,时间性。国内生产总值是指一年内生产出来的全部产品的市场价值的总和,因此,在计算时不应包括以前生产的产品价值。

第二,GDP 测算不能重复计算价值。国内生产总值是指最终产品的价值,不包括中间产品的价值。厂商生产并由最后使用者购买的产品和劳务称为最终产品;用于生产别种产品用的产品称为中间产品。厂商的产品价值与该企业从别的企业购进的原材料、能源等投入的价值之间的差额称为价值增值。最终产品和中间产品的区别,不取决于产品的物质属性如何,而是按其在再生产循环流转过程中的功能来区分。根据不重复出售这一划分标准,一般把用作个人消费、投资、政府购买和出口的产品或劳务称为最终产品。下面以表 8-1 为例予以说明。

表 8-1 价值与增值举例

工序	产品	价值	增值	工序	产品	价值	增值
种棉	棉花	15	15	制衣	成衣	45	15
纺纱	纱	20	5	销售	成衣	50	5
织布	布	30	10				

表 8-1 中,成衣是最终产品,棉花、纱、布则为中间产品。

第三,国内生产总值中的最终产品不仅包括有形的产品,而且包括无形的产品——劳务,也就是要把旅游、服务、卫生、教育等行业提供的劳务,按其所获得的报酬计入国内生产总值。

第四,GDP 是流量,而非存量。流量是指在一定时期内发生的变量;存量是指在一定时点上存在的变量。国内生产总值是指一年内新生产的最终产品的价值,也就是一年内新生产的而不是新出售的最终产品的价值。相反,在这一年内生产但没有卖出的那部分产品价值,应该作为这一时期库存计入当期国内生产总值。上年库存和今年库存的差额称为库存变动额。库存增加说明今年产品产值大于销售额,库存减少说明今年销售额大于产品产值。厂商存货增加被看做存货投资,而存货减少则被看作存货负投资。

第五,GDP 的大小取决于价格变动和最终产品数量的变动。国内生产总值是指当年的最终产品的市场价值的总和,也就是要按这些产品的市场价格来计算。

第六,GDP 不能反映出未经过市场交易的产出。国内生产总值只计算通过市场交易活动的产品或劳务的价值,不通过市场交换过程的那些用于赠与活动和慈善事业活动的物品价值则不能被计算在国民生产总值中。有许多经济活动无法计入,例如,不是用来交换的活动,如家务劳动、子女对父母的照顾;物物交易活动,没有以货币作为等价物的市场价格;地下经济、黑市交易等逃避了官方的统计;企业投资带来的环境污染等负面效应。

三、国民生产总值

国民生产总值(Gross National Product,GNP)是指一国在一年内所生产的全部最终产品(包括产品与劳务)的市场价值的总和。

国内生产总值与国民生产总值密切相关。国内生产总值与国民生产总值是两个既有联系又有区别的指标,它们都是核算社会生产成果和反映宏观经济的总量指标。它们都能全面反映全社会经济活动的总规模,是衡量一个国家或地区的经济实力、评价经济社会发展规模的重要综合指标,但因其计算口径不同,两者又有所区别。

GDP 是按国土原则计算的,只要其经济活动是在领土范围内,不管是本国居民还是外国居民都要计算在内;GNP 是按国民原则计算的,只要是本国居民,不管是生活在本国还是外国,其经济活动都要计算在内。一个国家常住机构单位从事生产活动所创造的增加值(国内生产总值)在初次分配过程中主要分配给这个国家的常住机构单位,但也有一部分以劳动者报酬和财产收入等形式分配给该国的非常住机构单位。同时,国外生产单位所创造的增加值也有一部分以劳动者报酬和财产收入等形式分配给该国的常住机构单位,从而产生了国民生产总值概念,它等于国内生产总值加上来自国外的劳动者报酬和财产收入减去支付给国外的劳动者报酬和财产收入。因此,国民生产总值可以用国内生产总值加上本国常住单位从国外得到的净要素收入(从国外得到的要素收入－支付给国外的要素收入)。更直观地讲,国民生产总值等于国内生产总值加上从国外获得的劳动报酬、投资收益(包括红利、股息和利息等)的净额。其计算公式为:

国民生产总值＝国内生产总值＋国外净要素收入

国外净要素收入＝来自国外的劳动者报酬和财产收入－
支付给国外的劳动者报酬和财产收入

国民生产总值＝国内生产总值＋来自国外的劳动者报酬和财产收入－
支付给国外的劳动者报酬和财产收入

一般来讲,各国的国民生产总值与国内生产总值两者相差数额不大,但如果某国在国外有大量投资和大批劳工,则该国的国民生产总值往往会大于国内生产总值。

四、国民生产净值与国内生产净值

国民生产净值(Net National Product,NNP),又称国民净收入,是指一个国家在一定时期内,国民经济各部门生产的最终产品和劳务价值的净值。一般以市场价格计算,它等于国民生产总值减去固定资产折旧后的余额。它与国民生产总值的关系可表示如下:

$$NNP = GNP - 折旧$$

因为折旧是用来补偿已经消耗掉的固定资产的价值,提取折旧是为了保持固定资产在价值上的完整性,以便在其使用寿命结束时进行更新,所以,必须对国民生产总值减去折旧以后,才能计算出新创造的最终产品和劳务。

从逻辑上讲,NNP 的概念比 GNP 更容易反映国民收入和社会财富变动的情况,但由于 GNP 同 NNP 相比,容易确定统计标准,而且折旧费的计算方法不一,政府的折旧政策也会变动,因此各国还是常用 GNP 而不常用 NNP。

国民生产净值与狭义国民收入(NI)之间的关系可表示如下:

$$NI = NNP - 间接税$$

国民生产净值是从生产的角度进行计算,而国民收入则是从分配的角度计算。

国内生产净值(Net Domestic Product,NDP)是指在国内生产总值中扣除生产资本的消耗后得到的国内生产总值。国民生产净值与国内生产净值在内容上基本一致,在计算口径上略有差异。其计算公式为:

$$国民生产净值 = 国内生产净值 + 来自国外的原始收入 - 付给国外的原始收入$$

五、个人收入和个人可支配收入

个人收入(Personal Income,PI)是指个人在一年内从各种来源所得到的收入总和,包括劳动收入、业主收入、租金收入、利息和股息收入、政府的转移支付等。国民收入不是个人收入,它是从国民收入派生出来的一项指标:一方面,国民收入中有三个主要项目不会成为个人收入,这就是公司未分配利润、公司所得税和社会保险税;另一方面,政府转移支付(包括公债利息)虽然不属于国民收入(生产要素报酬),却会成为个人收入。从国民收入中减去那些不会成为个人收入的项目,再加上那些不是来自个人要素收入的项目,就是个人收入。一般来说,国民收入大于个人收入,但是,在经济衰退时期,由于公司利润减少,转移支付增加,个人收入也可能大于国民收入。国民收入与个人收入的计算公式为:

$$PI = NI - 公司未分配利润 - 公司利润税 - 社会保险金 + 政府的转移支付$$

个人可支配收入(Personal Disposable Income,PDI)是指一国所有个人在一年内实际得到的可用于消费和储蓄的收入总和。它是从个人收入派生出来的一项指标。个人收入并不是实际得到的可任意支配的款项,它必须在扣除个人所得税、财产税、房地产税等之后才能归个人自由支配。个人可支配收入分为消费和储蓄两部分。其计算公式为:

$$PDI = PI - 个人所得税 = 个人消费 + 个人储蓄$$

以上与国民收入相关的概念可用以下关系式联系起来:

$$GNP - 折旧 = NNP$$

$$\text{NNP} - \text{间接税} = \text{NI}$$
$$\text{NI} - \text{公司未分配利润} - \text{公司利润税} - \text{社会保险金} + \text{政府的转移支付} = \text{PI}$$
$$\text{PI} - \text{个人所得税} = \text{PDI} = \text{消费} + \text{储蓄}$$

国民收入核算中所使用的各种指标从不同方面反映了国民收入总量的变化,其计算方法不同,反映问题的角度和分析评价的要求也不同。因此,在进行国民收入的总量分析时,可以根据不同的分析要求,选择运用不同的总量指标分析说明国民收入在不同情况下的发展变化特征及其变动规律。

六、名义国内生产总值和实际国内生产总值

国内生产总值是一个市场价值概念,其数量大小要用货币指标进行反映,它是最终产品和劳务性服务数量与其价格的乘积。因此,国内生产总值的高低不仅要受实际产量变动的影响,还要受价格水平变动的影响。也就是说,国内生产总值的变动可能是由于实际产量变动引起的,也可能是由于产品和劳务价格变动引起的。为了排除价格因素变动的影响,使国内生产总值指标变化能够确切地反映国民经济的实际变动情况,就必须明确名义国内生产总值和实际国内生产总值这两个指标的含义及其区别。

名义国内生产总值(Norminal GDP)是指运用当期市场价格计算的总产出。按不变价格计算的某一年的国内生产总值称为实际国内生产总值(Real GDP)。不变价格是指统计时确定的某一年(称为基年)的价格。

通俗地讲,名义国内生产总值是指一定时间内生产的商品与劳务的总量乘以该商品与劳务的"货币价格"或"市价"而得到的数字。因此,即使总产量没有增加,仅价格水平上升,名义国内生产总值仍然是会上升的。

名义国内生产总值的计算举例如表 8-2 和表 8-3 所示。

表 8-2 2008 年某地区名义国内生产总值计算表

产品名称	产量(万吨)	价格(元/吨)	国内生产总值(万元)
产品 A	500	920.00	460 000
产品 B	300	1 860.00	558 000
产品 C	400	1 220.00	488 000
合 计	—	—	1 506 000

表 8-3 1978 年某地区名义国内生产总值计算表

产品名称	产量(万吨)	价格(元/吨)	国内生产总值(万元)
产品 A	300	160.00	48 000
产品 B	140	360.00	50 400

续表

产品名称	产量(万吨)	价格(元/吨)	国内生产总值(万元)
产品C	160	280.00	44 800
合 计	—	—	143 200

根据上述计算结果,在该地区,2008年的国内生产总值比1978年增长了近10倍,而产量综合指标增长了近2倍。产量指标具有不可累加性,分析不同年份经济发展变化情况的综合指标主要是国内生产总值。为了便于把2008年的国内生产总值和1978年的国内生产总值直接进行对比,就要排除物价因素的影响,以1978年的产品价格作为不变价格,计算2008年的实际国内生产总值,其结果如表8-4所示。

表8-4 2008年某地区的实际国内生产总值计算表(按1978年的价格计算)

产品名称	产量(万吨)	价格(元/吨)	国内生产总值(万元)
产品A	500	160.00	80 000
产品B	300	360.00	108 000
产品C	400	280.00	112 000
合 计	—	—	300 000

在价格上涨的情况下,名义国内生产总值的上升只是一种假象,有实质性影响的还是实际国内生产总值变化,所以使用国内生产总值这个指标时,还必须通过GDP平减指数对名义国内生产总值作出调整,从而精确地反映产出的实际变动。

GDP平减指数(GDP Deflator),又称GDP缩减指数,是指剔除物价变动前的GDP(名义GDP)增长与剔除了物价变动后的GDP[不变价GDP(Constant-price GDP),或实际GDP]增长之比,即:

$$\text{GDP平减指数} = \text{名义GDP} / \text{实际GDP}$$

第二节 国民收入核算的基本方法

一、支出法

本节核算的是国内生产总值。

支出法又称为最终产品法、产品流动法或产品支出法,是指把一国(或地区)在一定时期内所购买的各类最终产品的支出加总,计算出这一时期内生产出的最终产品的市场价值的方法。为了使支出法更具有可操作性,就必须弄清谁是最终产品的购买者,即谁是产品和劳务的最后使用者。在现实生活中,社会最终产品的购买者有国内居民户、企业、政府以及外国的经济主体(包括外国的居民户、企业和政府等)。因此,用支出法核算国内生产总值,就是核算一个国家或一个地区在一定时期内的居民户消费、私人国内总投资、政府购买以及净出口这几个方面支出的总和。

(一) 居民户的消费支出

居民户的消费支出(Consumption,C),包括居民户购买耐用消费品(如电脑、电视机、洗衣机、空调、小汽车等)、非耐用消费品(如食物、衣服、洗涤用品等)和服务(如医疗、保险、旅游、法律诉讼等)的支出。居民建造住房的支出则不包括在消费支出中。

(二) 私人国内总投资

私人国内总投资(Investment,I)。私人国内总投资是指个人或企业增加或更换资本资产(包括厂房和住宅建筑、购买机器设备以及存货)的支出。用于投资的物品为什么不属于中间产品呢?难道资本设备不像中间产品那样是用来生产别的产品的吗?资本物品(如厂房、设备等)和中间产品显然是有重大区别的。资本物品在生产其他产品的过程中只是部分地被消耗,而中间产品则在生产别的产品的过程中全部被消耗掉了。如果一个工厂能使用50年,则它每年只耗费1/50的价值。这种由于损耗造成的资本物品价值的减少称为折旧。折旧包括生产中资本物品的物质磨损,也包括资本老化带来的精神磨损。例如,一台设备使用年限尽管未到,但由于已经过时,其价值也要贬损。

在西方经济学中,投资是指社会资本存量的增加。其他如购买土地或各种财产所有权等,因为既没有增加实际资本存量,也没有增加产品和劳务的产出而不能被视为投资。投资来源于增加和维持资本存量的需要。一般而言,投资包括固定资产投资和存货投资两大类。

固定资产投资是指新建厂房、新设备、新商业用房和新住宅的增加。为什么住宅建筑属于投资而不属于消费呢?西方经济学家认为,居民住宅是一种投资行为,而不是消费行为。因为投资行为的主要目的是获得收益,而消费行为则是获得物品的效用。以小汽车和住宅为例,两种购买行为的目的是不同的:人们购买小汽车是为了获得它给人们带来的便利,其直接目的是为了获得效用;而人们购买住宅主要是为了获得一种投资收益。那么,问题又来了:人们购买住宅也是为了满足自己居住的需要,本质上为什么不是一种消费行为呢?因为在西方国家租房现象极为普遍,如果只是为了居住,人们可以租房。所以,人们购买住宅不是为了居住,而是为了获得投资收益。那么,人们购买住宅的收益来源于何处?一方面是租金收益,另一方面则是房产增值所获的收益。

存货投资是指企业掌握的存货数量的变化。如果年初企业存货为2 000亿美元,年末为2 400亿美元,那么存货投资为400亿美元。计算方法如下:

$$当年存货投资 = 当年年终存货数量 - 上年年终存货数量$$

因此,存货投资可能是正值,也可能是负值,也可能等于0。其值为正,表明当期生产超过了销售;其值为负,则表明当期的销售超过了生产。

投资是一定时期内资本存量的变动量,是一个流量概念;而资本量则是经济社会在某一时点上的资本总量,是一个存量概念。假定某一国家在2010年初的资本存量为10 000亿美元,由于资本物品会不断磨损,假定当年资本物品要消耗即折旧600亿美元。该国2010年完成的投资额为2 000亿美元,其中的600亿美元必须用来补偿旧资本的消耗,净增加投资就只有1 400亿美元。这600亿美元是用来重置资本物品的,故称为重置投资。因此,到了2010年末,该国的资本存量将变为11 400亿美元。其公式可表示为:

$$总投资(2\ 000亿美元)=重置投资(600亿美元)+净投资(1\ 400亿美元)$$

用支出法计算的国内生产总值的投资,指的就是总投资。

(三) 政府对物品和劳务的购买

政府购买(Government Purchases,G)是指各级政府购买物品和劳务的支出,包括教育支出、国防费用支出、政府雇员薪金支付以及建立公共设施支出等。政府购买不同于政府财政支出,它只是政府财政支出的一部分,政府财政支出中的另一些部分如转移支付等都不计入国内生产总值。原因在于政府购买是通过公务员、教师、建立公共设施、打造数字化装甲部队等为社会提供了各种服务,而转移支付是政府不以取得产品和服务为目的的支付,如向失业人员、残障人士、优抚对象以及贫困家庭等发放救济金,而这些并没有提供服务、创造价值。这种支付并没有发生产品和劳务的交换,只是简单地把收入从一些组织或一些人手中转移到了另一些组织或另一些人手中。

(四) 净出口

净出口(Net Exports)是指出口额(X)和进口额(M)的差。一国(或地区)从向国外销售产品和服务获得的收入中减去其向国外购买产品和劳务的支出的值就是该国(或地区)的净出口。净出口表示国外各经济主体对本国(本地区)产品和服务的净需求,其值可能是正值,也可能是负值,这取决于进口额和出口额的相对大小。

将上述的居民户消费、私人国内总投资、政府购买以及净出口四个项目加总,就可以得出用支出法计算国内生产总值的公式:

$$GDP=C+I+G+(X-M)$$

为了帮助大家更好地理解西方国家用支出法核算国内生产总值的基本原理,下面将列出2008年美国国内生产总值及总支出的构成情况,如表8-5所示。

表8-5 2008年美国国内生产总值及总支出的构成(按现价计算)

项 目	金额(10亿美元)	比例(%)	项 目	金额(10亿美元)	比例(%)
国内生产总值	14 441.4	100	产品和服务净出口	−707.8	−4.9
个人消费支出	10 129.9	70.1	出口	1 831.1	

续 表

项　　目	金额(10亿美元)	比例(%)	项　　目	金额(10亿美元)	比例(%)
产品	3 403.2		产品	1 266.9	
耐用品	1 095.2		服务	564.2	
非耐用品	2 308		进口	2 538.9	
服务	6 726.8		产品	2 126.4	
私人国内总投资	2 136.1	14.8	服务	412.4	
固定资产投资	2 170.8		政府购买支出和总投资	2 883.2	20
非居民住宅	1 693.6		联邦政府	1 082.6	
居民住宅	477.2		国防支出	737.9	
私人存货变化	−34.8		非国防支出	344.7	
			州及地方政府	1 800.6	

资料来源：美国商务部经济分析局，http://www.bea.gov。

二、收入法

收入法又称为要素收入法，是指从收入的角度将生产要素在生产过程中所得到的全部收入加总来核算国内生产总值的方法。严格地说，最终产品的市场价值不仅包括生产要素收入构成的成本，还包括间接税、公司未分配利润、折旧等内容。所以，用收入法核算国内生产总值应当包括以下项目。

（一）工资、利息和租金等生产要素的报酬

工资从广义上讲应当包括所有工作上的酬金、津贴和福利费，还包括工资收入者必须缴纳的所得税和社会保险税。这里的利息是指公众给企业提供的货币资金在本期所获得的净利息收入，因为在此处考察的是企业成本，所以很显然，政府公债利息及消费信贷利息不应当在计算范围之内，而只能当作转移支付。租金则包括个人出租土地、房屋等租赁收入以及专利、版权等收入。

（二）非公司企业主收入

非公司企业主收入是指各种非公司型企业主（如医生、律师、会计师和农民等）的纯收入。这些企业主被自己雇用，使用自己的资金，其工资、利息、利润、租金常常混在一起，很难将它们准确地区分开来。因此，统计学家在核算国内生产总值时，把这种所有者兼经营者、劳动者甚至更多身份的各种收入合并为非公司企业主收入一项。

（三）公司税前利润

公司税前利润是收入法核算国内生产总值的重要内容，它主要包括公司所得税、社会保险税、股东红利以及公司未分配利润等。

（四）企业转移支付及企业间接税

企业转移支付是指企业对非营利的社会慈善组织的捐款和消费者赊账。企业间接税是指企业缴纳的货物税或销售税、周转税。这些税收虽然不是生产要素创造的收入，但要通过产品价格转嫁给购买者，所以也应当看作成本。这与直接税（公司所得税、个人所得税等）不同，直接税都已经包括在工资、利润及利息中，因此不能计入国内生产总值，以免重复计算。

（五）资本折旧

资本折旧是资本的耗费，不是生产要素的收入，由于它包含在支出法中的总投资中，所以应当计入国内生产总值。

这样，按收入法核算的国内生产总值的公式是：

GDP＝工资＋利息＋利润＋非公司企业主收入＋租金＋间接税和企业转移支付＋折旧

三、生产法

生产法又称为增值法或部门法，是指通过加总各行业在一定时期内生产的新增价值来核算国内生产总值的方法。因为最终产品的价值等于全部生产过程中各个环节的价值增值额的总和，所以可以通过核算各个行业在一定时期中生产的价值增值来核算国内生产总值。每个生产环节的新增价值等于企业生产的产品价值减去它从其他企业购入投入要素的成本价值的差额。

假定有这样一个经济社会，只向消费者提供一种产品即面包，面包要经过农业生产者、食品制造商以及零售商才能到消费者手中。面包的价值形成链条如表8-6所示。

表8-6　某经济社会的产品（面包）生产链：收入与支出账户　　　　单位：亿元

农业生产者		食品制造商		零售商	
支出	收入	支出	收入	支出	收入
原料成本　0	400	原料成本　400	970	原料成本　970	1 300
工资　　　300		工资　　　350		工资　　　150	
利息　　　50		利息　　　100		利息　　　80	
利润　　　50		利润　　　120		利润　　　100	

从上述例子来看，农业生产部门创造的增加值＝400－0＝400（亿元）；食品制造商创造的增加值＝970－400＝570（亿元）；零售商创造的增加值＝1 300－970＝330（亿元）。将三个

环节创造的增加值加总可得 400＋570＋330＝1 300（亿元），即该经济社会当期的国内生产总值为 1 300 亿元。如果用支出法和收入法来计算，其结果是一致的。

从理论上说，收入法、支出法和生产法计算得出的国内生产总值应当是相等的，但在实际的核算中常有误差，使得三种方法核算出的结果不一致。国民经济核算体系以支出法为基本方法，就是以由支出法核算得到的国内生产总值为标准，所以还得对用其他方法核算得到的结果进行必要的误差调整，以保证最终结果一致。

第三节　国民收入的流量循环模型

一、两部门经济国民收入流量循环模型

两部门经济是由居民户和企业构成的一种最简单的经济，即假定经济中只有居民户和企业两个部门，没有政府和对外贸易部门。此时，国民收入的流量循环模型可以用图 8-1 和图 8-2 来表示。图中曲线的箭头代表货币的流向。当然，与此同时还存在着与货币数量相应的产品、劳务和生产要素的流动。在两部门经济中，居民户向企业提供各种生产要素，同时从企业那里取得相应的货币收入，并用这些收入向企业购买与消费各种产品和劳务，相应地，用于消费的货币支出就流向企业；如果居民户不把所有收入都用于消费，那么就会产生

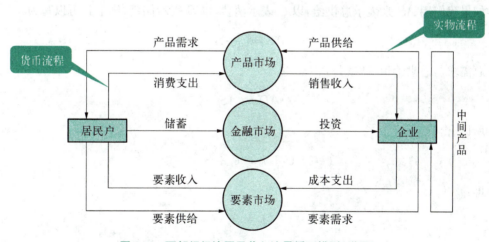

图 8-1　两部门经济国民收入流量循环模型（详图）

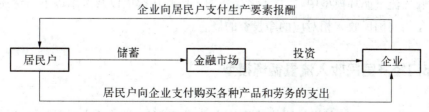

图 8-2　两部门经济国民收入流量循环模型（简图）

储蓄,这些储蓄流入金融市场,金融市场则向企业提供贷款,进行投资;与货币投资相对应的实物形态的资本品流动则发生在企业部门的内部。这样,就形成了一个完整的两部门经济国民收入流量循环模型。

两部门经济中总需求与总供给的关系如下。

从总需求来看,在两部门经济中总需求分为居民户的消费需求和企业的投资需求。消费需求和投资需求可以分别用消费支出和投资支出来表示,即消费支出为消费,投资支出为投资。因此有:

$$总需求 = 消费需求 + 投资需求 = 消费 + 投资$$

如果以 AD 代表总需求,以 C 代表消费,以 I 代表投资,则上式可写为:

$$AD = C + I$$

从总供给来看,总供给是全部产品和劳务供给的总和,产品和劳务是由各种生产要素(即劳动、资本、土地和企业家才能)生产出来的,因此,总供给是各种生产要素供给的总和。生产要素供给的总和可以用各种生产要素得到的相应收入的总和(即工资、利息、地租与利润的总和)来表示。工资、利息、地租和利润是居民户所取得的收入,这一收入可以分为消费和储蓄两部分。因此可得:

$$总供给 = 要素收入总和 = 工资 + 利息 + 地租 + 利润 = 消费 + 储蓄$$

如果我们用 AS 来表示总供给,以 C 表示消费,以 S 表示储蓄,则上式可以写为:

$$AS = C + S$$

总需求与总供给恒等,就是:

$$AD \equiv AS$$

所以有:

$$C + I \equiv C + S$$

即:

$$I \equiv S$$

应当特别指出的是,由于国内生产总值中包括了折旧,因此与之对应的投资是总投资。但在国民收入流量循环模型中,通常不考虑折旧。所以在这里以及本章以下的论述中,所讲到的投资是指与国民收入相对应的净投资的概念。

二、三部门经济国民收入流量循环模型

三部门经济是指在两部门经济的基础上,加上政府部门,即由企业、居民户和政府这三种

经济部门所构成的经济。在三部门经济中,政府是通过税收和政府支出来实现其经济职能的。

政府收入的主要来源是税收。税收分为直接税和间接税。直接税是直接向个人或企业征收的税,这种税具有税收负担由纳税人承担、无法转嫁出去的特点,如所得税等;而间接税是指向商品和劳务征收的税,它具有税收负担不由纳税人直接承担并可以转嫁出去的特点,如消费税、增值税等。

政府支出主要有政府购买和转移支付两类。政府购买是指政府购买各种产品和劳务的支出;而转移支付是指政府不以取得产品和劳务为目的的支出,是一种收入再分配的形式,如抚恤金、养老金、救济金等。

三部门经济国民收入流量循环模型如图8-3所示。因为政府要向企业和居民户征税,同时也要向企业购买产品,向居民户购买劳动,所以政府与企业、政府与居民户之间的货币流动是双向的。

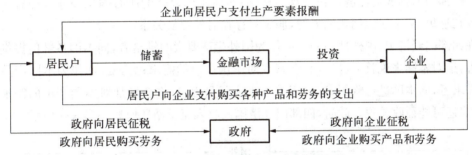

图 8-3　三部门经济国民收入流量循环模型

从总需求来看,在三部门经济中的总需求不仅包括居民户的消费需求和企业的投资需求,还包括政府的需求。政府需求可用政府支出来表示。因此有:

总需求＝消费需求＋投资需求＋政府支出＝消费＋投资＋政府支出

如果我们用G来表示政府支出,则上式可写为:

$$AD = C + I + G$$

从总供给来看,在三部门经济中的总供给不仅包括居民户提供的各种生产要素,还包括政府的供给。政府供给是指政府为整个社会提供的公共产品,它包括国防、立法、基础设施等。政府也因为提供这些公共产品而取得相应的收入,即税收。所以,可以用政府税收来表示政府供给。这样就有:

总供给＝消费＋储蓄＋政府税收

如果我们用T来表示政府税收,则上式可写为:

$$AS = C + S + T$$

三部门经济中总需求与总供给恒等,即:

$$AD \equiv AS$$

所以有：
$$C+I+G \equiv C+S+T$$
即：
$$I+G \equiv S+T$$

因为 $I+G=S+T$，可得 $I-S=T-G$，其中 $T-G$ 是政府储蓄。当 $T>G$ 时，差额为预算盈余；当 $T<G$ 时，差额为预算赤字。

三、四部门经济国民收入流量循环模型

四部门经济是指在三部门经济的基础上加国外部门，即由居民户、企业、政府和国外这四种经济部门所构成的经济。在宏观经济学中，将本国以外的所有国家和地区都看作国外部门。在这里，为了研究问题的方便，假定只存在对外贸易关系。

在四部门经济中，国外部门一方面作为国外生产要素的供给者，向本国各部门提供产品和劳务，这对本国来说就是进口，它会减少对本国产出的需求；另一方面作为本国产品和劳务的需求者，向本国进行购买，这对于本国来说就是出口，它会增加对本国产出的需求。另外，政府还可能征收关税。此时，四部门经济国民收入流量循环模型如图 8-4 所示。

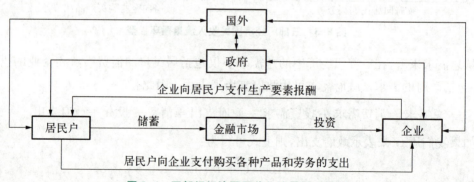

图 8-4　四部门经济国民收入流量循环模型

图 8-4 清楚地表明了四部门经济中国民收入的流量循环，即清楚地反映了居民户、企业、政府和国外这四个部门之间的经济联系。

从总需求来看，在四部门经济中，总需求不仅包括居民户的消费需求和企业的投资需求以及政府的需求，还包括国外的需求。国外的需求对于本国来说就是出口，所以可以用出口来代表国外的需求。因此有：

总需求 = 消费需求 + 投资需求 + 政府支出 + 出口 = 消费 + 投资 + 政府支出 + 出口

如果我们将出口用 X 来代表，则上式可以写为：
$$AD = C+I+G+X$$

从总供给来看,四部门经济中的总供给不仅包括居民户提供的各种生产要素和政府的供给,还包括国外的供给。国外的供给对于本国来说就是进口,因而可以用进口来表示国外的供给。这样就有:

$$总供给 = 消费 + 储蓄 + 政府税收 + 进口$$

如果我们将进口用 M 来表示,则上式可以写为:

$$AS = C + S + T + M$$

四部门经济中总需求与总供给恒等,即:

$$AD \equiv AS$$

所以有:

$$C + I + G + X \equiv C + S + T + M$$

即:

$$I + G + X \equiv S + T + M$$

应当指出的是,在三部门和四部门经济中,政府的税收 T 是税收净额,即它应当等于各级政府的总税收减去政府至少是在本期内对居民户和企业的转移支付,再减去政府的利息支付和津贴;而储蓄 S 则等于居民户的储蓄加上企业未分配利润和折旧。

因为:

$$I + G + X = S + T + M$$

所以有:

$$(S - I) + (T - G) = X - M = NX$$

其中,NX 为净出口。如果 $NX > 0$,差额为贸易盈余;如果 $NX < 0$,差额为贸易赤字。

上述恒等式在国民收入核算中是一种事后的恒等关系。具体而言,这种恒等关系是经济社会在一年的生产和消费之后,在国民收入核算表中反映出来的恒等关系,但总需求和总供给并不总是相等的,有时总需求大于总供给,而有时总需求小于总供给。这种恒等关系也是国民收入决定理论的出发点。

本章小结

宏观经济学研究的一个前提条件是对经济活动水平进行核算。国民经济核算体系(SNA)是西方经济学中测算经济总体情况的基本方法。宏观经济学中的国民收入是衡量社会经济活动成果的一个广泛的概念,它包括国内生产总值、国内生产净值、个人收入和个人可支配收入等核算指标,这些指标通过一定的关系相互关联。

国内生产总值是国民收入的核心核算指标,是指一国(或地区)在一定时期内(通常是一年)在其领土范围内生产出的全部最终产品(物品和劳务)的市场价值的总和。它是反映经济活动的综合性指标,其增长率也就是经济增长率。

核算国内生产总值的方法有支出法、收入法和生产法,最为常用的是支出法。价格变动因素对 GDP 的测算会产生影响,故而剔除了价格变化的实际 GDP 比名义 GDP 更能准确地反映一个经济社会的真实的产出水平。

国民收入的流量循环模型将宏观经济看作一个由许多流量构成的系统,并据此来大致描述宏观经济系统的运行。

主要概念

国内生产总值　国民生产总值　最终产品　中间产品　国内生产净值　国民收入　个人收入　个人可支配收入　名义国内生产总值　实际国内生产总值　净投资　重置投资　GDP 平减指数

思考案例

2019 新思路　绿色 GDP 如何支撑起北京经济?

"林权两股,值 1 700 块钱;山区造林,土地流转再补 5 000 块;看护家门口那片林子,一个月能到账 1 100 块……"时近隆冬,昌平区流村镇长峪城村护林员老刘,一边对记者算着经济账,一边忙不迭地给自己负责的约 30 亩林地浇灌冻水,查找病苗。看得出来,老刘干劲儿十足。作为在山里生活了大半辈子的林农来讲,老刘觉得现在守护绿水青山并不比天天伐木卖柴吃亏。

"绿水青山就是金山银山",大道理总是要靠获得感来体现。获得感、幸福感和 GDP 实现双赢,正是北京发展生态涵养区的深层含义,而这也正是此次"两会"中代表委员们的聚焦点。

减量发展中的辩证法

2018 年 11 月,北京出台《推动生态涵养区生态保护和绿色发展实施意见》,门头沟区、平谷区、怀柔区、密云区、延庆区,以及昌平区和房山区的山区部分,确定作为北京生态涵养区范围,涉及土地面积达 1 129.3 平方千米,占全市面积近七成。该《实施意见》对生态涵养的"红线"严格界定:确保区域生态空间只增不减、土地开发强度只降不升。

曾几何时,北京对一些山区的定位出现过"生态涵养发展区"的字眼。而今,1.641 万平方千米的京畿大地上,16 个区有将近七成的面积定位"生态涵养",甚至连"发展"二字都去掉,是不是不要发展了? 这是在迈向和谐宜居之都的道路上,"首都发展"答卷面临的一道必答题。从 2018 年一年的实践看,北京的答案坚定而明确:只搞大保护,不搞大拆大建。

在"不搞大拆大建"中,北京有"舍":2018 年全年,北京减少 34 平方千米的建设规模,拆除腾退土地面积达 6 828 公顷，疏解市场及物流中心达 203 个，退出一般制造业企业 656 家。此外，天坛医院老院区完成整体搬迁、新院区开诊，北京口腔医院和市疾控中心迁建也在推进……

在"只搞大保护"中，北京有"得"：新增 26.9 万亩造林，北京的"一绿"郊野公园全部提升为城市森林公园，新增了 600 公顷城市绿地，为市民增加 100 千米健康绿道，公园绿地 500 米服务半径覆盖率达到 80%，密云水库蓄水总量超 25 亿立方米，创近 20 年来最高；空气质量持续改善，PM2.5 年均浓度下降至 51 微克/立方米……用市发改委副巡视员王颖捷的话说，在"舍"与"得"的辩证法中，我们完全可以感受到北京的高质量发展、减量发展和绿色发展的脉搏。

发展绿色 GDP 设 21 项指标

如何实现生态涵养区的发展？市发改委负责人介绍，《推动生态涵养区生态保护和绿色发展实施意见》首次提出对生态涵养区进行环境保护、生态建设、减量发展、就业增收、城市服务、创新开放六大方面 21 个考核指标，这些指标重在促进绿色 GDP 发展。其中体现生态环保、资源能源节约的指标高达 14 个，包括"细颗粒物（PM2.5）年均浓度""主要污染物减排""森林覆盖率""常住人口规模开发强度（城乡建设用地规模、建设规模能源消费总量）""用水总量和效率"等，严守生态保护红线和城市开发边界，强化对生态涵养区考核的导向和激励作用。

根据这些指标，七个生态涵养区都已结合自身实际给出了发展思路。GDP 不再是一味追求的单一指标，绿色发展却成了地方政府念兹在兹的执政圭臬。

发展绿色 GDP"不吃亏"

如果用一句最接地气的话概括北京生态涵养的制度安排，恐怕就是"不让看山人、护林员、保水员、相关企业以及搞生态涵养的地方政府吃亏"。一句话，就是不让保护环境的吃亏。例如，目前已经在生态涵养区设立了专门的"绿色发展基金"，重点向生态保护、环境治理和绿色产业发展倾斜；鼓励银行业金融机构通过创新融资产品、开辟授信审批快速通道等方式，加大对生态涵养区项目的支持力度；鼓励融资性担保机构支持生态涵养区的绿色项目……不难看出，这些政策将为生态涵养区的基本权益和发展权益"托底"。

除此之外，为了让生态涵养区"不吃亏"，北京还有一个特别的创新之举，《实施意见》明确平原区与生态涵养区进行"一对一"结对，建立跨区横向转移支付制度：东城区-怀柔区、西城区-门头沟区、朝阳区-密云区、海淀区-延庆区、北京经济技术开发区-平谷区、丰台区-房山区（山区）、顺义区-昌平区（山区）。按照要求，平原地区对生态涵养区的支持规模每年不低于 1 亿元，或不低于 0.5 亿元，支持形式及规模由结对区自行商定。

记者了解到，目前不少结对区已经确定这一横向支付形式。如西城区与门头沟区双方将共同出资，成立用于产业发展的扶持专项资金。其中西城区一次出资 4 亿元，门头沟区 2019 至 2022 年则每年出资 1 亿元，专项资金总规模 8 亿元，双方共同确定产业扶持方向，制定年度产业扶持项目计划。

海淀区 2019 年拿出 1 亿元、延庆区拿出 0.5 亿元，组建 1.5 亿元的项目资金。其中约

30%用于生态建设,计划把紧邻官厅水库的康西草原建设成为森林湿地公园,发挥其生态涵养功能。约40%用于绿色产业发展,发展"绿色GDP"。例如,对延庆区现有的工业园进行产业升级、发展无人机等高新技术产业。东城驻区企业计划向怀柔区投资5 000万元,开展"决胜未来之全浸式英语小镇"项目,提升怀柔区低收入村群众收入。

与西城、门头沟区共建"专项资金"模式不同,北京经济技术开发区对平谷的支付方式则更直接,每年给予平谷区财政资金不少于1亿元。双方明确,这笔来自经济开发区的资金,将主要用于支持平谷绿色产业项目落地,提升平谷的公共服务能力、生态建设、功能疏解承接、低收帮扶、干部人才交流六大领域。"平谷区对这笔开发区支持资金将专账核算、专款专用,以确保这些资金的真正用途和流向,取得实效",平谷区相关负责人表示。

除了资金的横向转移支付之外,目前14个"结对"区都已签署"生态涵养区生态保护和绿色发展结对协作框架协议",将做实产业发展、公共服务、低收入帮扶、人才交流、劳务协作等多个方面的合作,以进一步助力生态涵养区的绿色发展。如延庆区和海淀区,两区商务委目前已确定将共同合作搭建延庆优质农产品农超对接销售平台,正在推进签约事宜。

让生态涵养区政府做生态涵养"不吃亏、能受益",14个区的"大结对"体现出北京经济发展的新思路。

生态涵养区书记区长:怎么"赚"出绿色GDP?

延庆区区长于波表示,2018年延庆区全面聚焦冬奥会、世园会的筹办,厚植生态优势,坚持绿色发展,重点培育全域旅游、冰雪体育、现代园艺、新能源及能源互联网、无人机等特色主导产业。2019年,将进一步对接赛会需求,全方位提升生态环境质量,努力建设绿色发展聚宝盆。

昌平区区长王合生介绍,2019年,昌平区将统筹山区生态保护和绿色发展,加大对山区的转移支付力度,加快休闲农业和乡村旅游提档升级,把山区建成绿色发展"聚宝盆"。

"明确绿色产业发展方向,培育新的经济增长点。"平谷区区长汪明浩表示,经过两年多调研论证和多方沟通协调,平谷区已研究确定农业科技创新示范区、京平物流枢纽等重大发展课题,将进一步支撑绿色经济的发展。除了打造北京农业"中关村"之外,发展绿色智慧物流产业、以2020年世界休闲大会为契机发展休闲旅游产业,也将成为平谷区绿色经济新的增长点。此外,已编制完成的国家全域旅游示范区创建规划,也将助推平谷区绿色经济的发展。

对于发展绿色GDP,怀柔区区长卢宇国表示,雁栖湖国际会都发挥品牌优势,通过发展会展经济辐射带动怀柔区产业发展,落实"办好一次会,搞好一座城"。

针对推动绿色GDP发展,密云区区委书记、区长潘临珠介绍,密云区今年将大力发展蜜蜂产业,新建一座规模1 000群以上的大型养殖基地,再发展四家以上各具特色和潜力的养蜂合作社,争创全国养蜂示范区,打造"中国蜜蜂之乡"。

在推动绿色GDP发展上,房山区区长郭延红介绍,房山今年将大力发展一二三产相融合的现代农业,推进中粮智慧农场二期项目,抓好良乡国家现代农业产业园、窦店和大石窝市级现代农业产业园建设,开建四五家葡萄酒酒庄等。

门头沟区区委书记张力兵表示,在永定河流域治理中,门头沟坚持与农村产业发展相结合,打造精品农业、旅游观光等多种类型的特色流域,促进农民增收,实现生态环境保护和乡村旅游双赢。未来门头沟还将在永定河畔布局发展科技创新产业,利用新首钢协作区发展契机,带动产业、商业发展,建设"人工智能产业园",推动门头沟区域主导产业从采掘业向文旅体验、科创智能、医药健康三大产业转型发展。

资料来源:《北京青年报》,2019年1月11日。

问题讨论:

1. 什么是名义GDP?什么是实际GDP增长?两者有何区别?中国实际增长状况如何?
2. 如何看待北京经济的"舍"与"得"?
3. 现在中国政府开始反思GDP英雄论,只用GDP看经济有什么缺陷?现在提出"绿色GDP"是否正确?

课后习题

一、选择题

1. 下列说法中不正确的是( )。
   A. GDP和GNP都是以市场交换为基础的
   B. GDP和GNP没有区别
   C. GDP和GNP都是流量
   D. GDP是地域的概念,GNP是国民的概念

2. 下列( )不列入国内生产总值的核算。
   A. 出口到国外的某批货物
   B. 房屋中介为一座旧房买卖收取的一笔佣金
   C. 政府给贫困家庭发放的一笔救济金
   D. 保险公司收到的一笔汽车财产保险费

3. 一国2019年的名义国内生产总值大于2018年的名义国内生产总值,说明( )。
   A. 2019年的物价水平一定比2018年的高
   B. 2019年生产的产品和劳务的总量一定比2018年增加了
   C. 2019年的物价水平和实物产量水平一定都比2018年提高了
   D. 以上说法都不一定正确

4. "棉花是中间产品"这一命题( )。
   A. 一定是对的   B. 一定不对
   C. 可能对,也可能不对   D. 以上说法都正确

5. 下列( )应计入GDP。
   A. 购买一辆用过的旧三轮车   B. 购买普通股票
   C. 机床厂购进100吨钢材   D. 银行向某一公司收取一笔贷款利息

6. 经济学上的投资是指( )。

A. 公司增加一批存货　　　　　　　B. 建造一座别墅
C. 公司购买一台电脑　　　　　　　D. 以上都是

7. 在一个由居民户、企业以及政府构成的三部门经济中，GDP 是（　　）的总和。

A. 消费、总投资和政府购买　　　　B. 消费、净投资和政府购买
C. 消费、储蓄和政府购买　　　　　D. 消费、储蓄和总投资

8. 下列项目中，(　　)是转移支付。

A. 总统薪水　　　　　　　　　　　B. 股息
C. 公司对灾区的捐献　　　　　　　D. 银行存款者获得利息

9. 下列(　　)不属于要素收入但被居民收到了。

A. 红利　　　　B. 租金　　　　C. 退休金　　　　D. 银行存款利息

二、计算题

1. 假定某国 2018 年国民收入统计资料如表 8-7 所示。

表 8-7　某国 2018 年国民收入统计资料　　　　　　　　单位：10 亿欧元

资本消耗补偿	456.4	红利	76.5
雇员酬金	1 966.4	社会保险税	353.1
企业支付的利息	364.3	个人所得税	502.1
间接税	366.3	消费者支付的利息	64.3
个人租金收入	44.2	政府支付的利息	206.2
公司利润	264.3	政府的转移支付	446.5
非公司企业主收入	220.4	个人消费支出	2 092.1

请计算国民收入、国内生产净值、国内生产总值、个人收入、个人可支配收入、个人储蓄。

2. 假定某经济有甲、乙、丙三个工厂，甲厂年产 6 000 单位，卖给乙、丙和消费者，其中乙购买 400 单位，丙购买 3 000 单位，余下的 2 600 单位卖给消费者。乙年产 800 单位，直接卖给消费者。丙年产 8 000 单位，其中甲购买 5 000 单位，其余由消费者购买。

(1) 假定投入在生产中都用完，计算价值增加额。

(2) 计算 GDP 的数量。

(3) 如果只有丙有 800 单位折旧，计算国民收入。

3. 假定某一经济社会生产四种产品，它们在 2016 年和 2018 年的产量及价格分别如表 8-8 所示。

表 8-8　产量和价格

产品	2016 年产量	2016 年价格(美元)	2018 年产量	2018 年价格(美元)
甲	35	1.60	40	1.70
乙	60	7.60	70	8.00

续 表

产 品	2016年产量	2016年价格（美元）	2018年产量	2018年价格（美元）
丙	50	6.10	60	7.00
丁	40	5.20	45	5.80

（1）计算2016年和2018年的名义国内生产总值。

（2）假如以2016年为基年，那么2018年的实际国内生产总值是多少？

（3）2018年价格比2016年价格上升了多少？

4. 假定某国的国民收入统计资料如表8-9所示。

表8-9 某国国民收入统计资料　　　　　　　　　单位：10亿美元

个人租金收入	32.8	产品和劳务出口	339.8
折旧	297.4	政府对企业的净补贴	5.6
雇员的报酬	1 696.3	政府对产品和劳务的购买	546.7
个人消费支出	1 772.8	产品和劳务的进口	326.6
营业税和国内货物税	213.2	净利息	189.8
企业转移支付	11.5	财产所有者的收入	134.5
统计误差	−0.8	公司利润	189.6
私人国内总投资	397.4		

（1）用支出法计算GDP。

（2）计算国内生产净值。

（3）用支出法和收入法分别计算国民收入。

5. 请根据表8-10所列的统计资料计算：国内生产总值、国内生产净值、国民收入、个人收入、个人可支配收入。

表8-10 GDP统计资料　　　　　　　　　单位：亿美元

净投资	135	政府购买	205
净出口	20	社会保险金	136
储蓄	30	个人消费支出	506
资本折旧	55	公司未分配利润	102
政府转移支付	125	公司所得税	55
企业间接税	80	个人所得税	82

三、问答题

1. 能否根据产品的物质属性来区别中间产品和最终产品？

2. "假如某一公司用10台新机器替换10台报废的旧机器，这没有使GDP增加，因为机器数量并没有改变。"这种说法对吗?

3. 政府的转移支付能否计入GDP?

4. 假如A为B提供服务应得报酬1 000元,B为A提供服务应得报酬800元,两人商定相互抵消800元,A只收B报酬200元。请问计入GDP的是否只是这200元?

5. 为什么住宅建筑支出被看作投资支出的一部分,而没有被看作耐用品消费支出?

第九章

国民收入决定理论

国民收入决定理论是宏观经济学的中心理论。国民收入水平是由总需求和总供给共同决定的,均衡国民收入是总需求等于总供给时的国民收入。宏观经济学一般采用简单的国民收入决定模型,即收入-支出模型、IS-LM模型、总需求-总供给模型这三种分析工具对国民收入与价格的变动进行分析,用以揭示总需求、总供给及其影响因素的变动对国民收入变动的影响。

第一节 国民收入决定的因素

一、宏观经济均衡

宏观经济均衡是指总体经济处于一种相对稳定的状态。当各种相互作用的宏观经济变量之间达到某种平衡、彼此不再变化时,宏观经济就达到了均衡状态。

研究宏观经济均衡需要考量的变量有总供给、总需求、总产出、总支出和总收入等。一个经济体在某段时期所有产品和劳务的数量,是可供社会支配的总量,可以用来消费、投资或者出口,这是社会的总产出,也是经济的总供给,其市场价值就是 GDP 或 GNP。一般用 Y 表示总产出,用 AS(Aggregate Supply)表示总供给。

总需求就是经济中各种对产品和劳务的有效需求,而这种需求既有需求的愿望也有支付的能力。总支出作为度量总需求的统计指标,在核算 GDP 时包括家庭部门的消费 C、家庭和企业部门的投资 I、政府购买 G 和净出口 NX。一般用 AE(Aggregate Expenditure)表示总支出,用 AD(Aggregate Demand)表示总需求,从而得到一个恒等式,即 $AE \equiv C+I+G+NX$。在经济中的总供给等于总需求时,就实现了宏观经济均衡。上式中,消费、储蓄等经济变量是分析国民收入的基本要素,在此先分析消费、储蓄,然后进行更深入的探讨。

二、消费

消费是居民为满足当前需要而对消费品和劳务的购买,消费水平的高低要受多种因素的影响。不同的经济学家给出了不同的注解,其中,凯恩斯认为,消费取决于其当前的绝对收入水平。除此之外,经典的消费理论有以下几种:

(一) 相对收入消费理论

该理论由美国哈佛大学教授杜森贝里提出。主要论点是,消费者的消费支出主要取决于其相对收入水平。具体包括：

1. 消费的"示范效应"

消费支出不仅受自身收入的影响，也受别人消费和收入的影响。如果个人的收入增加，但周围的人或者与自己处于同一阶层的人的收入同比例增加，则他的消费在收入中所占的比例并不会发生变化。反之，如果他的收入并没有增加，但周围的人收入增加了，他在收入中消费所占的比例会增加。他的消费要维持他在左邻右舍中体面的生活。人们有时候会说"近朱者赤，近墨者黑"，其中蕴藏的就是这个道理。

2. 消费的"棘轮效应"

消费存在的"棘轮效应"是说消费不仅受目前收入的影响，还受过去收入和消费的影响。消费者的消费决策往往不是一种理性的计划，而是取决于消费习惯。消费习惯的形成受各种因素影响，特别重要的是个人在收入最高时期所达到的消费标准对消费习惯的形成有重要影响。消费习惯形成之后有不可逆性，从而消费本身也就有不可逆性，即易于向上调整而难以向下调整。尤其是在短期中，暂时性的收入减少并不会使消费减少相应的量。这种不可逆性就是"棘轮效应"。

由于消费的这种不可逆性，收入变动引起的消费变动是不对称的，即收入增加时消费会迅速增加，而收入减少时，消费并不会迅速减少。"由俭入奢易，由奢入俭难"说的也是这个道理。

（二）生命周期消费理论

该理论由美国经济学家莫迪里安尼提出。他认为，消费者的收入及收入与消费的关系同整个生命周期内的不同阶段有关。这种理论把人生分为青年、壮年和老年，认为消费者要估算一生中的总收入，并考虑在生命过程中如何最佳分配自己的收入以获得最大的消费满足。青年时期消费会超过收入；壮年时期，收入大于消费，一方面偿还青年时欠下的债务，另一方面储蓄以作为养老用；一旦年老退休，收入下降，消费又会超过收入。这个理论的核心是，消费者会在很长的时间范围内规划他们的消费开支，以求在整个生命周期内消费的最佳配置。

（三）持久收入消费理论

该理论由美国芝加哥大学教授弗里德曼提出。该理论认为，消费者的消费支出主要不是由他的当前收入或现期收入决定，而是由他的持久收入决定。所谓持久收入，是指消费者可预期的、有获取保障的、稳定的长期性收入；是消费者可以预计到的长期收入，即他一生中可得到收入的平均值。从长期来看，持久消费与持久收入之间存在高度的相关性和稳定的函数关系，且持久消费与持久收入之间有一个固定比率。

由于在短期中人们的财富存量不会发生明显的变化，因此平均消费倾向随收入的增加而递减，但在长期中，人们的财富存量是随着收入的变化而变化的，且两者之间一般存在某种比例关系，这样，平均消费倾向就可能变成常数，即固定不变。

除绝对收入水平（即人们实际收入水平）、相对收入水平（即与别人收入相比或与自己过去收入相比的收入水平)、永久性收入水平(即消费者预料可得到的长期性收入)等因素影响消费外,经济学家还探讨利息率、金融资产、对未来物价预期等因素。通常来说,利率上升会刺激储蓄、削减消费;反之亦然。如果预期未来价格上涨,会增加当前消费;反之,如果消费者估计未来价格会下降,当前消费就会减少。这些因素中最重要的因素是可支配收入水平。在学习初级宏观经济学理论时,重点在于收入变量的研究,而把其他因素加以抽象。

三、消费函数与储蓄函数

消费函数是指消费支出与决定消费的各种因素之间的依存关系。正如前面所述,在研究国民收入决定时,忽略其他因素,假定仅受收入的影响,可以记为:

$$C = f(Y)$$

式中,C 表示消费,Y 表示国民收入。关于消费和收入的关系,凯恩斯认为,存在一条基本的心理规律:随着收入的增加,消费会增加,但消费的增加没有收入增加得多。一般来说,在其他条件不变的情况下,消费和收入之间是正向变动关系。

储蓄函数是指储蓄与决定储蓄的各种因素之间的依存关系。储蓄是收入中未被消费的部分,假定储蓄仅受收入的影响,因此可以说储蓄是收入的函数,记为:

$$S = g(Y)$$

式中,S 表示储蓄,Y 表示国民收入。一般来说,在其他条件不变的情况下,储蓄与收入同方向变动,即随着收入的增减而增减。

四、边际消费倾向与边际储蓄倾向

边际消费倾向(MPC)是指消费增量与收入增量的比率,表示每增加一个单位的收入时消费的变动情况。用公式可以表示为:$MPC = \dfrac{\Delta C}{\Delta Y}$。按高等数学中微积分的知识,若收入增量和消费增量为极小时,上述公式可以表示为:$MPC = \dfrac{dC}{dY}$。在表 9-1 中,收入每增加 100 单位,消费增加 75 单位,因而边际消费倾向为 0.75。

表 9-1 边际消费倾向与边际储蓄倾向

收 入	消 费	储 蓄	边际消费倾向	边际储蓄倾向
100	150	−50		
200	225	−25	0.75	0.25
300	300	0	0.75	0.25

续　表

收　入	消　费	储　蓄	边际消费倾向	边际储蓄倾向
400	375	25	0.75	0.25
500	450	50	0.75	0.25

边际储蓄倾向(MPS)是指储蓄增量与收入增量的比率，表示每增加 1 单位的收入时储蓄的变动情况。用公式表示为：$MPS=\dfrac{\Delta S}{\Delta Y}$。按高等数学中微积分的知识，若收入增量和储蓄增量为极小时，上述公式可以表示为：$MPS=\dfrac{dS}{dY}$。表 9-1 中，收入每增加 100 单位，储蓄增加 25 单位，因而边际储蓄倾向为 0.25。

因为 $MPC+MPS=\dfrac{\Delta C}{\Delta Y}+\dfrac{\Delta S}{\Delta Y}=\dfrac{\Delta C+\Delta S}{\Delta Y}=1$，所以 $MPC=1-MPS$，$MPS=1-MPC$。

由于新增收入中总会有一部分用于消费或储蓄，但又不可能全部用于消费或储蓄，因此 MPC 和 MPS 始终大于 0、小于 1。

需要指出的是，表 9-1 中列举的是相对特殊的情况，消费者随着收入的增加，在增加的收入中拿来消费的比例即边际消费倾向保持不变。但通常的事实是，人们随着收入的增加，增加的收入中用来消费的比例会有所下降。

五、平均消费倾向与平均储蓄倾向

平均消费倾向(APC)就是消费支出占收入的比例；平均储蓄倾向(APS)就是储蓄占收入的比例。用公式表示为：

$$APC=\dfrac{C}{Y},\ APS=\dfrac{S}{Y}$$

由 $Y=C+S$，可得：$APC+APS=\dfrac{C+S}{Y}=1$。

表 9-2　平均消费倾向与平均储蓄倾向

收　入	消　费	储　蓄	平均消费倾向	平均储蓄倾向
100	150	−50	1.5	−0.5
200	225	−25	1.125	−0.125
300	300	0	1	0
400	375	25	0.937 5	0.062 5
500	450	50	0.9	0.1

从表 9-2 中可以看出,与边际消费倾向和边际储蓄倾向不同的是,平均消费倾向可能大于 1,并随着收入的增加而减少;平均储蓄倾向可能为负,并随着收入的增加而增加。

六、消费曲线和储蓄曲线

(一) 消费曲线

消费曲线是用来表示消费与收入之间的函数关系的曲线,通常情况下,消费会随着收入的增加而增加,但边际消费倾向是逐渐减少的,这样讨论起来就相对复杂了。因此,本章假定消费和收入之间存在线性函数关系,则边际消费倾向为一常数。消费曲线的代数关系式为:

$$C = a + bY$$

上式中的 a 为自发性消费,它表明没有收入即 Y 为 0 时也必须消费的那部分,相当于消费中的第一个组成部分,即必要的生活资料。而 bY 是引致消费,其中,b 是边际消费倾向,它表明消费增量在收入增量中所占的比率。在图 9-1 中,b 为消费曲线的斜率。从图中还可以分析,边际消费倾向就是消费曲线的斜率,而平均消费倾向是连接原点和消费曲线上某点的直线斜率。从图中不难看出,平均消费倾向大于边际消费倾向。

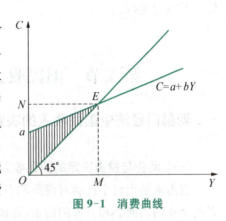

图 9-1 消费曲线

图 9-1 中,45°线上的点表示消费和收入完全相等的收支平衡点,也就是全部收入用于消费,没有储蓄,图中点 E 就是这样的状态,$OM=ON$。在点 E 的左边,收入不足以满足消费,存在负储蓄;而在点 E 的右边,收入除了用于消费外还存在多余部分,也就是正储蓄。

(二) 储蓄曲线

储蓄曲线是用来表示储蓄与收入之间的函数关系的曲线,如图 9-2 所示。而储蓄是收入中未被消费的部分,根据前述假定得到消费函数为 $C = a + bY$,因为 $Y = C + S$,不难得出 $S = -a + (1-b)Y$,其中,$1-b$ 就是边际储蓄倾向。

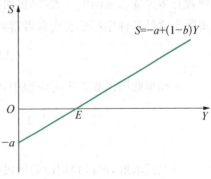

图 9-2 储蓄曲线

七、边际消费倾向递减与平均消费倾向递减

(一) 边际消费倾向递减规律

凯恩斯提出了边际消费倾向递减规律,随着收入的增加,消费虽然也增加,但增加的幅

度却不断下降,即边际消费倾向递减。

(二) 平均消费倾向递减规律

平均消费倾向递减是因为：

$$APC = \frac{C}{Y} = \frac{a+by}{y} = \frac{a}{y} + b$$

平均消费倾向递减还可以通过图 9-3 得到说明。平均消费倾向是连接原点和消费曲线上某点的直线斜率,随着收入的增加,连线变得越来越平坦,因而平均消费倾向递减。

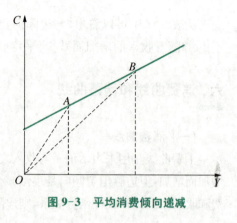

图 9-3　平均消费倾向递减

第二节　国民收入的决定 I：收入-支出模型

一、两部门经济中国民收入的决定

(一) 消费与投资决定的国民收入

总需求是指整个社会对商品和劳务需求的总和。在两部门循环图中,总需求包括消费者向企业购买商品和劳务的需求,即消费者的消费,用 C 表示;企业进行生产的投资需求,即生产的消费,用 I 表示。于是,社会总需求量 AD 应该表示为：$AD = C + I$。

总供给就是指整个社会在某一时期所能提供的总产出。我们知道,总需求反映的是消费者有多少货币流向生产者,总供给反映的是生产者有多少货币流向消费者。因此,总供给实际上就是各种生产要素所有者得到的即期收入总和。因此,可得出国民收入均衡的条件：

$$AD = C + I = AS = Y$$

在简单的国民收入决定模型中,假定投资是常量,而根据前述的消费函数联立方程：

$$\begin{cases} Y = C + I \\ C = a + bY \end{cases}$$

对上式求解,可得到均衡的国民收入为：

$$Y_E = \frac{a+I}{1-b}$$

可见,知道消费函数和投资量,就可得到均衡的国民收入。均衡收入的决定还可用几何图形来表示,如图 9-4 所示。

在图 9-4 中,曲线 C 是消费曲线,表示不同收入水平上居民的消费,投资保持不变,因而

$C+I$ 平行于 C。两条线的纵向截距就是固定的投资 I。同时,图中 $45°$ 线上任何一点的横纵坐标相等,纵轴表示的总支出水平恰好等于横轴表示的总产出水平或总收入水平。

总支出线 $C+I$ 与 $45°$ 线相交于点 E,在这点上,家庭的计划消费加上企业的计划投资正好等于国民收入,即需求量等于总产出量。此点为均衡点,在这个水平上,企业生产的产品既不会出现积压,又不会出现供给不足。

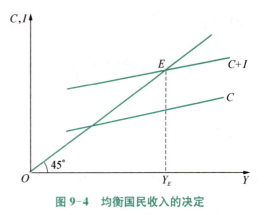

图 9-4 均衡国民收入的决定

(二) 储蓄与投资决定的国民收入

在两部门循环图中,生产要素所有者得到这些收入后,无非用于如下两种用途:消费掉 (C) 和储蓄起来 (S)。于是,社会总供给量(实际的国民收入) AS 应该表示为:

$$AS = C + S$$

可见,总需求和总供给中均出现了消费 C,这时因为消费既是消费者的购买,又是生产者的供给,是从两个不同角度来看待问题的。因此,可得出国民收入均衡的条件为:

$$AD = C + I = AS = Y = C + S,即 I = S$$

而储蓄函数 $S = -a + (1-b)Y$,也就是 $I = S = -a + (1-b)Y$,同样可以得到均衡的国民收入为:

$$Y_E = \frac{a+I}{1-b}$$

在图 9-5 中,横轴表示国民收入,纵轴表示储蓄与投资。因为投资是不以收入的变化而变化的常数,因而是平行于横轴的直线,投资曲线 I 与储蓄曲线 S 的交点 E 即为均衡点,所对应的是 Y_E。

在均衡点的左边,投资大于储蓄,实际产量小于均衡收入,社会市场中供不应求,企业存货减少,企业扩大生产,收入水平向右移动,直到达到均衡收入水平。相反,在

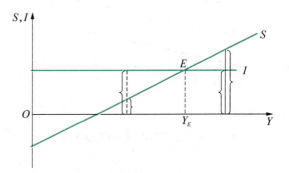

图 9-5 储蓄与投资的均衡国民收入的决定

均衡点的右边,投资小于储蓄,实际生产大于均衡收入,社会市场中供过于求,企业存货增加,企业减少生产,收入水平下降,直到达到均衡收入水平为止。总之,只有在均衡收入水平,才处于相对稳定的状态。

以上两种方法,其实是从同一关系中引申出来的,因为储蓄函数本来就是从消费函数中

派生出来的。因此,由这两种方法得出的均衡收入是一致的。

二、三部门经济中国民收入的决定

在有政府起作用的三部门经济中,国民收入从总支出角度看,包括消费、投资和政府购买;而从总收入看,则包括消费、储蓄和税收,这里的税收,是指总税收减去政府转移支付以后所得的净纳税额。因此,加入政府部门后的均衡收入应是,计划的消费、投资和政府购买之和与计划的消费、储蓄和净税收之和相等的收入,即:

$$C+I+G=C+S+T$$

上式即为 $I+G=S+T$,转化为 $I=S+(T-G)$,事实上也满足两部门经济分析的结论:投资=储蓄。只不过在三部门经济中,储蓄包括了私人储蓄(S)和政府储蓄($T-G$)。

在三部门经济中,政府收入为税收(直接税、间接税)扣除转移支付的部分。有了税收的存在,使国民的实际可支配收入(Y_D)减少。政府的支出即政府购买直接形成对商品和服务的需求,而转移支付并未直接形成对商品和服务的需求,如果用 TR 代表转移支付,却增加了国民的实际可支配收入,此时 $Y_D=Y-T+TR$。税收 T 通常与国民收入呈正向变动关系,国民收入越高,政府税收越富足。把它细分为两块:T_0,表示定量税(只要存在政府,国家机器要维持其基本的运转,必然存在的营运费用),其来源于税收,基本数量与实际的产出或者收入没有关系;tY,表示比例税,即政府根据纳税人收入的比例征收的税收。

现假设 $I=\bar{I}$, $G=\bar{G}$, $TR=\overline{TR}$, 联立方程组:

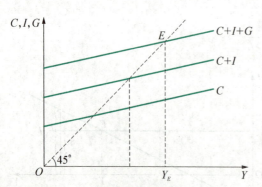

图 9-6 三部门经济中均衡国民收入的决定

$$\begin{cases} Y=C+I+G \\ C=a+bY_D \\ Y_D=Y-T+TR \\ T=T_0+tY \end{cases}$$

求得三部门经济中的均衡国民收入为:

$$Y_E=\frac{1}{1-b(1-t)}(a-bT_0+b\overline{TR}+\bar{I}+\bar{G})$$

也可以用图 9-6 表示这种均衡,分析方法类似于两部门经济,在此不再赘述。

三、四部门经济中国民收入的决定

在四部门经济中,支出除了消费、投资、政府购买外,还有净出口 NX。净出口为进口和出口的差额,即 $NX=X-M$,当然它可以为正,也可以为负,即通常讲的顺差和逆差。在净出口中,出口 X 虽然说与本国产品的质量、款式有关系,但主要取决于国外的收入水平和购买力水平,为了分析简便,通常在理论上将出口 X 假设为一个外生变量。假定 $X=\overline{X}$。对于进口,当然影响一国进口的因素有很多,假定进口(M)一般和本国的收入呈正相关关系,随着本国收入水平的增加而增加。因为收入增加后,消费需求(包括消费者、企业和政府)会更为广泛,国内商品更加难以满足日益增长的需要。于是假定进口函数是最简单的一次线性方程 $M=M_0+mY$,依据下面的假定联立方程组:

$$\begin{cases} Y=C+I+G+(X-M) \\ C=a+bY_D \\ Y_D=Y-(T_0+tY)+TR \\ M=M_0+mY \end{cases}$$

其中,$I=\overline{I}$,$G=\overline{G}$,$TR=\overline{TR}$,$X=\overline{X}$。求得四部门经济中均衡国民收入为:

$$Y_E=\frac{1}{1-b(1-t)+m}(a-bT_0+b\overline{TR}+\overline{I}+\overline{G}+\overline{X}-M_0)$$

四、乘数理论

(一) 投资乘数

投资怎样转化为居民收入?现假定增加 100 亿美元投资用来购买投资品,则这 100 亿美元经过工资、利息、利润和租金的形式流入制造投资品所需要的生产要素的所有者即居民手中,从而居民收入增加了 100 亿美元,这 100 亿美元是投资对国民收入的第一轮增加。

假定该社会的边际消费倾向是 0.8,因此,增加的这 100 亿美元中会有 80 亿美元用于购买消费品。于是,这 80 亿美元又以工资、利息、利润和租金的形式流入生产消费品的生产要素的所有者手中,从而使该社会的居民收入又增加 80 亿美元,这是国民收入的第二轮增加。

同样,这些消费品生产者会把 80 亿美元收入中的 64 亿美元($100\times0.8\times0.8$)用于消费,使社会总需求提高 64 亿美元,这个过程不断地继续下去,最后使国民收入增加 500 亿美元。其过程是:

$$100+100\times0.8+100\times0.8\times0.8+\cdots+100\times0.8^{n-1}$$
$$=100\times(1+0.8+0.8^2+\cdots+0.8^{n-1})$$
$$=100\times1/(1-0.8)$$
$$=500(亿美元)$$

上式表明,当投资增加 100 亿美元时,收入最终会增加 500 亿美元。如以 ΔY 代表增加的收入,ΔI 代表增加的投资,则两者的比率 $k=\Delta Y/\Delta I=5$,这就是西方经济学中的投资乘数。投资乘数是指由投资的变化所引起的均衡国民收入变化的倍数。以 K_I 代表投资乘数,有:

$$K_I = \frac{\Delta Y}{\Delta I}$$

$$K_I = \frac{1}{1-MPC} = \frac{1}{MPS}$$

投资乘数产生的主要根源在于社会经济各部门之间的相互关联性。当某一个部门投资增加，不仅会使本部门收入增加，而且会使其他部门发生连锁反应，从而导致这些部门投资与收入也增加，最终使国民收入的增加量是最初自发投资增加量的数倍。同理，当投资减少时，国民收入也成倍减少。

如图 9-7 所示，投资的增加必然小于国民收入的增加，可见是有倍数放大效应的。当然这也是一把"双刃剑"，如果减少投资，其效果也是倍减的。

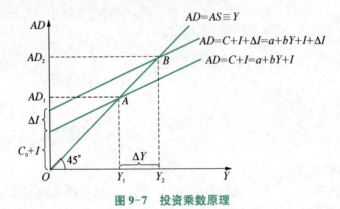

图 9-7　投资乘数原理

如图 9-7 所示，在点 A，有：

$$AD_1 = a + bY_1 + I = Y_1 \tag{9.1}$$

在点 B，有：

$$AD_2 = a + bY_2 + I + \Delta I = Y_2 \tag{9.2}$$

(9.2)式—(9.1)式，得：

$$Y_2 - Y_1 = b(Y_2 - Y_1) + \Delta I$$

$$\Delta Y = b \cdot \Delta Y + \Delta I$$

所以，投资乘数 $K = \dfrac{\Delta Y}{\Delta I} = \dfrac{1}{1-b}$。

上述分析是在两部门经济中考虑的，其实这很容易从两部门经济均衡收入的公式中得出。根据 $Y_E = \dfrac{a+I}{1-b}$ 及 $K_I = \dfrac{\Delta Y}{\Delta I}$，利用高等数学中微积分的知识，如果 ΔI 趋近于 0，$K_I = \dfrac{\Delta Y}{\Delta I} = \dfrac{\mathrm{d}Y}{\mathrm{d}I}$，即 Y 对 I 求一阶导数，其结论和前述分析一致。

在三部门经济中,根据均衡收入公式,有 $Y_E = \dfrac{1}{1-b(1-t)}(a-bT_0+b\overline{TR}+\overline{I}+\overline{G})$,以 K_I 代表投资乘数,Y 对 I 求导,有 $K_I = \dfrac{1}{1-b(1-t)}$。

在四部门经济中,根据均衡收入公式,有 $Y_E = \dfrac{1}{1-b(1-t)+m}(a-bT_0+b\overline{TR}+\overline{I}+\overline{G}+\overline{X}-M_0)$,对应的投资乘数 $K_I = \dfrac{1}{1-b(1-t)+m}$。

不难看出,由两部门经济到三部门、四部门经济,因为有税收和进口的漏出效应,投资乘数变得越来越小了。

(二) 政府购买乘数

政府购买乘数是指收入变动对引起这种变动的政府购买性支出变动的比率,表示政府购买的变动对于国民收入变动的倍增或倍减作用。这种效应和投资乘数的产生过程是相似的,利用高等数学中一阶导数的知识,根据三部门经济中均衡收入公式 $Y_E = \dfrac{1}{1-b(1-t)}(a-bT_0+b\overline{TR}+\overline{I}+\overline{G})$,以 K_G 代表政府购买乘数,Y 对 G 求导,有 $K_G = \dfrac{1}{1-b(1-t)}$。

在四部门经济中,有均衡收入公式 $Y_E = \dfrac{1}{1-b(1-t)+m}(a-bT_0+b\overline{TR}+\overline{I}+\overline{G}+\overline{X}-M_0)$,对应的政府购买乘数 $K_G = \dfrac{1}{1-b(1-t)+m}$。

由三部门到四部门经济,因为有进口的漏出效应,所以政府购买乘数变得越来越小了。

(三) 税收乘数

税收乘数是指因政府增加(或减少)税收而引起的国民生产总值或国民收入减少(或增加)的倍数。由于税收是对纳税人收入的一种扣除,税收高低会影响到投资并进而影响到国民收入。税收变动与国民收入呈反方向变化,即税收减少,国民收入增加;税收增加,国民收入减少。因此,税收乘数是负值。税收乘数又指收入变动对税收变动的比率。

税收乘数有两种:一种是税率变动对总收入的影响;另一种是税收绝对量变动对总收入的影响。税率的变动对收入的影响相对比较复杂,所以只考虑税收绝对量变动对总收入的影响。结合两部门、三部门和四部门经济的均衡收入的公式和导数的知识,得出税收乘数的公式为:

$$K_T = \Delta Y / \Delta T$$

其中,K_T 表示税收乘数,ΔY 表示收入变动量,ΔT 表示税收变动额。

三部门的税收乘数 $K_T=\dfrac{-b}{1-b(1-t)}$，四部门的税收乘数 $K_T=\dfrac{-b}{1-b(1-t)+m}$。由三部门到四部门经济，因为有进口的漏出效应，所以税收乘数变得越来越小了。

（四）政府转移支付乘数

政府转移支付乘数表示政府转移支付的变动对国民收入变动的倍增或倍减作用。由于政府转移支付增加，增加了人们的可支配收入，因而消费会增加，总支出和国民收入增加，因而政府转移支付乘数为正值。以 K_{TR} 代表政府转移支付乘数，道理同政府购买乘数的分析一样。三部门的政府转移支付乘数 $K_{TR}=\dfrac{b}{1-b(1-t)}$，而四部门中 $K_{TR}=\dfrac{b}{1-b(1-t)+m}$，同样也是越来越小了。

可见，政府购买乘数的绝对值大于税收乘数的绝对值，政府购买乘数的绝对值也大于政府转移支付乘数的绝对值。税收乘数和政府转移支付乘数的大小相等、符号相反。

第三节 国民收入的决定Ⅱ：IS-LM 模型

一、IS-LM 模型的含义

IS-LM 模型，又名希克斯-汉森模型，最早被英国经济学家希克斯用来解释和修正凯恩斯理论，后来由美国经济学家汉森于 20 世纪 40 年代末和 50 年代进行推广，成为当时西方宏观经济学中占统治地位的主要学派（新古典综合派）的核心内容。简言之，IS-LM 模型就是表示货币市场和产品市场同时均衡时的利率与国民收入两者之间变动关系的模型。

与简单的国民收入决定理论相比，IS-LM 模型主要是引进了货币市场，考虑了利率对国民收入决定的影响，认为"货币也重要"，与凯恩斯轻视货币政策的观点形成明显的对照。

简单来讲，IS-LM 模型就是说明商品市场与货币市场同时达到均衡时国民收入与利息决定的模型。这里的 I 是指投资，S 是指储蓄，L 是指货币需求，M 是指货币供给。由于该模型被认为在理论上是对总需求分析的全面高度概括，在政策上可以用来解释财政政策和货币政策，因而它被视为整个宏观经济学的核心。

二、投资需求曲线

当你思考是否需要投资一个项目或者追加投资的时候，你的判断依据是什么？其中有一个暗含的道理是，当你在思考是否投资的时候，你要考虑你的投资回报至少能够弥补你的资金成本，否则将得不偿失。也就是说，当预期利润率大于市场利率时，企业会投资或者增加投资；反之，则企业不会进行新的投资。市场利率的下降意味着投资成本的下降和预期利润率的提高，投资会增加；市场利率的上升则会导致资金成本的增加和预期利润率的减少，投资会减少。总之，投资需求与利率呈负相关，这种负相关可以用投资需求函数表示，而在中级宏观经济学中，为了简便起见，一般用最简单的一次线性函数表示，具体为：

$$I = e - dr$$

上式中，e 和 d 均为常数，e 表示当利率为 0 时也存在的投资，常称为自发性投资，在图 9-8 中，e 可以理解为一次线性方程的截距，它取决于整个社会的产出水平和货币的总供给量，与利率无关。因为即便利率为 0，投资的量不可能无穷大，也会受到货币量、市场容量和社会资源的约束。d 表示投资对利率的敏感程度，有些经济学家也将其称为利率对投资的敏感系数。它往往受一个国家、地区、民族的投资习惯和性格的影响。投资需求曲线如图 9-8 所示。

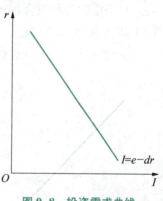

图 9-8　投资需求曲线

三、产品市场均衡与 IS 曲线

（一）IS 曲线的含义

IS 曲线描述当 $I = S$，即产品市场处于均衡状态时，国民收入与利息率之间存在着反向变动关系。之所以在产品市场上利息率与国民收入呈反方向变动，是由于利息率与投资呈反方向变动。由于投资又是总需求中的一个重要内容，因而投资增加，总需求也增加；投资减少，总需求也减少。同时，总需求又是与国民收入同方向变动的，因此，利息率也就必定与国民收入呈反方向变动。

（二）两部门经济中 IS 曲线的推导

现在对 IS 曲线进行逻辑推导。在图 9-9 中，四个象限的横轴与纵轴所代表的均为正值。先从第二象限开始，第二象限的本质就是前述的图 9-8 中投资需求曲线的位置变化，表示投资随利率的反向变动关系。当利率为 r_1 时，对应的投资水平为 I_1；当利率为 r_2 时，对应的投资水平为 I_2。再分析第三象限，第三象限中 45°线上任何一点都表示 $I = S$，这就是在前面章节分析的两部门经济中产品市场的均衡。因此，当利率为 r_1 时，投资为 I_1，而产品市场均衡对应的储蓄为 S_1；当利率为 r_2 时，投资为 I_2，而产品市场均衡对应的储蓄为 S_2。接着分析第四象限，区域表示的是储蓄曲线，根据 $S = f(Y)$，

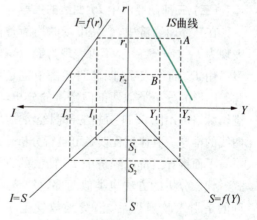

图 9-9　两部门经济中 IS 曲线的推导

很容易就建立了储蓄 S 与对应的国民收入的关系。最后,在第一象限,就容易得出结论,当利率为 r_1 时,产品市场均衡的国民收入为 Y_1;当利率为 r_2 时,产品市场均衡的国民收入为 Y_2。

可见,IS 曲线是产品市场均衡状态的一种简单图形,表示投资等于储蓄条件下的国民收入与利率的各种组合,在任一给定利率处所对应的国民收入水平,投资(I)恰好等于储蓄(S),因此称为 IS 曲线。

如图 9-10 所示,凡是位于 IS 曲线右边的收入与利率组合,都是投资小于储蓄的非均衡组合,如图中点 A。凡是位于 IS 曲线左边的收入与利率组合,都是投资大于储蓄的非均衡组合,如图中点 B。

对 IS 曲线的推导,除上述分析之外,经典的分析方法还包括代数方法。如果两部门经济产品市场均衡,则对应 $Y=C+I$,把前面的消费函数 $C=a+bY$ 和投资函数 $I=e-dr$ 代入,联立方程组为:

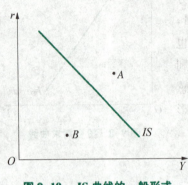

图 9-10　IS 曲线的一般形式

$$\begin{cases} Y=C+I \\ C=a+bY \\ I=e-dr \end{cases}$$

求解:

$$r=-\frac{1-b}{d}Y+\frac{a+e}{d},\text{或} Y=\frac{a+e}{1-b}-\frac{d}{1-b}r$$

上述两个公式,读者应学会自己推导,在分析图形或做选择题的时候常常运用第一个公式。在图形中,利率 r 为纵轴,国民收入 Y 为横轴,$\frac{a+e}{d}$ 为截距,而 $-\frac{1-b}{d}$ 为 IS 曲线的斜率。当然,更多的目标是考虑国民收入的数量,因而在做计算题的时候常常运用后面一个公式。

(三) 三部门经济中 IS 曲线的推导

在三部门经济中,产品市场的均衡条件表现为 $I+G=S+T$,不再表现为 $I=S$,但习惯用 IS 曲线表示,四部门经济中也是如此。图形的分析类似两部门经济的分析,其逻辑脉络可用图 9-11 分析三部门经济中 IS 曲线的推导。具体过程读者可自行分析。

下面推导三部门经济中 IS 曲线的方程式。代数分析的方法也类似两部门经济,不同的是引入政府以后,消费函数发生了变化,即 $C=a+b[Y-(T_0+tY)+TR]$,而

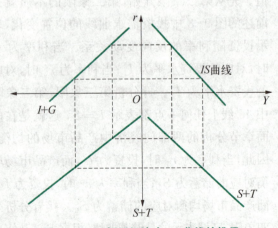

图 9-11　三部门经济中 IS 曲线的推导

$Y=AE=C+I+G$,$I=e-dr$。建立方程组如下：

$$\begin{cases} Y=C+I+G \\ C=a-bT_0+bTR+b(1-t)Y \\ I=e-dr \end{cases}$$

联立求解：

$$r=\frac{a+b(TR-T_0)+e+G}{d}-\frac{1-b(1-t)}{d}Y$$

或者：

$$Y=\frac{a-bT_0+bTR+e+G}{1-b(1-t)}-\frac{d}{1-b(1-t)}r$$

（四）四部门经济的 IS 曲线

对于四部门经济的 IS 曲线的推导，类似于三部门经济的分析方法。总体来讲，其图形的基本形态都是相似的。在 r-Y 平面上，IS 曲线是自左上方向右下方倾斜的直线，不同的是，直线的斜率和截距发生了变化。

代数的分析方法就是将 $I=e-dr$ 代入下式：

$$Y=C+I+G+(X-M)$$

又因为 $C=a+bY_D$ 且 $Y_D=Y-(T_0+tY)+TR$，同时 $M=M_0+mY$，联立解方程得出：

$$r=-\frac{1-b(1-t)+m}{d}Y+\frac{a+b(TR-T_0)+e+G+X-M_0}{d}$$

（五）IS 曲线的移动

在两部门经济中，均衡条件为 $I=S$，所以 I 和 S 的变动会引起 IS 曲线的移动。

在三部门经济中，均衡条件变为 $I+G=S+T$，此时，I、G、S 和 T 中任何一个变量发生变动都会引起 IS 曲线的移动。

1. **投资变动引起的 IS 曲线移动**

投资增加是指投资水平增加，即在不同利率水平下投资都等量增加。因此，投资增加 ΔI，则投资曲线 $I(r)$ 向右移动 ΔI，这将使 IS 曲线向右移动，其向右移动量等于 $I(r)$ 的移动量乘以投资乘数 K_I，即 IS 曲线的移动量为 $K_I \Delta I$。

2. **储蓄变动引起的 IS 曲线移动**

设投资保持不变，若储蓄水平增加 ΔS，则消费水平就会下降 ΔS，IS 曲线会向左移动，移动量为 $K_I \Delta S$。类似地，储蓄减少使 IS 曲线右移，移动量也是 $K_I \Delta S$。

3. 政府购买变动引起的 IS 曲线移动

增加政府购买支出对国民收入的作用与增加投资类似，因而会使 IS 曲线平行右移，移动量为政府购买支出增量与政府购买支出乘数之积，即 $K_G \Delta G$。

4. 税收变动引起的 IS 曲线移动

税收增加类似投资或消费减少，税收减少类似投资或消费增加。因此，税收增加会使 IS 曲线平行左移，税收减少会使 IS 曲线平行右移，移动量为税收乘数与税收变动量之积，即 $K_T \Delta T$。

当然在四部门经济中，净出口的增加可以表现为出口的增加或进口的减少或两者的同时变化，这些变化都会导致 IS 曲线的右移；相反，则 IS 曲线向左移动。需要指出的是，读者也可以运用前面的方程式通过分析 IS 曲线中截距的变化来分析其移动情况。

四、货币市场均衡与 LM 曲线

(一) 货币供给

在货币市场上，货币供给(Money Supply)用 M 表示。货币供给量是外生变量，它是中央银行独立控制的政策变量，可视为固定不变。中央银行主要通过公开市场买卖政府债券来控制货币供应量。除此以外，中央银行还可以通过改变准备金率和再贴现率的方法来调节货币的供给量。如果中央银行在公开市场上买进政府债券、降低法定准备金率或者降低再贴现率，货币的供给量就会增加；而如果中央银行在公开市场上卖出政府债券、提高法定准备金率或者提高再贴现率，货币的供给量就会减少。因此，货币供给量只受中央银行的货币政策的影响，而不受利率和其他因素的影响。

货币存量一般分为 M_1、M_2 和 M_3。M_1 又称交易货币，它包括各种实际用于交易的货币。M_1＝流通中的现金(或称通货，即硬币＋纸币)＋支票账户存款(商业银行的活期存款及其他支票存款)。M_2 又称为广义货币，它包括了 M_1，以及流动性较差、不能直接用作支付工具的货币，如储蓄存款、小额定期存款、个人持有的货币市场互助基金等。M_3 包括 M_2 以及流动性更差、不能随时取出的大额定期存款、机构性货币市场互助基金、金融债券等。

(二) 货币需求

货币需求是指人们在某一时点上愿意并且能够以货币形式持有的资产数量。简言之，就是人们的持币需求。货币需求(Liquidity Preference)用 L 表示。凯恩斯理论认为，人们持有货币是由流动性偏好决定的。所谓流动性，就是指持有货币在交易过程中的便利性，而人们愿意持有货币以保持这种便利性的倾向，就称为流动性偏好。因此，流动性偏好就是对货币的需求。凯恩斯把流动性偏好产生的原因归结为人们对货币需求的三个动机：交易动机、预防动机和投机动机。

1. 货币的交易性需求

货币的交易需求就是指个人或企业为应付日常的交易或日常的经济往来而持有货币。

交易动机即人们持有一定数量货币的目的是为了日常交易。日常交易的大小与人们的收入水平有关,因此交易性货币需求与收入水平 y 相关。当收入水平上升时,交易会相应上升,而交易性需求也会上升;反之,当收入水平下降时,交易会相应减少,而交易性需求也会随之减少。

2. 货币的预防性需求

货币的预防需求是指为了应付未来不确定的各种意外支出而持有货币。收入高的人为预防而持有的货币要多一些;而收入低的人不会准备较多的货币去应付不测事件。因此,预防性需求与交易性需求一样,都与人们的收入存在着正相关关系。

货币的交易需求和预防需求一般统称为货币的交易需求(L_1),它是收入的增函数。记为:

$$L_1 = f(Y) = kY$$

3. 货币的投机性需求

货币的投机需求是指个人和企业为了抓住购买有价证券的机会以便获利而产生的持币要求。人们持有货币是为了在证券市场上进行投机。利率 r 则是持有货币的机会成本。当利率上升时,意味着持有货币的机会成本上升,消费者倾向于放弃货币而持有债券,以取得利息收入。反过来,当利率下降时,意味着持有货币的机会成本下降,消费者又倾向于放弃债券而持有货币,以满足流动性偏好。因此,投机动机的存在使货币的需求与利率水平呈反方向变化,如图9-12所示。

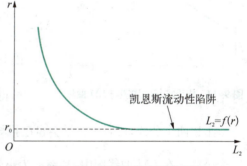

图 9-12 货币的投机需求曲线

货币的投机需求 L_2 与收入无关,仅为利率的减函数。记为:

$$L_2 = g(r) = u - hr$$

当利率极低时,人们的货币投机需求无穷大。这种情况称为"流动偏好陷阱"或"凯恩斯陷阱"。

4. 货币的总需求

以 L 代表货币的总需求,有:

$$L = L_1 + L_2 = f(Y) + g(r)$$

货币的总需求曲线是表示货币总需求与利率之间的函数关系的曲线。货币需求函数为:

$$L = L_1 + L_2 = kY + u - hr$$

事实上,上述函数并未考虑物价水平,因而表示货币的实际需求量。如果用 m、M、P

分别表示实际货币量、名义货币量和社会平均价格水平,则实际货币需求函数为:

$$m = \frac{M}{P} = kY + u - hr$$

名义货币需求函数为:

$$L = (kY + u - hr)P$$

(三) 货币市场的均衡与 *LM* 曲线的推导

LM 曲线是描述货币市场的需求与供给达到均衡时,利率与国民收入之间关系的曲线。该曲线描述在 $L=M$ 即货币市场达到均衡时,国民收入水平与利率之间存在着同方向变动的关系,如图 9-13 所示。

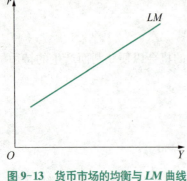

图 9-13 货币市场的均衡与 *LM* 曲线

可利用代数方法推导 *LM* 曲线。依据为:货币需求=货币供给。其中,货币需求为:$L = L_1(Y) + L_2(r)$;$L_1 = kY$;$L_2 = u - hr$。货币供给为:$M = \overline{M}$(假定 $P=1$,因此 $M = \frac{\overline{M}}{P}$)。

因此有:$\overline{M} = kY + u - hr$。

可得:$Y = \frac{\overline{M} - u}{k} + \frac{h}{k}r$,或 $r = \frac{k}{h}Y + \frac{u - \overline{M}}{h}$。

上述两个公式,读者应该学会自己推导,在分析图形或者在做选择题的时候常常运用第二个公式。在 *LM* 曲线图中,利率 r 为纵轴,国民收入 Y 为横轴,$\frac{u - \overline{M}}{h}$ 为截距,而 $\frac{k}{h}$ 为 *LM* 曲线的斜率,u 为常数。当然更多的目标是考虑国民收入的数量,因而在做计算题的时候常常运用前面一个公式。

LM 曲线向右上方倾斜的假定条件是,货币需求随利率上升而减少,随收入上升而增加。如果这些条件成立,则当货币供给既定时,若利率上升,货币的投机需求量减少(即人们认为债券价格下降时,购买债券从投机角度看风险变小,因而愿意买进债券而减少持币需求)。为保持货币市场上供求平衡,货币交易需求量必须相应增加,而货币交易需求又只有在收入增加时才会增加。于是,较高的利率必须和较高的收入相结合,才能使货币市场均衡。如果这些条件不成立,则 *LM* 曲线不可能向右上方倾斜。例如,古典学派认为,人们需要货币,只是为了交易,并不存在投机需求,即货币投机需求为 0,在这种情况下,*LM* 曲线就是一条垂直线。反之,凯恩斯认为,当利率下降到足够低的水平时,人们的货币投机需求将是无限大(即认为这时债券价格太高,只会下降,不会再升,从而买债券风险太大,因而人们手头不管有多少货币,都不愿再去购买债券),从而进入流动性陷阱,使 *LM* 曲线呈水平状。由于西方学者认为,人们对货币的投机需求一般既不可能是 0,也不可能是无限大,是介于 0

和无限大之间,因此,LM 曲线一般是向右上方倾斜的。

(四) LM 曲线的移动与倾斜程度

LM 曲线的移动从数学的角度表现为曲线 $r = \frac{k}{h}Y + \frac{u - \overline{M}}{h}$ 中截距的变化,而倾斜程度是由其斜率 $\frac{k}{h}$ 所确定的,因此,读者在分析的时候不难看出这种变化,具体如下:

(1) 货币需求对利率变动的敏感程度提高,即 h 值的增大使 LM 曲线趋于平坦;反之亦然。

(2) 货币需求对收入变化的敏感程度提高,即 k 值的增大使 LM 曲线趋于陡峭;反之亦然。

(3) 货币数量的增加使 LM 曲线向右移动;反之,货币数量的减少使 LM 曲线左移。这是因为在 LM 曲线的代数式中,货币数量增加,则 $\overline{M}$ 增加,会导致截距降低,LM 必然向右下方倾斜;反之与此相反。这个思路为后续分析货币政策的效果提供了方法论依据。

(4) 货币需求对利率变动的敏感程度提高,即 h 值的增大使 $\frac{u - \overline{M}}{h}$ 降低,截距减少,从而 LM 曲线向右下方移动(如图 9-14 所示);反之,LM 曲线则向左上方移动。

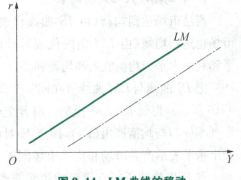

图 9-14　LM 曲线的移动

(五) LM 曲线的特殊区域

1. 凯恩斯区域

LM 曲线的凯恩斯区域是一条水平线。按照凯恩斯的解释,出于灵活偏好的存在,货币需求趋于无限大,无论怎样增加货币供给,都不会促使利率进一步下降,也就不能达到刺激投资的目标。这种现象常常称为"凯恩斯陷阱"或"灵活偏好陷阱",也称为"流动性偏好陷阱"。

凯恩斯特例的现实意义是,当经济萧条时,厂商与消费者普遍缺乏硬通货,货币需求趋于无限大,货币供给有限度的增加不能满足需要。凯恩斯据此轻视货币政策,认为货币无关紧要。

2. 古典区域

LM 曲线的古典区域为一条垂线。这是因为按照古典经济学(包括新古典经济学)的解释,货币市场与商品市场无关,互不影响,即货币需求仅受利率影响,而与国民收入无关。

对于古典区域有两点解释:一是在古代社会,借贷通常用于消费,很少用于生产投资,故货币需求主要受利率影响,而与收入关系甚微;二是在现代资本主义社会,当经济处于繁

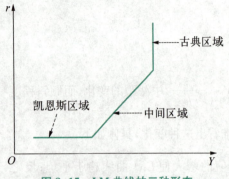

图 9-15 LM 曲线的三种形态

荣状态时,国民收入增长达到极限,货币需求则出于收入增长的刺激继续迅速上升,结果导致利率直线上升。

考虑到 LM 曲线的上述两种特例,一条完整的 LM 曲线应该包括三个不同的阶段,如图 9-15 所示。LM 曲线上斜率的三个区域分别指 LM 曲线从左到右所经历的水平线、向右上方倾斜线、垂直线这三个阶段,LM 曲线的这三个区域分别称为凯恩斯区域、中间区域、古典区域。

五、产品市场与货币市场同时均衡的 IS-LM 均衡模型

(一) 均衡收入和均衡利率

产品市场达到均衡(由 IS 曲线代表)并且货币市场也达到均衡(由 LM 曲线代表),此时的收入水平和利率水平为均衡收入和均衡利率。

把 IS 曲线与 LM 曲线放在同一个图形中(如图 9-16 所示),得到 IS-LM 模型。两者交点 E 代表均衡利率(r_E)与均衡产出(Y_E),即点 E 对应的利率与产出水平表示产品市场和货币市场同时处于均衡状态。点 E 以外的任何点代表的利率与产出组合,都不满足两个市场同时均衡的条件。

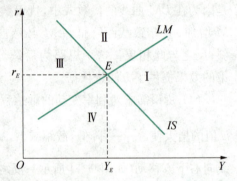

图 9-16 产品市场与货币市场的同时均衡

在第Ⅰ区间:$I<S$,利率有下降的压力;$L>M$,利率有上升的压力。在第Ⅱ区间:$I<S$,$L<M$,利率有下降的压力。在第Ⅲ区间:$I>S$,利率有上升的压力;$L<M$,利率有下降的压力。在第Ⅳ区间:$I>S$,$L>M$,利率有上升的压力。

从数学的角度看,产品市场与货币市场同时均衡的国民收入和利率,是通过联立 IS 曲线和 LM 曲线的方程式计算的,现以两部门经济为例。联立 IS、LM 方程:

$$\begin{cases} r = -\dfrac{1-b}{d}Y + \dfrac{a+e}{d} \\ r = \dfrac{k}{h}Y + \dfrac{u}{h} - \dfrac{M}{hp} \end{cases}$$

整理后可得到两个市场共同均衡时的国民收入:

$$Y_E = \dfrac{\dfrac{a+e}{d} + \dfrac{M}{hP} - \dfrac{u}{h}}{\dfrac{1-b}{d} + \dfrac{k}{h}}$$

需要指出的是,上述公式只是出于推理的需要,读者在计算习题时不必生搬硬套,代入实际的方程运算就可以了。

(二) IS 曲线移动对均衡收入和均衡利率的影响

当自发性需求发生变化时,IS 曲线会发生移动,从而导致均衡收入和均衡利率发生变化。

以自发性投资增加为例,如图 9-17 所示,IS 与 LM 相交于 E_0,决定了利率为 r_E,国民收入为 Y_E。当自发性投资增加时,自发性总需求增加,IS_0 曲线向右移动并引起均衡国民收入增加,均衡利率上升。与此相反,自发性投资减少时,自发性总需求减少,IS 曲线左移并引起均衡国民收入减少,均衡利率下降。

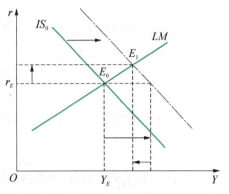

图 9-17 自发性需求变化对均衡的影响

(三) LM 曲线移动对均衡收入和均衡利率的影响

当货币供给量发生变化时,LM 曲线会发生移动,从而导致均衡收入和均衡利率发生变化。

当货币供给量增加时,LM 曲线向右移动,引起均衡国民收入增加,均衡利率下降;当货币供给量减少时,LM 曲线向左移动,引起均衡国民收入减少,均衡利率上升。图 9-18 可反映这一变化。

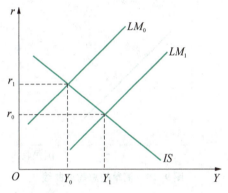

图 9-18 货币供给量变化对均衡的影响

第四节 国民收入的决定Ⅲ:总需求-总供给模型

一、总需求-总供给模型的形成

总需求-总供给模型是 IS-LM 模型进入 20 世纪 80 年代以来的新发展。促成这一发展的历史背景是,20 世纪 60 年代后期西方国家普遍发生了日益严重的通货膨胀,到 20 世纪 70 年代更进一步发展为通货膨胀和经济停滞同时并存的严重局面,作为西方正统宏观经济学核心内容的 IS-LM 模型顿时成为众矢之的,受到了货币主义、理性预期和供给学派等各方面的猛烈抨击,其正统地位发生动摇。于是,以萨缪尔森为代表的"新古典综合派"(即"后凯恩斯主流派")不得已对其经济理论作出某些调整和补充修改。与 IS-LM 模型相比,总需求-总供给模型的主要发展是:① 考虑了物价水平对国民收入的影响;② 考虑了总供给对国民收入的影响。简言之,总需求-总供给模型,就是在 IS-LM 模型的基础上,进一步反映物价水平如何对总需求和总供给的均衡发生影响并进而影响国民收入的理论模型。

二、总需求曲线

(一) 总需求曲线的形态

总需求(Aggregate Demand)是指经济社会在每一总价格水平上所愿意并且能够购买的产品和劳务的需求总量,也就是对国内生产总值的需求。因此,总需求反映了价格水平和总需求量之间的关系。

用 AD 代表总需求,按照总需求的定义,总需求由以下四个部分构成:

$$AD = C + I + G + NX$$

其中,C 代表消费需求,是指国内居民对产品和服务的需求;I 代表投资需求,是指企业购买资本品的需求;G 表示政府需求,是指政府采购产品和服务的需求;NX 代表净出口需求,是指外国购买本国产品和服务的净需求。总需求的四个构成部分实际上也是总支出的四个组成部分,在前面章节已经进行了讨论,此处不再重复。

总需求函数反映的是总需求量与价格水平之间的依存关系,或者说是物价总水平与经济社会的均衡支出或均衡收入之间的数量关系。

总需求曲线是一条向右下方倾斜的曲线(如图 9-19 所示),表明总需求量与价格呈反方向变化。

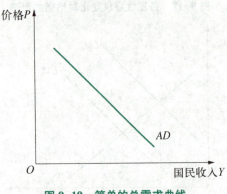

图 9-19 简单的总需求曲线

(二) 总需求曲线的推导

总需求曲线之所以向右下方倾斜,是因为在货币供给量不变时价格下降,导致 LM 曲线向右下方移动,市场的利率下降,投资水平增加,国民收入增加;反之亦然。如图 9-20 所示,当价格为 P_1 时,LM 曲线为 LM_1,产品市场和货币市场同时均衡时的国民收入为 Y_1;当市场价格下降为 P_2 时,LM 曲线向右下方移至 LM_2,产品市场和货币市场同时均衡时的国民收入增加为 Y_2,即价格下降,国民收入增加。

从代数运算的角度,将下述两方程联立求解,可推导出总需求曲线:

$$\begin{cases} Y = C(Y-T) + I(r) + G + X - M \\ M/P = L(Y, r) \end{cases}$$

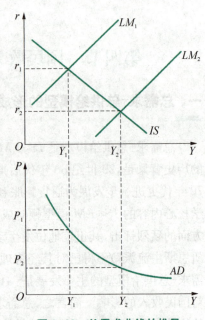

图 9-20 总需求曲线的推导

(三) AD 曲线为什么会向右下方倾斜

1. 利率效应

一般来说，价格上升时会提高利率水平。可直观地看到这一点，当价格水平上升时，流通中的实际货币数量就会减少，在利率不变的情况下，就会出现货币市场对实际货币的过度需求，为了平衡人们对货币的过度需求，利率水平必然上升。这样，价格水平上升必然带来利率水平的提高。由于利率水平的提高也就意味着当前消费的机会成本增加而未来消费的预期收益提高，因此，人们会减少当前消费量，增加未来消费量。所以，随着总价格水平的上升，人们会用未来消费替代当前消费从而减少对商品的需求总量；而随着总价格水平的下降，人们则用当前消费来替代未来消费从而增加对商品的总需求量，这就是利率效应。利率效应也会导致总需求曲线向下倾斜。

2. 实际余额效应

事实上，人们会由于各种原因而持有一定数额的资产，如货币、基金、股票、债券等。人们保存一定数额资产的原因可能是为满足自己或子女上学的费用支出，也可能是为了退休后过上安逸舒适的生活，还有可能是为了购买一套面积更大的房子。当价格水平上升时，人们手中名义资产的数量不会改变，但以货币实际购买力衡量的实际资产的数量会减少，这就意味着他原来的计划可能要大打折扣，如学费上涨后交不起学费等。为了实现未来的计划，必须保持实际资产数额不变。因此，人们在收入不变的情况下就会减少对商品的需求量，增加名义资产存量。随着总价格水平的上升，人们会减少对商品的需求量而增加名义资产数量以保持实际资产数额不变；而随着总价格水平的下降，情况就会相反，这就是实际余额效应。实际余额效应的结果是价格水平上升时，人们所愿意购买的商品总量减少；价格水平下降时，人们所愿意购买的商品总量增加，总需求曲线因此向下倾斜。

3. 税收效应

当物价水平上升时，消费者必然要求增加名义工资，而一国的税收政策是相对稳定的，名义工资的上涨必然使消费者进入更高所得税率的征收阶段，这使得消费者的实际可支配收入下降，从而减少消费与投资，总需求降低。税收效应的结果是价格水平上升时，人们愿意购买的消费量减少；价格水平下降时，人们愿意购买的商品总量增加，总需求曲线因此向下倾斜。

4. 进出口效应

在开放经济的条件下，替代效应还表现为开放替代效应。当一国价格水平上升时，在其他因素不变的情况下，其他国家生产的产品就会变得相对便宜，本国居民就会用外国产品来替代本国产品，增加对进口品的需求，而外国居民则用本国产品替代外国产品，减少对出口品的需求，由此净出口需求量减少，从而商品总需求量会减少。因此，总价格水平上升，人们会用进口来替代出口从而减少对国内商品的需求量；而总价格水平下降，人们则会用出口来替代进口从而增加对国内商品的需求量，这就是进出口效应。当一个经济对外开放时，进出口效应就构成了总需求曲线向下倾斜的另一个原因。

(四) 总需求曲线的移动

除物价水平外,一切影响实际国民收入总需求量的因素发生变动都会引起总需求曲线位置的移动。

导致总需求曲线位置移动的具体因素有很多,其中政府支出和货币供给量的变动是主要的考虑因素,或者说,主要考虑政府的财政政策和货币政策对总需求曲线位置的影响。

如图 9-21 所示,从均衡点 (R_1, Y_1) 开始,增加政府购买 G 会使得 IS_1 曲线向右移至 IS_2,在原有价格水平下,产出增至 Y_2,AD_1 曲线移至新水平 AD_2。

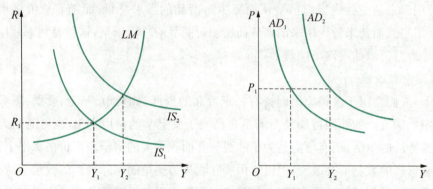

图 9-21　政府支出变化对总需求曲线的影响

如图 9-22 所示,从均衡点 (R_1, Y_1) 开始,增加名义货币供给使 LM_1 曲线向右移至 LM_2,在原价格水平 P_1 下,产出增至 Y_2,AD_1 曲线移至新水平 AD_2。

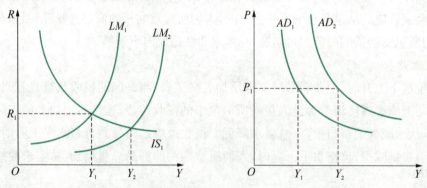

图 9-22　货币供给量变化对总需求曲线的影响

三、总供给曲线

(一) 总供给与总供给函数

总供给(Aggregate Supply)是指某一时期一个经济社会中各企业愿意并能够生产的商品与劳务的价值总和。它由一个国家的生产要素数量与技术水平所决定。

总供给的决定因素包括:① 人力资源,由劳动力的数量与质量构成;② 自然资源,包括土地、森林矿产、海洋等一切可以用于生产和提供服务的东西；③ 资本积累，包括厂房、设备、高速公路等人工生产出来的有形生产资料；④ 技术水平，指投入和产出之间的转换关系。

总供给函数表示总产量与一般价格水平之间的关系，其相应图形即为总供给曲线（Aggregate Supply Curve，简称 AS 曲线）。价格水平影响总产量的基本过程为：首先，在名义工资不变时，价格水平的变化影响实际工资，实际工资与一般价格水平成反比；其次，在其他条件不变时，实际工资通过劳动市场影响就业量；最后，就业量的变化影响总产量。假定其他条件不变，则总供给量随就业量的增加而增加。

（二）总生产函数

一般价格水平通过影响实际工资、劳动市场供求关系以及就业量而最终影响总产量。下面将分别分析与总供给函数有关的总生产函数和劳动市场均衡理论。

在微观经济学中，推导单个厂商的商品供给曲线和行业供给曲线需要利用厂商生产函数。与此类似，宏观经济学中的总供给曲线也与生产函数有关。此时的生产函数称为总生产函数或宏观生产函数，它表明在一定技术条件下生产要素投入总量和总产出量之间的关系。通常用 Y 表示总供给，即国民收入，用 K 表示总资本存量，用 N 表示生产中投入的劳动力数量，即就业量，则既定技术水平下的总生产函数表示为：

$$Y = f(N, K)$$

在短期内，总资本存量 K 是相对稳定的，就业量 N 随经济变动而变动，则总生产函数表示为：

$$Y = F(N, \overline{K})$$

其中，$\overline{K}$ 表示不变的总资本存量，此时，总产量是就业量的函数，随就业量的增加而增加，随就业量的减少而减少。图 9-23 中横轴 N 表示就业量，纵轴 Y 表示总产量，曲线 $Y = F(N, \overline{K})$ 表示总产量是就业量的函数。

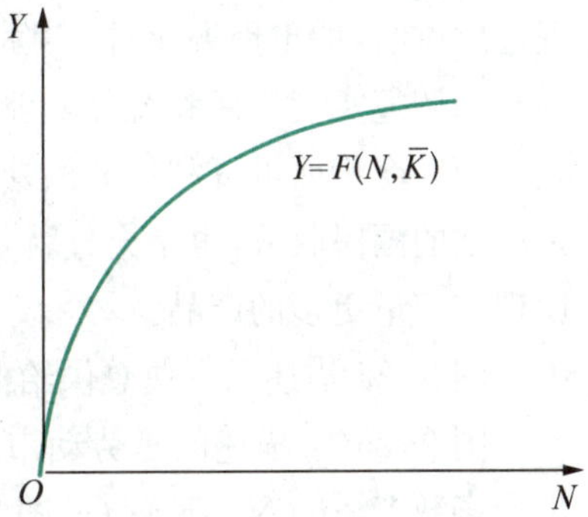

图 9-23　总生产函数曲线

（三）劳动市场均衡

劳动市场均衡由劳动供给和劳动需求共同决定，用图 9-24 对劳动市场的均衡进行说明。图中，纵轴 W/P 表示实际工资，横轴 N 表示就业人数。N_d 表示劳动需求曲线，它向右下方倾斜，表明劳动需求量与实际工资呈反方向变动。实际工资越高，劳动需求量越小；实际工资越低，劳动需求量越大。图中，当实际工资为 $(W/P)_1$ 时，劳动需求量为

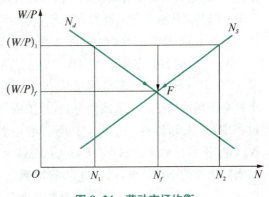

图 9-24　劳动市场均衡

N_1；当实际工资从$(W/P)_1$下降到$(W/P)_f$时，劳动需求量从N_1增加到N_f。

图9-24中，N_S表示劳动供给曲线，它向右上方倾斜，表明劳动供给量与实际工资同方向变动。实际工资越高，劳动供给量越大；实际工资越低，劳动供给量越小。当实际工资为$(W/P)_1$时，劳动供给量为N_2；当实际工资从$(W/P)_1$下降到$(W/P)_f$时，劳动供给量从N_2减少到N_f。

当劳动供给曲线（N_S）与劳动需求曲线（N_d）相交于点F时，劳动市场实现均衡，此时，劳动供给量等于劳动需求量，也等于均衡就业量N_f，均衡实际工资为$(W/P)_f$。当实际工资为$(W/P)_1$且大于$(W/P)_f$时，劳动供给量为N_2，劳动需求量为N_1，劳动供给量N_2大于劳动需求量N_1。在长期内，当价格和货币工资（名义工资）具有完全伸缩性时，实际工资就会迅速下降，劳动供给量减少，劳动需求量增加，实际工资的快速调整能实现劳动力市场的均衡和充分就业。在短期内，当价格和货币工资（名义工资）具有粘性时，实际工资不会迅速下降，市场机制不能自动实现充分就业，经济生活中存在失业。

（四）古典的或长期的总供给曲线

长期总供给曲线也称古典总供给曲线，它是一条垂直于横轴的供给线，无论价格水平如何变化，供给的产品数量都是不变的。古典主义经济理论强调市场机制的作用，价格能灵敏地反映市场供求状况的变化。在长期内，价格和货币工资（名义工资）具有完全伸缩性，也就是通常所说的具有充分弹性，实际工资的快速调整能实现劳动市场的均衡。当劳动市场出现过度供给，即出现失业时，实际工资就会迅速下降，劳动供给量减少，劳动需求量增加，市场自动调整实现均衡和充分就业。当劳动市场总是处于充分就业的均衡状态时，不存在为生产额外产量而可资利用的额外劳动力，由总生产函数$Y=F(N,\overline{K})$决定的总产量不变，是潜在的国民收入，也是充分就业时的国民收入，此时，即使产品价格上涨也不可能生产出比现有产量更多的产品。

图9-25描述了古典总供给曲线的推导过程。

图9-25(a)描述的是劳动市场，横轴表示就业量，纵轴表示名义货币工资率；(b)图表示生产函数$Y=F(N,\overline{K})$；(c)图为45°线，是用来进行横、纵坐标的转换；而(d)图则是最后的结论，也就是古典的或长期的AS曲线。在图9-25(a)中，原来的名义工资和价格水平分别为W_1和P_1，从而实际工资为W_1/P_1，劳动需求曲线为$N_d(W_1/P_1)$。现在假设价格上升到P_2，名义工资保持不变，而实际工资水平降为W_1/P_2，这会导致劳动需求增加，使得$N_d(W_1/P_1)$向右上方移动$N_d(W_2/P_2)$。在短期内，劳动工资因信息不对称而不易变动，故$N_S(W_1/P_1)$不变，社会就业水平从N_1增加到N_2。但是，在长期条件下，工人完全知道整个社会市场价格已经上涨的信息，货币工资具有完全的伸缩性。在价格由P_1向P_2上升的过程中，工人知道这一变化，于是会增加名义工资，从而导致N_S曲线向左上方移动，$N_S(W_1/P_1)$移动到$N_S(W_2/P_2)$。从总体上看，货币工资的上升正好抵消价格上升所导致的实际工资的下降幅度，因而在新的均衡点，厂商所雇用的劳动者人数依旧保持不变。所以，在长期条件下，社会存在一个自然就业量N_1，即充分就业水平。

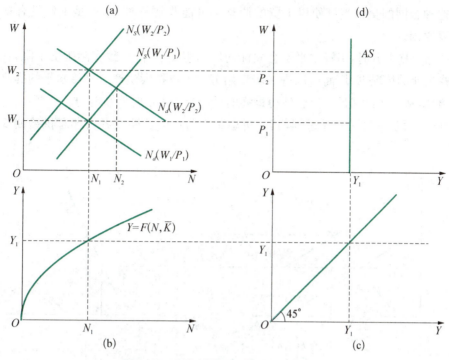

图 9-25 古典(长期)总供给曲线的形成

由此可见,在长期,价格的变化并不会导致就业人数的变化,将这个结果代入生产函数 $Y=F(N,\overline{K})$,国民收入不会发生变化,通过图 9-25(c)中的 45°线转换,最后推导出长期的总供给曲线,即如图 9-25(d)中所示,是一条垂直于横轴的直线。

因此,从长期分析总供给曲线可见,劳动力市场总是处在充分就业的均衡状态。如果实现了充分就业,那么,即使产品价格上升也不会使产量高于现行水平。劳动力市场之所以处在充分就业状态,是因为名义工资会随劳动力供求状况立即充分调整,即价格水平具有完全弹性。

(五)凯恩斯主义的总供给曲线

与古典总供给曲线不同,凯恩斯主义的 AS 曲线是向右上方倾斜的。为什么凯恩斯总供给曲线总是斜向上的呢?这是因为在短期,工人存在货币幻觉,货币工资具有粘性,劳动力市场并非处在充分就业的均衡状态。工资粘性是指,工资率不能随劳动供求的变动而及时迅速地变动。20 世纪 70 年代后半期至 80 年代,早期的新凯恩斯主义者以长期劳动合同的形式引入了名义工资粘性。主要原因有以下两点:第一,劳动合同总是具有期限的,而这种期限通常都不是短暂的,因为过于短暂的合同会增加劳资双方的谈判成本和调整成本。这样,由于合同具有期限,而且期限往往较长,所以工资的调整总是缓慢的,这便使工资具有了粘性。第二,一个社会经济中所有的劳动合同不可能是在同一时间签订的,也不可能同时达到终止期,因此,各种长期合同都是交错签订的,从而工资的调整也是交错进行的。这种合同的交错签订使得工资的调整不可能非常及时,这也是工资具有粘性的另一个重要原因。

当商品价格上升时,工资水平不会立即同比例相应上升,导致实际工资下降,在劳动力市场存在失业的情况下,厂商可以进一步雇用劳动力以扩大生产。价格水平的提高将使劳动供给增加,从而产出增加。这会使得最终的总供给曲线是向上倾斜的。

图 9-26 反映了这一推导过程,其分析思路与前述的长期或者古典总供给曲线的思路类似。

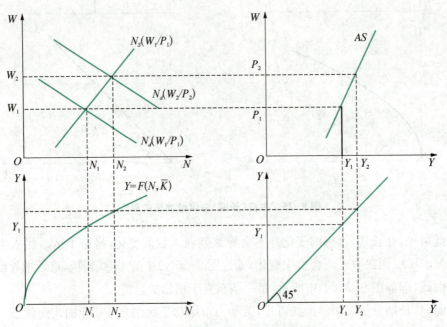

图 9-26 凯恩斯总供给曲线的形成

四、总需求-总供给模型

总需求-总供给模型(AD-AS 模型)是将总需求与总供给结合在一起放在一个坐标系中,用以解释国民收入和价格水平的决定,考察价格变化的原因以及社会经济如何实现总需求与总供给的均衡。它反映的是劳动力市场(由 AS 表示)、商品市场和货币市场(由 AD 表示)同时达到均衡时国民收入和价格水平之间的关系。

(一) 古典的 AS-AD 模型

把总需求曲线和古典的总供给曲线放在一个坐标系中,如图 9-27 所示,可得出古典的 AS-AD 模

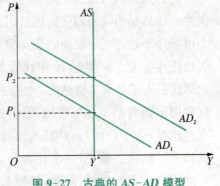

图 9-27 古典的 AS-AD 模型

型。从图 9-27 中发现,在古典的 AS-AD 模型下,总需求 AD 不创造就业和产量,国民收入 Y 取决于总供给 AS。

(二)凯恩斯的 AS-AD 模型

把总需求曲线和凯恩斯的总供给曲线放在一个坐标系中分析,如图 9-28 所示,可得出凯恩斯的 AS-AD 模型。从图 9-28 中发现,在凯恩斯的 AS-AD 模型下,总需求 AD 创造就业和产量,国民收入 Y 取决于总需求 AD。

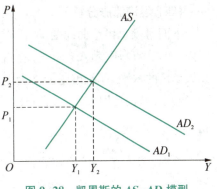

图 9-28 凯恩斯的 AS-AD 模型

(三)经济萧条与繁荣分析

西方主流学派经济学家试图用总供给曲线和总需求曲线来解释宏观经济波动。他们把向右上方倾斜的总供给曲线称为短期总供给曲线,把垂直的总供给曲线称为长期总供给曲线。根据长期总供给曲线、短期总供给曲线以及它们与总需求曲线的相互关系,对经济波动作出如下解释:

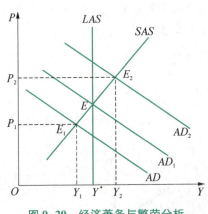

图 9-29 经济萧条与繁荣分析

从短期总供给曲线不变、总需求曲线变动的情况来看,总需求水平的高低决定了一国经济的萧条和繁荣状态下的均衡水平,如图 9-29 所示。在图中,Y^* 为充分就业条件下的国民收入,在此点垂直的曲线 LAS 就是长期总供给曲线,SAS 为短期总供给曲线,AD 为总需求曲线。假设经济的初始均衡状态为点 E_1,即 AD 与 SAS 的交点,这时国民收入为 Y_1,价格水平为 P_1,显而易见,国民收入 Y_1 小于充分就业的产量 Y^*。这意味着国民经济处于萧条状态。但是,如果政府采取刺激总需求的财政政策,则 AD 曲线会向右方移动。商品、货币和劳动市场经过一系列调整后,经济会移动到新的短期均衡点,比如随着 AD 曲线的右移,会使 SAS、LAS、AD 三条曲线相交于同一点 E,即达到充分就业的均衡点。如果在政府采取扩张性宏观经济政策的同时,市场上另有强烈刺激总需求扩张的因素,则 AD 曲线有可能移动到充分就业产量 Y^* 的长期总供给曲线右方某处并与 SAS 曲线相交于点 E_2,这时,均衡的国民收入为 Y_2,大于 Y^*,表示经济处于过热的繁荣状态。这说明引起国民经济由点 E_1 移动到点 E_2 的原因是需求的变动。这时市场价格上升到点 P_2,通货膨胀与经济增长的状况同时出现。总之,经济中总需求的扩张可以使社会就业水平和总产出水平提高,但随着经济扩张,总产出水平一旦超过潜在的充分就业的国民收入,则会产生经济过热和通货膨胀。

(四) 经济滞胀分析

下面考察总供给曲线变动、需求曲线不变条件下的市场价格和国民收入的变动。在短期内,如果 AD 不变,AS 曲线发生位移,则会产生市场价格与国民收入呈反方向的运动。如果 AS 的水平下降,市场价格会上升,而国民收入则下降,就会产生经济发展停滞和通货膨胀共生的"滞胀"现象,如图 9-30 所示。

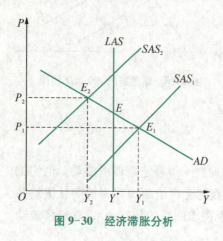

图 9-30 经济滞胀分析

图 9-30 中,LAS 为长期总供给曲线,AD 为总需求曲线,这两条曲线不发生位置的移动。但是,短期总供给曲线可能由于投入的生产要素价格发生变动而发生位置的移动,比如农业歉收、外汇市场的波动、石油价格的上涨等。

由于投入的生产要素价格(或成本)上升,使得企业在同等产量条件下,要求更高的物价水平,或者在同等价格水平下,被迫减少产量。从而 SAS_1 曲线向左上方移到 SAS_2,使原先超出潜在国民收入 Y^* 的产量 Y_1 减少至 Y_2。均衡点由 E_1 移动至 E_2,市场物价水平由 P_1 移动到 P_2。结果使生产降到小于充分就业时的水平,价格水平则提高到高于充分就业时的水平,出现"滞胀"。显然,由于影响宏观经济的某些外部因素的作用,使总供给状况恶化,使政府原先的宏观经济政策目标遭到破坏。

(五) 长期均衡分析

上述的萧条状态、繁荣状态和滞胀状态都被认为是短期存在的状态。根据西方学者的解释,在短期内,例如在几个月或在一两年内,企业所使用的生产要素的价格相对不变,因而总供给曲线向右上方延伸。在长期内,一切价格都能自由地涨落,经济具有达到充分就业的趋势,因而总供给曲线成为垂线,如图 9-31 所示。

图 9-31 中的 LAS 是长期总供给曲线,它和潜在产量线完全重合,当总需求曲线为 AD_1 时,总需求曲线和长期总供给曲线的交点 E_1 决定的产量为 Y_1,价格水平为 P_1。当总需求增加使总需求曲线从 AD_1 向上移动到 AD_2 时,总需求曲线和长期总供给曲线的交点 E_2 决定的产量为 Y_2,价格水平为 P_2,由于 $Y_1=Y_2=Y^*$,所以在长期中总需求的增加只是提高了价格水平,而不会改变产量或收入。

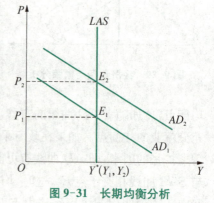

图 9-31 长期均衡分析

因此,主流学派认为,总供给-总需求分析可以用来解释萧条状态、繁荣状态和滞胀状态中短期收入和价格水平的决定,也可以用来解释充分就业状态中长期收入和价格水平的决定。

 **本章小结**

国民收入决定理论是宏观经济学的中心理论。国民收入水平是由总需求和总供给共同决定的,均衡国民收入是总需求等于总供给时的国民收入。研究宏观经济均衡需要考量的变量有总供给、总需求、总产出、总支出和总收入等。

经典的消费理论有相对收入消费理论、生命周期消费理论、持久收入消费理论、绝对收入消费理论等。消费函数是指消费支出与决定消费的各种因素之间的依存关系。储蓄函数是指储蓄与决定储蓄的各种因素之间的依存关系。

在两部门循环图中,总需求包括消费者向企业购买商品和劳务的需求,即消费者的消费,用 C 表示;企业进行生产的投资需求,即生产的消费,用 I 表示。于是,社会总需求量 AD 应该表示为:$AD=C+I$。总供给就是指整个社会在某一时期所能提供的总产出。国民收入均衡的条件是:$AD=C+I=AS=Y$。

在有政府起作用的三部门经济中,国民收入从总支出角度看,包括消费、投资和政府购买;而从总收入看,则包括消费、储蓄和税收,这里的税收是指总税收减去政府转移支付以后所得的净纳税额。因此,加入政府部门后的均衡收入应是,计划的消费、投资和政府购买之和与计划的消费、储蓄和净税收之和相等的收入,即 $C+I+G=C+S+T$。

在四部门经济中,支出除了消费、投资、政府购买外,还有净出口 NX。净出口为进口和出口的差额,即 $NX=X-M$,当然它可以为正,也可以为负,即通常讲的顺差和逆差。

投资乘数产生的主要根源在于社会经济各部门之间的相互关联性。当某一个部门投资增加,不仅会使本部门收入增加,而且会使其他部门发生连锁反应,从而导致这些部门投资与收入也增加,最终使国民收入的增加量是最初自发投资增加量的数倍。同理,当投资减少时,国民收入也成倍减少。

IS-LM 模型,又名希克斯-汉森模型,最早被英国经济学家希克斯在 1937 年用来解释和修正凯恩斯理论,后来由美国经济学家汉森于 20 世纪 40 年代末和 50 年代进行推广,成为当时西方宏观经济学中具有正统地位的主要流派(新古典综合派)的核心内容。简言之,IS-LM 模型就是表示货币市场与商品市场同时均衡时的利率与国民收入两者之间变动关系的模型。

IS 曲线是描述当物品市场达到均衡,即 $I=S$ 时,国民收入与利率之间存在着反方向变动关系的曲线。IS 曲线会随自发总需求的变动而变动,总需求增加,IS 曲线向右上方移动;自发总需求减少,IS 曲线向左下方移动。LM 曲线是描述当货币市场达到均衡,即 $L=M$ 时,国民收入与利率之间存在同方向变动关系的曲线。LM 曲线会随着货币供给量的变动而发生位置平行移动。货币供给量增加,LM 曲线向右下方移动;货币供给量减少,LM 曲线向左上方移动。

总需求曲线描述了与每一价格水平相对应的均衡的支出或收入。总供给函数是指总产量与一般价格水平之间的关系。古典学派认为,总供给曲线是一条位于经济的潜在产量或充分就业水平上的垂直线。凯恩斯认为,在货币工资具有刚性的假设条件下,总供给曲线应该是一条向右上方倾斜的直线。西方学者认为,在通常情况下,短期总供给曲线向右上方倾斜。

主要概念

边际消费倾向　边际储蓄倾向　平均消费倾向　平均储蓄倾向　投资乘数　税收乘数　政府购买乘数　政府转移支付乘数　货币需求　凯恩斯区域　总需求　总供给

思考案例

新一轮汽车下乡政策或启动　拉动车市增长

知情人士称,中国计划启动新一轮汽车下乡政策,将1.6升以下乘用车、微型客货、皮卡等轻型货车纳入产品范围。此外,中国还计划加大停车场和新能源汽车充电基础设施建设力度。

在车市库存高企、产能利用率低下、整体市场仍显疲软的背景下,二三线城市和农村的汽车保有量较低,刚性需求较大,预计将成为未来汽车市场增长的主力。在当前宏观经济增速放缓的背景下,汽车消费有望在拉动内需增长中发挥重要作用,"汽车下乡"政策是当前较好的经济刺激政策选择之一。

此前,"汽车下乡"政策在我国已有先例,2009年1月14日,国务院常务会议审议并原则通过汽车产业振兴规划。按照汽车产业振兴规划,除了从2009年1月20日至12月31日对1.6升及以下排量乘用车按5%征收车辆购置税之外,还将从2009年3月1日起至12月31日安排50亿元资金,对报废三轮汽车和低速货车换购轻型载货车及购买1.3升以下排量微型客车的给予一次性财政补贴。2010年初,"汽车下乡"政策实施延长一年至2010年12月31日。在政策刺激下,2009年微型车市场增长100万辆,2010年增长50万辆,中国一举超过美国,成为全球第一大汽车市场。

2013年起,国内汽车市场增长态势呈现下滑趋势。2015年9月29日,国务院常务会议决定,从2015年10月1日到2016年12月31日,对购买1.6升及以下排量乘用车实施减半征收车辆购置税优惠政策。受此政策影响,小排量汽车销售数量同比环比都有一定幅度的增长,继9月份销量结束连续4个月同比下跌、小幅回暖后,10月份车市迎来全线回暖。

购置税减半政策更多将1.8L、2.0L的A+和B-级轿车需求引导为1.6L或1.6T的A+级轿车或紧凑型SUV,对于主要产品为低端轿车的自主品牌拉动效果有限。如果实施新一轮汽车下乡政策将利好自主品牌。

有业内专家认为,汽车行业对经济的带动作用显著,在稳增长的背景下,随着购置税减免政策的出台,如果汽车下乡政策接踵而至,将为拉动国内车市再添一剂强心剂。

资料来源:汽车产经网,2015年12月11日。

问题讨论：
请运用经济学的原理分析"汽车下乡"和"购置税减半"政策对国民收入的影响。

课后习题

一、简答题

1. 简述经典消费理论的内容。
2. 怎样理解凯恩斯流动陷阱区域中 LM 曲线的特性？古典区域与之有何区别？
3. 简述 IS 曲线和 LM 曲线所描述的宏观经济含义。
4. 说明总需求曲线向下倾斜和总供给曲线呈现三种不同形状的原因。
5. 运用总需求-总供给理论，用图形说明一国居民购买住房的增加对宏观经济的影响。

二、计算题

1. 假定：① 消费函数为 $C=50+0.8Y$，投资函数为 $I=100-5r$；② 消费函数为 $C=50+0.8Y$，投资函数为 $I=100-10r$；③ 消费函数为 $C=50+0.75Y$，投资函数为 $I=100-10r$。

   (1) 求①②③中的 IS 曲线。

   (2) 比较①和②，说明投资对利率更敏感时，IS 曲线的斜率发生什么变化。

   (3) 比较②和③，说明边际消费倾向变动时，IS 曲线的斜率发生什么变化。

2. 假设一个只有家庭和企业的两部门经济中，消费 $C=100+0.8Y$，投资 $I=150-6r$，名义货币供给 $M=150$，货币需求 $L=0.2Y-4r$，价格水平为 1。

   (1) 求 IS 和 LM 曲线。

   (2) 求产品市场和货币市场同时均衡时的利率和收入。

3. 假定某经济中收入恒等式为 $Y=C+I+G+NX$，消费函数 $C=100+0.9(1-t)Y$，投资乘数 $I=200-500r$，净出口函数 $NX=100-0.12Y-500r$，货币需求函数 $L=0.8Y+200-2\,000r$，政府支出 $G=200$，税率 $t=0.2$，名义货币供给 $M=1\,000$，价格水平不变为 $P=1$，试求：

   (1) IS 曲线；

   (2) LM 曲线；

   (3) 产品市场和货币市场同时均衡时的利率与收入；

   (4) 两个市场同时均衡时的消费、投资和净出口额。

4. 假设某经济社会的消费函数为 $C=200+0.9Y$，投资为 100 亿美元。

   (1) 求均衡收入、消费和储蓄。

   (2) 如果投资增至 200 亿美元，求增加的收入。

   (3) 若消费函数变为 $C=100+0.8Y$，投资仍为 100 亿美元，收入和储蓄各为多少？

   (4) 消费函数变动后，乘数有什么变化？

第十章

失业与通货膨胀理论

失业与通货膨胀是宏观经济中最令人困惑、争议最多的问题。通常被认为是宏观经济运行中所出现的各种经济"病症"中最常见、后果最为严重的经济现象,也是西方学者一直研究的主题。第二次世界大战以后,特别是20世纪60年代以后,随着滞胀问题在西方不断加剧,西方学者对失业与通货膨胀提出了一系列新的说法,这些新的说法构成了本章的主要内容。

第一节 失业理论

一、失业的定义及衡量

(一) 失业的定义

凡是在一定的年龄范围内,愿意工作而没有工作,并且正在寻找工作的人都是失业者。按《现代经济学词典》的解释,失业是"所有那些未曾受雇,以及正在调往新工作岗位或未能按当时同行的实际工资率找到工作的人"。各国对工作年龄和失业范围都有不同的规定。在美国,工作年龄是16~65岁。属于失业范围的人包括:(1) 新加入劳动力队伍、第一次寻找工作,或重新加入劳动力队伍、正在寻找工作达4周以上的人;(2) 为寻找其他工作而离职、在找工作期间作为失业者登记注册的人;(3) 被暂时辞退并且等待重返工作岗位而连续7天未得到工资的人;(4) 被企业解雇而且无法回到原工作岗位的人,即非自愿离职者。

在美国,劳工统计局采用抽样调查的方法,通过与55 000户进行详谈而估计出失业数字,并且在每个月的第一个星期五,发表前一个月的数字。失业统计将人们划分为三组:就业者、失业者和不属于劳动力范围者。其中,就业者是指从事有酬工作的人,以及有职业但由于生病、罢工或休假而暂时没有去工作的人;失业者即那些没有就业但积极寻找工作或等待重返工作岗位的人;除以上二者外,其他人都是不属于劳动力范围的人;他们可能还在上学、已经退休或操持家务、因重病而不能工作或放弃寻找工作。在这三组中,前两组即就业者和失业者人数之和被定义为经济中的劳动力总数。

(二) 失业的测度

衡量失业最常用的指标是失业率,失业率是失业者人数与劳动力人数之比:

$$\text{失业率} = \frac{\text{失业者人数}}{\text{劳动力人数}} = \frac{\text{失业者人数}}{\text{就业者人数} + \text{失业者人数}}$$

失业率的变化,要受到失业者人数和劳动力人数变化的影响。失业队伍本身是在不断变化的。在一些人进入失业队伍的同时,另一些人则退出失业队伍。因为企业倒闭而被解雇或失去工作,或由于某种原因暂时被解雇以及由于想寻找更好的工作而放弃现在工作的人,都使失业队伍扩大。这一部分失业者人数的增加,是由就业者人数的减少转化而来。失业者人数的减少与上述方向恰好相反。原失业队伍中,一部分人找到工作而退出,另外一部分人因为转化为非劳动力而退出。综上所述,失业人数的变化取决于进入或退出失业队伍的人数的差别。

劳动力人数的变化取决于进入和退出劳动力队伍人数的多少。有一部分人因为退休、暂时不想工作、失去找工作的勇气而退出劳动力队伍。另外,还有一些非劳动力因为新加入或重新加入劳动力队伍而使劳动力人数增加。

一般来说,当经济衰退时失业率上升,经济回升时失业率下降。当然,失业率有时并不能完全准确地反映失业水平。例如,加入非劳动力队伍的"失去找工作的勇气"的那部分人,并不是不愿工作,而是在长时期寻找工作未果后失去了信心,却不计入失业人数。当经济回升时,这部分人可能因为信心的增加而重新加入劳动力队伍,变成实际的失业者而导致失业率的上升。

二、失业的类型

一般来说,失业可以分为四种类型:摩擦性失业、结构性失业、周期性失业和隐蔽性失业。

(一) 摩擦性失业

摩擦性失业是一种由于经济中正常的劳动力流动而引起的失业。在动态经济中,对劳动的需求是一种不断变化的情况。这种变化导致了劳动的不断流动。但劳动的流动对于其需求的变化,不可能完全吻合,必然导致流动过程中部分工人处于失业状态。另外,从劳动者流动过程看,会有一部分劳动者退休离开原工作,一部分新劳动者加入劳动行列。这种交替过程的不同步性,也导致新劳动者会处于暂时失业状态。摩擦性失业还可能是由于工人不满意现有的工作,离职去寻找更理想的工作所造成的。这种寻找的过程,使得寻找者处于失业状态。

在正常情况下,摩擦性失业是不可能消除的,其大小取决于劳动力流动性的大小以及寻找工作所需要的时间。劳动力流动性越大、寻找工作所需要的时间越长,则摩擦性失业的数量也就越大。当然,摩擦性失业的存在是一种正常的情况。这种流动性虽然导致了摩擦性失业,但同时也促使了市场中劳动这种生产要素的合理配置。

(二) 结构性失业

结构性失业是一种由于劳动力的供求不一致所产生的失业。这种供与求的不一致往往是由于经济结构的变动所引起的。正如人们所看到的那样,经济结构是不断变化的。经济发展水平的变化、技术水平的变化等都会引起经济结构的变化,使得部门间、地区间的发展出现很大差异,对劳动力的需求状况相应地也会发生极大变化,并要求劳动力的流动也能迅速变化以适应这种经济结构的变化。但由于各种因素的限制,劳动力的供给难以完全适应这种经济结构的变化。于是,出现了劳动力供求矛盾。一些发展速度放慢的部门或地区可能出现劳动力供过于求的局面,而对那些发展速度加快的部门、地区,则可能出现劳动力供不应求的局面。

结构性失业的特点,不是没有空缺的职位,也不是劳动力在总量上过剩,而是一种"失业与空位"同时存在的状况,即有工作无人干的空缺职位与有人无工作的失业同时存在。所以,结构性失业的人可能是这样两种类型:一类是本身并不具备某些技能或未曾受过专门训练,因此,当需要这些技能的工作存在时,他们因无法胜任而不被雇用,处于失业状态;另一类是虽受过良好的教育,具备高度的专业技术,但由于经济、技术水平的变化,市场已不再需要这些"过时"的技术,以至于他们也将处于失业状态。

(三) 周期性失业

周期性失业是指由于总需求不足而引起的短期失业。因为它一般出现在经济周期的萧条时期,所以称为周期性失业,又称为需求不足的失业,也就是凯恩斯所说的非自愿失业。根据凯恩斯的分析,就业水平取决于国民收入水平,而国民收入又取决于总需求。周期性失业是由于总需求不足而引起的短期失业。

可以用紧缩性缺口来说明这种失业产生的原因。紧缩性缺口,是指实际总需求小于充分就业的总需求时,实际总需求与充分就业总需求之间的差额。可用图10-1来说明紧缩性缺口与周期性失业的关系。

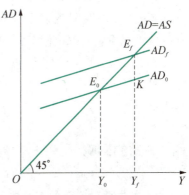

图10-1 紧缩性缺口与周期性失业的关系

在图10-1中,横轴Y代表国民收入,纵轴AD代表总需求。当国民收入为Y_f时,经济中实现了充分就业,Y_f为充分就业的国民收入。实现这一国民收入水平所要求的总需求水平为AD_f,即充分就业的总需求。但现在的实际总需求为AD_0,这一总需求水平决定的国民收入为Y_0,$Y_0 < Y_f$,这必然引起失业。$Y_0 < Y_f$是由于$AD_0 < AD_f$造成的。因此,实际总需求AD_0与充分就业总需求AD_f之间的差额(即图中的E_fK),就是造成这种周期性失业的根源。这种失业由总需求不足引起,也称为"需求不足的失业"。

(四) 隐蔽性失业

隐蔽性失业是指表面上有工作,实际上对生产并没有作出贡献的人,即有"职"无"工"的人。或者说,这些工人的边际生产力为0。当经济中减少就业人员而产量仍没有下降时,就存在着隐蔽性失业。例如,一个经济中有3 000万工人,如果减少600万工人而国民生产总值并不减少,则经济中存在着20%的隐蔽性失业。这种失业在发展中国家存在较多。著名的美国发展经济学家阿瑟·刘易斯曾指出,发展中国家的农业部门存在着严重的隐蔽性失业。这种失业的存在给经济带来巨大的损失。因此,消灭隐蔽性失业对提高经济效率是十分重要的。

三、充分就业的含义

充分就业就是消灭了周期性失业时的就业状态。充分就业并非人人都有工作。失业可以分为由于需求不足而造成的周期性失业和由于经济中某些难以克服的原因而造成的自然失业。充分就业与自然失业的存在并不矛盾。实现了充分就业时的失业率称为自然失业率、充分就业的失业率或长期均衡的失业率。

充分就业时仍然有一定水平的失业。原因在于,经济中有些造成失业的原因(如劳动力的流动等)是难以克服的,劳动市场并不是十分完善的。这种失业的存在不仅是必然的,而且还是必要的。这是因为这种失业的存在,能作为劳动后备军随时满足经济对劳动的需求,能作为一种对就业者的"威胁"而迫使就业者提高生产效率。此外,各种福利支出(失业补助、贫困补助等)的存在,也使得这一定水平失业的存在不会成为影响社会安定的因素,而是社会可以接受的。

自然失业率的高低,取决于劳动市场的完善程度、经济状况等各种因素。自然失业率由各国政府根据实际情况确定。各国在各个时期确定的自然失业率都不同。从第二次世界大战后的情况看,自然失业率有不断上升的趋势。以美国为例,20世纪50~60年代的自然失业率为3.5%~4.5%,即有95.5%~96.5%的人就业就是实现了充分就业;70年代的自然失业率为4.5%~5.5%,即有94.5%~95.5%的人就业就是实现了充分就业;80年代的自然失业率为5.5%~6.5%,即有93.5%~94.5%的人就业就是实现了充分就业。

四、失业的影响

(一)失业对经济的有利影响

如果一个社会没有失业,每个想工作的人都有工作,每个新加入劳动力队伍的人马上能找到工作,被一个企业解雇后立刻又可以在另一个企业得到工作,那么,这个社会出现的必然结果就是生产效率的低下。过去计划经济体制下的国家实行人人都有工作的政策,甚至3个人的工作由5个人做,这种效率低下就是不存在失业的必然结果。失业的存在对每一个社会都是必要的,主要有以下两个原因。第一,在现实世界,人们所得到的第一份工作,并不一定是适合于自己能力的工作。他们花费一定时间去寻求自己认为最合适的工作,才能使自己的专长和兴趣与所从事的工作一致,这样才能使其发挥出最大的效率。人尽其才是在劳动力市场上不断寻找的过程中实现的,这就要以一定的摩擦失业为代价。在这种情况下,失业的代价(即寻求合适工作所需的时间、精力与金钱)是小于失业收益的。第二,整个社会劳动力的最优配置是在劳动力的流动中形成的,而且这种自由配置并不是一旦形成就永远不变,而是不断变动的。随着生产技术需求的变动,各部门与地区的劳动需求在不断变动,劳动力适应这种需求的变动而改变工作,就是劳动力配置最优化过程。在这个过程中所出现的失业也就是劳动力最优配置的代价,这种代价小于实现劳动力最优配置的收益。正是由于失业有这种有利影响,或者说是实现劳动力资源配置必须付出的代价,所以充分就业绝不是人人都有工作,一定水平的自然失业率的存在是必要的。

(二) 失业对经济的不利影响

失业的存在,尤其是周期失业的存在,对一个社会也会有不利的影响。失业最明显的损失是社会产量的减少以及失业者个人收入的减少。这种损失的大小取决于失业率的高低。美国经济学家阿瑟·奥肯在20世纪60年代提出了用以说明失业率与实际国民生产总值增长率之间关系的一条经验规律。这条规律被称为"奥肯定理":

$$U_t - U_{t-1} = -a(Y_t - Y_{t-1})$$

在上式中,U_t 为 t 期的失业率,U_{t-1} 为 $t-1$ 期的失业率,$U_t - U_{t-1}$ 为失业率的变动率。Y_t 为 t 期的实际国民生产总值增长率,Y_{t-1} 为 $t-1$ 期的实际国民生产总值增长率,$Y_t - Y_{t-1}$ 为实际国民生产总值增长率的变动率。这两者为反方向变动,即失业率增加,实际国民生产总值增长率减少;失业率减少,实际国民生产总值增长率增加,所以 a 前面为负号。a 表明失业率变动与实际国民生产总值增长率变动之间的系数。据奥肯估算,a 约为 3,即失业率每变动 1%,则实际国民生产总值变动 3%。或者从失业的产量损失来说,失业率每增加 1%,实际国民生产总值即产量减少 3%。最近的资料则表明,a 约为 2,即失业率每增加 1%,实际国民生产总值减少 2%。根据这个规律,失业给社会总产量带来的损失是严重的。例如,美国的实际国民生产总值即总产量的 1% 为 450 亿美元左右,如果失业率增加 1%,产量的损失就达 900 亿美元左右。这也就会使个人收入减少。当然,如果是自然失业,产量的减少不会这么严重,据估计,自然失业率与实际产量之间的系数约为 0.76 左右。

失业的第二种经济损失是人力资本的损失。人力资本是人受到的教育和获得的技能的价值。人力资本来源于所受的教育和工作中获得的经验,也包括长期形成的工作习惯和能力。失业对人力资本的损失有两方面:一方面,失业者已有的人力资本得不到运用;另一方面,失业者无法通过工作增加自己的人力资本。长期的失业会大大降低人力资本的价值,因为人力资本闲置不用同样会折旧,即技能失去其原有的价值。

失业还会带来不利的社会影响。失业率的上升往往会引起犯罪率的增加。当人们没有从正当工作中得到收入时,有时就会去犯罪。高犯罪率也是高失业率的代价。此外,失业有损失业者的自尊心,这也会引发许多社会与政治问题。因此,从社会学的角度来看,失业不利于社会的稳定。许多社会问题,如犯罪、自杀、离婚、吸毒等都与失业率的增加相关。尽管很难从数字上确定失业与这些现象之间的关系,但它们之间的正向关系是每个人都承认的。

第二节 通货膨胀理论

一、通货膨胀的含义及类型

(一) 通货膨胀的含义

对于通货膨胀的含义,经济学家们有不同的看法。例如,弗里德曼在《论通货膨胀》一书中指出:"通货膨胀是指发行货币量增加速度超过产量增加的速度,而且每单位产品所配合的货币增加得越快,通货膨胀率就越高。"他认为,通货膨胀仅仅是发生在货币量增长快于产量增长的条件下。而萨缪尔森则说:"通货膨胀是指物品和生产要素的价格普遍上升的时期——面包、汽车、理发的价格上升,工资、租金等也都上升。"

从西方经济学家对通货膨胀的定义可以看出:通货膨胀是指流通中纸币的供应量超过实际需要量,引起纸币贬值、物价水平普遍持续上涨的经济现象。理解这一概念需注意以下几个方面。

(1) 通货膨胀产生的前提是在纸币流通条件下。由于金属货币量不会超过商品流通需要的货币量,从而在金属货币流通条件下不会发生通货膨胀。

(2) 通货膨胀产生的原因是由货币供应量过多引起的。由于纸币本身没有内在价值,不能退出流通作为价值保存,当注入流通中的纸币量超过商品流通所需要的货币量时,只能依靠强制地降低单位纸币所代表的价值量,与商品流通对货币的实际需要量相适应,其结果是引致通货膨胀发生。

(3) 通货膨胀的标志是造成货币贬值、物价上涨。通货膨胀所表现出来的物价上涨,并不是个别或几种物品的价格上升,而是指一般物价水平或总物价水平的上升。而且物价水平必须是持续上涨,才能称为发生通货膨胀。如果一季度物价上涨了2%,二季度物价又下降了2%,这就不能称为通货膨胀。

(二) 通货膨胀的类型

对于通货膨胀,西方学者从不同角度进行分类。

1. 按照价格上升的速度加以区分,有四种通货膨胀

(1) 温和的通货膨胀,又称爬行的通货膨胀,指每年物价上升的比例在10%以内,其特点是通货膨胀率低而且比较稳定。目前,许多国家都存在着这种温和类型的通货膨胀。一些西方经济学家并不十分害怕温和的通货膨胀,甚至有些人还认为这种缓慢而逐步上升的价格对经济和收入的增长有积极的刺激作用。

(2) 奔腾的通货膨胀,又称加速的通货膨胀,指年通货膨胀率在10%以上和100%以内,其特点是通货膨胀率较高而且还在加剧。这时货币流通速度提高和货币购买力下降均具有较快的速度。西方学者认为,当奔腾的通货膨胀发生以后,由于价格上涨率高,公众预期价格还会进一步上涨,因而采取各种措施来保卫自己,以免受通货膨胀之害。这使通货膨胀更为加剧。

(3) 超级的通货膨胀,指通货膨胀率在100%以上。发生这种通货膨胀时价格持续猛涨,人们都尽快地使货币脱手,从而大大加快了货币流通速度。其结果是货币完全失去信任,货币购买力猛降,各种正常的经济联系遭到破坏,以致货币体系和价格体系最后完全崩溃,在严重的情况下还会出现社会动乱。例如,第一次世界大战后德国的通货膨胀,以及国民党政府垮台前旧中国的通货膨胀就属于这种超级的通货膨胀。

(4) 受抑制的通货膨胀,又称隐蔽的通货膨胀。这种通货膨胀是指经济中存在着通货膨胀的压力,但由于政府实施了严格的价格管制与配给制,通货膨胀并没有发生。一旦结束价格管制并取消配给制,就会发生较严重的通货膨胀。原计划经济国家在经济改革过程中出现的通货膨胀就属于这种情况。

2. 按照对价格影响的差别加以区分,有两种通货膨胀

(1) 平衡的通货膨胀,即每种商品的价格都按相同比例上升。这里所指的商品价格包括各种生产要素的价格,如工资率、租金、利率等。

(2) 非平衡的通货膨胀,即各种商品价格上升的比例并不完全相同。例如,甲商品的价格上涨幅度大于乙商品的价格上涨幅度,或者利率上升的比例大于工资上升的比例,等等。

3. 按照人们的预料程度加以区分,有两种通货膨胀

(1) 未预期到的通货膨胀,即价格上升的速度超出人们的预料,或者人们根本没有想到价格会上涨的问题。例如,国际市场原料价格的突然上涨所引起的国内价格的上升,或者在长时期价格不变的情况下突然出现的价格上涨。

(2) 预期到的通货膨胀。例如,当某一国家的物价水平年复一年地按5%的速度上升时,该国的人便会预计到物价水平将会以同一比例继续上升。既然物价按5%的比例增长成为意料之中的事,则该国居民在日常生活中进行经济核算时,会把物价的这一比例的上升考虑在内。例如,银行贷款的利率肯定会高于5%,因为5%的利率仅能起到补偿通货膨胀的作用。由于每个人都把5%的物价上涨考虑在内,所以每个人索取的价格在每一时期都要上升5%。每种商品的价格上涨5%,劳动者所要求的工资、厂商的利润都会以相同的速度上涨,因此,预料之中的通货膨胀具有自我维持的特点,有点像物理学中运动物体的惯性。因此,预期到的通货膨胀有时又称为惯性的通货膨胀。

二、通货膨胀的成因

关于通货膨胀的成因,西方学者提出了种种解释。本节介绍几个较有影响的理论,如需求拉动的通货膨胀理论、成本推动的通货膨胀理论、供求混合推动的通货膨胀理论、结构型通货膨胀理论和预期通货膨胀理论等。

(一)需求拉动的通货膨胀理论

需求拉动的通货膨胀理论是西方国家在20世纪50年代以前比较流行的一种通货膨胀理论,它是从需求的角度来解释通货膨胀形成的原因。这种理论是由凯恩斯提出的。凯恩斯认为,社会总需求增加是否会引起物价上升和通货膨胀,还需视供给方面的以下几种情况而定。第一,如果总供给弹性很大,社会上存在着大量的未被利用的资源和失业工人,这时如果货币供应量增加,只会引起总需求增加和产量的增长,而物价却不会上涨,因而不会产生通货膨胀。第二,当经济扩张到一定阶段,以致有些资源变得稀少的情况下,随着生产的扩大使工资和边际成本增加,物价水平上升,但物价上涨幅度小于货币数量增加的幅度,这时如果货币供应量增加,部分引起生产和就业增加,部分引起物价上涨,这就称为爬行的通货膨胀,或半通货膨胀。第三,如果供给没有弹性,社会达到了充分就业,资源已得到充分利用,这时如果货币供应量增加,就会由于过度总需求的存在而引起真正的通货膨胀。可用图10-2来说明。

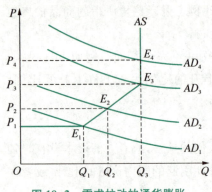

图 10-2 需求拉动的通货膨胀

在图10-2中,横轴 Q 表示产量,纵轴 P 表示物价水平,以 AD 曲线表示总需求曲线,AS 曲线表示总供给曲线。总供给曲线 AS 起初呈水平状态,这表明上述第一种情况:货币量增加使总需求有了提高,但物价水平并没有上涨。图10-2中,产量从0增加到 Q_1,价格始终稳定,总需求曲线 AD_1 与总供给曲线 AS 的交点为 E_1,决定的价格水平为 P_1,总产量水平为 Q_1,Q_1 表示存在大量的资源和失业工人未得到利用的条件下的产品供给量。

当总产量达到 Q_1 后,如果总需求继续提高,总供给曲线 AS 便开始逐渐向右上方倾斜,价格水平逐渐上涨。如图10-2所示,总需求曲线 AD_2 与总供给曲线 AS 的交点 E_2 决定的价格水平由 P_1 增长到 P_2,产量水平为 Q_2,Q_2 表示生产虽有扩大,但尚未达到资源充分利用条件下的产品供给量。当总产品达到 Q_2 后,如果总需求继续提高,总需求曲线 AD_3 与总供给曲线 AS 的交点 E_3 决定的价格水平为 P_3,产量水平为 Q_3,Q_3 表示现有资源已得到充分利用,即已实现充分就业条件下的产品供给量。可见,当产品达到 Q_1 以后,随着货币量的逐步增加而引起社会总需求逐步增加时,物价水平也逐渐上升,即由 P_1 上升到 P_2、P_3,但其上升幅度都小于相应的需求曲线位置上升的幅度,这种现象被凯恩斯称为"半通货膨胀"。

当产量达到充分就业的产量 Q_3 以后,如果总需求继续增加,总供给就不再增加,因而总供给曲线 AS 呈垂直状。这时总需求的增加只会引起价格水平的上涨。图10-2中总需求曲线从 AD_3 提高到 AD_4 时,它与总供给曲线的交点 E_4 所决定的总产量并没有增加,仍为 Q_3,但价格水平从 P_3 上升到 P_4。这就是凯恩斯所说的"真正的通货膨胀"。

总之,需求拉动的通货膨胀理论认为,不论总需求的过度增长是来自消费需求、投资需求还是来自政府需求、国外需求,都会导致通货膨胀。

(二) 成本推动的通货膨胀理论

成本推动的通货膨胀理论出现于20世纪50年代后期,它是从总供给的角度来解释通货膨胀的原因。该理论认为,即使没有出现对物品和劳务的需求过度的情况,但因生产成本的增加,物价也被推动上涨。在具体解释是什么成本要素"推动"了物价上涨时,又形成了两种成本推动通货膨胀论。

1. 工资推动的通货膨胀理论

这种理论认为,在不完全竞争的劳动市场,即相当多工人组织起来成立工会的情况下,就可能使货币工资的提高超过劳动生产率的增长。工资的提高使成本增加,导致物价上涨,物价上涨后,工人又要求提高工资,再度引起物价上涨。如此循环往复,就形成了工资-物价的螺旋上升,从而导致工资推动通货膨胀。

2. 利润推动的通货膨胀理论

这种理论认为,正如工会因垄断了劳动市场而能迫使雇主提高工人工资,进而导致工资推动的通货膨胀一样,垄断企业为了追求更大利润,也会通过操纵价格,把产品价格提高,致使价格上涨的速度超过成本增长的速度,从而出现利润推动的通货膨胀。该理论进一步认为,垄断企业之所以提高商品价格,赚取更多利润,是由于工会要求提高工资引起的。当工会要求提高工资时,操纵价格的垄断企业自然就会立即要求提高利润,从而把商品价格提高到补偿工资提高的水平以上。

总之,西方经济学家认为,工资推动和利润推动实际上都是操纵价格的上升,其根源在于经济中的垄断,即工会的垄断形成工资推动的通货膨胀,厂商的垄断引起利润推动的通货膨胀。成本推动的通货膨胀理论可用图10-3来具体地加以分析和说明。原来总供给曲线 AS_1 和总需求曲线 AD 决定国民收入为 Y_1,纵轴 P 为价格水平,总需求曲线 AD 是既定的。如果企业的生产成本普遍增加,总供给曲线逐渐由 AS_1 上移到 AS_2、AS_3,将导致物价水平由 P_1 上升到 P_2、P_3,这就是成本推动的通货膨胀。

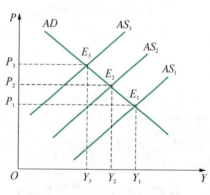

图 10-3 成本推动的通货膨胀

(三) 供求混合推动的通货膨胀理论

供求混合推动的通货膨胀理论从需求和供给两方面来解释通货膨胀的原因。认为通货膨胀既不是单纯由"需求"方面引起的,也不是单纯由"供给"方面引起的,而是双方共同作用的结果。因此,该理论认为,现实的通货膨胀是"拉中有推,推中有拉",是供求混合推动的通货膨胀。

那么,供求混合是怎样推动通货膨胀的呢?一方面,在需求拉动通货膨胀的过程中,除了已达到充分就业水平的情况外,供给方面不会完全停止不变。货币总需求的增加将刺激总供给的增长,即总供给曲线向右移动,这就会出现以下各种不同的结果:如果两者增加幅度相等，就不存在通货膨胀；如果供给增加大于需求增加，反而可使价格水平降低；如果需求的增加大于供给的增加，就会出现某种程度的通货膨胀。但这是就一般情况而言，与成本推动无关。如果需求拉动价格水平上升，则工人势必要求提高工资或生产者要求增加利润，于是成本推动的通货膨胀就发生了，从而加剧了通货膨胀的作用。

另一方面，在成本推动通货膨胀的过程中，总需求也不会依旧不变。因为当价格上升时，假定总需求不变，就会使产量下降，相当数量的劳动者失业和资本闲置。此时政府必须采取各种政策以扩大总需求从而增加产量和就业。这样，通货膨胀就会在成本推动和需求拉动的相互作用中发生（见图10-4）。图中 AD 为总需求曲线，AS 为总供给曲线。假定原来的 AD_1 与 AS_0 相交于 E_0，此时价格为 P_0。如果供给因素不变，而总需求增加，总需求曲线由 AD_1 移至 AD_2，则价格水平就要发生变化，即形成需求拉动通货膨胀；这时如果成本增加，总供给曲线由 AS_0 移至 AS_1，AD_2 与 AS_1 相交于 E_2，则价格水平由 P_0 上升至 P_2，形成成本推动通货膨胀。供求混合推动通货膨胀就是供给和需求两者都发生了变动，从而使价格水平由 P_0 上升至 P_2 的通货膨胀。

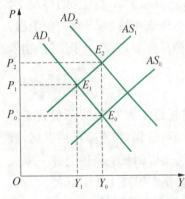

图 10-4 供求混合推动的通货膨胀

（四）结构型通货膨胀理论

继需求拉动型通货膨胀理论、成本推动型通货膨胀理论和供求混合推动型通货膨胀理论之后，以 C. 舒尔茨、P. 斯特里顿和 W. 鲍莫尔为代表的经济学家从经济部门的结构方面来分析通货膨胀的成因，形成了结构型通货膨胀理论。他们发现，即使一国经济中的总供给和总需求不变，也会由于经济部门结构方面的因素，使一般物价水平持续上涨，产生"结构型通货膨胀"。这个理论的基本观点是，在一国经济中，当一些产业和部门在需求方面或成本方面发生变动时，往往会通过部门之间的相互比较而传导到其他部门，并导致一般物价水平的普遍上升。

1. 鲍莫尔的不均衡增长模型

该理论假设：(1) 经济活动中有两个部门，即先进部门（主要是工业部门）和保守部门（主要是服务部门）；(2) 两个部门的劳动生产率的增长率不同，且先进部门的劳动生产率的增长率大于保守部门；(3) 两个部门的生产函数都是线性的；(4) 两个部门的货币工资增长率是一致的，且货币工资增长率按先进部门的劳动生产率增长。

由于整个经济的货币工资增长率是由先进部门的劳动生产率决定的，因此，对服务部门而言，其货币工资的增长率大于其劳动生产率的增长率。这样，就会给服务部门带来一定的压力，于是，服务部门就采取涨价措施，提高产品的价格。由于整个社会对保守部门的产品（服务）的需求弹性小，而对先进部门的产品（制成品）的需求弹性大，所以保守部门可以维持其产品的高价格。结果导致整个社会价格总水平的上升，形成结构型通货膨胀。

2. 希克斯-托宾的劳动供给理论

希克斯将整个经济部门分为扩展部门和非扩展部门。在经济繁荣时期,扩展部门对劳动力的需求增加,整个社会的劳动力供给相对不足,并打破了劳动力市场的平衡。在劳动力市场,由于需求曲线的向上移动,使扩展部门的工资水平上涨。而扩展部门工资水平的上涨,也使其与非扩展部门的收入差距扩大,引起了非扩展部门工人的不满,要求提高工资水平并得到同意。于是,整个社会的工资水平和工资成本普遍上涨,导致结构型通货膨胀的形成。

与希克斯不同,托宾从劳动力市场结构解释了结构型通货膨胀理论的观点。托宾认为,劳动力市场是不完全竞争市场,一旦在个别劳动力市场上对劳动力过度需求,就会导致整个劳动力市场货币工资的普遍上涨,从而产生结构型通货膨胀。

3. 斯堪的纳维亚模型

斯堪的纳维亚模型最初由挪威经济学家 W. 奥克鲁斯特提出,后经瑞典经济学家 G. 埃德格兰、K. 法克森和 C. 奥德纳等人修正和补充而成,又称为北欧模型。该模型在剖析北欧开放型小国的通货膨胀的形成原因时,不仅以结构型通货膨胀理论作为理论基础,而且将其与通货膨胀的国际传递机制相结合。因此,又称为"小国开放通货膨胀模型"。

斯堪的纳维亚模型假设汇率固定不变,国外价格水平为既定。该理论将整个经济部门分为开放部门(用 E 代表)和保守部门(用 S 代表)。两个部门的价格决定方式和生产率的增长速度不同。由于 E 在世界市场上进行交易,所以其产品价格由世界商品市场的供求关系决定,同时,该部门的生产率的增长速度较高;而部门 S 只能在国内市场进行交易,因此其产品价格由国内商品市场的供求关系决定,且其生产率的增长率较低,低于部门 E 生产率的增长率。

设部门 E 的通货膨胀率为 π_e,世界通货膨胀率为 π_w,部门 S 的通货膨胀率为 π_s,国内通货膨胀率为 π_n。部门 E 的劳动生产率为 g_e,部门 S 的劳动生产率为 g_s,且 $g_e > g_s$。部门 E 在整个经济中所占比例为 a_e,部门 S 所占比例为 a_s,且 $a_e + a_s = 1$。

该国国内通货膨胀率 π 等于两个部门的通货膨胀率的加权平均值,所以有:

$$\pi = \pi_e a_e + \pi_s a_s \tag{10.1}$$

虽然两个部门的货币工资增长率相同,而部门 S 的劳动生产率的增长率小于部门 E,因此,部门 S 的通货膨胀率大于部门 E 的通货膨胀率,其差额等于 $(g_e - g_s)$。所以,部门 S 的通货膨胀率为:

$$\pi_s = \pi_e + (g_e - g_s) \tag{10.2}$$

将(10.2)式代入(10.1)式得到:

$$\pi = \pi_e a_e + \pi_s a_s = \pi_e a_e + a_s [\pi_e + (g_e - g_s)]$$

而在开放经济条件下:

$$\pi_e = \pi_w + \pi_s = \pi_n$$

所以：

$$\begin{aligned}
\pi &= \pi_e a_e + a_s[\pi_e + (g_e - g_s)] \\
&= \pi_w a_e + a_s[\pi_w + (g_e - g_s)] \\
&= \pi_w + a_s(g_e - g_s)
\end{aligned} \quad (10.3)$$

由(10.3)式可以看出，即使社会总需求和总供给是既定的，也会由于经济结构原因引起通货膨胀。而该国通货膨胀率的高低则取决于世界通货膨胀率、各部门在整个经济中所占比例和两部门劳动生产率的差距。

(五) 预期通货膨胀理论

预期通货膨胀理论是从人们的心理预期角度来解释通货膨胀持续的原因。这种理论认为，无论是什么原因引起了通货膨胀，即使最初引起通货膨胀的原因消失了，它也会由于人们的预期而持续甚至加剧。

预期是指人们对未来的预计推测。它有两种形式，即适应性预期和合理性预期。所谓适应性预期，是指人们使用某种方式综合过去资料而作出的预期。在进行这种预期时，其掌握的信息是不充分的，其预期的结果只有在将来的变动与过去的变动相似或差别不大时才能准确或大致准确。但由于将来的情况复杂多变，因而这种预期的结果往往难以与实际一致。所谓合理性预期，是指人们预先充分掌握了一切可以利用的信息而作出的预期。这种预期之所以称为"合理"，是因为它是人们参照过去历史提供的所有知识，其结果能与有关的经济理论的预测相一致。

这种理论认为，在产生通货膨胀的情况下，人们要根据过去的通货膨胀率来预期未来的通货膨胀率，并把这种预期作为指导未来经济行为的依据。例如，上一年的通货膨胀率是8%，据此人们预期下一年的通货膨胀率也不会低于8%，于是人们就要求下一年的货币工资增长率最低为8%，从而使得下一年的通货膨胀率最低也会由于工资的增长而保持在8%的水平。因此由于人们预期物价上涨率的心理，即使引起上一年通货膨胀率为8%的原因消失了，下一年的通货膨胀率也还会是8%。

(六) 现代货币数量论与通货膨胀

现代货币数量论是美国芝加哥大学教授米尔顿·弗里德曼继承和改造传统货币数量论的结果。该理论认为，货币供应量的变动是物价水平和名义收入变动的决定性因素，因此，造成持续通货膨胀的根本原因就是货币的过度发行。

弗里德曼有句名言："通货膨胀无论何时何地都是一种货币现象。"他指出，当货币的增长速度大大超过真实生产的增长时，通货膨胀就发生了，货币量增长得越快，通货膨胀率就越高。弗里德曼通过对1964～1977年间美、日、英、德等国的逐年平均单位产量的货币量和消费物价的比对研究，发现货币增长率和通货膨胀率的变动总趋势完全一致。而且，货币增长率的变动总是先于消费物价的变动,即总是货币增长在先,通货膨胀增长在后。这就说明了货币增长是原因,通货膨胀是结果,因此,通货膨胀是一种货币现象。

三、通货膨胀的经济效应

通货膨胀的经济效应主要有三个方面:一是收入分配效应,二是财富分配效应,三是产量和就业效应。其效应的大小取决于通货膨胀的类型。

(一) 通货膨胀的收入分配效应

首先,通货膨胀会对工薪阶层产生影响。在劳动市场上,工人的工资往往以工资合同的方式预先加以确定,也就是说,货币工资率的上涨往往慢于物价上涨。因此,当出现通货膨胀时,工人的货币工资没有变动,但是实际购买力却下降了。可见,工人在通货膨胀中受到损害,而这种损害取决于工资调整的滞后期。如果工资合同调整较快,或者工资合同中规定有按价格变动自动上调的条款,那么领取工资者受到通货膨胀的损害就少;反之受到的损害就大。在实际中,受损害最深的是那些工作成绩很难与工资挂钩的行政人员、公务员及教师等。

其次,通货膨胀使得以利润为收入者受益。由于生产成本特别是工资落后于产品价格的上升,因而利润呈上升的趋势。只要成本滞后于产品价格的上升,那么取得利润者就会获得好处。

再次,通货膨胀使得以利息和租金为收入者受到损害。由于利息和租金这两种收入形式往往以较长期的合同被确定下来,因此,如果在合同有效期内出现通货膨胀,就会使得资本和土地实际表现出来的利息或地租高于合同规定的数额,结果使按合同规定的数额取得利息或租金的人受到损害。同时,借贷或租用者就会因此得到好处。

最后,通货膨胀使得退休人员损失最大。在西方国家,退休人员往往在社会保险机构领取定额的保险金和补贴。保险金和补贴的数额很少能赶得上通货膨胀,有时甚至几年不变。由于没有相应的对付通货膨胀的办法,老年阶层受通货膨胀的影响最大。

(二) 通货膨胀的财富分配效应

家庭财富状况受通货膨胀影响的大小和方向依赖于每个家庭资产的负债情况。一般来说,在一个家庭拥有的资产中,一部分是按固定的金额偿还的,如资产抵押贷款债权、按固定利息率取得红利的股票和债券等;另一部分是要求按可变价格偿还的,如房地产、汽车等。在家庭拥有的债务中,主要是抵押贷款、购买汽车贷款等,这些债务大多数以固定的价格偿还。通货膨胀对家庭财富的影响,主要取决于资产与负债数额以及资产中按不变价格偿还的部分与按可变价格偿还的部分所占的比重。

当经济中出现通货膨胀时,家庭中拥有的要求按固定金额偿还的资产和债务实际价值将会减少,而拥有的要求按可变价格偿还的资产的实际价值则保持不变。若通货膨胀未被充分预料到,那么通货膨胀将对拥有较多的按可变价格偿还的资产者有利。

一般来说,一个家庭越贫穷,他们拥有的资产总额越小,相应地,由于其资信不够,他们所拥有的债务总额也就越小。对于只拥有少量资产的家庭而言,他们拥有的房屋、汽车等几乎是他们资产的全部,这些资产要求按变动价格偿还,而拥有的存款之类的按固定金额偿还的资产只是很少一部分。如果出现通货膨胀,这些家庭在资产方面的损失相对来说较小,而他们由于通货膨胀造成的债务减少足以补偿其资产中受到的损失。可见,通货膨胀对财富较少者有利,因而穷人较不关心通货膨胀。

中等财产净值的家庭一般拥有较多的资产,也拥有较多的债务。相对而言,这些家庭拥有的按固定金额偿还的资产比低财产净值的家庭要多,按可变价格偿还的资产也多。同时,他们的债务数量也大。当出现通货膨胀时,中等财产净值的家庭拥有的资产损失较多,而他们拥有的较多债务都对他们有利。因此,他们是否在通货膨胀中受到损失,主要看他们拥有的按可变价格偿还的资产数量及其拥有的按不变价格偿还的债务数量。

高财产净值的家庭拥有较多的按可变价格偿还的资产,如高级别墅、花园、高级轿车等,但同时他们又是大债主,拥有大量的按固定价格偿还的资产,而他们的债务相对较少。这样,若发生通货膨胀,这些家庭拥有的按固定价格偿还的资产就会贬值。由于他们从债务中获利较少,因而高财产净值的家庭是通货膨胀的最大受害者。

当然,上述分析是建立在通货膨胀没有被预料到的假设基础之上的。如果人们可以预料到未来出现的通货膨胀,那么人们会调整所拥有的资产中按固定金额偿还资产与按变动价格偿还资产的比例。同时,债主也可以索要较多价格,使按固定金额偿还的资产受到的损失减少。但无论如何,人们无法完全准确地预料通货膨胀的发生时间及其幅度,因而通货膨胀必然对财富的分配产生影响。

(三) 通货膨胀的就业和产量效应

如果通货膨胀使就业增加、产量增加,那么通货膨胀对就业和产量产生正效应;反之,则产生负效应。大多数经济学家认为,通货膨胀会对就业和产量产生正效应,未预料到的通货膨胀产生的效应大,而预料到的通货膨胀产生的效应小,甚至没有。

如果经济中出现未预料到的通货膨胀,由于货币工资以合同的形式被固定下来,其变动滞后于通货膨胀,结果会使得实际工资下降,从而导致厂商增加雇用工人,提高产出量。这样,通货膨胀对就业和产量产生正效应。

对于上述观点,并不是所有的经济学家都认同。在反对者看来,通货膨胀不仅仅是价格水平的普遍上升,同时也是对价格信号的一种扭曲。在通货膨胀中,价格上升快的部门不一定是社会最需要的,由此引起的资源配置可能是一种浪费。另外,通货膨胀也有可能使得生产者和消费者行为扭曲,从而导致更加严重的通货膨胀或结构失调。当通货膨胀率高时,企业预期经济扩张,从而可能增加存货,以便应付即将来临的购买浪潮。同时,消费者为了减少通货膨胀造成的损失,也可能积存一定数量的耐用品。当通货膨胀率下降时,企业已经积存了足够的存货,消费者已经有了大量的消费品,结果社会需求将急剧下降,经济的大幅度萎缩也就不可避免。

从长期来看，通货膨胀有利于资本积累，从而对增长也产生影响。当出现通货膨胀时，由于存在货币工资调整的滞后，因而使得通货膨胀的收入分配效应朝着有利于以利润为收入者的方向发展。以利润为收入者一般具有高于以工资为收入者的储蓄倾向，从而利润在总收入中所占的比重增加有利于资本积累，这样就能促进经济增长。由此可见，只要工资增长落后于通货膨胀，储蓄就有扩张的趋势，资本积累的规模就大，从而通货膨胀就会对经济增长产生积极的影响。

从统计数字上看，各国的通货膨胀和经济增长之间存在正比例变动关系，但从 20 世纪开始，特别是自第二次世界大战以来，通货膨胀对经济增长已经没有明显的促进作用了。各国在通货膨胀率与经济增长率的关系上表现出来的差异，已经不能再支持通货膨胀增长效应了。其中一个原因是，货币工资的调整速度在加快。任何通过保持货币工资不变来促进经济增长的企图，都会使得货币工资增长相应于价格调整的速度加快。

第三节　失业与通货膨胀的关系

一、凯恩斯的观点：失业与通货膨胀不会并存

失业与通货膨胀是经济学中的两个主要问题，不同学派的经济学家有不同的回答。凯恩斯认为，在未实现充分就业，即资源闲置的情况下，总需求的增加只会使国民收入增加，而不会引起价格水平上升，即在未实现充分就业的情况下，不会发生通货膨胀；在充分实现就业，即资源得到充分利用之后，总需求的增加无法使国民收入增加，而只会引起价格上升，即在发生了通货膨胀时，一定已经实现了充分就业。这种通货膨胀是由于总需求过度而引起的，即需求拉动的通货膨胀。凯恩斯关于失业与通货膨胀之间关系的论述，可用图 10-5 来说明。

图 10-5 中，当总需求增加，即总需求曲线从 AD_0 移动到 AD_1 时，由于还没有实现充分就业，所以国民收入从 Y_0 增加到 Y_f，而价格水平仍然是 P_0 没有变动。当总需求继续增加，即总需求曲线从 AD_1 移动到 AD_2 时，由于已经实现了充分就业，所以国民收入仍然是充分就业的国民收入水平 Y_f，而价格水平由 P_0 上升到了 P_1，即由于总需求过度而产生了通货膨胀。

凯恩斯对失业与通货膨胀关系的这种论述，适用于 20 世纪 30 年代大萧条时的情况，但并不符合第二次世界大战后各国的实际情况。这样，西方经济学家就试图对这一关系作出新的解释。

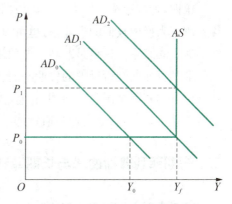

图 10-5　失业与通货膨胀的关系

二、菲利普斯曲线：失业与通货膨胀之间的交替关系

菲利普斯曲线是用来表示失业与通货膨胀之间交替关系的曲线，由新西兰经济学家 W. 菲利普斯提出。

1958 年，菲利普斯根据英国 1861～1957 年间失业率和货币工资变动率的经验统计资料，画出了一条用以表示失业率和货币工资变动率之间交替关系的曲线。这条曲线表明：当失业率较低时，货币工资增长率较高；当失业率较高时，货币工资增长率较低，甚至是负数。根据成本推动的通货膨胀理论，货币工资增长率可以表示通货膨胀率。因此，这条曲线就可以表示失业率与通货膨胀率之间的交替关系：失业率高，则通货膨胀率低；失业率低，则通货膨胀率高。这就是说，失业率高表明经济处于萧条阶段，这时工资与物价水平都较低，从而通货膨胀率也较低；反之，失业率低表明经济处于繁荣阶段，这时工资与物价水平都较高，从而通货膨胀率也较高。失业率与通货膨胀率之间存在反方向变动关系，是因为通货膨胀使实际工资下降，从而能刺激生产，增加劳动的需求，减少失业。可以用图 10-6 来说明。

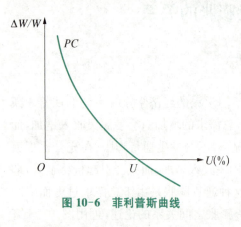

图 10-6　菲利普斯曲线

图 10-6 中，横轴代表失业率，纵轴代表通货膨胀率，向右下方倾斜的曲线 PC 即为菲利普斯曲线。这条曲线表明：当失业率高时，通货膨胀率低；当失业率低时，通货膨胀率高。

菲利普斯曲线提出了以下几个重要的观点：

第一，通货膨胀是由于工资成本推动所引起的，这就是成本推动的通货膨胀理论。正是根据这一理论，把货币工资增长率与通货膨胀率联系了起来。

第二，承认了通货膨胀与失业交替的关系。这就否定了凯恩斯关于失业与通货膨胀不会并存的观点。

第三，当失业率为自然失业率 u 时，通货膨胀率为 0。因此，也可以把自然失业率定义为通货膨胀率为 0 时的失业率（如图 10-6 中的 U 点）。

第四，为政策选择提供了理论依据。这就是可以运用扩张性宏观经济政策，以较高的通货膨胀率来换取较低的失业率；也可以运用紧缩性宏观经济政策，以较高的失业率来换取较低的通货膨胀率。这也是菲利普斯曲线的政策含义。

菲利普斯曲线所反映的失业与通货膨胀之间的交替关系基本符合 20 世纪 50～60 年代西方国家的实际情况。70 年代末期，由于滞胀的出现，失业与通货膨胀之间又不存在这种交替关系了。于是，对失业与通货膨胀之间的关系又有了新的解释。

三、短期菲利普斯曲线与长期菲利普斯曲线：货币主义与理性预期学派的观点

货币主义者在解释菲利普斯曲线时引入了预期的因素。他们所用的预期概念是适应性

预期,即人们根据过去的经验来形成并调整对未来的预期。根据适应性预期,把菲利普斯曲线分为短期菲利普斯曲线与长期菲利普斯曲线。

在短期中,工人来不及调整通货膨胀预期,预期的通货膨胀率可能低于以后实际发生的通货膨胀率。这样,工人所得到的实际工资可能小于先前预期的实际工资,从而使实际利润增加,刺激了投资,就业增加,失业率下降。在此前提之下,通货膨胀率与失业率之间存在交替关系。短期菲利普斯曲线正是表明在预期的通货膨胀率低于实际发生的通货膨胀率的短期中,失业率与通货膨胀率之间存在交替关系的曲线。所以,向右下方倾斜的菲利普斯曲线在短期内是可以成立的。这也说明,在短期中引起通货膨胀率上升的扩张性财政与货币政策是可以起到减少失业作用的。这就是宏观经济政策的短期有效性。

但是,在长期中,工人将根据实际发生的情况不断调整自己的预期。工人预期的通货膨胀率与实际发生的通货膨胀率迟早会一致。这时,工人会要求增加名义工资,使实际工资不变,从而通货膨胀就不会起到减少失业的作用。这时菲利普斯曲线是一条垂直线,表明失业率与通货膨胀率之间不存在交替关系。而且,在长期,经济中能实现充分就业,失业率是自然失业率。因此,垂直的菲利普斯曲线表明了,无论通货膨胀率如何变动,失业率总是固定在自然失业率的水平上。以引起通货膨胀为代价的扩张性财政政策与货币政策并不能减少失业。这就是宏观经济政策的长期菲利普斯曲线,如图10-7所示。

图10-7中,SPC_1和SPC_2为不同的短期菲利普斯曲线,LPC为长期菲利普斯曲线。短期菲利普斯曲线向右下方倾斜,表明失业率与通货膨胀率之间存在交替关系。长期菲利普斯曲线是一条从自然失业率($\bar{U}$)出发的垂线,说明长期中失业率是自然失业率,失业率与通货膨胀率之间不存在交替关系。

理性预期学派所采用的预期概念不是适应性预期,而是理性预期。理性预期是合乎理性的预期,其特征是预期值与以后发生的实际值是一致的。在这种预期的假设之下,短期中也不可能有预期的通货膨胀率低于以

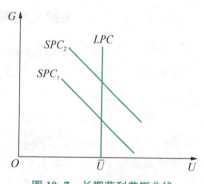

图10-7 长期菲利普斯曲线

后实际发生的通货膨胀率的情况,即在短期或长期中,预期的通货膨胀率与实际发生的通货膨胀率总是一致的,从而也就无法以通货膨胀为代价来降低失业率。所以,无论是在短期还是在长期中,菲利普斯曲线都是一条从自然失业率出发的垂直线,即失业率与通货膨胀率之间不存在交替关系。由此得出的推论就是:无论是在短期还是在长期中,宏观经济政策都是无效的。

 **本章小结**

失业的类型分为四种类型:摩擦性失业、结构性失业、周期性失业和隐蔽性失业。失业对经济会产生有利和不利的影响。

通货膨胀是物价水平普遍而持续的上升，可分为温和的通货膨胀、奔腾的通货膨胀、超级的通货膨胀、受抑制的通货膨胀。对于通货膨胀的成因，西方学者提出了种种解释：有需求拉动型通货膨胀理论、成本推动型通货膨胀理论和结构型通货膨胀理论等。

菲利普斯曲线表示失业与通货膨胀之间存在交替的关系。凯恩斯认为，失业与通货膨胀不会并存，主张在短期内政府应该干预经济。货币主义者在解释菲利普斯曲线时，根据适应性预期，把菲利普斯曲线分为短期与长期两种。失业率与通货膨胀率之间的交替关系在短期内存在，在长期内不存在，因此宏观经济政策短期有效、长期无效，反对政府干预经济。理性预期学派认为，无论是在短期还是在长期中，失业率与通货膨胀率之间不存在交替关系，因此无论是在长期还是在短期，宏观经济政策都是无效的，反对政府干预经济。

主要概念

失业率　充分就业　奥肯定理　菲利普斯曲线　凯恩斯主义　货币主义者　理性预期学派

思考案例

关键之年就业难吗？需从供需端双向发力

2019年是全面建成小康社会的关键之年，做好经济至关重要。作为最大的民生，就业是重中之重。经济下行压力、大公司裁员、"考研"和"国考"大热、PMI低于50……跟就业相关的新闻似乎不太乐观。

就业压力真的大吗？大。人社部新闻发言人卢爱红曾直言不讳，当前我国就业总量压力依然很大，就业结构性矛盾仍然十分突出，国内外不稳定、不确定因素也在增多，这些都会对部分企业的生产经营和就业带来影响。但这不是全貌，我们不能忽视就业稳定的大局，以及从中央到地方稳住就业的决心。2018年1到11月，城镇新增就业人数1 293万人，已经超额完成了政府工作报告中的全年任务；三季度末城镇登记失业率控制在3.82%，降至多年来的低位。这两个数据透露出我国经济基本面的稳健性，也说明就业形势好于预期，企业的扩张和创业创新依旧充满活力。更重要的是，对于就业未来的承压，政策层面已经未雨绸缪。

稳就业位居宏观经济"六稳"之首。中央经济工作会议更明确指出，要把稳就业摆在突出位置，实施就业优先政策，凸显就业在中央决策中的"压舱石"地位。地方层面积极落实中央部署，安徽、吉林、上海、江苏、河南等二十多地出台了文件，促进就业创业。从措施上看，稳住就业，说到底得从劳动力市场的供需两端发力。

供给端，一场结构性的变革正在发生。一方面，为适应现代企业的岗位需求，多方式提升劳动者的技能；另一方面，城乡、地区间存在岗位需求差异，政策上引导求职者去更需要人才的地方。比如2019年1月1日起，人力资源和社会保障部等6个部门开始实施三年百万青年见习计划,将离校 2 年内未就业高校毕业生和 16～24 岁失业青年纳入见习范围,增强失业青年的就业竞争力。比如,教育部下发文件,引导毕业生去基层、去小微企业就业,广东等地给去基层就业的毕业生就业补贴。

我国劳动力市场求人倍率连续保持在 1.2 以上,意味着就业岗位要比求职人数多。一职难求的压力是结构性的,根子在就业市场不平衡不充分上。一些地方的人才需求相对有限,但基层仍有很大空间。如果求职者提升了技能、树立了更合理的职业发展观,现有的岗位供给就有较大的市场消化能力,也能促进区域和城乡更为均衡地发展。

需求端更为重要,因为就业是经济的直观反映,市场主体有稳定的预期和信心,才能打开劳动力需求市场的源头活水。在经济下行压力下,需要更大规模地减税降费来稳定信心,降低企业成本,进而促进生产和投资。而降税降费,正是从中央到地方的政策"关键词"。

1 月 9 日,国务院常务会议决定,再推出一批针对小微企业的普惠性减税措施,实施期限暂定三年,预计每年可再为小微企业减负约 2 000 亿元。调整后优惠政策将覆盖 95% 以上的纳税企业,其中 98% 为民营企业。要知道,小微企业和民营企业,解决了我国大半新增就业。就在 2018 年 12 月,国务院决定,对不裁员或少裁员的参保企业,可返还其上年度实际缴纳失业保险费的 50%。不少地方版的"稳就业"政策比中央要求的力度更大。比如,山东提出了"五暂缓",阶段性允许困难企业缓缴养老、医疗、失业、工伤、生育 5 项社会保险,缓缴期间免收滞纳金。2018 年预计全年减税降费规模超 1.3 万亿元,正向效果已经逐渐显现。类似的政策 2019 年只会更为密集,并力图使政策红利精准"滴灌"到小微企业和民营企业。

中央经济工作会议给出了信号,2019 年将继续实施积极的财政政策,实施更大规模的减税降费。同时,较大幅度提升专项债额度,用扩大投资作为稳增长的重要支撑。央行、银保监会和各类银行,正在采取更为精准的措施,帮助民营企业攀越"融资的高山"。

世界正处于大变局中,变局中总是危与机并存。我国是 14 亿人口的大国,国内市场空间广阔,发展前景长期向好。就业面临着不少问题,但从中央和地方正在充分调动各方的积极性,以期形成工作的合力。无论是岗位的供给还是需求,都可以将压力转为走向高质量发展的动力。

资料来源:新华网,2019 年 1 月 12 日。

问题讨论:

结合该案例和所学的经济学知识以及对社会的观察,请你分析以下几个问题:

1. 失业产生的原因是什么?
2. 失业会对社会产生哪些影响?
3. 如何治理失业问题?

课后习题

一、单项选择题

1. 失业率是指(　　)。

A. 失业人口与全部人口之比
B. 失业人口与全部就业人口之比
C. 失业人口与全部劳动人口之比
D. 失业人口占就业人口与失业人口之和的百分比

2. 自然失业率是指(   )。
A. 周期性失业率
B. 摩擦性失业率
C. 结构性失业率
D. 摩擦性失业和结构性失业造成的失业率

3. 由于经济衰退而形成的失业属于(   )。
A. 周期性失业   B. 结构性失业   C. 摩擦性失业   D. 自然失业

4. 通货膨胀是(   )。
A. 一般物价水平普遍、持续的上涨
B. 货币发行量超过流通中的黄金量
C. 货币发行量超过流通中商品的价值量
D. 以上都不是

5. 可以称为温和的通货膨胀的情况是指(   )。
A. 通货膨胀率在10%以上,并且有加剧的趋势
B. 通货膨胀率以每年10%的速度增长
C. 通货膨胀率一直保持在10%以下水平
D. 通货膨胀率每月都在50%以上

6. 由于工资提高而引起的通货膨胀是(   )。
A. 需求拉动型通货膨胀
B. 成本推动型通货膨胀
C. 需求拉动和成本推动混合型通货膨胀
D. 结构型通货膨胀

7. 菲利普斯曲线是一条(   )。
A. 失业与就业之间关系的曲线
B. 工资与就业之间关系的曲线
C. 工资与利润之间关系的曲线
D. 失业与通货膨胀之间交替关系的曲线

二、多项选择题

1. 按失业产生的原因,可将失业分为(   )。
A. 摩擦性失业   B. 结构性失业   C. 周期性失业   D. 自愿性失业
E. 季节性失业

2. 按照价格上涨幅度加以区分,通货膨胀可分为(   )。
A. 温和的通货膨胀
B. 奔腾的通货膨胀
C. 平衡式通货膨胀
D. 非平衡式通货膨胀
E. 恶性通货膨胀

3. 菲利普斯曲线具有的特征是(   )。
A. 菲利普斯曲线的斜率为负
B. 菲利普斯曲线的形状是一条直线

C. 菲利普斯曲线与横轴相交的失业率为正值
D. 菲利普斯曲线与横轴相交的失业率为 0
E. 菲利普斯曲线的形状不是一条直线

三、判断题
1. 周期性失业就是由总需求不足所引起的失业。（   ）
2. 物价上升就是通货膨胀。（   ）
3. 衡量通货膨胀的指标是物价指数。（   ）
4. 需求拉动型通货膨胀形成的原因是"太多的货币追逐较少的产品"。（   ）
5. 结构型通货膨胀是由于产业结构不合理而引起的。（   ）
6. 长期菲利普斯曲线向右下方倾斜。（   ）

四、问答题
1. 什么是失业？它如何衡量？
2. 失业问题的重要性体现在哪里？
3. 简析失业的类型及其成因。
4. 什么是通货膨胀？它有哪几种类型？
5. 西方学者认为造成通货膨胀的原因是什么？
6. 通货膨胀对收入、财富、就业及产量分别产生何种效应？
7. 凯恩斯如何解释失业与通货膨胀？
8. 什么是菲利普斯曲线？
9. 简述货币主义与理性预期学派对菲利普斯曲线的解释。

第十一章

经济周期与经济增长理论

第一节 经济周期

一、经济周期的含义和类型

(一)经济周期的含义和阶段

经济周期(Business Cycle),有时也称经济波动,是指总体经济活动的扩张和收缩交替反复出现的过程。早期经济学家是建立在实际GDP或总产量绝对量的变动基础上的,认为经济周期是指GDP上升和下降的交替过程,这一定义称为古典的经济周期定义。现代经济周期的定义是建立在经济增长率变化的基础上的,认为经济周期是经济增长率上升和下降的交替过程。根据这一定义,衰退不一定表现为GDP绝对量的下降,只要GDP的增长率下降,即使其值不是负值,也可以称为衰退,所以,在西方有增长性的衰退之说。

图11-1是一个典型的表示经济周期的曲线图,图中曲线为潜在GDP曲线,正斜率曲线是经济的长期增长趋势曲线。由于经济总体上保持着或大或小的增长,所以经济的长期趋势是正斜率。从图中我们可以看到,经济周期大体上经历了四个阶段:繁荣、衰退、萧条和复苏。

经济学家们假定开始时,经济就处于繁荣阶段,这时经济活动处于高水平的时期,消费和

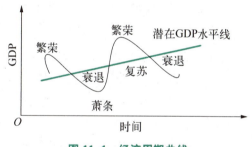

图 11-1 经济周期曲线

投资活跃,就业增加,产量扩大,社会总产出达到最高水平。由于国民经济的持续发展,信用也随之不断扩张,价格水平在总需求上升和信用扩张的压力下,呈上升势头。

如果价格上涨形成普遍态势,通货膨胀已形成。当投资减少时,消费需求下降,经济下滑,走向衰退时期。这是经济由扩张到收缩的开始。由于投资减少,使企业的生产能力受到抑制,生产下降,失业增加;而另一方面,消费需求下降,又会使产品卖不出去,使企业的利润下降,导致企业的投资进一步减少,相应地,企业收入也减少,从而最终导致经济跌落到萧条阶段。

萧条阶段,是指经济活动处于最低水平的时期,在这一阶段,大量人口失业,导致消费者购买力急剧下降,同时在加速度的作用下,投资水平以更快速度下降,产品滞销,生产能力被大量闲置,工厂严重亏损甚至倒闭。但随着时间的推移,企业现有设备不断损耗,消费引起企业存货减少,致使企业考虑增加投资,这样,就业开始增加,产量逐渐增大,使经济进入复苏阶段。

复苏阶段是经济走出萧条并逐步上升的阶段,在这个阶段,生产增加,就业上升,整个经

济呈现上升势头。随着生产和就业的继续扩大,价格上升,整个经济又逐步走向繁荣阶段,从而完成经济活动的一个周期,开始新一轮的循环。

(二) 经济周期的类型

经济学家根据经济周期的长度不同,把经济周期分为中周期、短周期和长周期。

中周期又称中波,是法国经济学家米格拉在1861年的《论法国、英国和美国的商业危机及其发生周期》一文中提出的。在对物价、生产和就业统计资料分析中,米格拉认为危机或恐慌不是一种独立现象,而是经济社会不断面临的三个连续阶段中的一个。这三个连续阶段是繁荣、危机和清算,而危机就是由繁荣造成的不平衡状态的结果。这三个阶段反复出现就形成了周期现象,熊彼特称之为"米格拉周期",平均每个周期为9~10年。

短周期又称短波,是美国经济学家基钦在1923年发表的《经济因素中的周期和倾向》论文中提出的。他根据美国和英国的详细资料,提出经济周期实际上有两种:大周期和小周期。小周期的平均长度约为40个月;大周期是小周期的总和,一般包括2~3个周期。基钦认为经济周期实际上就是一种平均长度为40个月的周期,称为短周期或基钦周期。

长周期又称长波。它是1926年苏联经济学家尼古拉·康德拉季耶夫于《经济生活中的长度》一文中提出。他根据美国、英国和法国一百多年的批发物价指数、利息率、工资率、对外贸易、生产和商业活动的统计资料分析,认为经济发展过程有一个较长的循环,平均长度是50年左右。18世纪以来,已出现过三个长期繁荣继之长期萧条的时期,也就是三个长周期或长波,每个周期为50~60年,被称为康德拉季耶夫周期。

1930年,美国经济学家库兹涅茨在其出版的《生产和价格的长期运动》一书中考察了美、英、法、比利时等国家从19世纪末到20世纪初,60种工农产品的产量和35种工农业主要产品的价格变动的时间数列资料。他剔除了短周期中周期的变动,着重分析了有关数列资料的长期消长过程,提出了主要资本主义国家存在着长度从15年到25年不等、平均长度为20年的长周期。这种周期与人口增长而引起的建筑业增长与衰退相关,是由建筑业的周期性变动引起的,而且在工业国家中产量增长呈现递减的趋势,为了区别于康德拉季耶夫的长周期,称其为库兹涅茨周期。

此外,美籍奥地利经济学家熊彼特对各种经济周期理论进行了综合,在1939年版的《经济周刊》一书中,详细研究了第二次世界大战前200年,主要资本主义国家经济变动情况,指出存在三个层次的经济周期,即短、中、长三个周期。这三个周期是并存和互相联系的。他认为每一个长周期包括六个中周期,每个中周期包括三个短周期,其中短周期40个月,中周期9~10年,长周期50~60年,并以创新为标志,划分了三个长周期,与康德拉季耶夫长周期基本一致。第一个长周期从18世纪80年代到1842年,是"产业革命时期";第二个长周期从1842年到1897年,是"蒸汽和钢铁时期";第三个长周期从1897年以后,是"电气、化学和汽车时期"。

二、经济周期成因分析

一国或一个地区经济为何发生经济周期？如何来解释？经济学家提出一些不同的解释，主要观点有以下几种。

（一）消费不足论

消费不足理论（Under-consumption Theory）把萧条产生的原因归结为消费不足。这种理论早期的代表人物是英国经济学家马尔萨斯（Thomas Robert Malthus，1766~1834）和法国经济学家西斯蒙第（J. Simonde de Sismondi，1773~1847）。他们认为衰退的原因在于收入中用于储蓄的部分过多，用于消费的部分不足，以致社会对消费品的需求赶不上消费品供给的增长。这种消费不足的根源主要在于收入分配不均所造成的富人储蓄过渡，所以，解决经济危机的办法就是实现收入分配的均等化。

从西斯蒙第和马尔萨斯开始，"消费不足论"朝着两个方向发展：一个是从西斯蒙第开始，经洛贝尔图斯、俄国民粹派，最后到激进经济学派（如斯威齐，Paul M. Sweezy），他们共同的特点是从现存的分配关系出发，主张通过"第三者"——国家对收入分配作有利于劳动者的调节，最终解决收入分配不均和消费不足的问题；另一派从马尔萨斯开始，经凯恩斯和后凯恩斯主义者的继承，发展成现代凯恩斯主义周期理论，他们把提高工资看作对经济稳定的主要威胁，因此，反对调整收入分配结构，建议削减社会福利开支、冻结工资，主张通过政府增加非生产性消费积极影响投资需求，扩大社会"有效需求"，减轻或消除经济危机。

总之，消费不足论认为消费不足是经济衰退和萧条的根源，主张通过各种手段增加社会有效需求，避免经济周期性波动。

（二）投资过度论

投资过度论可以分为货币投资过度论和非货币投资过度论。二者的主要区别是：货币投资过度论认为货币金融当局的信用膨胀政策是引起投资过度扩张和经济繁荣、破坏经济体系均衡，最终导致经济危机或萧条的根本原因；非货币投资过度论着重从生产过程本身来解释危机，没有把货币或信用扩张当作引起经济周期波动的最初动因，但是货币信用膨胀是经济扩张的必要条件，货币因素在投资扩张中处于从属的被动地位。

投资过度论认为，新发明、新发现等新产品市场的开发等因素会引发投资增加。投资的增加首先导致投资品需求增加和投资品价格上升，刺激生产资料和耐用消费品生产部门的扩张，而生产资料生产部门的扩张又进一步刺激投资增加，形成经济繁荣的局面。过度的投资带动资本品（和耐用品）生产部门的快速发展，而消费比较稳定，并没有大幅度增长，生产消费品的产业不可能得到重视，因此经济扩张时，资本品生产部门的发展超过了消费品生产部门的发展。这种生产结构的失调最终会引起萧条和经济波动。

(三) 纯货币危机论

纯货币危机理论(Pure Money Theory)把经济周期看作一种货币现象,认为经济波动是银行货币和信用波动的结果。这一理论的代表人物有现代货币主义领袖弗里德曼(Milton Friedman)。弗里德曼认为,货币信用的扩张或收缩起因于国家不正确的货币政策。现代货币主义者认为,私人经济本来具有某种内在的稳定性。当私人经济受到外来冲击时,不免会暂时偏离平衡状态,出现小幅的波动,但它会自我调节、恢复均衡。而凯恩斯主义者主张政府积极地使用财政和货币政策,干预私人经济生活,由于政策干预的时间选择上的错误和货币政策作用的滞后性,政府往往是在经济复苏时实行了扩张的货币政策,在经济衰退时使用了紧缩的货币政策,其结果是"斟酌"使用的货币政策不但没能稳定私人经济,反而推波助澜,使经济波动的幅度更大。由此看来,纯货币危机理论认为,经济波动纯粹是一种货币现象。货币数量的增减使经济周期性波动的唯一的充分的原因。

(四) 创新周期论

1936 年,伟大的经济学家熊彼特以他的"创新理论"为基础,对各种周期理论进行了综合分析后提出的。熊彼特认为,经济发展的动力来自企业家的"创新"。企业家之所以创新,是因为看到了盈利的机会。"创新"的结果又为其他企业开辟了道路,其他企业相继"模仿",形成"创新浪潮"。创新浪潮的出现造成厂商对银行信用和生产资料的需求膨胀,于是出现经济高涨和繁荣。但是,当"创新"普遍化以后,盈利机会消失,对信用和生产资料的需求减少,经济就不可避免地陷入衰退。如果排除影响经济活动的其他因素,资本主义经济就是由"繁荣"到"衰退"构成的周而复始的过程。

熊彼特认为,每一个长周期包括 6 个中周期,每一个中周期包括三个短周期。短周期约为 40 个月,中周期约为 9~10 年,长周期为 48~60 年。他以重大的创新为标志,划分了三个长周期。第一个长周期从 18 世纪 80 年代到 1842 年,是"产业革命时期";第二个长周期从 1842 年到 1897 年,是"蒸汽和钢铁时期";第三个长周期从 1897 年开始,是"电气、化学和汽车时期"。在每个长周期中仍有中等创新所引起的波动,这就形成若干个中周期。在每个中周期中还有小创新所引起的波动,形成若干个短周期。总之,无论是长周期的经济波动,还是短周期的经济波动,其根源都在于"创新"活动的周期性。

值得一提的是,熊彼特的技术创新周期论,在沉寂了 40 多年后,被普雷斯科特等人吸收、发展并模型化,形成了一个新的理论——真实经济周期理论。

(五) 心理理论

心理理论认为经济周期波动的原因在于公众心理反应的周期变化,其主要代表人物有英国著名经济学家庇古(Arthur C. Pigou, 1877~1959)和凯恩斯(J. M. Keynes, 1883~1946)。他们认为,当某种原因刺激了投资活动、引起经济高涨时,资本家对未来的乐观预期一般总会超过理性经济思考下应有的程度,导致过多的投资,形成经济繁荣。当这种过度乐观的情绪所造成的错误被觉察后,又会形成过度悲观的预期,进而导致投资大幅度减少,造成经济萧条。由于人们心理上的乐观预期和悲观预期交替出现,所以经济的繁荣和萧条周而复始,形成经济周期性波动。在凯恩斯和庇古看来,人们心理因素的变化是经济周期波动的根源。

三、乘数-加速数模型

乘数-加速数模型就是运用乘数原理和加速原理交互作用的机制,分析经济周期性波动的理论模型。这一理论模型在西方经济学界称为"汉森-萨缪尔森模型"。在对经济周期的解释中,凯恩斯主义经济学家把加速原理和乘数论结合起来,以说明投资的变动对经济周期的影响。加速原理表明,随着收入的变化,投资将按着一定的加速数发生重大的变化;而乘数理论则表明,一项最初的投资增加量将按照一定的投资乘数使国民收入或总产出产生数倍于投资增量的变化。二者结合所发挥的作用,是构成经济发生向下或向上波动的经济周期的根本原因。

(一) 乘数原理

乘数原理是指货币的作用被逐层放大,产生了有利于国民经济发展的效益。凯恩斯在消费倾向的基础上,建立了一个乘数原理,乘数原理的经济含义可以归结为,投资变动给国民收入带来的影响,要比投资变动更大,这种变动往往是投资的变动的倍数。通过乘数原理,凯恩斯得到了国民收入(Y)与投资量(I)之间的确切关系,将其经济理论导向经济政策,并指导经济实践。

所谓乘数,是指在一定的边际消费倾向条件下,投资的增加(或减少)可导致国民收入和就业若干倍的增加(或减少)。收入增量与投资增量之比即为投资乘数。以公式表示为:$K = \Delta Y / \Delta I$。其中,K 表示乘数,ΔY 表示收入增量,ΔI 表示投资增量。同时,由于投资增加而引起的总收入增加中还包括由此而间接引起的消费增量(ΔC)在内,即 $\Delta Y = \Delta I + \Delta C$,这使投资乘数的大小与消费倾向有着密切的关系,两者之间的关系可用数学公式推导如下:

$$K = \Delta Y / \Delta I = \Delta Y / (\Delta Y - \Delta C) = 1/(1 - \Delta C/\Delta Y) = 1/(1 - MPC)$$

其中,$\Delta C/\Delta Y$ 为边际消费倾向 MPC。由上式可见,边际消费倾向越高,投资乘数越大,反之则投资乘数越小。

当社会上各种资源没有得到充分利用,国民经济各部门不存在瓶颈时,经济各部门密切相连,一个部门、产业投资的增加,也会在其他部门引起连锁反应;收入的增加会持续带来需求的增加。这时总需求增加,引起国民收入大幅度的增加;总需求减少,引起国民收入大幅度的减少。

(二) 加速数原理

乘数(Multiplier)原理是用来说明投资变动对国民收入影响的。它表明当投资增加时,国民收入成倍增加;当投资下降时,国民收入则成倍下降。我们还知道,各个宏观经济总量是相互联系、相互制约的。不仅投资变化对收入有影响,而且收入变化也会影响到投资。

从总量生产函数,我们知道,在生产技术一定和充分就业的条件下,总产出的增长有赖于生产要素(即资本、劳动等)投入的增加,也就是说,国民收入的增加需要相应地增加资本,而资本存量的变动来源于投资。由此可知,国民收入的变动必然带来投资的变动,换句话说,投资(I)是国民收入增量(ΔY)的函数。

我们通常用 ΔK_t 代表第 t 期资本增量,它等于第 t 期的净投资 I_t,即:

$$I_t = \Delta K_t = K_t - K_{t-1}$$

其中,K_t 表示第 t 期的资本存量,K_{t-1} 表示第 $t-1$ 期的资本存量。第 t 期的总产出或国民收入的增量(ΔY_t)等于本期的国民收入(Y_t)与上一期国民收入(Y_{t-1})之差。用公式表示为:

$$\Delta Y_t = Y_t - Y_{t-1}$$

平均每增加一个单位产量所需增加的资本存量叫作加速数(Accelerator)。若用 a 表示,则加速数 a 等于资本增量和产出增量的比率,用公式表示如下:

$$a = \Delta K_t / \Delta Y_t = I_t / \Delta Y_t$$

根据上面可得投资与总产出之间的关系式:

$$I_t = a \Delta Y_t = a(Y_t - Y_{t-1})$$

净投资是国民收入增量的函数。如果加速系数 a 保持不变,则本期的净投资与本期国民收入增量成正比。假定 $a=4$,若要增加 200 元的产量,则需要增加 800 元的资本。在加速系数为 4 的情况下,资本增加量是产出增加量的 4 倍。如果国民收入增量保持不变,则净投资额不变;如果国民收入增量上升,则投资加速上升;反之,若国民收入增量下降,则投资加速下降。

总投资(Total Investment)等于净投资与重置投资(或更新投资)之和,即第 t 期的总投资 $= a(Y_t - Y_{t-1}) +$ 第 t 期的折旧。如果加速数 a 为大于 1 的常数,那么资本存量所需要的增加必须超过产量的增加。应当指出,加速原理发生作用的前提条件是:(1)资本存量得到了充分利用;(2)生产技术不变;(3)加速系数 a(即增量的资本-产出比)固定不变。

(三)乘数与加速数的相互作用

乘数原理和加速原理告诉我们,国民收入和投资之间是相互关系的。这种联系意味着任何局部的或单方面的外来冲击都有可能传递到整个国民经济体系,造成整个国民经济的波动和周期性的循环。显然,在乘数原理和加速原理所描述的宏观经济体系中,投资变动处于冲击波传递机制的核心。

假设某种新发现或发明的出现使投资增长,投资增加又会通过乘数作用带动国民收入增加。当收入增加时,人们会购买更多的商品和劳务,从而整个社会的商品和劳务销售量增加,即国民收入增加。通过上面所说的加速数作用,企业销售额的增加会促进投资额以更快的速度增长,而投资的增长又促使国民收入增长以及销售量再次上升。如此循环往复,国民收入不断增大,投资不断扩大,并且二者相互加强,于是整个社会进入经济周期的扩张阶段。

然而,在短期内,社会资源是有限的,经济不可能无限扩张,收入的增长迟早会达到资源所能容许的峰顶(Peak)。一旦经济达到经济周期的峰顶,收入便不再增大,从而销售量也不再增长。根据加速原理或方程式我们知道,一旦销售量停止增长,投资就会下降为零。根据乘数原理我们知道,当投资下降时,国民收入会成倍减少,销售量也因之而减少。又根据加速原理,销售量的减少使得投资进一步减少,而投资的下降又使得国民收入进一步下降。如此循环往复,投资和国民收入会持续下降,这样,社会经济便进入经济周期的衰退阶段。

收入的持续下降使社会最终达到经济周期的谷底(Trough)。在经济运行的低谷时期,由于企业不进行投资或负投资,资本设备逐年减少,资本存量最终会下降到与当时的国民收入相适应的水平。此时,虽然新增投资不会很多,甚至没有,但是总有部分企业会进行必要的更新投资。由于边际消费倾向始终大于零,所以一旦投资有所增加,就会出现乘数效应和加速效应的连锁反应,收入与投资将不断地上升,整个经济将随之逐步复苏,便开始一个新的经济周期。

第二节 经济增长理论

一、经济增长和增长要素

(一) 经济增长的含义和特征

经济增长(Economic Growth)是指一个国家或地区在一定时期内所生产的产品和服务总量不断增多的过程,它是反映一个国家或地区的经济实力和生活水平最重要的指标。

库兹涅茨总结出了经济增长的六个基本特征:第一,按人口计算的产量的高增长率和人口的高增长率;第二,劳动的各生产要素生产率增长迅速;第三,经济结构的变革速度很快;第四,社会结构与意识形态的迅速改变;第五,经济增长在全世界范围内迅速扩大;第六,世界各国的增长情况是不平衡的。这六个经济增长的特征密切相关,它们标志着一个特定的经济时代。

经济增长的度量,在宏观经济学中,经济增长通常用以固定价格计算的某种表示人均国民收入的指标的变化率来衡量,目前应用最广泛的是以不变价格计算的国内生产总值,即实际的国内生产总值。从消费方面来看,它可以被看作一国的居民为个人消费而在最终产品和服务上的总支出,在国内与国外的投资,以及政府在健康、教育、国防和其他服务上支出的总和。以总的生产要素收入与以总产出来定义其实是等价的。因此,经济增长应当以实际国内生产总值的增长率来度量,或者如果考虑人口变动的影响,采用人均国内生产总值来度量。此外,国民生产总值(GNP)与国内净产值等变量也可以用来度量经济增长。

(二) 经济增长的要素

通常认为,一个国家或地区的生产总值和收入水平依赖于该国的自然资源禀赋(包括矿产、水、森林等)、劳动力或人力资源禀赋(包括教育、培训、技巧和技能等方面的人力资源投资)、资本资源(包括物质资本投资、基础设施建设、金融资本资源等)、企业管理、组织和技术进步状况等。经济增长的要素包括自然资源、人力资源、资本资源以及技术进步状况。

1. 自然资源

自然资源主要包括耕地、石油天然气、森林、水力和矿产资源等。许多国家凭借其丰富的资源跻身于高收入国家之列,但自然资源的拥有量并不是经济发展取得成功的必要条件,比如对几乎没有自然资源的日本而言,通过大力发展劳动密集型和资本密集型的产业同样获得了经济发展。

2. 人力资源

劳动力投入包括劳动力数量和劳动力的技术水平。很多经济学家认为,劳动力在接受教育、培训的过程中,积累了专门的知识、经验和技能,这样形成的人力资本可以极大地提高劳动生产率,人力资源是一国经济增长的最重要的因素。

3. 资本资源

资本资源包括物质资本投资、基础设施建设、金融资本资源等。资本资源对于经济增长而言至关重要,经济快速增长的国家一般都在新资本品上大量投资,在大多数经济高速发展的国家,10%～20%的产出都用于净资本的形成。此外,为新兴的私人投资部门提供基础设施的社会基础投资也在经济增长中发挥了重要的保障作用。

4. 技术进步

除了上述的三个传统因素之外,经济增长还依赖于第四个重要因素:技术进步。历史上,增长从来不是一种简单复制的过程,使一国生产潜力获得巨大提高的往往是发明和技术创新的涓涓细流。

二、早期的经济增长模型:哈罗德-多马经济增长模型

英国经济学家哈罗德在《关于动态理论的一篇论文》(1939)和《走向动态经济学》(1948)中将凯恩斯的短期宏观经济分析动态化、长期化,几乎与此同时,美国经济学家多马在《资本扩张、增长率和就业》(1946)和《扩张和就业》(1947)中独立地提出了与哈罗德经济增长模型相似的主要结论,人们习惯上将这两个模型合称为哈罗德-多马模型。哈罗德-多马模型奠定了现代经济增长理论的基本框架,也标志着经济增长理论研究在主流经济学中的复兴。

(一) 哈罗德模型

哈罗德模型以凯恩斯的收入决定论为理论基础,在凯恩斯的短期分析中整合进经济增

长的长期因素,主要研究了产出增长率、储蓄率与资本产出比三个变量之间的相互关系,认为资本积累是经济持续增长的决定性因素。

1. 哈罗德模型的基本假定

(1) 假定消费者边际储蓄倾向为 s,且与平均储蓄倾向相等,储蓄 S 是国民收入的函数,即 $S=sY$。

(2) 假定劳动力 L 以不变、外生的速率 n 增长,即 $n=\dfrac{\Delta L}{L}$。

(3) 假定不存在技术进步和资本存量的折旧。

(4) 假定生产函数具有固定系数的性质,生产 1 单位产出 Y 需要的劳动 L 和资本 K 唯一给定,即:

$$Y=\min\left[\dfrac{K}{v},\dfrac{L}{u}\right]$$

其中,乘数 $u>0$ 是劳动对总产出的比率,这意味着生产任何给定的产出都需要 $\dfrac{L}{u}$ 单位的劳动。乘数 $v>0$ 是不变的资本-产出比,即 $v=\dfrac{K}{Y}$。

进一步扩展假定,视平均的和边际的资本产出比(ICOR)是一致的,有 $v=\dfrac{\Delta K}{\Delta Y}$。如果 $\dfrac{K}{v}=\dfrac{L}{u}$,那么所有的工人和机器都得到充分的利用;如果 $\dfrac{K}{v}>\dfrac{L}{u}$,那么只有 $\dfrac{v}{u}L$ 的资本得到利用,其余被闲置;如果 $\dfrac{K}{v}<\dfrac{L}{u}$,那么只有 $\dfrac{u}{v}K$ 的劳动得到利用,其余的处于失业状态。

2. 哈罗德模型的基本方程

根据凯恩斯的收入决定论,只有当投资 I 与储蓄 S 相等时,经济活动才能达到均衡状态,则有:

$$I=S$$

由于假定资本存量不存在折旧,则资本存量的增量 $\Delta K=I$,从而有:$\Delta K=S$。

两边同除以产出增量 ΔY,可得:

$$\dfrac{\Delta K}{\Delta Y}=\dfrac{S}{\Delta Y}$$

因为 $v=\dfrac{\Delta K}{\Delta Y}$,且 $S=sY$,则进一步有:

$$v=\dfrac{sY}{\Delta Y}$$

令 $G = \dfrac{\Delta Y}{Y}$,可得哈罗德模型的基本方程：

$$G = \frac{s}{v}$$

3. 有保证的增长路径

经济的移动均衡增长路径(哈罗德将此描述为有保证的增长路径)是为了实现完全的经济均衡,工业与商业投资决策所必须始终遵守的必要的均衡增长路径,它要求全部净储蓄(国民收入的百分比为 s)能够连续地被投资所吸收。究竟在什么样的增长率上,厂商才能始终选择均衡增长所要求的等于国民收入的百分比 s 的投资量？哈罗德利用加速器原理,即厂商为追加 1 单位产出将需要 v_r 单位的追加投资,得出产出的有保证的增长率,有：

$$G_W = \frac{s_f}{v_r}$$

其中,G_W 表示有保证的增长率,s_f 为意愿的充分就业下的储蓄率,v_r 为追求利润极大化的企业家认为是理想的边际资本-产出比。如果产出按国民收入的 s_f/v_r 百分率提高,将要求一个相当于 v_r 乘以 s_f/v_r 的均衡投资,它就等于国民收入的 s_f 百分率。用哈罗德的例子来说,他建议用一个占国民收入 10% 的典型的 s_f 和等于 4 的 v_r,去产生一个等于 2.5% 的有保证的增长率。由此可见,如果存在连续的储蓄,那么为了取得均衡就要求生产也连续地按几何级数增长。

4. 经济长期均衡增长的条件

哈罗德模型用有保证的增长率、实际增长率和自然增长率三个概念分析了一个经济在充分就业水平上连续生产所必须满足的长期条件。

(1) 经济必须在每一年使投资等于充分就业的储蓄,即经济的实际增长率必须等于有保证的增长率。如果投资份额低于充分就业时的储蓄率 s_f,那么有效需求相对于充分就业必然是不足的。因此,经济长期均衡增长第一个必需的条件是：

$$G_A = G_W = \frac{s_f}{v_r}$$

其中,G_A 为实际发生的增长率,即事后增长率,它由实际储蓄率 s_f 和实际的资本-产出比 v_r 所决定。这一条件的含义是,均衡增长将使充分就业的储蓄连续地被投资。

(2) 为保持连续充分就业,经济增长率必须等于实际劳动力增长率加上劳动生产率的增长率,即自然增长率。因此,经济长期均衡增长第二个必需的条件就是：

$$G_A = G_N = n + a$$

其中,G_N 为自然增长率,是由人口和技术水平所决定的经济增长率,是潜在最大的经济增长率,或者是最大可能达到的经济增长率,适应于技术进步,又能保证充分就业。n 为基本假定中的劳动力增长率，a 为劳动生产率的增长率。

综上所述，一个经济只有当它的实际增长率 G_A 同时等于有保证的增长率 G_w 和自然增长率 G_N 时，才能实现连续的充分就业，实现经济长期均衡的增长。当以上三个经济增长率相等时，经济增长便进入了罗宾逊夫人所说的"黄金时代"。

5. 哈罗德问题

哈罗德模型采取长期的动态分析方法，将凯恩斯的储蓄转化为投资加以动态化，引入了时间因素，使其理论具有说服力和应用价值；而且模型中所描述的经济增长率、储蓄率和资本产量比之间的关系是正确的，具有应用价值。除此之外，该模型从供给与需求相结合的角度上揭示了经济增长，克服了凯恩斯理论的局限性。但是哈罗德模型也存在一些问题。

(1) 哈罗德模型的刀刃性质。

哈罗德模型把经济增长的路径设计为储蓄转换为投资，即资本积累，从而形成了刀刃上的增长，即经济不能自行纠正实际增长率与有保证的增长率之间的偏离，而且还会累积性的产生更大的偏离。具体地讲，有保证的增长率是建立在给定企业家预期类型基础上的加权平均率，如果实际增长率小于有保证的增长率，则意味着企业家们生产能力的扩张超过了现有需求量，他们将会压缩投资，并通过乘数效应压低有效需求和产出，而这又将导致更大的生产能力过剩，不平衡不断重复下去。如果实际增长率大于有保证的增长率，则相反的情况将会发生，形成累积性的经济扩张。

(2) 哈罗德模型中增长的均衡可能不存在。

这是因为，决定有保证增长率与自然增长率的相关变量是相互独立的，储蓄率 S_f 由经济中的厂商和居民的偏好决定，资本产出比 v_r 是一个技术性的假定，而自然增长率对于经济制度而言是外生的。只有当 S_f、v_r、n 和 a 的数值恰好满足等式 $\dfrac{S_f}{v_r}=n+a$ 时，才会出现稳定均衡的增长，而这种情况的可能性非常小，所以长期均衡是很偶然的现象。具体而言，如果有保证的增长率大于自然增长率，就意味着储蓄或投资率超过了人口增长和技术进步允许的水平，经济将往下向自然增长率偏离，陷入萧条之中；如果有保证的增长率低于自然增长率，则产出将往上向自然增长率接近，经济不断地走向繁荣。

(二) 多马模型

在哈罗德模型出现后不久，多马也以凯恩斯理论为基础，将这一理论动态化、长期化，建立了多马经济增长模型。多马模型与哈罗德模型存在许多相似性，例如，它们都产生了长期均衡增长的条件，都预见了长期充分就业均衡增长的困难，都面临着同样的刀刃问题。但是这两个模型也具有一定的差异性，其中最大的区别就在于哈罗德模型注重完全充分就业，而多马模型则更强调投资的双重性，即投资不仅是创造收入的工具，也能增加生产能力。具体表现为投资通过凯恩斯的乘数过程决定收入的实际水平，由于投资增加了资本存量的规模而增加了收入的最高潜在水平，即生产能力。

运用类似于哈罗德模型的推导过程，多马认为存在着一种均衡增长率，即能满足一个时

期的实际产出增量 ΔY 恰好等于该时期最高潜在产出增量的 $\Delta \overline{Y}$ 增长率,并且总产量的均衡增长率 $\dfrac{\Delta Y}{Y}$ 又正好与投资增长率 $\dfrac{\Delta I}{I}$ 相等。假定在一定的技术条件下,用 σ 来表示已知投资水平下生产潜在能力的变化率,并设其为常数。资本的存量增量与投资相等,即有 $\Delta K = I$,则 $\dfrac{\Delta Y}{\Delta K} = \sigma = \dfrac{\Delta Y}{I}$,从而有 $\Delta Y = \sigma \cdot I$。作为均衡增长率的前提是 $\Delta Y = \Delta \overline{Y}$,所以 $\Delta \overline{Y} = \sigma \cdot I$。根据凯恩斯的乘数理论,实际产量增量 ΔY 等于投资乘以投资乘数 $MULT$,即 $\Delta Y = \Delta I \cdot MULT$,而 $MULT = \dfrac{1}{1 - MPC} = \dfrac{1}{MPS}$,其中 MPC、MPS 分别为边际消费倾向和边际储蓄倾向。因此,实际产出的增量公式就可写为:

$$\Delta Y = \dfrac{1}{MPS} \cdot \Delta I$$

进而有:

$$\sigma \cdot I = \dfrac{\Delta I}{MPS}$$

经变换后可得:

$$\dfrac{\Delta I}{I} = \sigma \cdot MPS$$

因为有 $\Delta Y = \Delta \overline{Y} = \sigma \cdot I$,且均衡时投资与储蓄相等($I = S$),而储蓄又与实际产出和边际储蓄倾向的乘积相等,即 $S = MPS \cdot Y$,从而有下式成立:

$$\dfrac{\Delta Y}{Y} = \sigma \cdot MPS = \dfrac{\Delta I}{I}$$

我们用 G 表示均衡增长率,则其基本公式为:

$$G = \sigma \cdot MPS$$

这一方程非常类似于哈罗德模型的基本方程。

三、新古典经济增长模型

新古典经济增长模型是由美国经济学家 R. 索洛等人在批判哈罗德-多马模型的基础上提出来的。他们认为:哈罗德-多马模型假定资本与劳动比例固定,资本-产量比率不变,在一定的储蓄率条件下,经济增长率只能有唯一值,条件苛刻,难以实现均衡增长。他们吸收了新古典学派的一些基本原理,即假定劳动力和资本可相互替代,配合比例可变,在此条件下分别提出了自己的增长模型。其中反映了微观经济学的某些特征,于是得名新古典经济增长模型。

(一) 假定条件

(1) 全社会只生产一种产品,既可供消费之用,也可供投资之用;

(2) 生产中只有两种生产要素:资本和劳动,而且这两种要素可以相互替代,故劳动和资本的配合比例是可变的,即资本-产量比率是可变因素,这与哈罗德-多马模型有重要区别;

(3) 劳动和资本的收益取决于各自的边际生产力,而且对每一个生产函数来说,规模报酬不变;

(4) 经济在完全竞争条件下运行,由于要素和商品价格灵活变动,资本和劳动得以充分利用。

新古典经济增长模型的焦点,就是要探讨使资本和劳动力都可以充分利用的经济增长途径。新古典经济增长模型可以通过调整资本和劳动的比例,实现各种资源能够重复利用的均衡增长。

(二) 基本表达式

新古典经济增长模型表示为:

$$G = a(\Delta K/K) + b(\Delta L/L) + \Delta A/A$$

式中,$\Delta K/K$ 代表资本增加率,$\Delta L/L$ 代表劳动增加率,a 代表经济增长中资本所作的贡献比例,b 代表经济增长中劳动所作的贡献比例,a 与 b 之比为资本-劳动比例,$\Delta A/A$ 代表技术进步率。

新古典经济增长模型的含义是:国民收入增长率决定于资本和劳动两个生产要素的联合增长率;劳动可以相互替代,强调市场机制的作用,存在着完全竞争,把经济增长主要归结为资本增长和技术进步;在政策上主张鼓励私人投资,提高资本对劳动的比例,不断推动技术进步。需要强调的是:资本-劳动比率的改变是通过价格的调节来实现的,这是对哈罗德-多马模型的重要修正。该模型认为,在长期,实现均衡的条件是储蓄全部转化为投资,是对凯恩斯储蓄等于投资这一短期均衡条件的长期化。

四、新剑桥经济增长模型

新剑桥经济增长模型也是建立在哈罗德-多马模型基础上的一种经济增长理论,但它和新古典经济增长模型不同,强调通过调整储蓄率来实现充分就业和均衡的经济增长。它是由剑桥大学经济学家罗宾逊和卡尔多以及意大利经济学家帕西内蒂提出的,为和旧的剑桥学派相区分,故称新剑桥经济增长模型。

(一) 假定条件

新剑桥经济增长模型假设:

(1) 社会上存在两个阶级——利润收入者和工资收入者;

(2) 利润收入者与工资收入者的储蓄倾向不变；
(3) 利润收入者的储蓄倾向大于工资收入者的储蓄倾向。

(二) 新剑桥经济增长模型的建立

新剑桥经济增长模型为：

$$G = S/C = [(P/Y)S_p + (W/Y)S_w]/C$$

式中，C 是资本-产量比率，P/Y 是利润在国民收入中所占比例，W/Y 是工资在国民收入中所占比例（国民收入分为利润和工资两部分，$P/Y + W/Y = 1$），S_p 是利润收入者的储蓄倾向（即储蓄在利润中所占比例），S_w 是工资收入者的储蓄倾向（即储蓄在工资中所占比例）。根据假设，利润收入者的储蓄倾向大于工资收入者的储蓄倾向，即 $S_p > S_w$，且 S_p 与 S_w 是既定的。

新剑桥经济增长模型的含义是：充分就业的均衡增长率，由利润率高低和利润收入者、工资收入者的储蓄率大小决定。在 S_p、S_w 既定的情况下，储蓄率的大小取决于国民收入分配的状况，即利润与工资在国民收入中所占比例，模型已经假定 $S_p > S_w$，利润在国民收入中所占的比例越大，则储蓄率越高；相反，工资在国民收入中所占比例越大，则储蓄率越低。这个模型把哈罗德-多马模型中的储蓄因素具体化，从更深层次上分析决定储蓄的各种因素，并试图通过调节这些因素改变社会的储蓄倾向，实现长期充分就业的稳定增长，它强调了储蓄变动对实现理想增长的决定作用。

那么，按照新剑桥经济增长模型，要提高经济增长率，必然使利润收入者的收入比例提高，而工资收入者的收入比例降低。因此新剑桥学派认为，资本主义社会的弊病在于收入分配失调，而解决这些社会问题的根本在于政府采取措施来实现收入分配的均等化，这样，资本主义可以实现稳定的经济增长。但是，我们应该注意到其经济增长是以加剧收入分配的不平等为前提的。经济增长的结果也必然加剧收入分配的不平等。所以，新剑桥经济增长模型错误地把利润看成资本的贡献，颠倒生产与分配的关系不可能解决资本主义基本矛盾及发展所带来的各种问题。

五、经济增长因素分析

经济增长因素分析是在研究大量统计资料的基础上，运用定量方法对影响经济增长的各种因素进行考察和分析，以便探讨提高经济增长率的途径。

20世纪50年代，美国经济增长率落后于西欧、苏联和日本，许多经济学家进行了大量研究，探讨有效提高经济增长率的途径。本节介绍这一研究的主要成果。

(一) 肯德里克的全部生产要素生产率分析

美国经济学家肯德里克在1961年《美国生产率的发展趋势》、1973年《美国战后1948～

1969年生产率发展趋势》等著作中对美国不同时期生产率的发展趋势进行了研究,根据实际统计资料,估算出技术进步对经济增长的贡献。

1. 全部要素生产率的提出

产出量与某一特定生产要素投入量之比,叫作"部分生产率"。肯德里克认为,部分生产率不能反映生产率全部变化,提出了"全部要素生产率"概念,即产出量与全部要素投入量之比。全部要素生产率不会受要素投入量结构的变化等因素的影响,能反映出生产率提高在经济增长中的作用。一般来说,生产要素包括劳动、资本和土地,产量和某一特定投入量之间的比较,如劳动生产率、资本生产率等只能叫部分生产率,它只能衡量一段时间内某一特定投入量的节约,但不能表示生产效率的全部变化。因为投入量结构的变化会影响生产效率的全部变化,因此要衡量生产效率的变化,需要把产量和全部生产要素的投入量联系起来。

2. 经济增长的来源

以 T_t 代表 t 年的全部要素生产率,则有:

$$T_t = Q_t / (W_0 L_t + i_0 K_t)$$

式中,Q_t 代表 t 年的总产量(或产值),L_t、K_t 分别为 t 年劳动与资本的投入量,W_0 与 i_0 为基期年的劳动实际小时工资率与资本实际小时报酬率(包括利息、地租和利润在内)。

根据这一公式,肯德里克计算出1889~1957年间美国的私营经济领域全部要素生产率的平均年增长为1.7%,实际产值平均年增张为3.5%。这一结果表明,在实际产值的年增长率中,除了有1.7%是投入量效率增长或提高的结果外,还有1.8%是投入量增加的结果。这就是说,经济增长中来自要素投入量增加的比例和来自生产效率提高的比率大致相同。此外,他又计算出在1958~1966年,全部要素生产率对经济增长的贡献已超过要素投入量的增加。由此证明,技术进步对经济增长有着重要作用。

肯德里克认为影响全部要素生产率的因素是非常复杂的,主要有:

(1) 对研究、发展、教育和训练投资等无形投资的增加;

(2) 合理有效地培植各种资源,使其适应经济变化的速度;

(3) 技术革新的扩散程度、应用规模;

(4) 人力资源和自然资源固有的质量;

(5) 生产规模的变动。

但是,肯德里克并没有对这些影响因素的具体作用大小做出分析。这项工作是由另一位著名美国经济学家丹尼森进行的。

(二) 丹尼森的经济增长因素分析

美国经济学家丹尼森在肯德里克研究基础上,进一步发展了肯德里克对经济增长因素的分析,在《美国经济增长的来源和他们面临的抉择》等书中,详细分析了影响投入量增长和要素生产率的几种因素,并且运用统计方法定量分析了七种影响经济增长的因素,充分肯定了科学和技术进步在经济增长中的作用。

1. 影响经济增长的因素

丹尼森认为,影响经济增长的主要因素有生产要素投入量的增加和要素生产率的提高,又进一步提出了影响二者的具体因素,并把这些具体因素分为以下七种。① 就业人数及其年龄、性别构成;② 包括非全日工资的工人在内的工时数;③ 就业人员的教育年限;④ 资本存量的大小;⑤ 资源配置,主要指低效率工作使用劳动力比重的减少;⑥ 规模经济,以市场的扩大来衡量;⑦ 知识进展。

丹尼森的经济增长因素分析主要有以下内容:

(1) 扩大了生产要素投入量的种类,把影响效率和使用人力与非人力生产要素的各种质的因素计算在内。比如,在劳动投入量中考虑了就业人员的年龄不同与性别差异的变化、平均周工资时间的减少、职工教育水平的提高等因素对劳动量的影响。

(2) 确定了单位投入量的产出量变化原因的四类因素:

① 长期因素,指包括技术与经营管理在内的知识进展与规模经济;

② 过渡因素,指资源配置的改善、农业劳动力向非农业领域的转移、小生产者转变为工资劳动者;

③ 短期因素,指气候变化对农业的影响、罢工时间、繁荣和危机期间需求变化对生产资源利用率的影响;

④ 立法环境和人类环境的变化。

2. 计算各种增长因素对经济增长所作的贡献

丹尼森1979年出版的《较慢经济增长的核算:70年代的美国》一书分析表明,美国经济增长的来源主要是:知识进展、就业量增加、教育水平提高、资本投入量的增加和规模经济效益。

在1974年出版的《1929~1969年美国经济增长的核算》一书中,丹尼森根据美国国民收入的历史统计数字,对上述各个经济增长因素进行了考察和分析。根据丹尼森的计算,从1929~1969年的40年中,美国总的国民收入年平均增长率为3.33%。其中,1.81个百分点是由要素投入量提供的,1.52个百分点是由单位投入量的产出量提供的。也就是说,总投入量的贡献占总的平均增长率的54.4%,要素生产率的贡献是45.6%。就总投入量来看,劳动投入量所占比重最大,高达72%以上。从单位投入量的产出量来看,知识进展所占的比重最大,达到69%以上。另一方面,按照丹尼森的计算,通过比较1929~1969年知识进展的劳动力完成的工作量,在总的平均增长率中所占的比重可以发现,知识进展所占的27.6%的比重高于包括就业和工时在内的劳动力完成的工作量所占25.8%的比重。这种情况在1948~1969年表现得更为明显,前者占30.9%,后者占24.9%。

据此,丹尼森的结论是:知识进展是发达资本主义国家最重要的增长因素。丹尼森所说的知识进展包括的范围很广,它包括技术知识、管理知识的进步和由于采用新的知识而产生的结构和设备更有效的设计在内,还包括从国内的到国外的有组织的研究、个别研究人员和发明家,或者从简单的观察和经验中得来的知识。丹尼森的技术知识是关于物品的具体性质和如何具体地制造、组合以及使用它们的知识。他认为,技术进步对经济增长的作用是明显的,但是只把生产率的增长看成大部分是采用新的技术知识的结果则是错误的。他强调管理知识的重要性。管理知识是指广义的管理技术和企业组织方面的知识。丹尼森认为,管理和组织知识的进步更可能降低生产成本、增加国民收入,因此它对国民收入的贡献比对改善产品物理特性的影响更大。总之,丹尼森认为,技术知识和管理知识进步的重要性是相同的,不能只重视前者而忽视后者。

(三) 库兹涅茨的经济增长因素分析

库兹涅茨通过对国民产值及其组成部分的长期估量、分析与研究各国经济增长的比较,从各国经济增长的差异中探索影响经济增长的途径。

1. 知识存量与经济增长

库兹涅茨在其著作中指出,影响经济增长的因素主要是知识存量的增加、劳动生产率的提高和结构方面的变化。随着社会的发展和进步,人类社会迅速增加了技术知识和社会知识的存量,当这些存量被利用时,它就成为显示经济高比率的总量增长和迅速的结构变化的源泉。但是在这一系列的知识转化过程中,关键是如何在中介因素的作用下,使知识最终转变为现实的生产力。

2. 劳动、资本投入与经济增长

库兹涅茨认为,现代经济增长的特征是人均产值的高增长率。他对劳动投入和资本投入对经济增长的贡献进行了长期分析,得出的结论是以人均产值高增长率为特征的现代经济增长的主要原因,是劳动生产率的提高。最后,发达的资本主义国家在它们增长的历史过程中,经济结构转变迅速。从部门看,首先从农业活动转向非农业活动,后又从工业活动转移到服务性行业。从生产单位的平均规模看,是从家庭企业或独资企业发展到全国性,甚至是跨国性的大公司、大企业。从劳动力在农业和非农业生产部门的分配来看,农业劳动力所占比重随着时间的推移在下降。库兹涅茨强调,发达国家经济增长时期的总体增长率和生产结构的转变速度都比它们在现代化以前要快。

库兹涅茨把知识力量因素和生产因素与结构因素联系起来,强调结构因素对经济增长的作用和影响。可以看出,库兹涅茨的经济增长因素分析和其他经济增长因素分析的不同之处在于,他重视结构因素对经济增长的作用。同时,库兹涅茨也指出,对于不发达国家来说,69%以上的劳动力都被束缚在传统的农业部门中,制造业结构不能满足现代经济增长对它提出的要求,消费水平低,不能形成对经济增长的有力刺激。所以,我们可以看到,不发达国家经济结构变动缓慢,结构因素对经济增长的影响比较小。

 思考案例

经济周期是否能够避免?

在过去的 150 年中,发达国家的经济周期已明显显示出趋于平缓的趋势。第二次世界

大战以前,我们目睹了太多的危机和萧条。如19世纪年代、90年代和20世纪30年代,都出现过持久的衰退。然而,从第二次世界大战后,经济周期的波动就变得不那么频繁,其波动幅度也温和了许多。到底是什么原因造成了这种改变呢?有人认为经济发展到一定程度,经济的波动自然会也越来越平稳。但其中一个不可否认的原因是,我们现在已经对宏观经济运行有了更深刻的理解,政府能够运用货币手段和财政手段来防止各种能使经济转化成衰退的冲击,防止经济像雪球一样从衰退跌进萧条。

从1984年到1998年,美国经济经历了其宏观经济史上一段最为平稳的时期。通货膨胀率较低,失业率也不高,只经历了一次较为温和的经济衰退。美国大部分的劳工和金融市场上的投资者在其成年时期还没有目睹过大的经济危机。

尽管进入21世纪,随着网络泡沫的破灭和纳斯达克指数的暴跌,美国经济似乎开始走下坡路,但2003年底经济的强劲反弹使人们开始思考今后是否会有经济周期的困扰。有人认为:通过明智的宏观管理和自由市场机制,我们也可以将衰退和通货膨胀永远驱逐出境。阿瑟奥肯,一位研究经济周期的著名分析家,在另一个较长经济周期结束时,提出过一个较为妥当的观点:现在普遍的认识是,衰退从根本上说是可以防止的,他们更多地像飞机失事而不像飓风。但我们从来没有能够从地球上消除飞机失事,当然也不清楚是否有足够的智慧和能力去消灭衰退,因为危险因素并未消除,那些可以导致周期性衰退的因素仍然潜伏在两翼,等待飞行中的某种暗示。

随着我们对宏观经济运行有了更深刻的理解,政府能够运用货币手段和财政手段来防止经济的波动。经济周期是经济活动内在规律的外在表现,是不能完全避免的,但是可以在一定程度上防止经济的衰退和过度繁荣。

思考题:
防止经济波动的政策手段有哪些?

课后习题

一、单项选择题

1. 经济周期的中心是( )。
   A. 价格的波动   B. 利率的波动   C. 国民收入的波动   D. 就业率的波动

2. 经济周期的四个阶段依次是( )。
   A. 繁荣、衰退、萧条、复苏   B. 繁荣、萧条、衰退、复苏
   C. 复苏、萧条、衰退、繁荣   D. 萧条、衰退、复苏、繁荣

3. 中周期的时间大约为( )。
   A. 5~6年   B. 9~10年   C. 20年左右   D. 3~4年

4. 根据哈罗德-多马模型,当有保证的增长率大于实际增长率时,经济中将出现( )。
   A. 均衡增长   B. 累积性扩张   C. 累积性收缩   D. 繁荣趋势

5. 经济增长的核心是( )。
A. 资本　　　　　B. 土地　　　　　C. 劳动　　　　　D. 技术进步
6. 经济周期包括的主要阶段有( )。
A. 繁荣和萧条　　B. 繁荣和衰退　　C. 复苏和衰退　　D. 萧条和复苏
7. 资本与劳动可以互相替代,这是( )。
A. 哈罗德-多马模型的假设条件
B. 新古典增长模型的假设条件
C. 哈罗德-多马模型和新古典增长模型的共同假设条件
D. 新剑桥增长模型的假设条件

二、多项选择题

1. 经济周期繁荣阶段的主要特征是( )。
A. 投资增加　　　B. 信用增加　　　C. 物价上涨　　　D. 就业增加
2. 经济增长的源泉是( )。
A. 国民收入　　　B. 资本　　　　　C. 劳动　　　　　D. 技术进步
E. 基数效用
3. 哈罗德-多马模型的假设条件包括( )。
A. 社会只生产一种产品
B. 生产中只使用劳动和资本两种生产要素
C. 规模收益递增
D. 规模收益不变
E. 不考虑技术进步

三、判断题

1. 繁荣和萧条是经济周期的过渡阶段。(　　)
2. 经济增长可定义为一国在一定时期内国内生产总值的增长,即总产出量增加。(　　)
3. 经济增长和经济发展是相同的概念。(　　)
4. 技术进步是实现经济增长的最重要的因素。(　　)
5. 新古典增长模型表明,经济增长的因素是资本的增加、劳动的增加和技术进步。
(　　)

四、问答题

1. 什么是经济周期？它有哪些类型？
2. 凯恩斯怎样论述经济周期？
3. 试评价经济周期理论。
4. 试述库兹涅茨对经济增长的定义与特征。
5. 什么是哈罗德-多马经济增长模型？它有哪些观点？
6. 说明新古典经济增长模型和新剑桥经济增长模型的内容。
7. 试分析影响经济增长的因素。

第十二章

经济政策

19世纪末20世纪初,产生了以意大利经济学家帕累托为代表人物的新福利经济学。对于某种既定的资源配置状态,任意改变都不可能使至少有一个人的状况变好而又不使任何人的状况变坏,则这种资源配置的状态为"帕累托最优状态"。传统微观经济学旨在论证"看不见的手"的原理,即在一系列条件下的竞争性市场运作,可以导致整个经济的资源配置达到帕累托最优状态。市场不是万能的,由于种种原因,价格在调节经济时会出现市场失灵。本章第一部分将分别论述市场失灵的几种情况及相应的微观经济政策。经济波动及由此引起的失业和通胀都会产生严重后果,有必要由政府对经济波动加以调节和管理,本章第二部分论述对宏观经济调控的宏观经济政策。

第一节 微观经济政策

一、市场失灵及其表现

完全竞争市场经济假定在一系列理想化的条件下,可以导致整个经济达到一般均衡,从而使资源配置达到最优状态。市场失灵也叫市场失败,即市场机制不能正常发挥作用,从而资源配置不能达到最优状态。市场失灵往往成为对市场进行干预的理由。市场失灵的主要表现有垄断、外部性、公共物品、不完全信息等。

二、垄断及对策

(一)垄断与低效率

现实的市场并不是完全竞争市场,而是存在不同程度的垄断因素,如完全垄断、垄断竞争和寡头垄断市场。如图12-1所示,垄断厂商利润最大化时,$P_1 > MC$,非帕累托最优。当$P = MC$时,Q_0是帕累托意义上的最优产出。两者的净福利损失为面积abc(假定$AC = MC$是水平的)。这部分净福利收益本可以在垄断厂商和消费者之间进行适当分配,使一方获益而另一方不受损,或使双方均获益,即存在帕累托改进。一些观点认为,垄断的经济损失不仅仅是面积abc,而且还包括为获得或维持垄断地位的所谓"寻租"活动的代价。垄断造成效率损失且引诱人们为获得垄断利益而从事非生产性活动

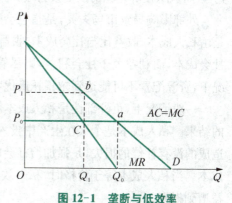

图12-1 垄断与低效率

("寻租")。政府的经济政策可以对垄断厂商进行管制,或制定反垄断法来限制垄断。

垄断厂商的实际均衡产出非帕累托最优的原因在于:垄断厂商与消费者之间以及消费者本身之间难以达成相互一致的意见。如厂商与消费者之间如何分配新增收益?消费者之间如何分摊弥补垄断厂商利润损失的支付?有些消费者不负担一揽子支付而享受低价格的好处,成为"免费乘车者"。事实上,只要有市场势力存在,市场是非完全竞争的,厂商利润最大化均衡就是 $P > MC$,就会导致低效率的资源配置状态。

(二)对垄断的管制

管制(Regulation)是政府制定法规、条例和设计市场激励机制,以控制有市场势力的厂商的价格、销售或生产决策。其类型有:法律管制,如反托拉斯法;社会管制,保护环境以及劳工和消费者的健康和安全;经济管制,政府对垄断价格和垄断产量、市场进入和退出条件、服务标准等的管制;价格管制,边际成本定价法、平均成本定价法(这在第六章已做过介绍,这里不再详细论述。)

三、外部性及其对策

(一)外部性

外部影响也叫外部性、邻居效应或溢出效应,是指人们的经济活动对他人造成影响,而又未将这些影响计入市场交易的成本与价格之中。

外部性有两种:一种是正外部性,是好的、积极的影响;另一种是负外部性,是坏的、消极的影响。正的外部性会带来外部收益,负的外部性会带来外部成本。

以养蜂场与苹果园为例,在两者并存的情况下,两者相互提供正外部性:一方面,养蜂场的蜜蜂为苹果园的苹果树传播花粉,提高了苹果产量;另一方面,苹果园的苹果树花为养蜂场提供蜜源,会增加蜂蜜产量。这就产生了外部收益。

另一个关于负外部性的例子是,一个生产者造成污染使另一个生产者蒙受损失。假设沿河有两个厂商,在上游的是一个钢铁厂,居下游的是一个养鱼场。钢铁生产过程中排放废水,污染了河水,使养鱼场的产量大为减少。这样,钢铁厂给养鱼场造成了损失,产生负外部性。

外部影响导致市场失灵,是指它会导致资源配置失当。为什么呢?原因非常简单。这是由私人成本-收益比与社会成本-收益比所决定的。假定某个人采取某项活动的成本小于社会成本,而利益大于社会利益,则尽管对社会不利,这个人仍然要采取该行动。在这种情况下,资源配置不可能达到帕累托最优状态。

一般情况下,负外部性是私人成本和社会成本之间、私人效益和社会效益之间存在差异的结果。私人成本是个人在生产中投入要素的价格之和。社会成本是私人成本加上给社会造成的没有补偿的损失,是强加给社会的费用。存在负外部性的情况下,社会成本高于私人成本。当私人成本等于价格时,私人效益最大。可是,由于社会成本高于私人成本,社会效益遭到损失。

如上述钢铁厂和养鱼场的例子中,由于河水的污染程度会影响养鱼场的产量,而污染程度决定于钢铁厂的产量,因此,养鱼场的生产水平不仅决定于养鱼场的投入要素多少,还受钢铁厂生产水平的影响,增加钢铁产量会使养鱼场的产量减少,钢铁厂生产带来的污染或外部成本无须钢铁生产者承担,而是被转嫁给了养鱼场场主。

(二)解决外部性问题的政策措施

1. 税收与津贴

对造成外部不经济(外部经济)的经济单位课以税收(给予津贴),数额为该经济单位给社会其他成员造成的损失(带来的收益)。无论何种情况,政府要采取措施使经济单位的私人成本和私人收益与相应的社会成本和社会收益相等。相对于命令与控制,税收和补贴最大的优点在于市场仍在发挥作用。例如,如果市场需求有所变动,企业能随着价格的变动调整它们的生产技术。但是在命令与控制的情况下,只有政府改正命令和控制时,调整才能作出。这种方法遇到的最大问题是,如何准确地以货币的形式衡量外部影响的成本或利益。在实践中,政府或有关部门往往是近似地估计这些成本。

2. 企业合并

将施加和接受外部成本或利益的经济单位合并。如果外部经济影响是小范围的,那么就可采取这种方法。通过这种合并,企业的外部成本被内部化,从而合并后的企业所决定的产量等于社会的最优产量。

3. 明确产权和谈判

如果财产权是明确的并且可以无成本(交易成本很小)地进行协商和交易,则无论最初的财产权属于谁,市场总会有效地配置资源并解决外部性问题,这就是著名的科斯定理。科斯定理是由美国芝加哥大学教授科斯提出的,后被西方学者作为用于解决外部经济影响的市场化思想工具。

科斯定理在解决外部经济影响问题上的政策含义是,政府无须对外部经济影响进行直接的调节,只要明确施加和接受外部成本或利益的当事人双方的产权,就可以通过市场谈判来加以解决。

科斯定理的结论是非常诱人的,但是其隐含的条件却限制了科斯定理在实践中的应用。首先,谈判必须是公开的、无成本的,这在大多数外部经济影响的情况下是很难做到的。其次,与外部经济影响有关的当事人只能是少数几个人。在涉及多个当事人的条件下,不仅谈判成本增加,而且"搭便车问题"又会出现。因此,科斯定理并不能完全解决外部经济影响问题。

四、公共物品及其对策

(一)公共物品

公共物品是与私人物品相对应的一个概念。

私人物品是市场上的普通商品和劳务。私人物品有两个特点：排他性和竞用性。如果某人已消费了某个商品，则其他人就不能再消费该商品了。

公共物品（公共产品），是指在消费和使用上不具有竞用性和排他性特征的商品，如国防、广播、电视、交通和公正（法律）等。

排他性是指某个消费者在购买并得到一种商品的消费权之后，就可以把其他的消费者排斥在获得该商品的利益之外。私人物品具有排他性。例如，作为消费者，你购买一块巧克力，你就获得了消费这块巧克力的权利，这时他人就不能再消费这块巧克力了，除非获得你的允许。与私人物品不同，大部分公共物品不具有排他性。例如，国防使我们免受外敌的侵略，很显然，大家共同享受国防提供的保护，并没有因为你是这个国家的公民在享受保护的同时而把其他公民排除在受到国防保护之外。警察的服务、洁净的空气等也具有类似的特性。

公共物品经常具有的另一个特性是非竞争性。竞争性是指对一定数量的产品而言，一个消费者消费该商品会影响到另外一个人对该商品的消费数量，从而需要厂商增加供给量。私人物品具有竞争性。一盒巧克力，我吃掉一块，你就只能少吃一块，如果不减少你的消费，生产者就必须多生产一块，而多生产的这一块巧克力需要花费厂商一定数量的成本，从而减少用于其他商品的资源，这就对其他产品的生产形成竞争。但是，大多数公共物品却不具有这种竞争性。例如，广播、电视、公路、桥梁等都是提供集体服务的物品，它们共有的特点是，在一定范围内消费者人数的增加并不对生产成本产生影响。例如，增加一些人听广播、看电视并不会影响到自己收听同样的节目，电台也不会因这些人的加入而增加额外的成本。一些汽车通过一座桥梁，只要不是过于拥挤，桥梁就是非竞争性的，因为每一辆车对桥梁造成的折旧很小，以至于桥梁为每辆车所提供服务的边际成本几乎等于0。

纯公共物品（Pure Public Goods）既具有非竞争性，又具有非排他性，或者由于技术上的原因难以排他的，称为纯公共物品，如国防、警察、环保等。准公共物品（Quasi-public Goods），具有一定的竞争性，但可以排他的，称为准公共物品或半公共物品，如医疗、交通、教育等。公共资源（Public Resource），具有一定的竞争性，但无法排他的，称为公共资源，如空气、江河湖海中的鱼虾、公共牧场上的草。

（二）"搭便车"问题与政府供给的必要性

所谓"搭便车"，是指每个人都想不付任何成本或支付很低的成本来享受公共物品的服务，把这种人称为"搭便车者"或"免费乘客"。

由于公共产品具有非排他性，因而难免产生"搭便车"的问题。以国防为例，如果一个消费者知道他不纳税也能享受到国防给予的保护，那么在自愿纳税条件下他就不会纳税。人们都试图在公共产品消费上做一名"免费乘车者"，尤其在公共产品消费者为数众多的情况下更是如此。也就是说，由于"搭便车"问题的存在，便产生了一个典型的市场失灵的情形：当每个消费者都想"免费搭车"的时候，公共物品的供给者就不可能获得收入，于是生产者都不愿意提供公共物品了。

(三) 公共物品的决策

公共物品不能由市场上的个人决策来解决,而必须由政府承担。政府将公共物品看成一个特定项目,对其进行收益-成本分析,若评估的结果是该公共物品的收益大于或至少等于其成本,则它值得生产和提供,否则就不值得。另外就是集体选择,即所有的参加者依据一定的规则通过相互协商来确定集体行动方案的过程。

五、不完全信息

和普通商品一样,信息也是一种很有价值的资源,它能够提高经济主体的效用和利润。完全信息是指市场的供求双方对于所交换的商品具有充分的信息;不完全信息是指由于认识能力的限制,人们不可能何时何地均可获得完全信息,同时市场经济本身不能够生产出足够的信息并有效地配置它们。信息不对称是指交易一方拥有比交易对手更多的信息,或者一方掌握另一方所不知道的信息。若交易一方掌握交易的某些特性,而另一方对这一特性无法观察或验证,这种不对称信息结构叫"隐藏信息"。

例如,消费者如果知道商品的质量,就能够避开那些质次价高的东西;生产者如果了解市场的需求,就能够提供恰到好处的供给。由此可见,信息的作用是:减少经济主体的决策风险和失误,从而提高预期收益。正是由于这个原因,人们需要信息,并乐意出钱出力去搜寻和购买它。完全竞争模型的一个重要假定是完全信息,即市场的供求双方有充分的信息。例如,消费者充分地了解自己的偏好函数,了解在什么地方、什么时候存在具有何种质量的、以何种价格出售的商品;生产者充分了解自己的生产函数,了解在什么地方、什么时候存在具有何种质量的、以何种价格出售的投入要素;等等。完全信息的假定以及其他一些关于完全竞争市场的假定,保证了帕累托最优状态的实现。

显而易见,上述关于完全信息的假定并不符合现实。在现实经济中,信息常常是不完全的,甚至是很不完全的。在这里,信息不完全不仅是指那种"绝对"意义上的不完全,即由于认识能力的限制,人们不可能知道在任何时候、任何地方发生的或将要发生的任何情况;而且是指"相对"意义上的不完全,即市场经济本身不能够产生足够的信息并有效地配置它们。这是因为,作为一种有价值的资源,信息有着不同于普通商品的一面。人们在购买普通商品时,先要了解它的价值,看看值不值得买。但是,购买信息商品却无法做到这一点。人们之所以愿意出钱购买信息,是因为还不知道它,一旦知道了它,就没有人会愿意再为此进行支付。这就出现了一个困难的问题:卖者让不让买者在购买之前就充分地了解所出售的信息的价值呢? 如果不让,则买者就可能因为不知道究竟值不值得而不去购买它;如果让,则买者又可能因为已经知道了该信息而不去购买它。在这种情况下,要能够做成"生意",只能靠买卖双方的并不十分可靠的相互信赖:卖者让买者充分了解信息的用处,而买者则答应在了解信息的用处之后即购买它。显而易见,市场的作用在这里受到了很大的限制。所以,交易双方在信息掌握上一般不处于对称地位,为了自身的利益,掌握信息充分者往往会对处于不利地位的对方隐藏信息。

有些市场中是卖方掌握的信息较多,买方掌握的信息相对较少。在一些要素市场上可能发生这种情况,例如,雇员比雇主更了解自身的劳动能力或工作能力,商品市场上卖方比买方更了解商品的性能和质量,等等。有些市场是买方掌握的信息较多,卖方掌握的信息较少,例如,保险和信用市场大多是这类情况,医疗保险的购买者当然比保险公司更了解自己的健康状况。一旦供求双方所掌握的信息出现不对称,在此种情形下所导致的均衡结果对社会来说是一种无效率的状况。

(一) 信息不对称与逆向选择

逆向选择是指买卖双方信息不对称的情况下,差的商品必将把好的商品驱逐出市场。交易双方的其中任何一方对于交易可能出现的风险比另一方知道得更多时,就会出现逆向选择问题。美国经济学家阿克洛夫对旧车交易中总是坏车充斥市场的状况作了理论分析后发现,在旧车交易中,总是次品充斥市场。

设想某个旧车市场有 400 个卖者,每个卖者出售一辆旧车,共有 400 辆旧车待售。市场上恰好也有 400 个买者,每人购买一辆旧车。假定 400 辆旧车中质量较好与较差的车各占一半,各为 200 辆。购买者对质量较好的车愿出价 10 万元,对质量较差的车愿出价 5 万元。出售者对质量较好的车愿意接受的最低价格为 8 万元,对质量较差的车愿意接受的最低价格是 4 万元。如果双方信息是对称的话,即买者与卖者双方都知道进行交易的车的质量,则市场上达到供求相等的均衡是没有问题的。200 辆较好的车每辆都会在 8 万~10 万元之间成交,200 辆质量较差的车每辆都将在 4 万~5 万元之间成交。市场供求均衡,既不存在过剩供给,也没有过度需求。

然而实际上,买卖双方关于旧车的信息是不对称的,卖者知道自己车的质量,买者对此可能不十分清楚。假定买方只知道在待售的 400 辆旧车中有一半质量较差,因此,他购买到好车与坏车的概率各为 0.5。在这种情况下,每位买者购车愿支付的价格将为 7.5 万元(10 万元×0.5+5 万元×0.5)。此时来看一下 7.5 万元的价格对供给产生的影响。哪一个卖者愿意以 7.5 万元出售他的旧车呢?毫无疑问,只有那些拥有较差质量的旧车的人愿意接受此价格。由于拥有较好质量的旧车的人愿意接受的最低价格是 8 万元,因此在 7.5 万元的价格水平下,不会有一辆质量较好的旧车,而只有质量较差的旧车可供购买。那么买者愿意支付的价格就不是 7.5 万元,而是 5 万元。所以旧车市场中最终只能是 200 辆质量较差的车在 4 万~5 万元的价格之间成交,最终结果是次品充斥市场。显然,因非对称信息而导致的旧车市场的最终均衡,从社会的角度来看是无效率的,因为最终成交的数量低于供求双方想要成交的数量。这种信息的不对称使得旧车市场上出现了"劣品驱逐良品"的现象。

因此,当交易双方的信息不对称时,信息多的一方进行自我选择时往往会损害信息少的一方,信息少的一方就会进行逆向选择。现实市场中出现逆向选择的最典型的例子是医疗保险市场。保险的买卖双方所掌握的信息是不对称的。每一个希望购买医疗保险的人最了解自己的健康状况,而保险公司并不了解每个投保人的健康状况,只知道他们的平均健康状况,保险公司只能根据每个人的平均健康状况或平均的患病率收取保险费。在保险公司按照平均健康状况收取保险费的情况下,只有那些身体不太健康的人购买保险,那些身体健康的人会认为保险费太高而不去购买保险。如果保险公司为了减少保险公司的支出、增加保险公司的收入而提高保险费,更会使得逆向选择进一步加剧,从而赶走健康状况良好的顾客。

(二)信息不对称与道德风险

信息不对称的另一种情形是隐藏行为,即参与交易的一方采取行为影响另一方,而另一方无从判断或辨别。隐藏行为往往导致败德行为。因为在信息不对称的情况下,达成协议的另一方无法准确地核实对方是否按照协议办事。败德行为会破坏市场的运行,严重的情况下会使得某些服务的私人市场难以确立,这些败德行为就是服务市场面临的"道德"风险。

例如,在个人没有购买家庭财产保险的情况下,个人会采取多种防范措施以防止家庭财产失窃。例如,个人会安装防盗门、家人尽量减少同时外出的机会,在远离家门时,会托亲戚、朋友、邻居照看家门,等等。因此,家庭财产失窃的概率较小。如果个人一旦向保险公司购买了家庭财产保险,投保人往往会因为出现风险的损失不用自负而变得"粗心大意",从而导致家庭财产损失的概率增大。

(三)不对称信息的解决措施

1. 市场信号

在市场经济运作过程中,市场上存在着一种解决信息不对称问题的机制,这就是市场信号。有两种方法来利用市场信号解决信息不对称问题:其一就是传递信号;其二就是筛选。

(1)传递信号。

所谓传递信号,就是拥有更多信息的一方,为了个人利益而主动将自己的有关信息告诉交易的另一方,以促成交易。

在旧车市场上,高质量车的拥有者可以通过传递信号来使买主确信他的车确实是好车,值较高的价格。在销售过程中卖者可以提供质量保证书,规定如果出售的车是次一等级的车,则卖者会按若干金额向消费者进行赔付。而且,只有好车的所有者才愿意作出这样的保证,因为他对自己车的质量非常了解;但次品车的所有者就不愿意作出保证,因为他知道自己的车质量有问题。

对于其他产品而言,同样可以由生产者将有关信号传递给消费者。实际上很多厂商也确实这样做了,而且方法多种多样。例如,通过对产品的"三包"承诺就传递了有关产品质量方面的信息。对于厂家而言,产品的质量越好,维修所需的预期成本就越低,因而高质量的厂家一般愿意提供较长时期的保修。对消费者而言,这一保证传递的信息有两方面:其一是可以减少购买者的预期维修费用;其二是使消费者相信该产品的质量要高于无法提供保修或提供较短保修期的同类产品。

除了"三包"承诺可以传递信号外,企业还可以通过建立商誉来向消费者传递有力信号。因为消费者在购买商品的时候,倾向于选择购买较熟悉的、声誉比较好的品牌。因此,商誉是向消费者传递质量信息的一个有力途径。如果企业能够建立起声誉，消费者就可以根据声誉来判断产品的质量。与建立声誉密切相关的是创品牌活动。如果一个企业成功建立一个高价值的品牌，就等于是质量的保证。

另外，还可以进行标准化或国际标准认证。例如，对于超市中的一些蔬菜，如果其包装上有"无公害蔬菜"的标志，消费者就会接受其较高的价格。

以上是对产品市场的信号传递分析，在劳动市场同样也可以传递信号。求职者更愿意在求职书上提供能够证明其能力的更多资料。比如提供名牌大学的毕业证书，因为就概率而言，能够进入名牌大学并顺利毕业就代表该求职者具有较强的学习能力，而较强的学习能力是拥有高生产率的职工本身所必备的一种能力。另外还可以提供一些过去取得的成绩，如各种证书、各种社会实践经历，如果不是应届毕业生的话，还可以提供过去在工作中取得的成绩。这些都能够在一定程度上向雇佣者传递证明求职者能力的信号。

（2）筛选。

所谓筛选，是指缺乏信息的一方主动引起有信息的一方披露有关信息。例如，一个购买二手车的人可以要求其所购买的二手车要经过汽车技师的检验，如果卖方拒绝，就表明了他的车是次品。

2. 风险分担与激励机制

在存在道德风险的情况下，如何规避道德风险以减少效率损失呢？可行的办法是，设计一些合约安排，让具有道德风险行为的一方承担其道德风险所造成的损失。例如在财产保险中，让财产的所有者也承担一部分财产损失，这样会促使消费者采取保护财产的措施。

规避道德风险的另一种办法是激励机制的设计。在这种情况下就需要设计激励机制，其原则就是设计一些激励措施：如果没有发生道德风险，将带来一些收益。但制定具体的激励措施是相当复杂的，而且不能完全避免道德风险。例如，假设一家企业雇用了一个职业经理，如何来确定他是否努力为委托人工作了呢？一个重要指标就是利润，但企业的利润不仅取决于经理的努力，还取决于企业所处的条件。在这种情况下，合理设计报酬制度，使经理的报酬与其业绩相关，对于调动经理的积极性具有重要作用。实践中，经理的报酬制度有很多种，如固定年薪制、级别工资加奖励制、利润分享制以及近几年出现的股票期权和一揽子报酬制等。但这些制度从实际效果来看都各有优缺点，不能完全解决委托-代理问题。固定年薪制对经理的激励作用较小，减弱了创新意识和冒险精神；利润分享制则能较强地刺激经理更加努力工作，但会诱使经理采取一些短期经营行为以使其在职期间的利润最大化，但这些短期行为可能与企业的长期经营目标相背离，从而影响到企业的长期发展，最终损害了企业所有者的利益。

3. 信息调控

市场机制本身可以解决部分信息不完全问题。如厂商应根据消费者的偏好安排生产，而每个消费者的具体偏好难以掌握，但这并不影响厂商正确决策，因为它们知道商品的价格，由此计算生产该商品的边际收益，从而按利润最大化原则确定其产量。

政府通过信息调控可以解决部分信息不对称问题,实行信息披露制,增加市场的透明度。如新股、新债券发行时公司的信息披露规定,产品广告必须切合实际而不得夸大其词等。

第二节　宏观经济政策

宏观经济政策可分为需求管理政策和供给政策,前者包括财政政策和货币政策,后者包括人力政策和收入政策等,但主要是财政政策和货币政策。

一、政府宏观经济政策目标

西方经济学者认为,经济政策是指国家或政府为了增进社会经济福利而制定的解决经济问题的指导原则和措施,它是政府为了达到一定的经济目标而对经济活动有意识地进行干预。因此,任何一项经济政策的制定都是根据一定的经济目标而进行的。按照西方经济学的解释,宏观经济政策的目标有四种:充分就业、物价稳定、经济增长和国际收支平衡。宏观经济政策就是为了达到这些目标而制定的手段和措施。

(一) 充分就业

宏观经济政策的第一个目标是充分就业。它一般是指一切生产要素(包含劳动)都能够以自己愿意的报酬参加生产的状态。维持充分就业在政府制定的经济目标中居于显著地位。这意味着任何有能力工作并愿意有一份工作的人都可以找到一个有报酬的职位。

凡在一定年龄范围内愿意工作而没有工作,并正在寻找工作的人都是失业者。失业分为:(1) 自然失业,是指经济中某些难以避免的原因所引起的失业,包括摩擦性失业、结构性失业、自愿失业。(2) 周期性失业,是指由于总需求不足而引起的短期失业。对经济学家们来说,失业表明一部分资源没有得到利用,愿意并且有能力工作的人没有被用于生产。对失业者及其家庭来说,失业意味着经济拮据以及生活方式的转变,并且除了个人损失之外,失业也会使社区以及整个社会付出沉重的代价。因此,政府有充分的理由来关心和降低失业水平的问题。

(二) 物价稳定

宏观经济政策的第二个经济目标是物价稳定。物价稳定是指价格总水平的稳定,它是一个宏观经济概念。物价稳定之所以成为宏观经济政策的目标,是由于通货膨胀对经济运行的不良影响非常巨大。事实上,不同于主要影响人口中某些群体的失业问题,通货膨胀影响到每一个人。因此毫无疑问的是,当通货膨胀率很高时,它几乎总是成为宏观经济调控的一个重要目标。

(三) 经济增长

经济增长是宏观经济政策的第三个目标。经济增长是指某个国家在一定时期内,生产商品和劳务的潜在能力的扩大,或者商品和劳务实际产量的增加。经济增长表现为特定时期内,全社会所生产的人均产量和人均国民收入的持续增长。

衡量经济增长的方法,一般是计算实际国民生产总值或国内生产总值的平均年增长率。西方经济学者认为,很难用具体的增长率数值规定经济增长,因为各个国家的经济发展阶段以及资源和技术状况不同,经济发展速度也就不同。一般情况下,处于较低发展阶段的国家的经济增长率比较高,而处于较高发展阶段的国家的经济增长率比较低。

(四) 国际收支平衡

随着国际经济交往的日益密切,如何平衡国际收支也成为一国宏观经济政策的重要目标之一。国际收支对现代开放型经济国家是至关重要的。西方经济学家认为,一国的国际收支不仅反映了国家的对外经济交往情况,还反映出该国经济的稳定状况。一国国际收支处于失衡状态时,就必然会对国内经济形成冲击,从而影响该国国内就业水平、价格水平及经济增长。

需要指出的是,上述宏观经济政策的目标并不总是一致的,宏观政策目标之间存在复杂的关系:有相互促进的关系,如经济增长与充分就业之间的关系;有相互冲突的关系,如在短期内实现充分就业与物价稳定之间的关系。政策目标之间不同性质的关系,为政策目标的选择和政策实施带来了困难。

二、财政政策

(一) 财政政策的含义

财政政策(Fiscal Policy)是政府变动税收和支出以影响总需求进而影响就业和国民收入的政策。

(二) 财政的构成与财政政策工具及类型

国家财政由政府收入和支出两个方面构成,其中政府支出包括政府购买和转移支付,政府收入包含税收和公债。

1. 财政的构成与财政政策工具

(1) 财政支出。

财政支出定义为政府预算中的所有支出,包括政府购买和转移支付。政府购买是指政府利用财政资金购买商品和劳务的支出,如公务员薪金、军费开支、修建公路和学校及用于政府非军备购买的支出等。政府购买直接增加了总需求。转移支付是指政府单方面将一部分收入无偿转移出去而发生的支出,如失业救济、低收入家庭补助、特定企业亏损补助等。转移支付虽然没有直接增加总需求,但通过增加居民和企业的收入而间接影响了总需求。

(2) 税收。

税收对总供给与总需求都会产生影响。税收可以分为三类：财产税、所得税和流转税。以流转税为征税对象的征税效应偏重供给方面，以所得税为征税对象的征税效应则偏重需求方面。税收涉及国民经济中的一切部门和各个环节，因此，税收能有效调节部门经济结构和社会生产的各个环节，税收在调节收入方面的作用是其他财政手段所达不到的。税收主要通过税率、税负转嫁等对国民经济进行调控。

(3) 公债。

公债是国家从国内或国外借来的资金。公债管理是宏观调控的一个有力手段。公债管理是指国家通过公债的发行、偿还和市场买卖活动，调节公债数量、结构、利率等，以配合宏观经济政策目标的实现。

2. 财政政策的类型、效应及运用

(1) 扩张性财政政策。

扩张性财政政策是指政府为扩大总需求所实施的财政措施。扩张性财政政策，既可通过减免税收，也可通过扩大政府支出来实现。减免税收可以扩大居民可支配收入和企业留利，刺激消费和投资，增加转移支付也有类似的效果。政府也可以通过扩大行政支出、军事开支和兴办公共工程及福利设施，直接增加总需求。

扩张性财政政策的效应如图 12-2 所示。当政府采取了一项扩张性财政政策时，IS 曲线会向右移动，从 IS_1 移动到 IS_2，而 LM 曲线不变，导致均衡点从 A 移动到 B，均衡利率上升，均衡国民收入增加。

所以当经济面临通货紧缩缺口时，政府实施扩张性财政政策使总支出增加，总支出的增加通过乘数效应带来收入和就业的倍数增长，从而克服衰退，实现充分就业均衡。

(2) 紧缩性财政政策。

紧缩性财政政策是指政府为抑制总需求所实施的财政措施。紧缩性财政政策包括增税、减少政府开支等措施。增税或削减转移支付可以降低家庭可支配收入和企业留利，从而抑制私人部门的消费和投资；而减少政府购买可直接减少总支出。

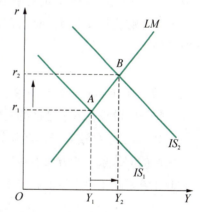

图 12-2 扩张性财政政策的效应

与扩张性财政政策相反，紧缩性财政政策使得均衡利率下降，均衡国民收入减少，即为图 12-2 中的反向变化过程。

所以，当经济出现通货膨胀缺口时，政府实施紧缩性政策使总支出减少，总支出的下降通过乘数效应数倍地减少名义收入，抑制物价水平的上涨，实现经济稳定。

(3) 中性财政政策。

除以上两种政策外，还有学者提出"中性财政政策"的概念。它是指通过财政收支的大体平衡，以保持社会总需求与总供给基本平衡的政策。其政策功能在于保持社会总供求的同步增长,以维持社会总供求对比的既定格局;政策实施表现为财政收支在数量上基本一致。因此,中性财政政策对社会总供求关系产生不具倾向性的调节作用。

(三) 财政政策的内在稳定器

某些财政政策工具由于其本身的特点,具有自动调节经济以使经济稳定的机制,也称为内在稳定器,或者自动稳定器。具有内在稳定器作用的财政政策工具主要包括个人所得税、公司所得税,以及各种转移支付。个人所得税与公司所得税有其固定的起征点和税率。当经济萧条时,由于收入减少,税收也会自动减少,从而抑制了消费与投资的减少,有助于减轻萧条的程度;当经济繁荣时,由于收入增加,税收也会自动增加,从而就抑制了消费与投资的增加,有助于减轻由于需求过大而引起的通货膨胀。失业补助与其他福利支出这类转移支付,有其固定的发放标准。当经济萧条时,由于失业人数和需要其他补助的人数增加,这类转移支付会自动增加,从而抑制了消费与投资的减少,有助于减轻经济萧条的程度;当经济繁荣时,由于失业人数和需要其他补助的人数减少,这类转移支付会自动减少,从而抑制了消费与投资的增加,有助于减轻由于需求过大而引起的通货膨胀。

这种内在稳定器自动地发生作用,调节经济,无须政府作出任何决策,但是,这种内在稳定器调节经济的作用是十分有限的。它只能减轻萧条或通货膨胀的程度,并不能改变萧条或通货膨胀的总趋势,只能对财政政策起到自动配合的作用,并不能代替财政政策。因此,尽管某些财政政策工具具有内在稳定器的作用,但仍需要政府有意识地运用财政政策来调节经济。

(四) 功能财政与预算盈余

传统财政没有调节经济的功能,其主要原则是量入为出、节约开支和收支平衡。凯恩斯主义认为,国家财政应当具有调节经济的功能,要使这一功能得以充分发挥,就必须放弃传统财政的旧信条。西方政府在历史上长期重视和信奉财政预算平衡,但功能财政思想主张财政预算不在于追求政府收支平衡,而在于追求无通货膨胀的充分就业。

(五) 赤字财政与公债

按照功能财政的思想,预算可能要赤字,也可能要盈余,但多数情况下是赤字。尤其是在经济萧条时,增加政府支出而不能增加甚至减少税收,政府必然出现财政赤字。财政赤字只能通过发行公债来加以弥补。对于公债的利弊得失,人们看法不一。有人认为,由于不能增加税收,政府不得不举新债还旧债,最终导致通货膨胀。所以,公债是有害的。凯恩斯主义认为公债无害,因为公债的债权人是公众,债务人是政府,可以说是自己欠自己债,而且作为债务人的政府是长期存在的,可以确保债务的兑现,所以只要公债不用于战争和浪费,而用于刺激经济发展,使经济增长速度高于公债增长速度,公债就是安全的和值得的。

(六) 财政政策效果与挤出效应

财政政策效果的大小是指政府支出变化使 IS 曲线变动对国民收入变动产生的影响。这种影响的大小随 IS 曲线和 LM 曲线的斜率不同而有所区别。

在 LM 曲线不变时，IS 曲线斜率的绝对值越大，即 IS 曲线越陡峭，则移动 IS 曲线时收入的变化就越大，即财政政策的效果越大；反之，IS 曲线越平坦，则 IS 曲线移动时收入变化就越小，则财政政策效果就越小。首先假定 LM 曲线不变，IS 曲线斜率大小对财政政策效果的影响如图 12-3 所示。

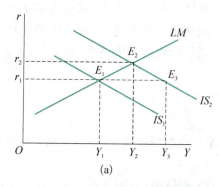 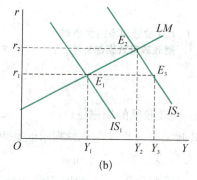

图 12-3 IS 曲线斜率大小对财政政策效果的影响

比较图 12-3(a)、(b)，可直观地看出：(a)图 IS 曲线斜率较小，即 IS 曲线比较平坦；(b)图 IS 曲线斜率较大，即 IS 曲线比较陡峭。在假定增加同一笔政府购买支出 ΔG 的情况下，IS 曲线平行右移，即在图 12-3(a)、(b)中表现为平行移动同样的距离(E_1E_3)。(a)图中国民收入增加的数量(Y_1Y_2)要小于(b)图中国民收入增加的数量(Y_1Y_2)。即 IS 曲线斜率较小的情况下，财政政策的效果较小。相反，IS 曲线斜率较大时，财政政策的效果较大。挤出效应是指政府支出增加所引起的私人消费或投资的减少。当政府支出增加或税收减少时，货币需求会增加，在货币供给既定的情况下，利率会上升，私人部门的投资会受到抑制。为什么在增加同一数额的政府购买支出 ΔG 的情况下，因 IS 曲线斜率的不同而出现不同的财政政策效果？这主要是因为财政政策的"挤出效应"所致。当政府支出增加时，或税收减少时，货币需求会增加，在货币供给既定的情况下，利率会上升，私人部门的投资会受到抑制，产生政府支出挤出私人投资的现象。如图 12-3(a)中，政府购买支出 ΔG，在利率不变的情况下，国民收入应该增加 Y_1Y_3，但利率不可能不变。因为 IS 曲线向右移动时，国民收入增加了，因而对货币的交易需求增加了，但货币供给未变动(LM 未变)，因而人们用于投资需求的货币必须减少，这就要求利率上升。利率的上升使私人投资减少，这样，国民收入会减少 Y_2Y_3。很明显，图 12-3(a)中国民收入减少的量要大于图 12-3(b)中国民收入减少的量，也就是说，图 12-3(a)中财政政策的挤出效应要大于图 12-3(b)中财政政策的挤出效应。挤出效应的大小与 IS 曲线和 LM 曲线的斜率相关。IS 曲线的斜率越大，投资对利率变动的反应越不敏感，挤出效应就越小，即财政政策的效果就越大；反之，则效果就越小。LM 曲线的斜率越大，货币需求(交易需求、预防需求)对收入变动的反应越敏感，或货币需求(投机

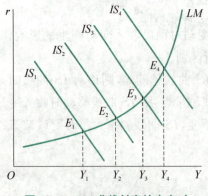

图 12-4 LM 曲线斜率的大小对财政政策效果的影响

需求)对利率变动的反应越不敏感,挤出效应就越大,即财政政策的效果就越小;反之,则效果就越大。

在 IS 曲线的斜率不变时,LM 曲线的斜率越大,即 LM 曲线越陡峭,则移动 IS 曲线时收入变动就越小,即财政政策效果越小;反之,LM 曲线越平坦,财政政策效果就越大。如图 12-4 所示,假定政府购买支出增加同一数额 ΔG,IS 曲线平行向右移动同样的距离,即 IS_1 到 IS_2、IS_2 到 IS_3 和 IS_3 到 IS_4 之间的水平距离都是相同的,LM 曲线斜率越来越大,即 LM 曲线越来越陡峭,国民收入增加的数额越来越小,即 $Y_1Y_2 > Y_2Y_3 > Y_3Y_4$。

(七) 财政政策的局限性

财政政策具有直接调节总需求的特点,但其本身也有局限性。因此,在制定和执行财政政策时,要注意以下几个方面:

(1) 运用财政政策时,政府应根据经济发展的不同情况,分别采取扩张性财政政策和紧缩性财政政策。

(2) 财政政策效应的滞后性。财政政策的决策实施与政策实施后真正发挥作用存在着时滞问题。这不仅影响到政策效力的发挥,而且还可能导致政策实施结果与政策目标相悖。例如,在经济萧条时期,政府为了反萧条,增加财政支出用于修建一些大型工程,在工程修建过程中,经济本身已进入高潮时期,实施结果反而加剧了通货膨胀的压力。

(3) 关于财政政策的挤出效应。在政府扩大支出的同时,抑制了私人企业的投资需求,使政府财政支出的扩张作用部分或全部抵消。

(4) 政府的投资效率不高,因此,长时间实行扩张性的财政政策,会造成全社会投资效率下降。

三、货币政策

(一) 货币政策的含义

货币政策是国家以宏观经济目标为基准,运用各种工具调节和控制货币供应量的金融方针、策略和措施的总称。

(二) 货币政策工具的类型

货币政策工具就是中央银行为实现货币政策目标,对金融进行调节和控制所运用的各种策略手段。货币政策工具主要有三类:一般性货币政策工具、选择性货币政策工具和其他政策工具。

1. 一般性货币政策工具

一般性货币政策工具，又称经常性、常规性货币政策工具，即传统的三大货币政策工具，包括存款准备金政策、再贴现政策和公开市场业务，俗称"三大法宝"。一般性货币政策工具的特点在于：它是对总量进行调节，实施对象普遍、全面，影响广泛、深入，使用频繁，效果显著。

（1）存款准备金政策。

存款准备金政策是指中央银行对商业银行等存款货币机构的存款规定存款准备金率，强制性地要求商业银行等货币存款机构按规定比例上缴存款准备金；中央银行通过调整法定存款准备金以增加或减少商业银行的超额准备，从而控制商业银行的信用创造能力，间接地影响货币供应量的一种政策措施。

存款准备金政策的内容包括：① 规定存款准备金比率，即法定存款准备金率。② 规定可充当存款准备金的资产内容。一般规定，只有商业银行的库存现金及其在中央银行的存款才能充当准备金。③ 规定存款准备金计提的基础。

存款准备金政策的政策效果表现在以下几个方面：

第一，保证商业银行等存款货币机构资金的流动性。商业银行为保持自己资金的流动性，一般都会自觉地保留一定的现金准备，以备客户提取。在没有法定准备金制度的情况下，商业银行可能受较好贷款条件的诱惑而将资金大量贷出，从而影响银行资金的流动性和清偿能力。法定准备金制度的建立，强制银行将准备金存入中央银行，可从制度上避免这种情况的发生，以保证银行资金的流动性。

第二，集中一部分信贷资金。存款准备金缴存于中央银行，使中央银行可以集中一部分信贷资金，用于履行其中央银行的职能，办理银行同业间的清算，向金融机构提供信用贷款和再贴现贷款，以调剂不同地区和不同银行间短期资金的余缺。

第三，使货币乘数发生变化，从而调节货币供应总量。由派生存款原理可知，在其他情况一定时，存款创造的倍数（即货币乘数）将取决于法定存款准备金率，且两者呈负相关的关系。中央银行提高或降低法定存款准备金比率，直接减少或增加商业银行持有的超额准备金，这样，商业银行吸收的存款中用于发放贷款和进行投资的数量就会减少或增加，进而使新派生的存款数量减少或增加，这种变化就是存款货币创造能力的变化，即货币乘数的变化，其结果使货币供应量大大改变。正因为是货币乘数发生了改变，因此体现出调整法定存款准备金率这一政策工具作用的猛烈性，法定存款准备金率的任意轻微的变动，往往就会引起货币供应量的巨大波动。

存款准备金政策的优点在于：它对所有存款货币银行的影响是平等的，对货币供给量具有极强的影响力，力度大，速度快，效果明显，操作简便。中央银行若变动存款准备金率，往往能迅速达到预定的中介目标，甚至能迅速达到预期的最终目标。但是，它也有一定的局限性。

（2）再贴现政策。

再贴现政策就是中央银行通过提高或降低再贴现率来影响商业银行的信贷规模和市场

利率,以实现货币政策目标的一种手段。从时间上看,再贴现政策是中央银行最早拥有的政策工具。再贴现政策一般包括两个方面的内容:一是再贴现率的调整;二是规定向中央银行申请再贴现的资格。前者主要是影响商业银行的准备金及社会的资金供求,后者则主要是影响商业银行及全社会的资金结构。

再贴现政策的传导机制是:通过提高或降低再贴现率,影响商业银行等存款货币机构的准备金和资金成本,从而影响它们的贷款量和货币供给量。具体地,当中央银行提高再贴现率,使之高于市场利率时,商业银行向中央银行借款或贴现的资金成本上升,就会减少向中央银行借款或贴现,这使得商业银行准备金数量的增加受到限制。如果准备金不足,商业银行只能收缩对客户的贷款或投资规模,从而也就减少了市场上货币的供应量。由于市场上货币供应量萎缩,市场利率相应上升,社会对货币的需求也就相应减少。与之相反,当中央银行降低再贴现率时,商业银行向中央银行借款或贴现的资金成本降低,借款较容易,就会增加向中央银行的借款或贴现,商业银行的准备金相应增加,放款有利可图,会扩大对客户的贷款或投资规模,从而导致市场上货币供应量增加,市场利率相应降低,社会对货币的需求也就相应增加。

再贴现政策的政策效果表现在以下几个方面:

第一,再贴现率的调整可以影响全社会的信贷规模和货币供应量。

第二,再贴现政策对调整信贷结构有一定的效果。中央银行通过再贴现政策不仅能够影响货币供给总量的增减,而且还可以调整信贷结构,使之与产业政策相适应。具体方法有两种:① 中央银行可以规定再贴现票据的种类,决定何种票据具有再贴现资格,从而影响商业银行的资金投向;② 对再贴现的票据实行差别再贴现率,这样可以使货币供给的结构与中央银行的政策意图相符合。

第三,产生告示效应,改变商业银行和社会公众的心理预期。

第四,防止金融恐慌。当某些金融机构发生清偿危机时,履行中央银行作为最后贷款人的职责。

再贴现政策的优点是:中央银行可利用它来履行最后贷款人的职责,并在一定程度上体现中央银行的政策意图,既可以调节货币总量,又可以调节信贷结构,对一国经济的影响是比较缓和的,有利于一国经济的相对稳定。但再贴现政策也有一定的局限性。

(3) 公开市场业务。

公开市场业务(Open Market Operation)也称公开市场操作,是指中央银行在金融市场上公开买卖有价证券,以改变商业银行等存款货币机构的准备金,进而影响货币供应量和利率,以实现货币政策目标的一种货币政策手段。在一般性货币政策工具中,公开市场业务是西方发达国家采用最多的一种货币政策工具。弗里德曼甚至主张把公开市场业务作为唯一的货币政策工具。在他看来,其他货币政策工具所能做到的,公开市场业务都能做到。

公开市场业务的内容,主要是中央银行根据货币政策目标的需要及经济情况,选择最佳时机、最适当的规模,买进或卖出国库券、政府公债等,增加或减少社会的货币供应量。当金融市场上资金缺乏时,中央银行买进有价证券,向社会投放基础货币,增加社会的货币供应量;反之亦然。

公开市场业务的作用主要有以下两个方面:

第一,调控存款货币银行准备金和货币供给量。中央银行通过在金融市场上买进或卖出有价证券,可直接增加或减少商业银行等存款货币机构的超额储备金水平,从而影响存款货币银行的贷款规模和货币供给量。

第二,影响利率水平和利率结构。中央银行通过在公开市场上买卖有价证券,可从两个渠道影响利率下降:当中央银行买进有价证券时,一方面,证券需求增加,在证券供给一定的情况下,将使证券价格上升,由于有价证券的价格一般与市场利率呈反方向的变动关系,因此,市场利率会下降;另一方面,商业银行储备增加,货币供给增加,在货币需求一定的情况下,会使利率下降。当中央银行卖出有价证券时,利率的变化方向相反。此外,中央银行在公开市场上买卖不同期限的证券,可直接改变市场对不同期限证券的供求平衡状况,从而使利率结构发生变化。

公开市场业务的优越性是:主动性强,效果和缓,震动性小,灵活性高,可逆转性强,可迅速操作。但公开市场业务也存在其局限性:一是公开市场操作较为细微,技术性较强,政策意图的告示作用较弱;二是必须具备一定的条件才能有效发挥其作用。目前,在西方发达国家,公开市场业务被认为是中央银行所掌握的最重要、最常用的政策工具。

2. 选择性货币政策工具

选择性货币政策工具是指中央银行针对个别部门、个别企业或某些特定用途的信贷而采用的信用调节工具。一般性货币政策工具侧重于从总量上对货币供应量和信贷规模进行控制,属于量的控制。而选择性货币政策工具是在不影响货币供应总量的条件下,调控商业银行的资金投向和不同贷款的利率。属于这类货币政策的工具主要有证券保证金比率、不动产信用控制、消费者信用控制、优惠利率和预缴进口保证金等。

3. 其他政策工具

其他政策工具主要包括直接信用控制和间接信用控制。直接信用控制是指中央银行从质和量两个方面以行政命令或其他方式对金融机构尤其是商业银行的信用活动进行直接控制。其手段包括利率最高限额、信用配给、流动性资产比率、信贷规模控制等。间接信用控制是指中央银行通过道义劝告和窗口指导的方式对信用变动方向和重点实施间接指导。

(三) 货币政策效果分析

货币政策的效果指变动货币供给量的政策对总需求的影响。

图 12-5 中,IS 曲线的斜率不变,LM 曲线的斜率不同。对于相同的货币扩张,这两种情况下的均衡国民收入的变动量不同。对于正常的 IS 曲线,LM 曲线越平坦,表示货币需求的利率系数越大,即利率的较小变动就会引起货币需求的较大变动,亦即货币供给的较大变动只能引起利率从而投资的较小变动;LM 曲线越陡峭,表示货币需求的利率系数小,即

利率的较大变动只能引起货币需求的较小变动,亦即货币供给的较小变动就会引起利率从而投资的较大变动。因此,当 LM 曲线由于增加货币供给量的扩张性货币政策而向右移动时,前者引起利率下降幅度小、投资增加少,从而使国民收入增加少、货币政策效果小。后者引起利率下降幅度大、投资增加多,从而使国民收入增加多、货币政策效果大。即 IS 曲线的斜率不变时,LM 曲线越平坦,货币政策效果越小;反之,则货币政策效果越大。

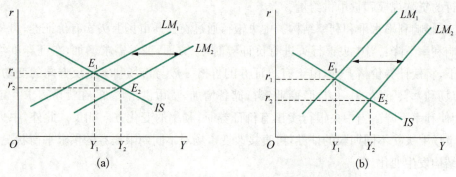

图 12-5　**LM 曲线斜率大小对货币政策效果的影响**

图 12-6 中,LM 曲线的斜率不变,IS 曲线的斜率不同。假定初始的均衡收入和利率相同,对于相同的货币扩张,这两种情况下的均衡国民收入的变动量不同。对于正常 LM 曲线的既定变动,IS 曲线越平坦,扩张性货币政策引起的均衡国民收入增加得越多,货币政策的效果越强;IS 曲线越陡峭,扩张性货币政策引起的均衡收入增加得越少,货币政策的效果越弱。即 LM 曲线形状基本不变时,IS 曲线越平坦,货币政策效果越强;反之,货币政策效果越弱。

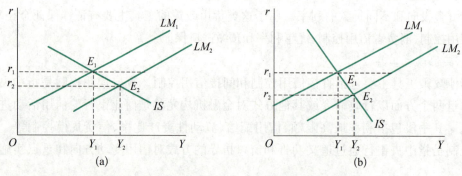

图 12-6　**IS 曲线斜率大小对货币政策效果的影响**

(四) 一般性货币政策工具的运用

1. 扩张性货币政策

在经济衰退、萧条阶段或通货紧缩时期,一般政府会采取强有力的扩张政策,增加消费、刺激投资,以期把经济带出困境。

(1) 降低法定存款准备金率。中央银行对商业银行降低法定存款准备金率,可以提高商业银行可运用的信贷资金总额,扩大派生存款,增加投资,从而达到扩大货币供应量的目的。

(2) 降低再贴现率。中央银行对商业银行降低再贴现率,就意味着中央银行鼓励商业银行通过再贴现来扩张信贷规模,可以促使商业银行降低对企业的贴现率,使得企业利息负担减轻、利润增加,从而刺激企业对信贷资金的需求,扩大投资,扩大货币供应量。同时,降低储蓄存款利率,可以刺激居民增加消费和投资,扩大民间投资,以促进全社会投资的增长,从而带动整个社会经济的增长。

(3) 公开市场操作。中央银行在公开市场上从商业银行或社会公众手中买进有价证券,这是一种扩张性的货币政策。通过买进证券,中央银行不仅可投放一定量的基础货币,从而使货币供给量成倍增加,还将使市场利率下降。但是,在经济萧条时期,宏观经济政策重在增加就业和刺激经济增长,实行扩张性的货币政策虽在一定程度上可促进经济增长,但其作用有限。

其效应如图 12-7 所示。当采取了一项扩张性货币政策时,货币供给量增加,LM 曲线向右移动,从 LM_1 移动到 LM_2,而 IS 曲线不变,导致均衡点从 A 移动到 B,均衡利率下降,均衡国民收入增加。

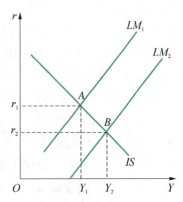

图 12-7 扩张性货币政策的效应

在经济萧条时期,总需求小于总供给,为了刺激需求,就要运用扩张性的货币政策。

2. 紧缩性货币政策

在经济膨胀阶段,宏观经济调控的重点在抑制物价上涨率方面,而对物价水平产生直接作用的就是货币政策。

(1) 提高法定存款准备金率。中央银行对商业银行提高法定存款准备金率,可以降低商业银行可运用的信贷资金总额,缩小派生存款,减少投资,达到控制货币供应量的目的,从而控制社会各界的需求。实施这种手段应该慎之又慎。

(2) 提高再贴现率。中央银行对商业银行提高再贴现率,可以促使商业银行对企业提高贴现率,导致企业利息负担加重、利润减少,从而抑制企业对信贷资金的需求,以此减少投资,减少货币供应量。同时,提高储蓄存款利率,鼓励居民增加储蓄,把更多的消费资金转化为生产资金,减少直接需求,减轻通货膨胀的压力。提高利率是控制货币供应量比较有效的手段,但也有一定的副作用,主要表现是:会直接降低企业的投资,导致经济衰退;直接增加企业贷款成本,容易使企业提高产品成本,出现成本推动,加剧通货膨胀;高利率会诱使大量境外资金涌入,掌握甚至控制本国经济;等等。

(3) 加强公开市场业务。中央银行在金融市场上向商业银行、企业及其他社会公众出售手中持有的有价证券,主要是政府公债、国库券、中央银行金融债券等,吸引社会各界资金,回笼至中央银行,减少商业银行、企业及其他社会公众手中的现金或存款,减少需求,从而达到减少市场货币供应量的目的。

紧缩性货币政策是减少货币供给量的政策。与扩张性货币政策相反,紧缩性货币政策使得均衡利率上升,均衡国民收入减少,即为图12-7中的反向变化过程。在经济繁荣时期,总需求大于总供给,为了抑制总需求,就要运用紧缩性货币政策。

(五) 货币政策与财政政策的配合

1. 配合的基础(配合的必要性)

(1) 功能的差异要求两者协调配合。货币政策对经济总量的调控作用突出,而在调控经济结构时有较大的局限性。货币政策是中央银行运用各种政策工具来增加或减少货币供应量,从而达到调节社会总需求的一种宏观经济调节手段,对社会总供求矛盾的缓解作用比较迅速、明显。但在经济结构的调整方面,受信贷资金运动规律的制约,中央银行不可能将大量的贷款直接投入经济发展滞后产业,因此,货币政策在调控经济结构方面的作用相对有限。财政政策对经济结构调控的作用突出,而对调控经济总量有较大的局限性。财政政策对经济结构调控主要表现在:扩大或减少对某部门的财政支出,以鼓励或限制该部门的发展。即使在支出总量不变的条件下,政府也可以通过差别税率和收入政策,直接对某部门进行支持或限制,从而达到优化资源配置和调节经济结构的目的。货币政策与财政政策在功能上存在差异,财政政策的强项是对经济结构的调节,弱项是对经济总量的调节;货币政策的强项是对经济总量的调节,弱项是对经济结构的调节。因此,两者需要取长补短、协调配合,才能全面完成宏观调控的任务。

(2) 作用领域的差异要求两者协调配合。货币政策与财政政策都是以调节社会总需求为基点来实现社会总供求平衡的政策,但两者的作用领域却存在差异。具体表现为:货币政策对社会总需求的影响主要是通过影响流通领域中的货币量来实现的,调节行为主要发生在流通领域;财政政策对社会总需求的影响则主要通过税收、国债、调整支出等手段来实现,主要在分配领域实施调节。从这个意义上讲,货币政策侧重于调节货币在社会各领域的使用效率,注重解决经济的效率问题;财政政策侧重于调整社会各方面的经济利益关系,注重解决社会的公平问题。公平和效率的协调是社会稳定发展的必要条件,因此货币政策与财政政策作用领域的差异也体现了配合的必要性。

(3) 两者在膨胀和紧缩需求方面的作用差异要求两者协调配合。在经济生活中,有时会出现需求不足、供给过剩,有时又会出现需求过旺、供给短缺。这种供给和需求失衡的原因很复杂,但从宏观经济看,主要是由财政与信贷政策引起的,而财政与信贷在膨胀和紧缩需求方面的作用又是有区别的。财政赤字可以扩张需求,财政盈余可以紧缩需求,但财政本身并不具有直接创造需求即"创造"货币的能力,唯一能创造需求、创造货币的是银行信贷。因此,财政的扩张和紧缩效应一定要通过信贷机制的传导才能发生。

如果货币政策与财政政策各行其是,就必然会产生碰撞与摩擦,从而减弱宏观调控的效应和力度,也难以实现预期的目标,因此要求货币政策与财政政策必须配合运用。

2. 配合的模式

经济萧条时,扩张性财政政策与扩张性货币政策相配合,可以消除财政政策的挤出效应；经济繁荣时，紧缩性财政政策与紧缩性货币政策相配合，可以更有效地制止通货膨胀。也可以采取扩张性财政政策与紧缩性货币政策或扩张性货币政策与紧缩性财政政策相配合的方式。

(1) 松的货币政策和松的财政政策的配合，即"双松"政策。松的货币政策是指通过降低法定存款准备金率和降低利率来扩大信贷支出的规模和增加货币供应量；松的财政政策是指政府通过减税（降低税率）和增加财政支出规模等财政分配活动来增加和刺激社会总需求。在社会总需求严重不足、生产资源大量闲置、解决失业和刺激经济增长成为宏观调控的首要目标时，宜采用"双松"的政策组合。这样的政策组合在扩大社会总需求、扩大就业的同时，带来的通货膨胀风险很大。因此，政府推行"双松"政策必须注意时机的选择和力度的控制，以防引起经济过热和通货膨胀。

(2) 紧的货币政策和紧的财政政策的配合，即"双紧"政策。紧的货币政策是指通过提高法定存款准备金率和提高利率来减少信贷支出的规模和减少货币供应量，抑制投资和消费；紧的财政政策是指通过财政分配活动来减少和抑制总需求，其手段主要是增税（提高税率）和减少财政支出。在社会总需求极度膨胀、社会总供给严重不足和物价大幅度攀升、政府面临强大的通货膨胀压力时，宜采用这种政策组合。但是，这种政策组合虽然可以有效抑制需求膨胀与通货膨胀，但容易矫枉过正，带来经济停滞的后果。因此，政府推行"双紧"政策也必须注意时机的选择和力度的控制，以防生产的急剧滑坡和经济萎缩。

(3) 紧的货币政策和松的财政政策的配合。紧的货币政策可以避免较高的通货膨胀。减税和增加政府支出等松的财政政策对于刺激需求、克服经济萧条、调整经济结构比较有效。当社会运行表现为通货膨胀与经济停滞并存以及经济结构失衡，从而治理"滞胀"、刺激经济增长成为政府调控经济的首要目标时，宜采用这种政策组合。这种政策组合能够在保持经济适度增长的同时尽可能避免通货膨胀，但长期使用会增大财政赤字，积累大量国家债务。

(4) 松的货币政策和紧的财政政策的配合。当经济基本稳定，政府开支庞大，经济结构合理，但是企业投资并不十分旺盛，经济也非过度繁荣，促使经济较快增长成为经济运行的首要目标时，宜采用这种政策组合。松的货币政策可以保持经济的适度增长；紧的财政政策可以减少政府开支，抑制需求过旺。由于行之有效的松的货币政策不易把握，这种政策组合难以防止通货膨胀的出现。

在现实生活中，"双松"政策和"双紧"政策都是同向操作，实施起来对经济的震动很大，通常会导致经济的大起大落，不利于社会经济的稳定运行。而且这种同向操作有一个具体问题，就是力度较难把握。因此，在一般情况下，应采取松紧搭配的方式，同时政府要不断根据具体情况来调整财政政策和货币政策，使其协调配合，最终实现宏观调控目标。

所以，在选择具体的政策措施时，首先要对经济运行状况进行测定，再根据萧条与通货膨胀的不同程度，对各项措施进行适当的搭配，具体如表12-1所示。

表 12-1　财政政策与货币政策的搭配类型及其适用的宏观经济环境

政策类型		财政政策		
		松性（扩张性）	中　性	紧性（紧缩性）
货币政策	松性	社会总需求严重不足，商品价值实现普遍困难，生产能力和资源得不到充分利用，失业严重	社会总需求不足，供给过剩，企业投资不足，主要的经济比例结构没有多大问题	社会总需求与社会总供给大体平衡，但公共消费偏旺而投资不足，生产能力及资源方面有增产潜力
	中性	社会总需求略显不足，供给过剩，经济结构有问题，主要公共消费不足，公共事业及设施落后（投资不足）	社会总供给和社会总需求大体平衡，社会经济的比例结构也基本合理，社会经济的发展健康且速度适中	社会总需求大于社会总供给，经济比例结构没有大问题，财政支出规模过大，非生产性积累与消费偏高
	紧性	社会总供给和社会总需求大体平衡（包括平衡关系偏紧），而公共事业、基础设施落后，生产力布局不合理	社会总需求过大，有效供给不足，经济效益较差，已出现通货膨胀，但财政在保障社会公共需求上正常	社会总需求大大超过社会总供给，发生了严重的通货膨胀

本章小结

在现实生活中，完全竞争的条件得不到满足，市场机制配置资源能力不足，出现市场失灵。市场失灵是指在某些领域市场不能有效配置资源。市场失灵的表现包括垄断、信息不对称、外部效应、公共产品等。信息不对称导致的效率损失包括逆向选择和道德风险。外部性即指某种商品的生产和消费所产生的效应扩散或波及当事人以外的领域。外部性有两种：一种是正外部性，另一种是负外部性。公共部门提供的产品称为公共产品，它具有非排他性和非竞争性。对于垄断、信息不对称、外部性、公共产品几个方面，政府应该履行不同的职能，采取相应的手段。

在宏观经济中，政府的职能非常重要，政府宏观经济政策的目标有充分就业、物价稳定、国际收支平衡、经济稳定增长。为了达到宏观经济目标，采取财政政策或货币政策进行调节。财政政策是政府根据所确定的宏观经济目标，通过财政收入和财政支出的变动来调节总需求。常用的财政政策工具或手段主要有改变政府购买水平、改变政府转移支付水平、调整税率等。货币政策是政府根据宏观经济调控目标，通过中央银行对货币供给和信用规模管理来调整信贷供给和利率水平，以影响和调整宏观经济运行状况。常用的货币政策工具有公开市场业务、改变法定准备金率、调整再贴现率。另外，政府在制定和实施宏观调控政策时，一般是财政政策和货币政策配合使用，政府可以根据经济发展的不同时期的特点选择不同的政策搭配。

主要概念

垄断　不对称信息　外部性　公共物品　非排他性　非竞争性　财政政策　货币政策

内在稳定器　公开市场业务　法定准备金率　再贴现率

思考案例

易纲拿捏货币政策：把握流动性总量　松紧适度

2019年1月8日下午，中国人民银行行长易纲在解读中央经济工作会议精神时表示，要精准把握流动性的总量，既避免信用过快收缩冲击实体经济，也要避免"大水漫灌"影响结构性去杠杆。

易纲就贯彻落实中央经济工作会议精神接受了《人民日报》、新华社、中央电视台、《经济日报》四家媒体联合采访，回应了货币政策、解决民营及小微企业融资难、打好防范化解重大风险攻坚战等议题。他表示，央行将着力缓解信贷供给的制约因素，着力提高对民营企业、小微企业等实体经济的支持力度。在货币总量适度的同时，把功夫下在增强微观市场主体活力上。

恒大集团首席经济学家任泽平认为，制约中国货币政策效果的根本原因还在于信贷供需不平衡，经济结构与金融结构不匹配。比起国有企业和地方政府，民营企业的贷款成本更高、收益更低；而在去杠杆过程中，受影响最大的也是民营企业、小微企业。

1月9日，国务院总理李克强主持召开国务院常务会议指出，要落实好已宣布的降准措施，实施稳健的货币政策，不搞"大水漫灌"，缓解民营企业和小微企业融资难、融资贵问题，保证市场流动性合理充裕，促进就业和消费。

货币政策松紧适度

2018年12月19～21日，中央经济工作会议在北京举行。国家主席习近平在会上发表重要讲话，总结2018年经济工作，分析当前经济形势，部署2019年经济工作。会议强调，2019年是新中国成立70周年，是全面建成小康社会关键之年，做好经济工作至关重要。

货币政策方面，中央经济工作会议指出，宏观政策要强化逆周期调节，继续实施积极的财政政策和稳健的货币政策，适时预调微调，稳定总需求。对此，易纲表示，2018年人民银行就已经采取了一系列逆周期措施，通过四次降准、增量开展中期借贷便利（MLF）等提供了充裕的中长期流动性，基本有效传导到了实体经济。2018年无论是各项贷款还是普惠口径小微贷款都同比大幅多增，货币金融环境总体稳定。

中央经济工作会议召开后，人民银行于2019年1月4日宣布降低存款准备金率1个点，释放流动性1.5万亿元，1月下旬还将实施首次定向中期借贷便利（TMLF）操作。金融监管部门还推进了银行发行永续债补充资本，完善了普惠金融定向降准考核口径。

"这些措施都有利于保持流动性合理充裕和金融市场利率合理稳定，引导货币信贷合理增长，金融对实体经济的支持力度并没有随着经济增速下行而减弱，反而是加大支持力度，体现了逆周期的调节。"易纲表示。中央经济工作会议指出，稳健的货币政策要松紧适度，保持流动性合理充裕，改善货币政策传导机制。对于如何把握松紧适度的"度"，易纲认为，一方面，要精准把握流动性的总量，既避免信用过快收缩冲击实体经济，也要避免"大水漫灌"影响结构性去杠杆。如1月4日宣布的降准政策分两次实施，和春节前现金投放的节奏相适应，并非大水漫灌。而M2（广义货币）和社会融资规模增速也应保持与名义GDP增速大体匹配。同时，还要保持宏观杠杆率基本稳定。另一方面，还要精准把握流动性的投向，发挥结构性货币政策精准滴灌的作用，在总量适度的同时，把功夫下在增强微观市场主体活力上。比如，TMLF将根据金融机构对小微企业、民营企业贷款增长情况，向其提供长期、低成本和稳定的资金来源。

市场化手段解决民营企业融资难

不过，从释放流动性到惠及实体经济、民营和小微企业，还需要疏通之间的货币政策传导机制。中央经济工作会议提"民营企业"就多达五次，明确指出，提高直接融资比重，解决好民营企业和小微企业融资难、融资贵问题。易纲认为，"改善货币政策传导机制，关键是要建立对银行的激励机制，主动加大对实体经济的支持力度，而不是用下指标、派任务的行政办法。"在他看来，人民银行优惠对待发放小微企业贷款的金融机构、财政部门对它们免征利息收入增值税等，都是通过市场化的办法调动金融机构支持小微企业、民营企业的积极性，取得了较好的效果。

从统计数据上看，普惠口径小微贷款投放持续增长。2018年11月末，普惠口径小微企业贷款余额7.8万亿元，同比增长17%。小微贷款覆盖面稳步提高，小微企业贷款授信1806万户，较2017年末增长28%。民企债券融资支持工具支持了49家民营企业发行313亿元债务融资工具。前两个月，民企发债规模同比增长70%。

易纲介绍，2019年，人民银行将按照中央经济工作会议部署，综合运用定向降准、再贷款再贴现、定向中期借贷便利工具等多种货币政策工具，对小微企业实施精准滴灌；用好信贷、债券、股权"三支箭"，支持民企融资纾困。下一步，人民银行将和相关部门加强协调配合，综合施策，通过"几家抬"，畅通政策传导机制，督促金融机构加大支持力度，汇聚银政企多方合力，久久为功、千方百计做好民营和小微企业金融服务。"今年的融资条件对民企和很多行业有进一步支持的必要。最近央行的全面降准也是其中应有之义。"摩根士丹利中国首席经济学家邢自强告诉第一财经记者。他认为，银行需要增加长期可持续的低成本资金来源，才能更愿意放贷。同时，通过降准，银行也可能将闲置资金用于买债，包括买地方专项债。摩根士丹利预计，2019年央行还会降准300个基点，平均每季度100个基点，确保社融和M2的增速逐渐企稳。

防风险攻坚战　把握节奏力度

中央经济工作会议指出，2018年三大攻坚战初战告捷，开局良好，成绩来之不易。根据会议的精神，2019年要继续打好防范化解重大风险攻坚战，要坚持结构性去杠杆的基本思路，防范金融市场异常波动和共振，稳妥处理地方政府债务风险，做到坚定、可控、有序、适度。打好防范化解重大风险攻坚战是在党的十九大中提出，和精准脱贫、污染防治并称为"三大攻坚战"。易纲在解读会议精神时表示，金融体系采取了多项举措，经过一年多的集中整治，已经暴露的金融风险正得到有序处置，宏观杠杆率基本稳定，金融风险总体收敛。他认为,当前我国经济金融运行整体稳健,但面临的不确定因素仍然较多。因此,防范化解金融风险既要保持战略定力,又要把握好节奏力度,坚持稳中求进,统筹考虑宏观经济形势变化,平衡好促发展与防风险之间的关系。

在易纲看来,坚决打好防范化解重大风险攻坚战要坚持五个方面。一是保持战略定力,稳住宏观杠杆率。要坚持结构性去杠杆的基本思路,稳妥处理地方政府债务风险,继续推动产能出清、债务出清、"僵尸企业"出清。二是妥善应对外部重大不确定因素对金融市场的冲击。扎实做好"六稳"工作,充实应对外部冲击的"工具箱"。深化资本市场改革,完善制度安排,提振信心。三是加强政策协调,继续有序化解各类金融风险。既要防范化解存量风险,也要防范各种"黑天鹅"事件,保持股市、债市、汇市平稳健康发展。坚持对非法金融机构和非法金融活动打早打小、露头就打。四是进一步补齐监管制度短板。完善金融基础设施监管制度。推动出台处置非法集资条例。更加注重加强产权和知识产权保护,创造公平竞争的市场环境,激发各类市场主体特别是民营企业的活力。五是提升金融领域激励机制的有效性,强化正向激励机制,营造鼓励担当、尽职尽责、积极进取的氛围,充分调动各方面积极性,共同做好各项工作。

资料来源:《第一财经日报》,2019年1月10日。

问题讨论:

1. 宏观货币政策的三大措施是什么?
2. 如果运用适当的货币政策与财政政策搭配应对我国当前的宏观经济形势?

课后习题

一、选择题

1. 某人的吸烟行为属于(　　)。
   A. 生产的外部经济　　　　　　　　B. 消费的外部经济
   C. 生产的外部不经济　　　　　　　D. 消费的外部不经济
2. 为了提高资源配置效率,政府对竞争性行业厂商的垄断行为(　　)。
   A. 是限制的　　　　　　　　　　　B. 是提倡的
   C. 是不管的　　　　　　　　　　　D. 是有条件加以支持的
3. 如果某造纸厂的生产造成污染,政府的干预政策是征税,征税额应等于(　　)。
   A. 治理污染设备的成本　　　　　　B. 私人边际成本
   C. 社会边际成本　　　　　　　　　D. 社会边际成本与私人边际成本之差
4. 中央银行最常使用的政策工具是(　　)。
   A. 法定准备金率　　　　　　　　　B. 减少税收
   C. 增加政府购买　　　　　　　　　D. 增加转移支付

二、简答题

1. 垄断的危害有哪些?

2. 公共物品与私人物品有哪些区别？
3. 为什么会出现市场失灵？如何解决市场失灵的问题？
4. 财政政策的政策工具有哪些？这些政策工具是如何发生作用的？
5. 比较财政政策与货币政策的异同，试述两者配合使用的必要性。

第十三章

国际经济学基础

第1章

国国学论考

当今世界是一个开放的世界,任何一个国家的经济都是开放的经济,所不同的是开放程度。开放经济就是参与国际经济活动的经济,这些经济活动分为两类:一类是国际贸易,另一类是国际金融。所以,开放经济也可定义为,参与国际贸易和国际金融的一种经济。对它们的系统介绍已超出宏观经济学的一般范围,是国际贸易与国际金融等课程的任务。鉴于此,本章仅介绍国际经济学的一些基本知识。

第一节 开放经济基本知识

一、国际贸易理论与贸易组织

(一) 国际贸易主要理论

国际贸易理论主要涉及国际贸易的产生、贸易利益的来源及其分配、贸易政策的有效运作、贸易发展战略、贸易的内部因素和外部环境等内容。国际贸易理论的早期发展离不开重商主义思想的出现。重商主义是人类最早的国际贸易思想和政策主张,主要反映在关于财富、对外贸易和国家作用的看法上。当时不少欧洲国家在重商主义盛行时期,纷纷采取一系列旨在追求贸易顺差的政策措施,力图垄断对外贸易。这种在国家干预主义支配下的国际贸易思想曾一度对后人产生过重要影响。而在亚当·斯密之后,国际贸易理论的脉络逐渐清晰。

1. 亚当·斯密的绝对优势学说

绝对优势学说又称为绝对成本说,其基本思想是:一国生产的绝对优势来源于该国的自然优势或获得性优势,如果一国某种产品的生产成本比另一国同类产品的生产成本更低,即处于绝对优势,那么该国就应该专门生产并出口这种产品;如果某种产品的生产成本比另一国要高,即处于绝对劣势,则该国就不应该生产这种产品,而是从另一国进口这种产品。

绝对优势学说的代表人物是英国古典经济学的奠基人亚当·斯密(Adam Smith,1723~1790)。他的主要观点体现在1776年出版的代表作《国民财富的性质和原因的研究》(简称《国富论》)一书中。斯密认为,国际贸易应该遵循国际分工的原则。国际分工的基础是各自占有优势的自然禀赋或后天获得的有利条件,前者是指自然赋予的有关气候、土壤、矿产、地理环境等方面的优势,后者是指通过自身努力而掌握的特殊技艺。各国应当按照各自的优势进行分工,然后交换各自的商品,从而使得各国的资源、劳力、资本都得到最有效的利用;相反,不注意发挥优势进行生产,只能导致国民财富的减少。

斯密提出绝对优势学说时,英国正在进行工业革命,新兴的工厂主阶级迫切希望从海外获得所需要的工业原料,希望在海外开拓市场,而重商主义理论阻碍了他们的这种愿望,斯密的绝对优势学说为自由贸易政策主张的提出奠定了理论基础。

2. 大卫·李嘉图的比较优势学说

比较优势学说的基本思想是:最有利和最有效的国际分工就是各国集中生产比较有利的产品。即便一国在两种产品的生产成本上都具有绝对优势或绝对劣势,也可以通过劳动成本的相对比较,按"两优相较取其重,两劣相较取其轻"的原则进行国际分工,通过对外贸易获得比自己以等量劳动所能生产的更多产品。

比较优势学说的代表人物是大卫·李嘉图(David Ricardo,1772~1823)。他是英国古典经济学的杰出代表和完成者,主要观点体现在1817年出版的代表作《政治经济学及赋税原理》中。他提倡自由贸易,反对《谷物法》。

亚当·斯密用绝对优势学说说明了分工能够提高劳动生产率。而大卫·李嘉图又用比较优势学说完善了这一思想,他回答了交换发生的原因,指出发展程度不同的国家也可以参与国际贸易和国际分工,从中获得利益。比较优势学说对今天的国际经济合作、国际贸易在更广泛的领域开展,具有积极的促进作用。

3. 赫克歇尔-俄林的要素禀赋学说

要素禀赋学说的基本内容是:各种商品生产中所使用的各种生产要素的比例是不相同的。使用劳动多的是劳动密集型产品,使用资本多的是资本密集型产品。各国由于资源赋予的不同,各种生产要素的多少与价格就不同,有些国家劳动力丰富,劳动的价格较低,有些国家资本丰富,资本的价格较低。在国际间,生产要素的流动要受到一定的限制。这样,各国就生产自己具有资源优势的产品并进行交换。换言之,劳动力丰富而价格较低的国家生产劳动密集型产品,资本丰富而价格较低的国家生产资本密集型产品,然后进行交换。因为各自都是出口其生产要素价格较低的产品,进口其生产要素价格较高的产品,其结果对双方都有利。

要素禀赋学说的代表人物是瑞典经济学家赫克歇尔(E. Heckcher)和俄林(B. Ohlin)。他们认为,产品生产需要多种生产要素的投入,如土地、劳动力、资本、能源等。将劳动看作等同于资本、土地和其他经济资源的一种一般生产要素,虽然国际贸易产生的原因依然是各国的比较优势,但比较优势赖以生存的基础却已不再是商品中的相对劳动量,而是变成了"上帝的恩赐"——要素禀赋。这种观点后来就成为著名的赫克歇尔-俄林要素禀赋论的核心观点。

相对优势理论强调的是各国间劳动生产率的差异,而要素禀赋学说强调的是各国自然资源赋予的差异。与古典经济学家的国际分工理论相比,要素禀赋理论更加贴近国际贸易现实。现代西方国际贸易理论的争论大多是在围绕着肯定这一理论的大前提下进行具体论证展开的,可以说,这一理论改变了西方国际贸易理论的研究方向。

4. 规模经济理论

传统贸易理论(从斯密到赫克歇尔-俄林)都假定规模经济收益不变,而美国经济学家保罗·克鲁格曼(Paul R. Krugman)提出的规模经济理论,认为这一假设是不完全的。

规模经济理论是假设在技术水平相同的情况下，由于经济规模不同，也可以形成不同的成本，从而形成国际贸易的基础。即使国与国之间并不存在资源或技术上的差异，规模经济仍促进了各国生产的专业化和贸易往来。规模经济可分为内部的和外部的：内部规模经济是指单个厂商自身生产规模的扩大可以提高生产效率并降低平均成本；外部规模经济是指单个厂商从同行业内其他厂商的扩大中获得生产率的提高和成本的下降。存在内部规模经济的行业中，大厂商比小厂商更具有成本优势，易形成不完全竞争的市场结构；存在外部规模经济的行业中，大厂商没有优势，一般由许多相对较小的厂商构成，这就形成了完全竞争的市场结构。内部和外部两种规模经济都是国际贸易的重要原因，但因不同的市场结构，不能在同一模型中包含两种不同形态的规模经济，因此规模经济的贸易理论必然要求从两个角度分别进行讨论。

在不完全竞争的市场结构中，垄断竞争模型是西方经济学家研究贸易问题的一个重要工具，因而在规模经济理论中，着重分析垄断竞争市场情况下的贸易模型。

假定由 n 个厂商组成的垄断竞争行业中，每个厂商的需求、成本函数完全一致。典型厂商的产出是全行业销售量的 $1/n$，以 F 表示生产的固定成本，C 表示边际成本（假定为常数），Q 表示典型厂商的产量，S 表示行业总销售量，也体现市场规模，则典型厂商的平均成本函数可写为 $AC=F/Q+C=n\times F/S+C$。在其他因素相等的情况下，行业中厂商数量越多，平均成本越高，在图 13-1 中表现为向右上方倾斜的 CC 曲线；当厂商数量不变而市场规模扩大时（n 不变，S 增加），平均成本会降低，因此较大市场的 CC 曲线位于较小市场的 CC 曲线下方，市场规模扩大在图中表现为 CC_1 下降至 CC_2。

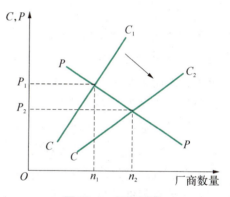

图 13-1 规模经济

另外，在垄断竞争市场中，厂商数量越多，他们之间的竞争越激烈，相应的市场价格也就越低。市场价格可以表示为厂商数量的减函数，这里简单地用向右下方倾斜的 PP 曲线来表示厂商数量与市场价格的这一关系。若 PP 曲线不变，市场的扩大不仅能降低厂商的成本，由于垄断竞争行业的竞争性质，还可以增加国内生产该产品的厂商数量，同时降低世界市场的价格，即在图 13-1 中从 P_1 降至 P_2。

在没有国际贸易时，一国能生产的产品种类和生产规模都受到该国市场规模的限制。但是，通过国与国之间的贸易，就能形成一个一体化的世界市场，该世界市场比任何单个国家的国内市场都要大。这时各国摆脱了限制，在一个比贸易前要窄的范围内从事某些产品的大规模专业化生产来实现内部规模经济，即每个国家集中生产有限类别的产品并出口到另一国；同时，通过从别国购买自己不生产的产品来扩大消费者消费商品的种类，保持消费的多样性；此外，市场规模扩大还使消费者享有更低廉的商品价格。

上述分析说明了，即使国与国之间没有技术和禀赋的差别，贸易仍能为互利性的生产提供机会，作为规模经济的结果，各国用比以往更有效的规模来集中生产有限类别的产品，它们之间的相互贸易又使消费所有产品成为可能。

由于受篇幅限制,本章对国际贸易理论发展的概述到此为止,关于国际贸易理论的介绍,读者可参阅国际贸易的专业著作。

(二)国际贸易组织

由于贸易利益的差异及各国经济目标的要求,运用政策调节经济贸易行为已成为政府的主要职能。这种各自以本国经济利益为出发点的贸易政策,必然产生国与国之间的利益冲突和政策的不协调,从而影响国际贸易的正常发展,各国的贸易利益也将因此而减少甚至消失。各种形态的国际贸易组织的出现,对协调各国贸易利益起到了有利的组织保障。限于篇幅,仅选择以下三个国际贸易组织予以介绍。

1. 北美自由贸易区(NAFTA)

1988年1月2日,美国与加拿大正式签署了《美加自由贸易协定》。经美国国会和加拿大联邦议会批准,该协定于1989年1月生效。

1990年7月,美国与墨西哥正式达成了美墨贸易与投资协定(也称"谅解"协议)。同年9月,加拿大宣布将参与谈判,三国于1991年6月12日在加拿大的多伦多举行首轮谈判,经过14个月的磋商,终于在1992年8月12日达成了《北美自由贸易协定》,并于同年12月17日由三国领导人分别在各自国家正式签署。该协定于1994年1月1日起正式生效,北美自由贸易区宣告成立。①

协定的宗旨是:取消贸易壁垒;创造公平的条件,增加投资机会;保护知识产权;建立执行协定和解决贸易争端的有效机制,促进三边和多边合作。

《北美自由贸易协定》的签订,对北美各国乃至世界经济产生影响。首先,对区域内经济贸易发展有积极影响,就美国而言:① 不仅工业制造业企业受益,高科技的各工业部门也将增加对加拿大、墨西哥的出口,美国同墨西哥的贸易顺差将会因此而增加;② 美国西部的投资扩大;③ 由于生产和贸易结构的调整结果,将会出现大量劳动力投入那些关键工业部门;④ 协定对墨西哥向美国的移民问题将起到制约作用。其次,对国际贸易和资本流动也会产生影响。北美自由贸易区的建立,一方面扩大了区域内贸易,但另一方面则使一些国家担心贸易保护主义抬头,对区域外向美国出口构成威胁。

北美自由贸易区的组织机构体系包括了自由贸易委员会、秘书处、专门委员会、工作组、专家组、环境合作委员会、劳工合作委员会、各国行政办事处、北美发展银行和边境环境委员会。

2. 欧盟(EU)

欧洲联盟(简称欧盟)是建立在欧洲三个共同体之上的,是第二次世界大战后第一个成立的区域经济集团,现有27个成员国和地区。

1952年,法国、联邦德国、意大利、荷兰、比利时和卢森堡六国组建了欧洲煤钢共同体,

---

① 资料来源:新浪网,北美自由贸易区,2009年12月31日;http://finance.sina.com.cn/roll/20091231/21307183123.shtml。

1958年又建立了欧洲经济共同体和欧洲原子能共同体。1965年4月8日,六国签署了《布鲁塞尔条约》,上述三个共同体机构融为一体,统称为欧洲经济共同体。随着英国、爱尔兰、丹麦、希腊、西班牙和葡萄牙等国的陆续加入,到1986年,成员国数目增到12个。1992年,欧洲联盟和欧洲自由贸易联盟的7个国家达成协议,于1993年1月1日建立"欧洲经济区"。欧洲经济区由19个国家组成,它们构成一个强大、富裕的贸易集团。

1992年2月7日,欧盟当时的12个成员国于荷兰的马斯特里赫特签署了《欧洲联盟条约》(又称《马斯特里赫特条约》),这一条约的签订,代表着欧盟自成立以来发生的最具根本性的变化之一。《马斯特里赫特条约》使欧盟不再仅仅是经济组织,而是向政治、经济和社会的全面联盟方向发展。

从欧盟的历史发展看,欧盟的发展壮大也是一部欧盟不断东扩的历史。1973年,英国、丹麦和爱尔兰加盟;1981年1月1日,希腊成为欧共体第10个成员国;1986年1月1日,葡萄牙和西班牙加盟,欧共体成员国增至12个;1995年12月11日,奥地利、瑞典和芬兰加盟,使1993年11月1日生效的《马斯特里赫特条约》形成的欧洲联盟扩展至15国。2002年12月13日,在哥本哈根召开的欧盟首脑会议决定结束与爱沙尼亚、拉脱维亚、立陶宛、波兰、捷克、斯洛伐克、匈牙利、斯洛文尼亚、马耳他和塞浦路斯这10个候选国的谈判,正式邀请它们在2004年5月加入欧盟。保加利亚和罗马尼亚于2007年1月1日加入欧盟。到2007年初,欧盟成员国数目已达27个。

欧洲联盟起主要作用的有三个机构。第一个机构是部长理事会。管理欧盟事务中各种不同形式的理事会起着重要作用。政府首脑理事会讨论和审查总体方针和政策,其他各种理事会,包括外交部长、财政部长、农业部长、工业部长、社会事务部长等理事会讨论和决定其各自特定领域的问题。第二个机构是欧洲议会,欧洲议会起初只是一个拥有很少实权的附设机构,然而,《马斯特里赫特条约》提高了这一机构的地位,其中包括建议谁为欧盟委员会主席,并强化了欧洲议会在预算与立法方面的权力。第三个机构是欧洲委员会,它由成员国政府任命,行使日常管理职能。

3. 世界贸易组织(WTO)

世界贸易组织是一个独立于联合国的永久性国际组织。1995年1月1日正式开始运作,它是全球唯一一个国际性贸易组织,负责处理国家之间的贸易往来和协定,总部设在瑞士日内瓦莱蒙湖畔。1996年1月1日,它正式取代关贸总协定临时机构。世贸组织是具有法人地位的国际组织,在调解成员争端方面具有更高的权威性。它的前身是1947年订立的《关税及贸易总协定》。与关贸总协定相比,世贸组织涵盖货物贸易、服务贸易以及知识产权贸易,而关贸总协定只适用于商品货物贸易。

世贸组织的主要职能是:组织实施各项贸易协定;为各成员提供多边贸易谈判场所,并为多边谈判结果提供框架;解决成员间发生的贸易争端;对各成员的贸易政策与法规进行定期审议;协调与国际货币基金组织、世界银行的关系。

世贸组织的宗旨是:提高生活水平,保证充分就业及大幅度、稳步提高实际收入和有效需求;扩大货物和服务的生产与贸易;坚持走可持续发展之路,各成员方应促进对世界资源的最优利用、保护和维护环境,并以符合不同经济发展水平下各成员需要的方式,加强采取各种相应的措施;积极、努力地确保发展中国家,尤其是最不发达国家在国际贸易增长中获得与其经济发展水平相适应的份额和利益。

世界贸易组织的目标是建立一个完整的,包括货物、服务、与贸易有关的投资及知识产权等内容的,更具活力、更持久的多边贸易体系,与关贸总协定相比,世贸组织管辖的范围除传统的和乌拉圭回合确定的货物贸易外,还包括长期游离于关贸总协定之外的知识产权、投资措施和非货物贸易(服务贸易)等领域。

世界贸易组织的基本原则包括:非歧视贸易原则,包含最惠国待遇原则和国民待遇原则;贸易自由化原则,包含关税减让原则和禁止数量限制原则;透明度原则;公平贸易原则,包含互惠原则和公平竞争原则;例外和保障措施原则;发展中国家优惠待遇原则。

二、国际金融体系

开放经济中既有国际贸易,也有国际金融。两者紧密结合,互为载体,国际金融体系的发展和变化是国际经济中的重要组成部分。

(一) 金本位制

国际金本位制度是以黄金作为国际本位货币的制度。英国于1816年率先实行金本位制度,19世纪70年代以后欧美各国和日本等国相继仿效,因此许多国家的货币制度逐渐统一,金本位制度由国内金融体系演变为国际金融体系。直到第一次世界大战之前,世界经济都是在金本位制度下运转的。

在国际金本位制下,黄金充分发挥了世界货币的职能,对世界经济的稳定发展起到重要的作用。第一,在国际金本位制下,各国货币之间的汇率非常稳定。这就消除了国际经济交往中一个重要的不确定因素,从而大大促进了国际贸易的发展和国际资本的流动。第二,由于国际金本位制具有内在的自动调节机制,各国政府就没有必要再因为国际收支失衡而实施贸易管制和外汇管制。这无疑有利于商品和资本在国际间的自由流动,使世界范围内的生产要素配置更加具有效率。而且这种调节机制是渐进的,避免了政府为对付外部经济失衡而宣布本币贬值或采取管制等突然而又重大的政策或措施给一国内部经济所造成的消极影响。第三,国际金本位制对外汇供求失衡的调节主要依靠市场的力量,从而使政府的干预减少到较低程度,避免了人为的政策失误。而对国际收支失衡的惩罚,对那些偏好于膨胀国内经济的政府施加了外部约束。

金本位制也有不足之处:① 它大大限制了使用货币政策对付失业等问题的能力;② 只有当黄金与其他产品和服务的相对价格是稳定的,将货币与黄金挂钩的做法才能确保总体价格水平的稳定;③ 当各国经济增长时,除非能不断地发现新的黄金,否则中央银行无法增加其持有的国际储备;④ 金本位制赋予了主要的黄金产出国通过出售黄金来影响世界宏观经济状况的巨大能力。

第一次世界大战后,很多国家陷入了恶性通货膨胀的灾难之中。各国的货币关系因此受到严重扭曲与损害。而1929～1933年的经济大萧条则加剧了金本位制的崩溃瓦解,到1936年,各国基本都放弃了金本位制度的货币体系。

(二) 布雷顿森林体系

国际金本位制彻底崩溃后,国际货币体系遭到了严重破坏。资本主义各国纷纷组成相互对立的货币集团展开"货币战",以便将失业和经济衰退转嫁他人。第二次世界大战即将结束之时,为重建战后世界经济的新秩序,稳定币制和汇率,促进国际贸易,使各国经济尽快恢复并迅速发展,在美英等国的倡导下,1944年7月在美国新罕布什州的布雷顿森林召开了有44个国家参加的"联合国货币金融会议"。会议通过了美国提出的关于设立国际货币基金组织和国家复兴开发银行(即世界银行)的方案,并签署了有关重要协议。以此为标志,资本主义世界又确立了以美元为中心的国际货币体系,即布雷顿森林体系。

在布雷顿森林协议下所建立的国际货币体系,要求各国货币对美元保持固定汇率,并且把美元与黄金的比价固定为每盎司黄金35美元。成员国官方的国际储备以黄金或美元资产的形式持有,并有权向美国的中央银行,即联邦储备银行以官方价格兑换黄金。在第二次世界大战后最初的15年,布雷顿森林体系在许多方面都运行得很好。它对第二次世界大战后世界经济的恢复和发展以及国际贸易的大幅度增长,都曾产生过积极而又重大的影响。

然而,布雷顿森林体系作为一种在短期内经过一次国际性会议而组建起来的国际货币制度,主要为解决过去的货币金融问题而设立,对将来可能产生的矛盾则未作充分的估计,当然也就谈不上预先采取某些防范性措施了。因此,随着时间的推移,在实际运行过程中,问题和矛盾变得越来越突出甚至激化,终于在1973年导致了该体系的崩溃。

(三) 牙买加体系

布雷顿森林体系崩溃以后,国际金融秩序动荡不安。国际货币基金组织(IMF)于1972年7月成立了一个专门委员会,由11个主要工业国家和9个发展中国家共同组成。委员会于1974年6月提出一份"国际货币体系改革纲要",对黄金、汇率、储备资产、国际收支的调节等问题提出了一些原则性的建议,为之后的货币改革奠定了基础。直至1976年1月,国际货币基金组织理事会"国际货币制度临时委员会"在牙买加首都金斯敦举行会议,讨论国际货币基金协定的条款,签订了《牙买加协议》。同年4月,国际货币基金组织理事会通过了《IMF协定第二修正案》,从而形成了新的国际货币体系。

牙买加体系只是将布雷顿森林体系崩溃后实际发生的深刻变化部分地予以合法化,并没有进行重大的改革。牙买加体系提供了最大限度的汇率安排的弹性,却没有建立稳定货币体系的机构,没有指定硬性的规则或自动的制裁方法,各国可以根据自己的考虑和责任来履行他们的义务。因此,一些理论家认为,牙买加体系是一种"没有制度的体系",而实际上它是靠浮动汇率制和多种储备体系来运转的。由于牙买加体系在储备货币、汇率机制、国际收支调节等方面还存在不少缺陷,所以关于国际货币体系改革的讨论一直没有终止过。

(四) 欧洲货币体系

1979年3月,欧洲经济共同体的8个成员国(比利时、丹麦、法国、德国、爱尔兰、意大利、卢森堡和荷兰)建立了欧洲货币体系(EMS)。此后,奥地利、英国、葡萄牙和西班牙也相继加入进来。该体系主要包括三大内容:一是创设欧洲计算单位,后改称为欧洲货币单位,使其成为记账的标准和中央银行相互借贷、清算的单位以及进行市场干预的工具;二是扩大西欧货币的联合浮动体制,进一步稳定成员国之间的货币汇率;三是建立和扩大欧洲货币合作基金,以协助成员国平衡国际收支,并在外汇市场上进行必要的干预以稳定汇率。这些机制的形成与运行,对于欧洲走向货币和经济联盟确实是迈出了至关重要的一步。

1999年1月1日,欧元正式诞生。欧元首先以非现金交易货币(支票、信用卡、股票和债券)的形式进入流通领域。自2002年1月1日起,欧元现金开始发行,欧元十一国(德国、法国、意大利、荷兰、比利时、卢森堡、爱尔兰、西班牙、葡萄牙、奥地利和芬兰)*把当时总值达700亿的欧元货币和硬币投入流通领域。同年7月1日,欧元十一国各自的货币正式停止使用,退出流通领域而成为收藏品。

发行统一的欧洲货币、建立一体化程度非常高的经济联盟将给各成员国带来巨大利益。但是,欧元的启动也会给成员国带来一些其他影响。欧洲经济货币联盟的建立,意味着成员国将放弃其货币供应和实施汇率政策的主权,并且将由欧洲中央银行取代有关各国来执行公开市场业务操作和对外汇市场进行干预的功能。此外,欧元区内部目前还存在着严重的内部失衡的问题,不管是从经济实力、经济增长率和就业率等方面来看,还是从人均购买力等角度来分析,欧盟各国可谓相差悬殊、贫富不均。"欧元列车"能否顺利行驶,在很大程度上取决于其能否尽快缩小上述差距,能否大力推进欧洲经济"同一化"的进程。

(五) 国际货币基金组织和世界银行

根据1944年7月布雷顿森林会议的决定,世界银行(国际复兴开发银行)和国际货币基金组织于1945年12月27日同时成立,总部设在华盛顿。

1. 国际货币基金组织

国际货币基金组织是政府间国际金融组织,1945年12月27日正式成立,1947年3月1日开始工作,1947年11月15日成为联合国的专门机构,在经营上有其独立性,总部设在华盛顿。其宗旨是:通过一个常设机构来促进国际货币合作,为国际货币问题的磋商和协作提供方法;通过国际贸易的扩大和平衡发展,把促进和保持成员国的就业、生产资源的发展、实际收入的高水平作为经济政策的首要目标;稳定国际汇率,在成员国之间保持有秩序的汇价安排,避免竞争性的汇价贬值;协助成员国建立经常性交易的多边支付制度,消除妨碍世界贸易的外汇管制;在有适当保证的条件下,基金组织向成员国临时提供普通资金,使其有信心利用此机会纠正国际收支的失调,而不采取危害本国或国际繁荣的措施;按照以上目

---

* 英国、瑞典、丹麦的经济虽然达到了欧元区的要求,但是由于国内政治原因而不愿意第一批加入欧元体系,希腊则由于当时经济较弱,因此推迟到2001年1月1日加入欧元区。

的,缩短成员国国际收支不平衡的时间、减轻不平衡的程度等。

该组织的资金来源于各成员国认缴的份额。成员国享有提款权,即按所缴份额的一定比例借用外汇。1969年又创设"特别提款权"的货币(记账)单位,作为国际流通手段的一个补充,以缓解某些成员国的国际收入逆差。成员国有义务提供经济资料,并在外汇政策和管理方面接受该组织的监督。组织的最高权力机构为理事会;执行董事会负责日常工作,行使理事会委托的一切权力;总裁由执行董事会推选,负责基金组织的业务工作。

2. 世界银行

"世界银行"(World Bank)这个名称一直用于指代国际复兴开发银行(IBRD)和国际开发协会(IDA)。世界银行的主要业务是对发展中国家提供长期项目贷款,帮助它们兴建某些建设周期长、利润率偏低的重要项目。

世界银行集团由成员国所拥有的5个紧密联系的机构组成,包括除国际复兴开发银行、国际开发协会以外的其他三个机构:国际金融公司(IFC)通过对高风险部门和国家提供支持来推动私人部门的发展;多边投资担保机构(MIGA)向发展中国家的投资者和贷款人提供政治风险保险(担保);国际投资纠纷解决中心(ICSID)解决外国投资者与东道国之间的投资纠纷。

理事会掌握世界银行的最终决策权,世界银行的政府股东由理事会代表。一般来说,这些理事都是部长,如财政部长或发展部长。理事们是世界银行的最终决策者。他们每年在世界银行的年会上会晤一次。

第二节 汇率与国际收支

一、汇率与汇率制度

(一) 外汇与汇率

外汇(Foreign Exchange)是一国对外经济交往中的重要媒介。一国经济对外开放的程度越高,涉及外汇业务就会越多,国民经济受到外汇的影响也就会越大。

外汇的概念有广义和狭义之分。广义的外汇包括一切以可兑换货币计价的金融资产或权益凭证,如信用票据(汇票、股票、息票)及外币现金等。许多国家甚至把黄金、白银和钻石等贵金属也列为外汇管制的对象。狭义的外汇仅指以外币表示的、能直接用于国际结算或对外清偿的支付手段,它统筹表现为一国居民及其他经济实体所拥有的对外国自然人、法人和外国政府的短期要求权。

汇率又称汇价,指两种货币兑换的比率,即一种货币兑换成另一种货币的比率。由于汇率是两种货币价值的对比,所以在计算两种货币的比价时要确定标价方法。常见的有两种标价方法,即直接标价法和间接标价法。直接标价法是以一定单位的外国货币为标准,折算成一定数额的本国货币,如中国银行挂牌的100美元=678.12元人民币,东京外汇市场上的

1美元=86日元等。目前,世界上绝大多数国家采用这种标价方法。间接标价法是以一定单位的本国货币作为标准,折算成一定数额的外国货币。世界上采用间接标价法的国家比较少,主要包括美国、英国及个别英联邦国家。直接标价法与间接标价法之间互为倒数关系。

(二)汇率制度

世界上的汇率制度主要有固定汇率制和浮动汇率制两种。固定汇率制是指一国货币同他国货币的汇率基本固定,其波动限于一定的幅度之内。浮动汇率制是指一国不规定本国货币与他国货币的官方汇率,听任汇率由外汇市场的供求关系自发地决定。浮动汇率制又分为自由浮动与管理浮动:前者指中央银行对外汇市场不采取任何干预措施,汇率完全由外汇市场的供求力量自发地决定;后者指采取浮动汇率制的国家对外汇市场进行各种形式的干预活动,主要是根据外汇市场的供求情况售出或购入外汇,通过影响外汇供求来影响汇率。1947~1973年间,国际上普遍实行的是固定汇率制。国际社会确定美元含金量,同时规定各国货币含金量并确定其与美元的汇率。各国政府负责限制本国货币对美元的汇率只在货币平价的1‰上下波动,即按照以美元为中心的国际金融体系(又称布雷顿森林体系)所实施的固定汇率制。此后,由于美元危机,布雷顿森林体系崩溃,西方各国相继放弃了固定汇率制而采用了浮动汇率制。目前,世界上有80多个国家仍然采用固定汇率制,60多个国家则是采取不同程度的浮动汇率制。实际上,现实的汇率制度并不是绝对固定汇率制或绝对浮动汇率制,而是介于中间的各种情况,主要有可调整的钉住美元的汇率制度和管理浮动汇率制度。

可调整的钉住美元的汇率制度是指各国货币与美元保持固定比例,而美元与黄金直接挂钩。管理浮动汇率制度又称为肮脏浮动汇率制度,它有两个特征:一是汇率可跟随市场力量而波动;二是中央银行可进入外汇市场干预汇率波动,使汇率接近某个目标值。这个目标值可随外界环境的变化随时改变,有时中央银行可使汇率偏离其自由市场的均衡值。现今世界普遍使用这种制度。

二、国际收支平衡表

(一)国际收支

国际收支是指一国在一定时期内从国外收入的全部货币资金与向国外支付的全部货币资金的对比关系。一国国际收支的状况集中反映在一国的国际收支平衡表上。

(二)国际收支平衡表

国际收支平衡表是一定时期内(通常为一年)一国与其他国家间所发生的国际收支按项目分类统计的一览表,它集中反映了该国国际收支的具体构成和总体面貌。

国际收支平衡表按照现代会计学复式簿记原理编制,即以借、贷为符号,以"有借必有贷,借贷必相等"为原则来记录每笔国际经济交易。其记账规则是：凡引起本国外汇收入的项目记入贷方,记为"＋"(通常省略);凡引起本国外汇支出的项目记入借方,记为"－"。

国际收支平衡表由三大部分组成：经常项目、资本项目及官方储备。主要记录两种国际交易：一是商品与劳务的进出口和各种转移支付的进出;二是为购买实物资产和金融资产而发生的资本流入和流出。

(1) 经常项目。经常项目包括贸易收支、劳务收支和转移支付。它既包括商品的进出口,也包括技术的输出、引进,保险费的支付,以及债务持有人的利息、投资者的红利等支付与收入。所有使用外汇支出的项目都记入借方,而获得外汇的项目则记入贷方。

(2) 资本项目。资本项目是记录国际间的资本流动或一国资本的输入、输出情况。具体包括直接投资、证券投资、银行贷款、贸易信贷、债券销售和政府贷款等这样一些国际资本的流动。资本流出国境记入借方,流入国境记入贷方。短期资本是那些具有较高流动性的资产,如银行存款、短期国库券等;长期资本则是指具有一年以上流动性的资本。

(3) 官方储备。官方储备包括一国政府储备的黄金、外汇以及国际货币基金组织分配给该国的特别提款权等。政府可使用这些国际支付手段来弥补经常项目和资本项目的逆差。国际收支逆差时,官方储备就减少,顺差时官方储备就增加。

在实际国际收支平衡表中,借贷并不总是相等的,也会出现净差错与遗漏。其原因包括统计中的重复计算和漏算、走私或资本外逃等人为因素造成的统计资料不完整或统计不准确等。净差错与遗漏就是用于专门记录这个借贷余额的。

(三) 国际收支的平衡关系

按照复式簿记原理进行编制的国际收支平衡表本身的借贷总是相等的,因此判断国际收支平衡与否,不能以国际收支平衡表中的最终平衡关系为依据,而要以国际收支平衡表中的经常项目和资本项目的借贷关系平衡与否为依据。如果经常项目和资本项目出现借方金额与贷方金额不相等,则表明该国的国际收支不平衡。其中,经常项目的借贷关系不相等,又称为贸易不平衡。当借方金额大于贷方金额,余额为"－"时,称为有国际收支逆差或贸易逆差;当借方金额小于贷方金额,余额为"＋"时,称为有国际收支顺差或贸易顺差。

一国国际收支出现不平衡,尤其是出现逆差时,将对本国经济会带来不利影响,必须加以调整。一般会采取两种方法进行调整：一是让市场起作用,通过价格、收入、汇率等的变化使国际收支自动得到调节;二是由政府有意识地采取一些政策措施,恢复国际收支平衡。

第三节　开放经济条件下的经济政策

一、国际贸易与各国经济的相互依赖性

各国经济的相互依赖性,即失业与通货膨胀的国际传递,主要是通过国际贸易的渠道发

生的。在开放经济中,各国国民收入的决定与变动是相互影响的。一国国内总需求与国民收入的增加会通过进口的增加而影响对国外产品的需求,从而使与之有贸易关系的国家的国民收入也增加。这种一国总需求与国民收入增加对别国的影响,称为溢出效应;反之,别国由于"溢出效应"所引起的该国的国民收入再增加,这种影响称为回波效应。这两种效应概括了各国国民收入变动的相互影响。

各国之间相互影响的程度并不一样,大体取决于以下几个因素。第一,国家的大小。一般来说,大国对小国的影响大,小国对大国的影响小。第二,开放程度。开放程度高的国家对别国的影响与受别国的影响都大;相反,开放程度低的国家对别国的影响与受别国的影响都小。第三,各国边际出口倾向的大小。一国的边际出口倾向越高,对别国的影响与受别国的影响都大;反之,一国的边际出口倾向越低,对别国的影响与受别国的影响都小。

总之,通过溢出效应与回波效应,国际贸易就把各国经济紧紧联系在一起,既可以由一国的繁荣带动其他国家的繁荣,也可以由一国的萧条引起其他国家的萧条。

二、国际资本流动与各国经济的相互依赖性

在当今世界,除了国际贸易之外,国际资本流动也把各国经济紧密联系在一起。这种联系的纽带可能是短期资本流动,也可能是利率的变动。在前一种情况下,如果一国发生了衰退而引起资金周转不灵,从各国抽回资本或减少对外投资,就会引起其他国家由于资本外流而总需求减少,从而也发生衰退。在后一种情况下,一国经济变动引起利率变动,而利率变动引起国际间短期资本流动,从而影响其他国家经济。

三、开放经济中的经济政策选择

西方各国政府在第二次世界大战之后相当长的一段时间里,仅仅使用总需求政策一种方式来干预经济,即通过财政政策和货币政策来实现需求管理,结果逐渐形成了一个宏观经济政策的两难困境。也就是说,仅仅使用总需求政策不可能既改善国内需求水平,又改善国际收支状况。

(一) 固定汇率制下国际收支逆差的调整

在固定汇率制下由于汇率不变,因此经常会出现国际收支顺差或逆差。在通常情况下,政府并不愿意使用货币贬值的剧烈手段来平衡逆差,那么,首先可以考虑采取紧缩的货币政策来减少货币供给以实现收支均衡。由此可见,单纯运用紧缩性货币政策就可以消除国际收支逆差。如果国内最初存在着通货膨胀,紧缩性货币政策还可以同时降低通货膨胀率。单纯的紧缩性货币政策最大的缺点是导致总产量或实际国民收入下降,如果国内经济已处于衰退状态,单纯的紧缩性货币政策就会在消除国际收支逆差的同时加深国内的经济衰退。在这种情况下,可以考虑采取扩张性的财政政策来配合紧缩性的货币政策。因为同时采取

紧缩性货币政策和扩张性财政政策时,国际收支逆差会被消除,经济衰退也会由于总产量的增加而得到克服。

(二) 固定汇率制下国际收支顺差的调整

假定政府并不希望本币升值,同时迫于贸易伙伴国的压力,又必须消除国际收支顺差以帮助其贸易伙伴国纠正国际收支逆差。在这种情况下,可以采取扩张性的货币政策来增加货币供给以实现收支均衡。

如果经济恰好处于衰退状态,单纯采用扩张性货币政策就是最佳选择,既可以克服经济衰退,又可以在本币不升值的情况下消除国际收支顺差,改善与伙伴国的经济关系。如果国内正处在严重通货膨胀的状态,采取单纯的扩张性货币政策就会因增大总需求而加剧通货膨胀。这时,政府可以采用紧缩性财政政策来弥补单纯扩张性货币政策的不足。紧缩性的财政政策会实现均衡,这样既消除了国际收支顺差,又没有加剧通货膨胀。

(三) 浮动汇率制下国际收支顺差的调整

在外汇市场有外汇的过剩供给。也就是说,向外输出商品、劳务或实物资产、金融资产所获得的外汇量,超过从外国购买商品、劳务和资产所需要支付的外汇量,因而造成了外汇的过剩供给。在浮动汇率制度下,外汇的过剩供给将导致本币升值,外汇汇率下降,本国商品相对于外国商品更加昂贵,净出口就会减少。在浮动汇率制度下,中央银行不必为平衡国际收支而改变本国货币供给量。

(四) 浮动汇率制下国际收支逆差及失业的调整

在浮动汇率制下,国际收支逆差的存在会使本币贬值、外汇汇率升值,同时外汇汇率升值又会使净出口额增加。由于在浮动汇率制下货币政策的效果要比在固定汇率制下明显,政府可以采用扩张性货币政策,实现国际收支和国内经济在充分就业水平上的同时均衡。

在浮动汇率制下实行财政政策的效应是很复杂的,任何一种财政政策都有可能产生双重作用。例如,当政府采用扩张性财政政策来解决国内失业和外部均衡问题时,一方面,国内总需求会扩大,国民收入水平上升,进口增加,贸易出现逆差,本国货币贬值;另一方面,随着国内总需求的上升、市场利率的提高,又会引起国外资本的流入,使本国货币出现升值压力。本币的这两种走势是完全冲突的,很难判断哪一种走势会占优势。因此,在浮动汇率制下,运用货币政策和汇率政策来达到对内和对外的同时均衡,要比使用财政政策更能得到理想的结果。

汇率提高和国内价格的上升会抑制出口、鼓励进口,利息率的下降则使资本净流出额增加,这些都会消除国际收支顺差。如果汇率和国内价格下降,则进口受到抑制,出口受到鼓励;利息率提高,资本净流出额减少,从而消除国际收支逆差。除了上述经济政策外,政府还可以采取出口津贴、进口关税和限额等措施进行直接干预,这些措施会对进出口产生有利的影响。

（五）开放经济中的政策搭配机制和最优政策选择

在开放经济中进行经济调节时，一方面要考虑各国经济的相互关系，另一方面又要同时实现内部均衡与外部均衡。内部均衡就是充分就业与物价稳定；外部均衡就是国际收支平衡。这就要求我们寻找出最优的政策方案。

最优政策搭配的含义是：在国内外需要不同的调节政策的情况下，所采用的政策应使其中一种政策的积极作用超过另一种政策的消极作用。

在选择最优政策时，首先，应该注意各种政策对内与对外的不同影响。如前面分析的那样，货币政策对外的影响往往要大于对内的影响，例如，货币量增加通过利息率下降对国内总需求的刺激作用，比利息率下降对资本流入的影响要小。财政政策对内的影响往往要大于对外的影响，例如，增加政府支出引起的国民收入增加的作用要大于增加进口的作用。其次，应该确定政策所要解决的主要问题。例如，如果在国内经济衰退与国际收支盈余的情况下，主要是解决国内经济衰退问题，那么就要把政策重点放在刺激国内经济上。最后，要把各种政策配合使用，用一种政策去抵消另一种政策的副作用。

蒙代尔和弗莱明在对需求政策两难困境进行深入研究后，提出了解决最优政策搭配的有效市场分类原理。这一原理认为，每一种政策手段应当用于其能产生最大有利影响的市场或经济环境。其对另一市场或经济环境所产生的某种不利的副作用，可用性质相反的另一种经济手段加以抵消。这样，两种经济政策相互配合就可以达到这种目的。他们在研究时发现，货币政策和财政政策对国内平衡和国外平衡有相对不同的影响，其主要差异在于较松的货币政策趋向于降低利率，而较松的财政政策则趋向于提高利率。这种差异意味着确实有两种政策工具可供选择，将其搭配使用可以解决总需求政策解决不了的问题。蒙代尔和弗莱明在这种分析的基础上形成了一种分配法则，即根据财政政策和货币政策的不同作用，将稳定国内经济的任务分配给财政政策，使国内经济在没有过度通货膨胀的情况下达到充分就业，而将稳定国际收支的任务分配给货币政策。

具体的政策搭配方法是，当高失业与国际收支逆差同时存在时，配合使用扩张的财政政策和紧缩的货币政策；在高通胀与国际收支顺差共存的情况下，可以采取紧缩的财政政策和扩张的货币政策相结合的方法；如果通货紧缩和国际收支顺差并存，那么扩张性的财政政策和扩张性的货币政策并用效果会更好。

最优政策搭配是一个很复杂的问题，不仅要考虑到国内外的经济状况、政策目标、政策效应等问题，还要考虑到各种复杂的政治因素、国际关系、一国的历史传统等问题。例如，在通过增加进口来消除国际收支盈余时，应考虑到本国的边际进口倾向有多大。边际进口倾向是由许多经济与非经济因素决定的，在一段时期内有相对稳定性。如果一国由于历史原因，边际进口倾向较低，那么，增加进口以消除国际收支盈余的作用就很有限。此外，在通过扩张性货币政策降低利息率，以吸引资本流入、消除国际收支赤字时，还要考虑资本流动对本国利息率变动的反应，这种反应在很大程度上取决于一国的政局是否稳定、投资环境与政策是否足以吸引外资等。在通过出口来增加国民收入、消除国际收支赤字时，应考虑到国际经济形势及世界市场对本国出口产品的需求弹性。如果国际经济处于衰退时期，而且本国出口产品在世界市场上的需求弹性较低,那么这一政策就很难奏效。

因此,有些西方学者也认为,虽然内外部均衡根据政策搭配可以达到,但为了做到这一点,政策的实施又会带来一些其他问题。他们认为,作为在一个封闭经济中实现充分就业的手段,财政政策和货币政策的功效是有限的;而在一个开放经济中,作为实现充分就业及外部均衡这两个重要目标的手段,财政政策和货币政策的功效就更加有限了。

四、开放经济中的其他经济政策

(一) 贸易政策

1. 关税政策

关税是进出口货物经过一国关境时,由政府所设置的海关向其进出口商征收的一种赋税。从减少进口数量和刺激国内替代品生产而言,关税的功效与货币贬值相同。然而,两者之间最大的不同在于:关税的实施会给政府形成财政收入来源(关税税额),而汇率政策对税收收入并无直接影响。

征收进口关税的国家如果是一个大国,即它的进口需求量在该商品的世界出口总量中占相当大的比重时,它就具有影响进口商品国际价格的能力。作为一个买方垄断者,它能够将关税负担部分地转嫁给出口国来承担,从而产生关税的贸易条件效应,即征收关税能使进口商品的国际价格下跌,从而有利于进口国的贸易条件改善;作为其对应面,它将导致出口国的贸易条件恶化。但是,对于小国而言,征收关税后进口量虽然有所减少,但它不足以改变该种商品在国际市场上的价格。换言之,小国开征关税后,不会产生贸易条件效应。因此,进口商品的国内价格上涨幅度必然等于而不是小于关税税率,关税负担全部落到国内消费者的身上,外国出口商不负担任何数量的关税。

从另一角度看,关税会使进口的实物量减少。与此同时,以本国货币衡量的进口商品的价格提高了,国内居民的名义开支可能会缩小,也可能会增大。只有在价格弹性足够大的情况下,对国内产品的需求才会上升,即关税的征收最终导致本国产出的扩大;反之,如果国内的进口需求缺乏价格弹性和替代弹性,关税的额外负担会使国内的进口开支增加,在收入不变的情况下,与之相对应的将是对本国产品开支的减少。

总之,从实现内部平衡和外部平衡的宏观经济政策调控的角度来分析,关税的实施效果具有一定的不确定性。如果不考虑关税收入的再分配效应,征收关税肯定能使贸易差额得到改善。至于国内产出是否会扩大,这取决于替代效应与收入效应的相对作用情况。在本国货币贬值的情况下,产出扩大的条件是进出口需求弹性的绝对值之和必须大于1;而在开征关税的事例中,产出扩大的条件是马歇尔-勒纳条件更加严格,即进口需求弹性的绝对值必须大于1。

2. 配额制度

配额是指本国有关当局为进口水平设定的一个最高限额。与关税一样,配额也能改变相对价格体系或贸易条件,从而起到减少进口消费、保护本国生产以及对国民收入进行再分配等的作用。给定配额水平和进口商品的国际价格,对国内相对价格体系和收入水平进行适当调节,可决定内部均衡和外部均衡。

从配额对国内产出或国民收入的影响而言,假如它是通过拍卖来出售的,而且所获收益构成政府预算盈余(即暂不考虑这部分资金的社会再分配效应),那么,配额的实施有可能增加,也可能会降低国内居民对本国产品的开支。这是因为,配额数量的改变同时会产生支出转移效应和收入效应或预算效应,而这两种效应的作用方向正好相反。例如,配额的减少会使进口商品的国内价格上升,国内居民的需求因此转向本国产品,这对于本国产出的影响当然是积极的。但是,如果价格上升部分归入政府的进出口管理部门或税务当局构成财政盈余,那么,在任何给定的收入水平上,本国居民的实际购买力就会下降,国内支出因而减少。

尽管配额对收入和就业的影响具有不确定性,但它对于贸易收支的改善作用却是明显的,即实施配额制度能在进口商品的国际市场价格未发生变化的情况下缩小本国的进口规模,减少进口开支。有鉴于此,配额一般用作国际收支调节的政策工具,而不轻易用于调节总需求。只有当政府有关部门确定本国的进口需求有较高的价格弹性,并且财政预算也希望有额外的资金收入来实现平衡时,配额才会被用来调节收入或产出水平。

贸易政策,特别是非关税壁垒政策种类有很多,由于篇幅所限,本节只介绍常见的两种类型,其他更多内容建议学习相关专业课程。

(二) 金融政策

如前面的分析,一国汇率既影响一国的对外贸易和国际收支,也影响国内经济。因此,在开放经济条件下,汇率政策和制度安排就显得尤为重要。

1. 汇率贬值政策

在固定汇率制度下,本币贬值可以提高进口品的相对价格、降低出口品的相对价格,从而增加出口、减少进口,既增加了国内就业,又有利于减少国际收支赤字。但是货币贬值对外贸的影响存在先不利后有利的过程,即J曲线效应。这是因为汇率贬值后,绝大多数贸易按原来签订的合同交易,在以新汇率结算时,会使以本币计算的出口商品收汇减少,而以外汇支付的进口商品的数额却不变,于是就在短期内使国际收支状况恶化。只有经过一段时期后,随着出口增加、进口减少,对经济才会产生有利的影响。

还需注意的是,货币贬值是否会引起出口一定增加和进口一定减少的效应,还取决于国内外对进出口商品价格的需求弹性,当国内外对商品价格的需求弹性足够大时,贬值才是有效的。

2. 外汇管制

外汇管制是一国政府通过法令对本国对外的国际结算和外汇买卖实行管制,用以实现国际收支平衡与本国货币汇率稳定的一种制度。具体措施包括:出口所得须按照官方汇率出售给指定银行,进口用汇须得到有关当局的批准,本币出入境受到严格管理,个人用汇受到限制。实行外汇管制的目的在于集中使用外汇,控制进口数量,保持国际收支的平衡。

本章小结

开放经济中最有影响力的国际贸易学说包括：亚当·斯密的绝对优势学说、大卫·李嘉图的比较优势学说、赫克歇尔-俄林的要素禀赋学说和保罗·克鲁格曼的规模经济理论。这些理论分别说明了国际贸易得以产生的原因及贸易利益如何分配的问题。

国际经济组织对世界经济的影响日益深入，集团性、区域性的贸易协调组织主要有北美自由贸易区、欧盟、世界贸易组织等。从资本流动和融通及汇率的管理角度看，国际货币基金组织和世界银行则发挥着重要作用。

国际金融体系随着历史的发展先后经历过金本位制、布雷顿森林体系、牙买加体系、欧洲货币体系等，不同的体系各自具有不同的优缺点。

狭义的外汇仅指以外币表示的、能直接用于国际结算或对外清偿的支付手段，它统筹表现为一国居民及其他经济实体所拥有的对外国自然人、法人和外国政府的短期要求权。汇率是指两种货币兑换的比率，即一种货币兑换成另一种货币的比率。世界上的汇率制度主要有固定汇率制和浮动汇率制两种。

国际收支是一定时期内一国与别国之间经济交易的系统记录。国际收支差额是净出口和净资本流出的差额。当一国的国际收支差额为 0 时，称该国的国际收支平衡。

引入国际经济部门后，开放经济条件下的宏观经济政策效应及最优搭配是很复杂的问题。

 主要概念

绝对优势　比较优势　要素禀赋　外汇　汇率　固定汇率制　浮动汇率制　国际收支平衡表　经常项目　资本项目　欧盟　国际货币基金组织　世界贸易组织

 思考案例

国际经济中的中国元素

从贸易到金融，从商品跨国交换到各国货币交易，国际经济变得越来越复杂。中国作为新兴发展中国家，从 2009 年起，出口排名世界第一，从 2013 年起，进出口贸易总额也与美国并驾齐驱。中国在近十年所取得的令人瞩目的经济成就得到了世界的认可，也引起一些国家的不满和排斥。在国际经济中，选择避开中国元素还是积极考虑和接纳中国元素，不同国际经济事件做出不同选择和回答。

规避中国元素

TPP 是跨太平洋伙伴关系协议，跨太平洋伙伴关系协定（Trans-Pacific Partnership Agreement），也被称作"经济北约"，是目前重要的国际多边经济谈判组织，前身是跨太平洋战略经济伙伴关系协定(Trans-Pacific Strategic Economic Partnership Agreement)。是由亚太经济合作会议成员国中的新西兰、新加坡、智利和文莱四国发起,2002年开始酝酿的一组多边关系的自由贸易协定,原名亚太自由贸易区,旨在促进亚太地区的贸易自由化。截至2015年,成员有美国、日本、澳大利亚、加拿大、新加坡、文莱、马来西亚、越南、新西兰、智利、墨西哥和秘鲁。其经济规模占全球经济总量的40%。2015年10月5日,美国、日本和其他10个泛太平洋国家就TPP达成一致,将对近18 000种类别的商品降低或减免关税。2013年6月,美欧正式宣布启动"跨大西洋贸易与投资伙伴协议"(Transatlantic Trade and Investment Partnership, TTIP)的谈判。美国主导的TPP不仅将规定取消或降低商品的关税,还将涵盖安全标准、技术贸易壁垒、动植物卫生检疫、竞争政策、知识产权、政府采购、争端解决,以及有关劳工和环境保护的规定,标准之高和覆盖领域之广远超一般自贸区协议。这两个重要协议的成员国均无中国。

接纳中国元素

特别提款权(Special Drawing Right, SDR)亦称"纸黄金"(Paper Gold),最早发行于1969年,是国际货币基金组织根据会员国认缴的份额分配的,可用于偿还国际货币基金组织债务、弥补会员国政府之间国际收支逆差的一种账面资产。其价值目前由美元、欧元、日元和英镑组成的一篮子储备货币决定。会员国在发生国际收支逆差时,可用它向基金组织指定的其他会员国换取外汇,以偿付国际收支逆差或偿还基金组织的贷款,还可与黄金、自由兑换货币一样充当国际储备。因为它是国际货币基金组织原有的普通提款权以外的一种补充,所以称为特别提款权。

2015年11月30日,国际货币基金组织(IMF)宣布,人民币将于2016年10月1日纳入特别提款权(SDR)货币篮子,SDR货币篮子相应扩大至美元(41.73%)、欧元(30.93%)、人民币(10.92%)、日元(8.33%)和英镑(8.09%)5种货币,人民币的权重超过日元和英镑,居第三位。这是新兴经济体货币首次被纳入SDR,也是人民币第一次成为国际储备货币。历史性突破背后,是国际金融体系对中国经济增长所产生的全球影响力的认可。

中国的国际发展战略正在突破部分国际经济中的去中国元素趋势

2013年,中国提出了"一带一路"倡议,吸引了世界各国的目光,包括TPP的主要发起国新加坡也不例外。2015年,在中国和新加坡政府双方的推动下,签署了第三个中新政府合作项目——中新(重庆)战略性互联互通示范项目(以下简称"示范项目"),双方于2015年在新加坡签署框架协议及补充协议,主题是"现代互联互通和现代服务经济"。

该项目的签订和实施首先是有利于共享"一带一路"的历史机遇。"一带一路"致力于建立和加强沿线国家互联互通伙伴关系,构建全方位、多层次、复合型的互联互通项目。示范项目以"现代互联互通和现代服务经济"为主题,完全契合"一带一路"愿景,是中国"一带一路"倡议的有机组成部分。通过示范项目,新加坡方面可深度参与"一带一路"建设。二是有利于共享两国以及世界的资源和市场。以示范项目为载体,中新双方可以更好地统筹利用国际国内两个市场、两种资源。重庆作为中国内陆直辖市和国家中心城市,近几年加快建设内陆开放高地,区域辐射带动能力明显增强,成为"一带一路"和长江经济带的重要战略支点。示范项目以重庆为运营中心,有利于中新双方更好地合作开发和利用中国内陆丰富的资源和广阔的市场。三是有利于共享政策创新带来的巨大红利。两国政府签署的框架协议和补充协议,明确了"11+7"的创新举措,而且规定示范项目享受现有和将来的试验区、行业发展、区域战略下必要的创新举措,在工作机制中还预留了提出和协调解决新举措的通道,以确保项目的实施。可以预见,随着示范项目的深入推进,根据具体项目的需求,中新双方还将适时推出一批又一批创新举措及政策,双方都能从中获利获益。

可见,无论是对中国还是新加坡,该项目都有战略意义。它不由地理位置或界限所限制,而要建立一种新的互联互通,催化重庆乃至中国西部的发展,把重庆和中国西部其他城市联系起来,再联系到中国其他地区,与全世界互联。示范项目将不只是一种实体性的联系,不仅涉及航空、物流,还包括金融和信息技术的互联互通。

以上最新国际事务的发展变化多次证明中国经济已不能脱离国际经济而独立发展,而中国自身的发展变化也为世界各国提供了更多的机遇。只有加强与世界各国的相互合作与信任,中国与世界各国才会共赢。这些国际经济事件的发展变化以及与中国的关系恰如其分地说明学习本章的重要性。

资料来源:百度百科,http://baike.baidu.com;搜狐财经,http://business.sohu.com/20160108/n433951751.shtml。

课后习题

一、选择题

1. 国际收支失衡是指(　　)。
   A. 国际收支平衡表的借方、贷方余额不等
   B. 资本流出和流入不等
   C. 经常项目与资本项目的总和出现差额
   D. 商品劳务的出口与进口不等

2. 人民币对美元的汇率下降,将使(　　)。
   A. 中国商品相对便宜,美国增加对中国商品的进口
   B. 中国商品相对便宜,中国增加对美国商品的进口
   C. 中国商品相对昂贵,美国增加对中国商品的出口
   D. 中国商品相对昂贵,中国增加对美国商品的出口

3. 与封闭经济相比,在开放经济中,政府的宏观财政政策的作用将(　　)。
   A. 更大,因为总需求加入净出口后使支出乘数增大
   B. 更小,因为总需求加入净出口后使支出乘数变小
   C. 更大或更小
   D. 不确定

4. 仅仅运用紧缩政策能实现内部均衡与外部均衡的情况是(　　)。

A. 国内通货膨胀与国际收支赤字   B. 国际经济衰退与国际收支盈余
C. 国内通货膨胀与国际收支盈余   D. 国内经济衰退与国际收支赤字

二、判断题

1. 利率的上升会引起国际资本的流入。（   ）
2. 间接标价法下，汇率的上升意味着本币升值和外币贬值。（   ）
3. 一国的国民收入越高，进口的额度就越大。（   ）
4. 在浮动汇率下，政府的财政政策和货币政策可以对国际收支起到较好的调节作用。（   ）
5. 与封闭经济相比，政策购买支出增加的产出效应减少。（   ）

三、思考与计算

1. 简述绝对优势学说和比较优势学说及其现实意义。
2. 说明规模经济的贸易理论。
3. 说明欧洲联盟的形成过程。
4. 简述世界贸易组织宗旨的主要原则。
5. 开放经济中宏观经济政策的最优搭配是什么？结合现实经济说明其意义。
6. 假设美元和中国人民币的汇率为1美元兑换6.90元人民币。试求：
(1) 用美元表示的人民币汇率是多少？
(2) 售价为2 598元人民币的一台电视机的美元价格为多少？
(3) 售价为1 200美元的一台苹果笔记本电脑的人民币价格是多少？
7. 假设一个经济由下述关系描述：

$$Y = C + I + G + NX$$
$$Y = 5\,000$$
$$G = 1\,000$$
$$T = 1\,000$$
$$C = 250 + 0.75(Y - T)$$
$$I = 1\,000 - 50r$$
$$NX = 500 - 500e$$
$$r = r^* = 5\%$$

(1) 求该经济的储蓄、投资和贸易余额。
(2) 设 G 增加到1 250，求解新的储蓄、投资和贸易余额。

参考文献

1. 斯蒂格利茨著：《经济学》（第二版），中国人民大学出版社2000年版。
2. 斯蒂格利茨著：《经济学小品和案例》，中国人民大学出版社1998年版。
3. 高鸿业著：《西方经济学》，中国人民大学出版社2011年版。
4. 尹伯成著：《西方经济学简明教程》（第六版），上海人民出版社2010年版。
5. 朱善利著：《微观经济学》，北京大学出版社2007年版。
6. 周惠中著：《微观经济学》，上海人民出版社2003年版。
7. 刘东、梁东黎、史先诚编著：《微观经济学教程》（第二版），科学出版社2010年版。
8. 龚治国主编：《微观经济学》，上海财经大学出版社2007年版。
9. 唐树伶、张启富、周培仁著：《经济学》，东北财经大学出版社2010年版。
10. 蹇令香、付廷臣著：《宏观经济学》，中国林业出版社2007年版。
11. 薛治龙著：《宏观经济学》，经济管理出版社2009年版。
12. 李翀著：《宏观经济学》，北京师范大学出版社2008年版。
13. 吴振信著：《宏观经济学教程》，清华大学出版社2011年版。
14. 冯华著：《西方经济学》，东北财经大学出版社2008年版。
15. 曼昆著，梁小民等译：《经济学原理（第五版）——微观经济学分册》，北京大学出版社2009年版。
16. 曼昆著，梁小民等译：《经济学原理（第五版）——宏观经济学分册》，北京大学出版社2009年版。
17. 冯鑫明著：《现代西方经济学教程》，江苏大学出版社2009年版。
18. 蒋自强著：《当代西方经济学流派》（第二版），复旦大学出版社2006年版。
19. 厉以宁著：《西方经济学》，高等教育出版社2004年版。
20. 杨伯华、缪一德著：《西方经济学原理》，西南财经大学出版社2004年版。

图书在版编目(CIP)数据

经济学基础/魏文静,杨昀,李军主编. —上海:复旦大学出版社,2019.3
(复旦卓越)
公共基础课系列教材
ISBN 978-7-309-14163-4

Ⅰ.①经… Ⅱ.①魏…②杨…③李… Ⅲ.①经济学-高等学校-教材 Ⅳ.①F0

中国版本图书馆 CIP 数据核字(2019)第 026839 号

经济学基础
魏文静 杨 昀 李 军 主编
责任编辑/张美芳

复旦大学出版社有限公司出版发行
上海市国权路 579 号 邮编:200433
网址: fupnet@ Fudanpress.com   http://www.fudanpress.com
门市零售: 86-21-65642857   团体订购: 86-21-65118853
外埠邮购: 86-21-65109143   出版部电话: 86-21-65642845
上海华业装潢印刷厂有限公司

开本 787×1092 1/16 印张 21.75 字数 464 千
2019 年 3 月第 1 版第 1 次印刷
印数 1—4 100

ISBN 978-7-309-14163-4/F·2546
定价:48.00 元

如有印装质量问题,请向复旦大学出版社有限公司出版部调换。
版权所有 侵权必究